해커스
윤민호
객관식 재무관리

해커스 경영아카데미

이 책의 저자

윤민호

학력
연세대학교 경제학과 졸업
한국외국어대학교 경영학 석사

경력
현 | 해커스 경영아카데미 교수
웅지세무대학교 회계세무정보과 교수
전 | 안진회계법인
유리자산운용(주) 자산운용본부
국민은행 증권운용팀

자격증
한국공인회계사

저서
해커스 윤민호 재무관리
해커스 윤민호 객관식 재무관리

머리말

본서는 재무관리 관련 시험을 준비하는 수험생을 대상으로 쓰여진 객관식 재무관리 연습서이다. 본서의 가장 큰 목적은 재무관리의 핵심 이론을 정리하는 것과 더불어 공인회계사 1차 시험에 출제되었던 다양한 문제들을 풀어봄으로써, 공인회계사뿐만 아니라 공기업 등 재무관리 관련 시험에 대한 실전대비능력을 키우는 데에 있다.

본서의 특징을 살펴보면 다음과 같다.

첫째, 재무관리 기본서와 동일한 체계의 구성하에서 각 장마다 핵심 이론 내용을 주제별로 간결하면서도 체계적으로 요약정리하였다. 따라서 본서를 통하여 재무관리 관련 시험에 대비하기 위해 반드시 알아두어야 할 주요 내용을 효율적으로 정리할 수 있을 것이다.

둘째, 1992년부터 2023년까지 공인회계사 1차 시험에 출제되었던 주요 문제들을 모두 수록하였다. 따라서 독자들은 각 주제별 출제빈도와 출제경향의 변화를 쉽게 파악할 수 있을 것이며, 주요 주제에 대해 용이하게 반복하여 학습할 수 있을 것이다.

셋째, 각 장의 주요 내용과 문제를 논리적 순서에 맞게 구성하였으며, 문제풀이방법을 일관성 있게 서술하였다. 따라서 연습문제를 통하여 각 장의 내용을 체계적으로 정리할 수 있을 것이며, 빠르고 정확하게 문제를 푸는 노하우를 익혀 문제풀이시간을 단축할 수 있을 것이다.

더 좋은 교재가 나올 수 있도록 많은 의견을 주었던 독자 여러분께 감사를 전하며, 모두에게 합격의 영광이 있기를 기원한다.

윤민호

목차

제1장 확실성하의 기업가치평가

제2장 확실성하의 투자안의 가치평가

제3장 포트폴리오이론

제4장 자본자산가격결정모형

제5장 시장모형과 차익거래가격결정이론

제6장 자본구조이론

제7장 부채사용 투자안의 가치평가

제8장 사업결합 - 합병과 취득(M&A)

목차

제13장 옵션가격의 결정과 투자전략

제14장 옵션가격결정모형

제15장 금융투자론의 기타주제

제1장

확실성하의 기업가치평가

핵심 이론 요약

객관식 연습문제

정답 및 해설

핵심 이론 요약

01 재무관리의 목표

(1) 회계이익 극대화의 문제점

① 극대화 대상 이익의 개념 모호

② 회계처리방법의 선택 가능

③ 화폐의 시간가치와 미래의 불확실성(위험) 무시

④ 자기자본비용 고려하지 못함

(2) 현대 재무관리의 목표

① 기업가치(보유자산을 통해 유입될 미래 현금흐름의 현재가치) 극대화

- 순현재가치(NPV) 극대화 또는 시장부가가치(MVA) 극대화와 동일

② 자기자본가치(주주부 또는 주가) 극대화와 동일

- 기업가치 변동과 무관하게 부채가치가 일정하다고 가정하는 경우
- 타인자본대리비용이 발생하지 않는 경우

02 기업잉여현금흐름

(1) 영업현금흐름: 고유의 영업활동을 통해 창출하는 현금흐름

① OCF = EBIT × (1 - t) + D = 영업이익 × (1 - 법인세율) + 감가상각비

② OCF = (R - C) × (1 - t) + t × D = 현금영업이익 × (1 - 법인세율) + 감가상각비의 감세효과

(2) 순운전자본(NWC) 변동에 따른 현금흐름

① 순운전자본 = 유동자산 - 유동부채

② NWC 변동에 따른 현금흐름 = - NWC증가액 = 기초NWC - 기말NWC

(3) 비유동자산(FA) 투자에 따른 현금흐름

① 생산능력의 유지 및 증대를 위한 비유동자산에 대한 투자

② FA 투자에 따른 현금흐름 = - (감가상각비 + FA장부금액 증가액)
= 기초FA장부금액 - 감가상각비 - 기말FA장부금액

(4) 이자비용의 감세효과

① 부채를 사용하는 경우 법인세 유출액이 감소되는 효과

- 일반적으로 할인율에 반영

② 이자비용의 감세효과로 인한 현금흐름 = I × t = 이자비용 × 법인세율

(5) 무성장영구기업의 기업잉여현금흐름: EBIT × (1 - t) + I × t

03 채권자와 주주의 현금흐름

(1) 채권자의 현금흐름

① 이자비용 - 추가차입액 + 부채상환액 = 이자비용 + 기초B - 기말B

② 무성장영구기업의 경우: 이자비용(I)

(2) 주주잉여현금흐름

① 배당금 - 유상증자 + 자사주매입 = 당기순이익 + 기초S - 기말S

② 무성장영구기업의 경우: 당기순이익(NI)

04 화폐의 시간가치

(1) 영구연금의 현재가치

① 무성장영구연금의 현재가치: $PV = \frac{CF}{k}$

② 일정성장영구연금의 현재가치: $PV = \frac{CF_1}{k-g}$ (단, $k > g$)

(2) 동일 조건의 기초연금과 기말연금 간의 관계

① 기초연금의 PV = 기말연금의 $PV \times (1+k)$

② 기초연금의 FV_n = 기말연금의 $FV_n \times (1+k)$

(3) 연표시이자율(APR)과 연간실효이자율(EAR)

① 연간 m회 이자계산하는 경우

- $\left(1+\frac{\text{연표시이자율}}{m}\right)^m = (1+\text{연간실효이자율})$

② 연간이자계산횟수에 따른 연표시이자율과 연간실효이자율 간의 관계

- 연간이자계산횟수 1회: 연표시이자율 = 연간실효이자율
- 연간이자계산횟수 2회 이상: 연표시이자율 < 연간실효이자율
- 연표시이자율 동일 + 연간이자계산횟수 증가: 연간실효이자율 상승

(4) 피셔의 방정식

① 명목이자율과 실질이자율 및 예상인플레이션율 간의 관계

② (1 + 명목이자율) = (1 + 실질이자율) × (1 + 예상인플레이션율)

객관식 연습문제

01 회계적 이익의 극대화는 재무관리의 목표로서 적정하지 않다. 그 이유에 대한 설명 중 옳지 않은 것은? CPA 97

① 회계적 이익은 적용하는 회계방법에 따라 달라질 수 있다.
② 회계적 이익은 경영자의 이해를 반영하지 않는다.
③ 회계적 이익은 기회비용을 고려하지 않는다.
④ 회계적 이익은 미래수익의 시간성을 무시한다.
⑤ 회계적 이익은 미래수익의 불확실성을 고려하지 않는다.

02 재무관리의 목표에 관한 설명으로 가장 적절한 것은? CPA 14

① 배당수익률 극대화 ② 고객가치 극대화 ③ 주당순이익 극대화
④ 내부수익률 극대화 ⑤ 자기자본가치 극대화

03 기업이 자산에서 창출하는 현금흐름을 잉여현금흐름(free cash flow)이라고 한다. 이는 주주와 채권자에게 자유롭게 배분해 줄 수 있는 현금이라는 의미이다. 다음 재무제표에서 잉여현금흐름(FCF)을 계산했을 때 가장 적절한 것은? (단, 모든 자산과 부채는 영업용이고 법인세율은 25%이며 금액 단위는 억원이다) CPA 12

재무상태표	당기	전기	손익계산서	
유동자산	100	85	매출액	500
비유동자산	200	165	변동영업비	220
자산총계	300	250	고정영업비	180
			감가상각비	24
			순영업이익	76
유동부채	50	40	이자	12
비유동부채	120	110	세전이익	64
자본	130	100	법인세	16
부채 및 자본총계	300	250	당기순이익	48

① FCF ≤ 20　② 20 < FCF ≤ 40　③ 40 < FCF ≤ 60
④ 60 < FCF ≤ 80　⑤ FCF > 80

04 A기업은 2015년에 비유동자산을 처분(장부가액 10,000원, 처분손익은 발생하지 않음)하였으며 8,000원의 장기부채를 신규로 차입하였다. 다음은 A기업의 2014년과 2015년 재무제표 정보이며 법인세율은 30%이다. 다음 설명 중 가장 적절한 것은? CPA 16

재무상태표의 일부

(단위: 원)

	2014년 말	2015년 말		2014년 말	2015년 말
자산			부채와 자본		
유동자산	5,000	5,500	유동부채	2,000	2,200
비유동자산	25,000	30,000	비유동부채	20,000	26,000

2015년도 포괄손익계산서의 일부

(단위: 원)

매출액	150,000
매출원가	80,000
감가상각비	10,000
이자비용	2,000

① 2015년 비유동자산 취득액은 24,000원이다.
② 2015년 영업현금흐름은 53,000원이다.
③ 2015년 채권자의 현금흐름은 -5,000원이다.
④ 2015년 비유동부채 상환액은 2,000원이다.
⑤ 2015년 순운전자본은 500원 증가하였다.

05 동일한 횟수의 연금을 기초에 받는 경우(선불연금: annuity due)와 기말에 받는 경우(일반연금: ordinary annuity)에 대한 설명으로 가장 적절한 것은? (단, 이자율은 0보다 크고 일정하며, 복리계산은 연 단위로 이루어진다고 가정한다) CPA 10

① 현재가치와 미래가치 모두 선불연금은 일반연금에 (1 + 이자율)을 곱해서 얻을 수 있다.
② 현재가치와 미래가치 모두 일반연금은 선불연금에 (1 + 이자율)을 곱해서 얻을 수 있다.
③ 현재가치의 경우 선불연금은 일반연금에 (1 + 이자율)을 곱해서, 미래가치의 경우 일반연금은 선불연금에 (1 + 이자율)을 곱해서 얻을 수 있다.
④ 현재가치의 경우 일반연금은 선불연금에 (1 + 이자율)을 곱해서, 미래가치의 경우 선불연금은 일반연금에 (1 + 이자율)을 곱해서 얻을 수 있다.
⑤ 현재가치와 미래가치 계산에 있어 선불연금과 일반연금 중 어느 연금이 클 것인가는 이자율에 따라 달라진다.

06 다음 세 가지 경품의 현재가치를 할인율 10%를 적용하여 계산하였더니 모두 100원으로 동일하게 나타났다. 변수 W, X, Y에 관한 다음 관계식 중 옳지 않은 것은? CPA 06

> 경품 1: 현재부터 W원을 매년 영구히 받는다.
> 경품 2: 1년 후에 상금 X원을 받는다.
> 경품 3: 1년 후에 상금 Y원, 2년 후에 상금 X원을 받는다.

① $100 < X + Y$ ② $X > Y$ ③ $W < 10$
④ $Y < 10$ ⑤ $Y > W$

07 이자율과 할인율이 연 10%로 일정할 때 아래의 세 가지 금액의 크기 순서로 가장 적절한 것은? (단, PVIFA(10%, 6) = 4.3553, FVIFA(10%, 6) = 7.7156이다) CPA 16

> A: 5차년도부터 10차년도까지 매년 말 255원씩 받는 연금의 현재가치
> B: 5차년도부터 10차년도까지 매년 말 96원씩 받는 연금의 10차년도 말 시점에서의 미래가치
> C: 3차년도 말에서 45원을 받고 이후 매년 말마다 전년 대비 5%씩 수령액이 증가하는 성장형 영구연금의 현재가치

① A > B > C ② A > C > B ③ B > C > A
④ C > A > B ⑤ C > B > A

08 올해로 31세가 된 투자자 A는 32세 말(t = 2)부터 매 1년마다 납입하는 4년 만기의 정기적금 가입을 고려하고 있다(즉, t = 2~5 기간에 4회 납입). 투자자 A는 36세 말(t = 6)부터 40세 말(t = 10)까지 매년 3,000만원이 필요하다. 이자율과 할인율이 연 10%일 때, 투자자 A가 32세 말부터 4년간 매년 말에 납입해야 할 금액에 가장 가까운 것은? (단, PVFA(10%, 4년) = 3.1699, PVFA(10%, 5년) = 3.7908, PVF(10%, 5년) = 0.6209이다) CPA 15

① 2,450만원 ② 2,475만원 ③ 2,500만원
④ 2,525만원 ⑤ 2,550만원

09 할인율이 연 10%로 일정할 때, 주어진 현가표를 참조하여 계산한 세 가지 금액 a, b, c의 크기 순서로 가장 적절한 것은? (단, 현재시점은 1차년도 1월 1일이다) CPA 18

구분	n = 3	n = 4	n = 5	n = 6	n = 7
PVIF(10%, n)	0.7513	0.6830	0.6209	0.5645	0.5132
PVIFA(10%, n)	2.4869	3.1699	3.7908	4.3553	4.8684

a. 현재 3,200원을 대출받고 1차년도부터 매년 말 800원씩 갚아 나가면 상환 마지막 해 말에는 800원보다 적은 금액을 갚게 된다. 상환 마지막 해 말에 갚아야 하는 금액
b. 4차년도부터 8차년도까지 매년 말 110원씩 받는 연금의 현재가치
c. 1차년도부터 5차년도까지 매년 초 70원씩 받는 연금의 현재가치

① a > b > c ② a > c > b ③ b > a > c
④ b > c > a ⑤ c > b > a

10 김 씨는 2017년 1월 1일에 원리금균등분할상환 조건으로 100,000원을 차입하였다. 원리금은 매년 말 1회 상환하며 만기는 5년이다. 이자율은 연 4%이고, 당해 발생이자는 당해에 지급된다. 다음 중 가장 적절하지 않은 것은? (단, PVIFA(4%, 5) = 4.4518이며, 모든 금액은 반올림하여 원 단위로 표시한다) CPA 18

① 매년 원리금상환액은 22,463원이다.
② 2018년 1월 1일 기준 차입금 잔액은 81,537원이다.
③ 2018년 원리금상환액 중 원금상환액은 19,202원이다.
④ 2019년 원리금상환액 중 이자지급액은 1,880원이다.
⑤ 매년 원리금상환액 중 원금상환액이 차지하는 부분은 만기가 다가올수록 커진다.

11 A 씨는 1월 1일(t = 0)에 H은행에서 원리금균등분할상환 조건으로 1,000,000원을 대출받았다. 대출의 이자율과 만기는 각각 연 5%와 3년이고, 원리금은 매년 말 1회 상환된다. 1년 말(t = 1)에 상환되는 원리금에서 이자지급액의 원금상환액에 대한 비율(이자지급액/원금상환액)을 계산한 값에 가장 가까운 것은? (단, 연 1회 복리를 가정하고, PVIF(5%, 3) = 0.8638, PVIFA(5%, 3) = 2.7232이다) CPA 20

① 7.32% ② 9.30% ③ 10.76%
④ 13.62% ⑤ 15.76%

12 K 씨는 현재시점(t = 0)에서 30년 만기 및 연 10%의 이자율로 20억원을 차입하려고 한다. 조사 결과 다음과 같은 두 가지 차입방안이 가능하며 만기 및 이자율은 동일하다. 1안과 2안을 비교할 때, K 씨가 2차년도 말(t = 2)에 지급하게 될 이자금액의 차이에 가장 가까운 것은? (단, PVIF(10%, 30) = 0.0573, PVIFA(10%, 30) = 9.4269이며, 모든 금액은 반올림하여 원 단위로 표시한다) CPA 22

1안: 만기일시상환 방식 - 1차년도부터 매년도 말 연 1회 대출원금에 대한 이자를 상환하며, 대출원금은 만기일에 전액 상환한다. 2안: 원리금균등분할상환 방식 - 1차년도부터 매년도 말 연 1회 동일한 금액을 상환한다.

① 0원 ② 1,215,882원 ③ 1,824,249원
④ 2,159,222원 ⑤ 2,487,256원

13 $PVIF$와 $PVIFA$는 각각 현가이자요소와 연금의 현가이자요소를 의미하며, $FVIF$와 $FVIFA$는 각각 복리이자요소와 연금의 복리이자요소를 의미한다. 다음 중 성립하지 않는 경우가 있는 식은? (단, r과 n은 각각 기간이자율과 기간을 의미하며, $r > 0$이고 $n \geq 1$이다) CPA 23

① $PVIFA(r,\ n) < n$

② $FVIFA(r,\ n) > n$

③ $(1+r)^n \geq (1+r \times n)$

④ $PVIF(r,\ n) = \dfrac{1}{FVIF(r,\ n)}$

⑤ $PVIFA(r,\ n) \times (1+r)^n = FVIFA(r,\ n)$

14 알파주식회사의 CFO가 기업가치를 극대화하기 위해 취한 다음의 행동 중 가장 적절하지 않은 것은? CPA 07

① 여유현금 9.5억원으로 만기 1년, 액면가 10억원인 국가발행 무이표채(zero coupon bond)를 구입하는 대신 연금리 6%에 반기마다 이자를 지급하는 예금에 1년간 예치했다.

② 물품구입대금 9.5억원을 당장 지급하는 대신 향후 3년간 연간 6%의 이자를 지급하는 예금에 예치하고 1년 후부터 3년간 매년 3.5억원씩 지급하기로 했다.

③ 무상증자를 통해 주식거래의 유동성을 증가시켜 자본비용을 감소시켰다.

④ 인플레이션율이 높아지는 상황에서 재고자산에 대한 회계방식을 선입선출법(FIFO)에서 후입선출법(LIFO)으로 변경했다.

⑤ 알파주식회사의 경영진과 경영권 다툼을 하던 감마투자회사의 그린메일(green mail) 제의를 받아들여 감마투자회사가 보유하고 있는 주식을 시가보다 20% 높은 가격에 인수했다.

정답 및 해설

정답

01 ② 02 ⑤ 03 ① 04 ④ 05 ① 06 ④ 07 ② 08 ① 09 ③ 10 ④
11 ⑤ 12 ② 13 ② 14 ⑤

해설

01 ② 회계처리방법의 선택과 변경에 경영자의 이해가 반영되어 회계적 이익이 달라질 수 있으므로 재무관리의 목표로서 적정하지 않다.

02 ⑤ 재무관리의 목표는 기업가치의 극대화 또는 자기자본가치의 극대화이다.

03 ①
1. 영업현금흐름
$OCF = EBIT \times (1-t) + D = 76$억원 $\times (1-0.25) + 24$억원 $= 81$억원
2. 순운전자본 변동에 따른 현금흐름
기초$NWC -$ 기말$NWC = 45$억원 $- 50$억원 $= -5$억원
3. 비유동자산 투자에 따른 현금흐름
기초$FA - D -$ 기말$FA = (165$억원 $- 24$억원$) - 200$억원 $= -59$억원
4. 이자비용의 법인세 감세효과
$I \times t = 12$억원 $\times 0.25 = 3$억원
5. 기업잉여현금흐름
FCF = 81억원 - 5억원 - 59억원 + 3억원 = 20억원

04 ④
① 기초비유동자산 - 감가상각비 + 취득액 - 처분액(장부가액) = 기말비유동자산
취득액 = 기말비유동자산 − 기초비유동자산 + 감가상각비 + 처분액(장부가액)
$= 30,000$원 $- 25,000$원 $+ 10,000$원 $+ 10,000$원 $= 25,000$원
② 영업현금흐름 $= EBIT \times (1-t) + D$
$= (150,000$원 $- 80,000$원 $- 10,000$원$) \times (1-0.3) + 10,000$원 $= 52,000$원
③ 채권자의 현금흐름 = 이자비용 + 기초비유동부채 − 기말비유동부채
$= 2,000$원 $+ 20,000$원 $- 26,000$원 $= -4,000$원
④ 기초비유동부채 + 차입액 - 상환액 = 기말비유동부채
상환액 = 기초비유동부채 − 기말비유동부채 + 차입액
$= 20,000$원 $- 26,000$원 $+ 8,000$원 $= 2,000$원
⑤ 기초순운전자본 = 기초유동자산 - 기초유동부채 $= 5,000$원 $- 2,000$원 $= 3,000$원
기말순운전자본 = 기말유동자산 - 기말유동부채 $= 5,500$원 $- 2,200$원 $= 3,300$원
순운전자본 증가액 $= 3,300$원 $- 3,000$원 $= 300$원

05 ① 선불(기초)연금의 현재가치 = 일반(기말)연금의 현재가치 × (1 + 이자율)
선불(기초)연금의 미래가치 = 일반(기말)연금의 미래가치 × (1 + 이자율)

06 ④ 경품 1: $W+\frac{W}{0.1}=100$원 ∴ $W=9.09$원

경품 2: $\frac{X}{1.1}=100$원 ∴ $X=110$원

경품 3: $\frac{Y}{1.1}+\frac{X}{1.1^2}=\frac{Y}{1.1}+\frac{110원}{1.1^2}=100$원 ∴ $Y=10$원

07 ② A: $PV=255원\times PVIFA(10\%,\ 6)\times\frac{1}{1.1^4}=255원\times 4.3553\times\frac{1}{1.1^4}=758.56원$

B: $FV_{10}=96원\times FVIFA(10\%,\ 6)=96원\times 7.7156=740.70원$

C: $PV=\frac{45원}{0.1-0.05}\times\frac{1}{1.1^2}=743.80원$

∴ A > C > B

08 ① $PV=매년\ 납입액\times PVFA(10\%,\ 4년)\times\frac{1}{1.1}=매년\ 납입액\times 3.1699\times\frac{1}{1.1}$

$=3{,}000만원\times PVFA(10\%, 5년)\times PVF(10\%, 5년)=3{,}000만원\times 3.7908\times 0.6209$

∴ 매년 납입액 = 2,450만원

09 ③ a. 4차년도 말까지 800원씩 상환하는 경우에 마지막 해(5차년도) 말 상환액

$=\frac{3{,}200원-800원\times PVIFA(10\%,\ 4)}{PVIF(10\%,\ 5)}=\frac{3{,}200원-800원\times 3.1699}{0.6209}=1{,}069.54원>800원$

5차년도 말까지 800원씩 상환하는 경우에 마지막 해(6차년도) 말 상환액

$=\frac{3{,}200원-800원\times PVIFA(10\%,\ 5)}{PVIF(10\%,\ 6)}=\frac{3{,}200원-800원\times 3.7908}{0.5645}=296.47원$

b. $PV=110원\times PVIFA(10\%,\ 5)\times PVIF(10\%,\ 3)=110원\times 3.7908\times 0.7513=313.28원$

c. $PV=70원+70원\times PVIFA(10\%,\ 4)=70원+70원\times 3.1699=291.89원$

∴ b > a > c

10 ④ ① 매년 원리금상환액 = 100,000원 ÷ $PVIFA(4\%,\ 5)$ = 100,000원 ÷ 4.4518 = 22,463원

② 2018년 1월 1일 차입금 잔액 = 100,000원 + 100,000원 × 0.04 − 22,463원 = 81,537원

③ 2018년 원금상환액 = 22,463원 − 81,537원 × 0.04 = 19,202원

④ 2019년 이자지급액 = (81,537원 − 19,202원) × 0.04 = 2,493원

⑤ 만기에 근접할수록 차입금 잔액이 점차 감소하므로 원리금상환액 중 이자지급액은 매년 감소하고 원금상환액은 매년 증가한다.

구분	차입금 잔액	이자지급액	현금수수액	원금상환액
2017. 1. 1.	100,000			
2017. 12. 31.	81,537	4,000	22,463	18,463
2018. 12. 31.	62,335	3,261	22,463	19,202
2019. 12. 31.	42,365	2,493	22,463	19,970
⋮	⋮	⋮	⋮	⋮

11 ⑤ 매년 원리금상환액 = 1,000,000원 ÷ $PVIFA(5\%,\ 3)$ = 1,000,000원 ÷ 2.7232 = 367,215원

1년 말(t = 1) 이자지급액 = 1,000,000원 × 0.05 = 50,000원

1년 말(t = 1) 원금상환액 = 367,215원 − 50,000원 = 317,215원

∴ 이자지급액의 원금상환액에 대한 비율 = $\frac{50{,}000원}{317{,}215원} = 0.1576$

12 ② 1. 1안 2차년도 말 이자금액 = 20억원 × 0.1 = 2억원

2. 2안 매년도 말 상환액 = 20억원 ÷ $PVIFA(10\%,\ 30)$ = 20억원 ÷ 9.4269 = 212,158,822원

2안 2차년도 말 이자금액 = [20억원 − (212,158,822원 − 2억원)] × 0.1 = 198,784,118원

3. 2차년도 이자금액의 차이 = 2억원 − 198,784,118원 = 1,215,882원

13 ② ① $r > 0$이므로 항상 $PVIFA(r,\ n) < n$이다.

② $n > 1$인 경우 $FVIFA(r,\ n) > n$이지만, $n = 1$인 경우에는 $FVIFA(r,\ 1) = 1 = n$이다.

③ $n = 1$인 경우 $(1+r)^1 = (1 + r \times 1)$이며, $n > 1$인 경우 $(1+r)^n > (1 + r \times n)$이다.

④ $PVIF(r,\ n) = \frac{1}{(1+r)^n}$, $FVIF(r,\ n) = (1+r)^n$

⑤ $PVIFA(r,\ n) = \frac{(1+r)^n - 1}{r \times (1+r)^n}$, $FVIFA(r,\ n) = \frac{(1+r)^n - 1}{r}$

14 ⑤ ① 1년 후 예금 인출액 = 9.5억원 × 1.03^2 = 10.08억원

예금의 연간 실효수익률 = $\left(1 + \frac{6\%}{2}\right)^2 - 1 = 6.09\%$

② 현재시점의 예금 예치액 = $\frac{3.5억원}{1.06} + \frac{3.5억원}{1.06^2} + \frac{3.5억원}{1.06^3}$ = 9.36억원

③ 무상증자로 주식거래의 유동성이 증가하면 주주의 유동성위험이 감소함에 따라 주주의 요구수익률(자기자본비용)이 감소하여 기업가치가 증가할 수 있다.

④ 법인세의 존재를 고려하는 경우 법인세 이연효과가 발생하여 기업가치가 증가할 수 있다.

⑤ 그린메일 제의를 받아들여 주식을 시가보다 높게 매입하면 기업가치는 감소한다.

제2장

확실성하의 투자안의 가치평가

핵심 이론 요약

객관식 연습문제

정답 및 해설

핵심 이론 요약

01 투자안의 현금흐름측정

(1) 현금흐름측정 시 유의사항

① 세후증분현금흐름

- 투자안을 실행함에 따라 추가적으로 발생하는 현금흐름을 측정
- 법인세: 현금유출로 처리

② 감가상각비와 감가상각비의 감세효과

- 감가상각비: 현금의 유출이 없는 비용
- 감가상각비의 감세효과: 법인세 감소액은 현금유입으로 처리

③ 매몰원가와 기회비용 및 부수효과

- 매몰원가: 비관련원가, 현금흐름에서 고려하지 않음
- 기회비용: 현금유출로 처리
- 부수효과: 반드시 현금흐름에 고려

④ 금융비용과 금융수익

- 이자지급액, 배당지급액, 예상이자수익의 상실: 할인율에 반영

(2) 투자안의 시점별 현금흐름

① $\Delta OCF = (\Delta R - \Delta C) \times (1-t) + t \times \Delta D$

② 자산처분 시 현금유입액 = 처분가액 - (처분가액 - 장부금액) × 법인세율

투자시점(0)	1	2	…	n
	ΔOCF	ΔOCF	…	ΔOCF
- NWC소요액				+ NWC회수액
- 신자산투자				+ 신자산처분
+ 구자산처분				- 구자산처분

02 투자안의 경제성분석

(1) 회수기간법

① 회수기간: 투자에 소요된 투자자금을 회수하는 데 걸리는 기간

② 의사결정기준

- 독립적 투자안: 투자안의 회수기간 < 목표회수기간 ➜ 실행
- 상호배타적 투자안: 회수기간이 보다 짧은 투자안 채택

③ 장점

- 계산이 간단하고 이해하기 쉬움

④ 단점

- 회수기간 이후의 현금흐름을 고려하지 않음
- 화폐의 시간가치를 반영하지 않음
- 목표회수기간의 설정이 자의적

⑤ 할인회수기간: 현금유입액의 현재가치로 투자자금을 회수하는 기간

- 회수기간 < 할인회수기간

(2) 회계적이익률법

① 회계적이익률: $ARR = \frac{\text{연평균순이익}}{\text{연평균투자액(또는 총투자액)}}$

- 감가상각방법이 정액법인 경우의 연평균투자액 $= \frac{\text{총투자액} + \text{잔존가치}}{2}$

② 의사결정기준

- 독립적 투자안: 투자안의 회계적이익률 > 목표회계적이익률 ➜ 실행
- 상호배타적 투자안: 회계적이익률이 보다 높은 투자안 채택

③ 장점

- 계산이 간단하고 자료수집이 용이

④ 단점

- 현금흐름이 아닌 회계적 이익에 근거하여 의사결정
- 화폐의 시간가치를 반영하지 않음
- 목표회계적이익률의 설정이 자의적

(3) 순현재가치법: 투자의 절대적인 성과(금액)

① 순현재가치: NPV = PV(유입액) - PV(유출액)

- 현금유입액의 현재가치가 현금유출액의 현재가치를 초과하는 크기
- 투자에 따른 가치(부)의 증가분
- 자본비용(기회비용)을 초과하여 벌어들이는 이득의 현재가치

② 의사결정기준

- 독립적 투자안: 투자안의 NPV > 0 ➜ 실행
- 상호배타적 투자안: NPV가 보다 큰 투자안 채택

③ 장점

- 투자안의 모든 현금흐름을 고려
- 자본비용을 이용한 화폐의 시간가치를 고려
- 가치가산의 원칙 성립
- 기업가치의 극대화 목표에 부합

④ 단점

- 투자의 효율성을 고려하지 못함

(4) 수익성지수법: 투자의 효율성(상대적인 수익성)

① 수익성지수: PI = PV(유입액) ÷ PV(유출액)

- 투자금액 단위당 벌어들이는 가치의 크기

② 의사결정기준

- 독립적 투자안: 투자안의 PI > 1 ➜ 실행
- 상호배타적 투자안: PI가 보다 큰 투자안 채택

③ 장점

- 투자안의 모든 현금흐름을 고려
- 자본비용을 이용한 화폐의 시간가치를 고려

④ 단점

- 가치가산의 원칙이 성립하지 않음
- 기업가치 극대화 목표에 부합하지 않을 수 있음

cf) NPV = (PI - 1) × PV(유출액)

(5) 내부수익률법: 투자의 상대적인 수익률

① 내부수익률: [PV(유입액) = PV(유출액) 또는 NPV = 0]을 만족시키는 할인율

- 투자기간 동안 얻을 것으로 기대되는 연평균수익률

② 의사결정기준(투자형 현금흐름): IRR = 투자수익률

- 독립적 투자안: 투자안의 IRR > k(자본비용, 기회비용) ➜ 실행
- 상호배타적 투자안: 투자안의 IRR이 보다 큰 투자안 채택

③ 의사결정기준(차입형 현금흐름): IRR = 부담비용률

- 독립적 투자안: 투자안의 IRR < k(자본비용, 기회비용) ➜ 실행
- 상호배타적 투자안: 투자안의 IRR이 보다 작은 투자안 채택

④ 장점

- 투자안의 모든 현금흐름을 고려
- 화폐의 시간가치를 고려

⑤ 단점

- 가치가산의 원칙이 성립하지 않음
- 기업가치 극대화 목표에 부합하지 않을 수 있음

03 NPV법과 IRR법의 평가결과 비교

(1) 독립적인 투자안 평가와 상호배타적인 투자안 평가

① 독립적인 투자안 평가 시: 동일한 의사결정

② 상호배타적인 투자안 평가 시: 상반된 의사결정 가능

- 피셔의 수익률: 두 투자안의 NPV가 동일하게 되는 할인율 수준
- 할인율이 피셔의 수익률보다 작은 구간에서는 상반된 의사결정

③ NPV곡선의 기울기가 보다 가파른 투자안의 특성

- 대규모 투자안, 장기 투자안, 현금흐름이 후반부에 집중되는 투자안

(2) NPV법의 우위성과 IRR법의 문제점

① 재투자수익률의 가정
- NPV법: k(기회비용, 자본비용)
- IRR법: 해당 투자안의 IRR

② 기업가치 극대화 목표에 부합 여부
- NPV 극대화 = 기업가치 극대화

③ 가치가산의 원칙
- $NPV_{(A+B)} = NPV_A + NPV_B$

④ IRR법은 투자형/차입형 현금흐름에 적용되는 의사결정기준이 상이

⑤ 혼합형 현금흐름
- IRR법은 해가 존재하지 않거나, 2개 이상의 해가 계산될 수 있음

⑥ 이자율 기간구조(기간별 이자율 상이)
- IRR법은 비교대상 자본비용(할인율) 선정 곤란

(3) 수정IRR법

① 모든 투자안의 재투자수익률을 자본비용으로 수정

② 혼합형 현금흐름인 경우에도 복수의 IRR이 계산되는 문제점 해결 가능

③ 투자규모가 동일한 경우에는 NPV법과 동일한 의사결정

(4) 증분현금흐름을 이용한 분석

① 의사결정결과 비교
- 증분NPV법 = 증분IRR법 = NPV법

② 증분IRR = 피셔의 수익률

04 자본예산의 현실적 적용

(1) 투자수익률 가정

구분	투자규모 차이	기간 중 현금흐름	내용연수 차이
NPV법, WAPI법	자본비용	자본비용	자본비용
IRR법	IRR (중복투자)	IRR	IRR (반복투자)
수정IRR법	MIRR	자본비용	자본비용
PI법	IRR	자본비용	자본비용
AEV법	자본비용	자본비용	IRR

(2) 투자규모가 상이한 경우

① 중복투자 가능 시: PI법

② 중복투자 불가능 시: NPV법

(3) 투자자금이 제한되어 있는 경우: 자본할당

① 부분투자 가능 시: PI가 높은 순서대로 투자

② 부분투자 불가능 시: 총NPV 또는 WAPI가 극대화되는 투자조합 선택

(4) 내용연수가 상이한 경우

① 반복투자 불가능 시: NPV법

② 반복투자 가능 시: 최소공배수법, 무한반복투자법, 연간균등가치법

③ 연간균등가치의 계산

- 무한반복투자 $NPV = \dfrac{AEV}{\text{자본비용}}$ ➜ $AEV =$ 무한반복투자 $NPV \times$ 자본비용
- 1회 투자 $NPV = AEV \times PVIFA(\text{내용연수})$ ➜ $AEV = \dfrac{\text{1회 투자 } NPV}{PVIFA(\text{내용연수})}$

(5) 인플레이션을 고려한 자본예산

① $\text{명목}CF_t = \text{실질}CF_t \times (1 + \text{예상인플레이션율})^t$

② (1 + 명목할인율) = (1 + 실질할인율) × (1 + 예상인플레이션율)

③ (1 + 명목성장률) = (1 + 실질성장률) × (1 + 예상인플레이션율)

④ 현금흐름과 할인율에 인플레이션의 효과를 일관되게 고려

- $PV = \dfrac{\text{명목}CF_t}{(1+\text{명목할인율})^t} = \dfrac{\text{실질}CF_t}{(1+\text{실질할인율})^t}$

05 최적소비 - 투자결정

(1) 소비와 효용

① 효용함수

- 불포화만족: 소비의 증가에 따라 총효용은 증가
- 한계효용의 체감: 소비의 증가에 따라 한계효용은 감소

② 무차별곡선

- 동일한 효용을 제공하는 현재소비와 미래소비의 조합들을 연결한 선
- 기울기(한계대체율, MRS): 현재소비와 미래소비 간의 주관적인 교환비율
- 기울기가 보다 가파른 투자자: 상대적으로 현재소비를 더 선호

(2) 자본시장(금융시장)의 존재와 최적소비의 결정

① 시장기회선(등현가선)

- 시장이자율로의 차입과 대출을 통해 가능한 현재소비와 미래소비의 조합
- 기울기 = -(1 + 시장이자율)

② 최적소비점

- 시장기회선상의 점: PV(부) = PV(소비)
- 시장기회선과 무차별곡선의 접점: -(1 + 시장이자율) = MRS

(3) 생산기회(투자기회)의 존재와 최적투자의 결정

① 생산기회선(투자기회선)
- 현재 투자액과 미래 투자수익 간의 조합
- 기울기(한계전환율, MRT) = -(1 + 한계투자수익률)

② 최적투자점
- 생산기회선상의 점
- 생산기회선과 무차별곡선의 접점: MRT = MRS

(4) 자본시장과 생산기회를 모두 이용하는 경우의 최적의사결정

① 1단계: 최적투자결정(부의 현재가치 극대화)
- 생산기회선상의 점
- 생산기회선과 시장기회선의 접점: MRT = -(1 + 한계투자수익률) = -(1 + 시장이자율)

② 2단계: 최적소비결정(효용의 극대화)
- 최적투자 후 시장기회선상의 점: 최적투자 후 PV(부) = PV(소비)
- 시장기회선과 무차별곡선의 접점: -(1 + 시장이자율) = MRS

06 피셔의 분리정리

(1) 분리정리의 의의

① 순현재가치의 극대화 = 기업가치의 극대화

② 소유와 경영의 분리

(2) 시장이자율의 변동: 시장이자율이 상승하는 경우

① 최적투자금액 감소: 실물자산 투자의 기회비용 증가

② 투자자의 효용
- 대출자의 효용 증가
- 차입자의 효용 일반적으로 감소
- 차입자 중에서 대출자로 전환하는 자 중의 일부는 효용 증가 가능

(3) 불완전자본시장과 피셔의 분리정리

① 시장의 불완전요인
- 차입이자율 > 대출이자율

② 차입자와 대출자의 최적투자점이 상이
- 피셔의 분리정리는 성립하지 않음
- 투자자의 효용함수가 투자의사결정에 영향을 미침

객관식 연습문제

01 현금흐름 분석 시 고려사항으로 적절하지 않는 것은? CPA 93

① 부수효과(잠식비용)는 현금흐름 추정 시 고려해야 한다.
② 증분개념을 이용하여 현금흐름을 추정해야 한다.
③ 기회비용은 현금흐름 추정 시 현금유출로 처리한다.
④ 감가상각비는 현금흐름 추정 시 현금유출로 처리하지 않는다.
⑤ 매몰원가는 현금흐름 추정 시 현금유출로 처리한다.

02 A기업은 신제품 K의 생산 및 출시를 계획하고 있으며, 자본예산기법을 사용하기 위해 증분현금흐름에 대한 분석을 진행하고 있다. 자본예산분석에 포함시켜야 할 증분현금흐름으로 가장 적절하지 않은 것은? CPA 22

① 신제품 K 생산을 위해 필요한 공장 내 공간을 외부에 임대했을 경우의 기대수익(이 공간은 현재 사용하지 않고 있으며 신제품 K 생산에 사용되지 않는다면 외부에 임대할 수 있음)
② 신제품 K의 출시로 인해 고객들이 A기업의 기존 제품을 구매하지 않고 신제품 K의 구매로 이동함으로써 발생하는 기존 제품의 매출 감소분
③ 신제품 K를 생산하기 위해 사용될 신규 기계장치의 설치와 관련된 운송 및 설치비용
④ 신제품 K의 수요분석을 위해 작년에 지출된 시장조사비용(이 시장조사의 긍정적인 결과에 따라 신제품 K를 출시하기 위한 프로젝트가 착수됨)
⑤ 신제품 K의 출시로 인해 A기업의 다른 제품에 대한 수요가 증가해서 발생하는 기존 제품의 매출 증가분

03 이미 구입하여 임대하고 있던 토지를 매각할 것인가 아니면 공장건물을 신축할 것인가에 관한 의사결정을 하려고 한다. 이에 대한 현금흐름을 가장 적절히 표현한 것은? CPA 96

- 토지의 취득원가는 5억원이다.
- 토지를 현재 처분하여 받을 수 있는 금액은 7억원이다.
- 현재 토지를 임대하여 수취하는 임대료는 80만원이다.

① 토지의 취득원가 5억원은 과거에 구입한 것으로 매몰원가이므로 고려의 대상이 아니다.
② 토지의 임대료 80만원은 기회비용이므로 고려하여야 한다.
③ 매각하여 받을 수 있는 7억원은 관련 현금흐름이 아니다.
④ 공장건물의 신축비용은 고려의 대상이 아니다.
⑤ 매각가액 7억원과 장부가액 5억원의 차액인 2억원에 대한 예상이자수익은 현금흐름에 포함한다.

04 증분현금흐름(incremental cash flow)을 고려해 투자의사결정을 해야 하는 다음의 상황에서 가장 적절하지 못한 주장은? CPA 04

① 은행이 부실기업에 대한 추가 자금지원 여부를 검토할 때, 추가로 지원할 자금과 함께 이미 부도처리된 대출금에 대해서도 원금과 이자를 회수할 수 있는지 고려해야 한다.
② 100억원에 구입한 토지에 30억원을 들인 주차장 시설을 철거하고 상가건물을 신축할지 여부를 검토할 때, 장부가치인 120억원이 아니라 토지와 주차장 시설을 매각하면 받을 수 있는 150억원(세후기준)을 비용으로 고려해야 한다.
③ 제주도의 한 호텔이 인근 골프장 인수 여부를 검토할 때, 골프장 예약이 수월해짐에 따라 증가하는 투숙객으로부터 예상되는 수입과 호텔 예약이 수월해짐에 따라 증가하는 골프장 이용객으로부터 예상되는 수입도 고려해야 한다.
④ 신제품 발매 여부를 검토할 때, 원자재 추가구입에 따른 외상매입금의 증가와 재고자산 및 보관창고 비용의 증가 그리고 현금보유액의 증가도 고려해야 한다.
⑤ 공장직원을 해외로 교육연수 보낼지 여부를 검토할 때, 항공료와 등록금은 물론 해당 직원의 업무를 맡은 신규채용 임시직원에게 지급할 급여도 함께 고려해야 한다.

05 M사는 임대건물의 신축과 주차장의 신축이라는 두 가지의 투자안을 고려하고 있다. 임대건물의 신축안은 초기투자액이 18억원이며, 1년 후에 24억원으로 매각할 수 있다고 한다. 주차장의 신축안은 단위당 1백만원을 초기투자하면 1년 후부터 매년 1백만원의 현금유입이 영구히 발생된다고 한다. 주차장의 신축 단위에는 제한이 없고, 신축규모에 대하여 수익률이 일정하다고 가정한다. 할인율을 동일하게 연 20%로 적용할 경우, 양 투자안의 순현재가치(NPV)가 같아지기 위해서는 주차장을 몇 단위 신축해야 하는가? CPA 00

① 10단위 ② 20단위 ③ 30단위
④ 40단위 ⑤ 50단위

06 하나기업은 5년 전에 기계를 4,000만원에 구입하였다. 구입했을 시 하나기업은 이 기계를 8년 동안 사용하며 8년 후 잔존가치는 없을 것으로 예상하였다. 하나기업은 이 기계를 현재 2,000만원에 매각할 예정이다. 자산처분시점에서의 현금흐름으로 적절한 금액은 얼마인가? (감가상각비는 정액법으로 계산하며 법인세율은 30%이다) CPA 06

① 2,000만원 ② 2,150만원 ③ 1,500만원
④ 1,850만원 ⑤ 1,650만원

07 K기업은 새로운 투자안을 발굴하기 위해서 컨설팅비용으로 50만원을 지출하였다. 이 기업은 내용연수가 3년인 기계설비를 도입하는 투자안을 순현가(NPV)법으로 평가하고자 한다. 3,000만원인 기계설비의 구입비용은 투자시작시점(t = 0)에서 전액 지출되며, 이 기계설비는 내용연수 동안 정액법으로 전액 감가상각되고, 투자안의 종료시점(t = 3)에서 500만원에 처분될 것으로 예상된다. 이 기계설비를 도입하면 매년(t = 1 ~ t = 3) 매출과 영업비용(감가상각비 제외)이 각각 2,000만원과 500만원 발생한다. 순운전자본은 투자시작시점에 300만원 투하되고, 투자안이 종료되는 시점에서 전액 회수된다. 법인세율은 30%이고 투자안의 할인율은 10%이다. 이 투자안의 순현가에 가장 가까운 것은? (단, 연 1회 복리를 가정하고, PVIF(10%, 3) = 0.7513, PVIFA(10%, 3) = 2.4868이다) CPA 20

① 4,955,250원 ② 5,455,250원 ③ 5,582,200원
④ 6,082,200원 ⑤ 6,582,200원

08 (주)한국은 기존의 생산라인 제어시스템을 교체하는 것을 고려하고 있다. 시스템이 교체되는 경우 (주)한국은 연간 약 50억원의 비용을 절감할 수 있을 것으로 예상된다. 신규 시스템의 구입 비용은 총 200억원이며 내용연수는 5년이다. 이 시스템은 정액법으로 감가상각되며 5년 사용 후 잔존가치는 없을 것으로 예상된다. 현재의 시스템도 전액 감가상각되었고 시장가치는 없다. 한편, 신규 시스템을 가동하기 위하여 순운전자본이 약 10억원 가량 추가로 필요하다. (주)한국의 법인세율은 20%이고 이 투자안에 대한 할인율은 15%라면 이 투자안의 순현가는 약 얼마인가? CPA 05

(n = 5)	현재가치계수	연금의 현재가치계수
15%	0.4972	3.3522
20%	0.4019	2.9906

① 66억원 ② 49억원 ③ - 44억원
④ - 49억원 ⑤ - 66억원

09 (주)대한은 새로운 투자안을 순현재가치법으로 평가하여 사업의 시행 여부를 결정하고자 한다. 상각대상 고정자산에 대한 총투자액은 15,000백만원으로 사업시작시점에서 모두 투자되며 사업기간은 10년이다. 고정자산은 10년에 걸쳐서 정액법으로 감가상각되며 투자종료시점에서의 잔존가치 및 매각가치는 없다. (주)대한은 매년 동일한 수량을 판매한다. 제품의 단위당 판매가격은 100백만원, 제품 단위당 변동비는 40백만원, 감가상각비를 제외한 연간 총고정비용은 2,500백만원이다. 법인세율은 35%이며 할인율은 8%이다. 연간 예상 제품판매수가 150개일 경우 이 투자안의 순현재가치(NPV)에 가장 가까운 것은 다음 중 어느 것인가? (단, 연 8%의 할인율에서 10년 만기 일반연금의 현가요소는 6.710이다) CPA 10

① 15,669백만원 ② 16,873백만원 ③ 17,267백만원
④ 18,447백만원 ⑤ 19,524백만원

10 (주)대한은 초기자금이 663,000원 소요되는 3년 연한의 시설장비 투자안을 고려 중이다. 이 투자안은 투자기간 동안 매년 매출을 285,000원 증가시킨다. 시설장비는 잔존가치를 0원으로 하여 투자기간 동안 정액법으로 감가상각된다. 한편 시설장비는 투자기간 종료시점에서 장부가치와 상이하게 50,000원에 처분될 것으로 추정된다. 이 투자안은 초기자금지출과 함께 25,000원의 순운전자본을 소요한다. 순운전자본은 투자기간 종료 후 전액 회수된다. 법인세는 30%, 요구수익률은 10%이다. 이 투자안의 순현가(NPV)와 가장 가까운 것은? (단, 감가상각비를 제외한 영업비용은 변동이 없다) CPA 11

① 18,084원 ② 19,414원 ③ 20,455원
④ 21,695원 ⑤ 22,754원

11 B출판사는 현재 사용하고 있는 구형 윤전기를 대체할 3년 수명의 신형 윤전기 구입을 고려하고 있다. 구형 윤전기는 완전상각되어 있으며 잔존 시장가치도 없다. 72억원인 신형 윤전기를 구입함으로 인해 3년 동안 연간 매출액이 구형 윤전기에 비해 28억원 증가하고, 매출원가는 변동이 없을 것으로 추정한다. 신형 윤전기는 정액법으로 3년 동안 100% 감가상각할 예정이나 3년 후(t = 3) 처분가치는 6억원일 것으로 추정하고 있다. 윤전기를 도입하면 초기(t = 0)에 3억원의 순운전자본이 소요되며, 이 순운전자본은 3년 후 시점에서 전액 회수된다. 법인세율이 30%라면 3년 후 시점에서의 증분현금흐름은 얼마인가? CPA 16

① 26.3억원 ② 34.0억원 ③ 35.8억원
④ 50.8억원 ⑤ 52.6억원

12 C기업은 기존의 기계설비를 새로운 기계설비로 교체할 것을 고려하고 있다. 기존의 기계설비는 3년 전 2,400만원에 취득했으며 구입 시 내용연수는 8년, 잔존가치는 없는 것으로 추정하였다. 기존의 기계는 현재 시장에서 1,000만원에 처분할 수 있다. 내용연수가 5년인 새로운 기계설비는 2,500만원이며 투자종료시점에서의 잔존가치 및 매각가치는 없다. 기존의 기계설비를 사용하는 경우에 매출액은 1,500만원, 영업비용은 700만원이고, 새로운 기계설비를 사용하는 경우 매출액은 1,800만원, 영업비용은 600만원이다. C기업의 감가상각방법은 정액법, 법인세율은 30%로 가정하였을 때, 새로운 기계설비를 도입할 경우 5년 후 시점(t = 5)에서 발생하는 증분현금흐름은 얼마인가?

CPA 15

① 310만원 ② 340만원 ③ 370만원
④ 400만원 ⑤ 430만원

13 탄산음료를 생산하는 H사는 현재 신개념의 이온음료 사업을 고려하고 있다. 이 투자안의 사업 연한은 5년이며, 이온음료 생산에 필요한 설비자산의 구입가격은 1,000만원이다. 설비자산은 잔존가치가 0원이며 5년에 걸쳐 정액법으로 상각된다. 5년 후 설비자산의 처분가치는 없을 것으로 예상된다. 이온음료는 매년 500개씩 판매되고, 이 제품의 단위당 판매가격은 5만원, 단위당 변동비용은 3만원이며, 감가상각비를 제외한 연간 총고정비용은 300만원으로 추정된다. 한편 이온음료가 판매될 경우 기존 탄산음료에 대한 수요가 위축되어 탄산음료의 판매량이 매년 100개씩 감소할 것으로 예상된다. 탄산음료의 단위당 판매가격은 2만원, 단위당 변동비는 1만원이다. H사의 법인세율은 40%이고 투자안의 자본비용은 10%이다. 설비자산의 투자는 현 시점(t = 0)에서 일시에 이뤄지고, 매출 및 제조비용과 관련된 현금흐름은 매년 말(t = 1 ~ 5)에 발생한다. 이 투자안의 순현재가치(NPV)에 가장 가까운 것은? (단, 연 10%의 할인율에서 5년 연금의 현가요소(present value interest factor for an annuity)는 3.7908이다)

CPA 14

① 820만원 ② 668만원 ③ 516만원
④ 365만원 ⑤ 213만원

14 (주)버젯은 내용연수가 3년인 기계를 구입하려고 한다. 이 기계는 정액법으로 상각되며, 3년 후 잔존가치는 없지만 처분가치는 1,000만원으로 예상된다. 이 기계를 도입할 경우(t = 0), 향후 3년 동안(t = 1 ~ t = 3) 매년 6,000만원의 매출액과 3,000만원의 영업비용(감가상각비 제외)이 발생한다. 자본비용은 10%이고 법인세율은 30%이다. 순현가(NPV)법으로 투자안을 평가할 경우, (주)버젯이 기계 구입비용으로 지불할 수 있는 최대금액과 가장 가까운 것은? (단, PVIFA(10%, 3) = 2.4869, PVIF(10%, 3) = 0.7513이다) CPA 18

① 7,536만원 ② 7,651만원 ③ 7,749만원
④ 7,899만원 ⑤ 7,920만원

15 (주)종로는 현재 사용 중인 기계를 대체할 새로운 기계의 구입을 고려 중이다. 이 프로젝트와 관련된 자료는 다음과 같다.

- 사용 중인 기계의 현재 시장가격은 250만원임
- 사용 중인 기계는 5년 전 500만원에 구입하였으며 정액법으로 감가상각하고, 구입 당시 내용연수는 10년, 잔존가치는 없는 것으로 추정하였음
- 새로운 기계는 5년 동안 정액법으로 완전상각되며, 5년 후 처분가치는 500만원으로 추정함
- 새로운 기계를 사용할 경우 매출액은 변하지 않으나 5년 동안 매년 200만원의 영업비용(감가상각비 제외)을 절감할 수 있음

법인세율은 40%이고 자본비용은 10%일 때, 이 기업이 지불할 수 있는 새로운 기계의 최대가격과 가장 가까운 것은? (단, 인플레이션은 없다고 가정하며, PVIF(10%, 5) = 0.6209이고 PVIFA(10%, 5) = 3.7908이다) CPA 23

① 1,170만원 ② 1,250만원 ③ 1,352만원
④ 1,480만원 ⑤ 1,565만원

16 (주)한국은 100억원을 투자하여 전자사업부를 신설하려고 하는데 향후 순현금흐름(단위: 억원)은 다음과 같이 예상된다. 순현금흐름의 성장률은 t = 1 ~ 4 시점까지는 높게 형성되다가, t = 5 시점 이후부터는 4%로 일정할 것으로 예상된다. 할인율은 고성장기간 동안 20%, 일정성장기간 동안 10%라고 할 때, 이 투자안의 순현재가치(NPV)와 가장 가까운 것은?

t	1	2	3	4	5
순현금흐름	10	16	20	30	16

① - 6.30억원 ② 26.13억원 ③ 74.09억원
④ 80.41억원 ⑤ 84.13억원

17 기계설비 투자안에 대한 자료가 다음과 같다. 자본비용은 10%이고 세금은 고려하지 않으며 연간 판매수량은 동일하다. 감가상각은 정액법을 따르며 투자종료시점에서 잔존가치와 매각가치는 없다고 가정한다. 다음 설명 중 가장 적절하지 않은 것은? (단, 회계손익분기점, 현금손익분기점, 재무손익분기점은 각각 영업이익, 영업현금흐름, 순현가를 0으로 하는 연간 판매수량을 의미한다. 3년 연금의 현가요소는 이자율이 10%일 때 2.4869이다) CPA 13

- 기계 구입가격 3,000만원
- 기계 내용연수 3년
- 감가상각비를 제외한 연간 고정비 1,000만원
- 단위당 판매가격 10만원
- 단위당 변동비 5만원

① 회계손익분기점에서 회수기간은 투자안의 내용연수와 동일하다.
② 재무손익분기점에서 내부수익률은 자본비용과 같다.
③ 현금손익분기점에서 내부수익률은 0%이다.
④ 순현가를 양(+)으로 하는 최소한의 연간 판매수량은 442개이다.
⑤ 세 가지 손익분기점을 큰 순서대로 나열하면 재무손익분기점, 회계손익분기점, 현금손익분기점이다.

18 순현가법과 내부수익률법에 관한 설명으로 바르지 못한 것은? CPA 93

① 두 방법 모두 현금흐름 할인모형이다.
② 순현가법에서는 자본비용으로 재투자됨을 가정하고, 내부수익률법에서는 내부수익률로 재투자됨을 가정한다.
③ 단일투자안일 경우 항상 동일한 결론을 갖는다.
④ 순현가법이 내부수익률법보다 우수한 방법이다.
⑤ 복수의 배타적인 투자안일 경우 항상 상반된 결과를 갖는다.

19 두 투자안 A와 B의 초기투자액이 5억원으로 동일하다. 두 투자안의 할인 전 현금유입액의 합은 A가 12억원, B가 10억원이지만 할인율 12%로 위의 투자안을 할인했을 때 동일한 NPV가 계산되었다. 할인율 변화에 민감한 투자안과 그 이유로 가장 적절한 것은? CPA 95

① 투자안 A: 현금유입이 불확실하기 때문에
② 투자안 B: 현금유입이 불확실하기 때문에
③ 투자안 A: NPV스케줄의 기울기가 가팔랐기 때문에
④ 투자안 B: NPV스케줄의 기울기가 가팔랐기 때문에
⑤ 투자안 B: 만기가 길기 때문에

20 NPV법과 IRR법에 관한 설명 중 옳지 않은 것은? CPA 98

① NPV법은 투자로부터 발생되는 현금흐름을 시장이자율로 재투자할 수 있다고 가정한다.
② IRR법은 투자로부터 발생되는 현금흐름을 내부수익률로 재투자할 수 있다고 가정한다.
③ 두 투자기법 모두 가치의 가산원칙을 만족시킨다.
④ 두 투자기법 모두 화폐의 시간가치를 반영한다.
⑤ 두 투자기법이 경우에 따라서는 서로 다른 투자결정을 내린다.

21 자본예산에서 순현가법과 내부수익률법의 평가결과가 다른 경우, 순현가법을 따르는 것이 바람직하다고 한다. 다음 중 순현가법의 우위를 설명하는 이유로 옳지 않은 것은? CPA 04

① 순현가법에서는 할인율로 재투자한다고 가정하고 있으나, 내부수익률법에서는 내부수익률로 재투자한다고 가정하고 있다.

② 내부수익률법에 의할 경우, 내부수익률이 존재하지 않거나 또는 내부수익률이 복수로 존재하는 경우가 있을 수 있다.

③ 할인율이 매기 변동하는 경우, 내부수익률법에 이를 반영하는 것은 곤란하지만, 순현가법에서는 비교적 용이하게 이를 반영할 수 있다.

④ 여러 개의 투자안을 결합하는 분석을 실시하는 경우, 순현가법은 개별투자안의 순현가를 독립적으로 구하여 합산하면 되지만, 내부수익률법은 개별투자안의 내부수익률을 독립적으로 구하여 합산하는 방법을 사용할 수 없다.

⑤ 투자규모가 다른 투자안을 비교하는 경우, 순현가는 각 투자안의 투자규모에 대비한 상대적 성과에 대한 정보를 제공하지만, 내부수익률은 절대적 성과에 대한 정보만 제공한다.

22 자본예산의 투자안 경제성 평가방법에 대한 다음의 설명 중 가장 옳지 않은 것은? CPA 05

① 할인회수기간은 회수기간보다 길다.

② 내부수익률(IRR)법의 재투자수익률에 대한 가정을 자본비용으로 수정한 수정내부수익률(MIRR)법에서는 2개 이상의 IRR이 나오지 않는다.

③ 내부수익률(IRR)이 자본비용보다 큰 경우, IRR값은 MIRR값보다 큰 값을 가진다.

④ 현금유입의 양상이 다르거나 투자수명이 다른 상호배타적인 두 개의 투자안은 투자규모가 동일하다면, MIRR법과 수익성지수(PI)법의 평가결과는 NPV법의 평가결과와 같다.

⑤ 순현재가치(NPV)법은 재투자수익률로 자본비용을 가정하고, 가치의 가산원리가 성립하며, 투자액의 효율성을 고려한 방법이다.

23 상호배타적인 투자안 A, B가 있다. 두 투자안의 투자규모 및 투자수명은 같으며, 투자안 A의 내부수익률(IRR)은 16%, 투자안 B의 내부수익률은 20%이다. 자본비용이 7%일 때 투자안 A의 순현가(NPV)가 투자안 B의 순현가보다 높다. 다음 설명 중 가장 적절한 것은? (단, 현재(0시점)에 현금유출이 발생하고, 이후 현금유입이 발생하는 투자형 현금흐름을 가정한다) CPA 17

① 자본비용이 7%보다 클 때 투자안 A의 순현가는 투자안 B의 순현가보다 항상 높다.
② 두 투자안의 순현가를 같게 하는 할인율은 7%보다 높다.
③ 자본비용이 5%일 때 투자안 B의 순현가는 투자안 A의 순현가보다 높다.
④ 투자안 B는 투자안 A에 비하여 투자기간 후기에 현금유입이 상대적으로 더 많다.
⑤ 자본비용이 16%일 때 투자안 B의 순현가는 0이다.

24 투자규모와 내용연수가 동일한 상호배타적인 투자안 A와 투자안 B를 대상으로 투자안의 경제성을 평가한다. 순현재가치(NPV)법에 의하면 투자안 A가 선택되나, 내부수익률(IRR)법에 의하면 투자안 B가 선택된다. 투자안 A에서 투자안 B를 차감한 현금흐름(투자안 간의 증분현금흐름)의 내부수익률은 10%이다. 투자안들의 내부수익률은 모두 자본비용보다 높고 두 투자안의 자본비용은 동일하다. 다음 설명 중 가장 적절하지 않은 것은? CPA 14

① 순현재가치법과 내부수익률법의 결과가 다른 이유는 내용연수 내 현금흐름에 대한 재투자수익률의 가정을 달리하기 때문이다.
② 투자안 A의 순현재가치와 투자안 B의 순현재가치는 모두 0원보다 크다.
③ 두 투자안의 순현재가치를 동일하게 만드는 할인율은 10%이다.
④ 내부수익률법이 아닌 순현재가치법에 따라 투자안 A를 선택하는 것이 합리적이다.
⑤ 투자안의 자본비용은 10%보다 높고 투자안 A의 내부수익률보다 낮은 수준이다.

25 투자규모와 내용연수가 동일한 상호배타적인 투자안 A와 투자안 B의 경제성을 평가하고자 한다. 투자안 A와 투자안 B의 자본비용은 동일하다. 두 투자안 간 증분현금흐름의 내부수익률은 15%이다. 현재시점에 현금유출이 발생하고, 이후 현금유입이 발생하는 투자형 현금흐름을 가정한다. NPV 곡선(NPV profile)은 가로축이 할인율, 세로축이 NPV를 표시하는 평면에서 도출된다. 다음 표는 투자안 A와 투자안 B의 순현재가치(NPV) 및 내부수익률(IRR)을 요약한다. 다음 설명 중 가장 적절하지 않은 것은? CPA 21

구분	투자안 A	투자안 B
NPV	4억원	3억원
IRR	20%	30%

① 투자안 A와 투자안 B의 NPV를 추정할 때의 자본비용은 15%보다 작다.
② 투자안 A의 NPV곡선이 투자안 B의 NPV곡선보다 완만하다.
③ 피셔수익률은 20%보다 작다.
④ 순현재가치법과 내부수익률법의 결과가 상이하면 순현재가치법에 따라서 투자안 A를 선택하는 것이 합리적이다.
⑤ 독립적인 투자안이라면 투자안 A와 투자안 B를 모두 선택하는 것이 바람직하다.

26 (주)성우의 CFO는 현재 100억원을 투자해야 하는 3년 수명의 상호배타적인 투자안 A와 투자안 B를 고려하고 있다. 두 투자안은 잔존가치 없이 3년간 정액법으로 감가상각되며 3년간 당기순이익은 투자안의 현금흐름과 같다. 두 개의 투자안 모두 자본비용은 20%이다. 투자의사결정과 관련된 다음의 내용 중 가장 옳지 않은 것은? CPA 07

투자안	현금흐름			*IRR*	*NPV*
	1년 후	2년 후	3년 후		
A	+40억원	+60억원	+90억원	34.4%	27.1억원
B	+60억원	+60억원	+60억원	36.3%	26.4억원

① 회수기간법에 의하면 A의 회수기간이 2년으로 B의 회수기간 1.67년보다 더 길므로 B를 선택한다.
② 평균회계이익률(*AAR*)법에 의하면 A의 *AAR*이 26.67%로 B의 *AAR* 20%보다 더 크므로 A를 선택한다.
③ 내부수익률(*IRR*)법에 의하면 A의 *IRR*이 B의 *IRR*보다 더 작으므로 B를 선택한다.
④ 증분내부수익률(*IRR*)법에 의하면 A의 현금흐름에서 B의 현금흐름을 차감한 현금흐름의 *IRR*인 1.9%가 영(zero)보다 크므로 A를 선택한다.
⑤ 수익률지수(*PI*)법에 의하면 A의 *PI*인 1.27이 B의 *PI*인 1.26보다 크므로 A를 선택한다.

27 다음 중 자본예산에 관한 설명으로 가장 적절하지 않은 것은? CPA 19

① 상호배타적인 두 투자안의 투자규모가 서로 다른 경우 순현가(NPV)법과 내부수익률(IRR)법에 의한 평가결과가 다를 수 있다.

② 순현가법은 자본비용으로 재투자한다고 가정하며, 가치의 가산원리가 적용된다.

③ IRR이 자본비용보다 큰 경우 수정내부수익률(MIRR)은 IRR보다 작은 값을 갖는다.

④ 수익성지수(PI)는 투자안의 부분적 선택이 가능한 자본할당(capital rationing)의 경우에 유용하게 사용된다.

⑤ PI법을 사용할 경우 PI가 0보다 크면 투자안을 채택하고, 0보다 작으면 투자안을 기각한다.

28 자본예산에 관한 설명으로 가장 적절하지 않은 것은? CPA 12

① 상호배타적인 투자안의 경우 투자규모 또는 현금흐름의 형태가 크게 다를 때 순현재가치법과 내부수익률법이 서로 다른 결론을 제시할 수 있다.

② 투자규모, 투자수명, 현금흐름양상이 서로 다른 상호배타적인 투자안을 내부수익률법으로 평가하는 경우 반드시 두 투자안의 NPV곡선이 상호 교차하는지 여부를 검토해야 한다.

③ 두 개의 NPV곡선이 교차하는 지점의 할인율을 Fisher 수익률이라고 한다.

④ 투자안의 경제성을 분석할 때 감가상각의 방법에 따라서 투자안의 현금흐름이 달라져서 투자안 평가에 영향을 미칠 수 있다.

⑤ 투자에 필요한 자금조달에 제약이 있는 경우 이 제약조건하에서 최적의 투자조합을 선택하는 의사결정을 자본할당(credit rationing)이라 하는데 이 경우 수익성지수법을 사용하면 항상 최적의 투자안 조합을 결정할 수 있다.

29 (주)대한은 다음 6개의 서로 독립적인 투자안을 고려하고 있다. 각 투자안에 대해 부분적인 투자는 불가능하다. 예를 들면, 투자안 A의 경우 최초투자비용 4억원을 100% 투자하든지 아니면 포기하든지 선택해야 한다. 현재 이 회사의 투자 가능한 금액은 12억원으로 제한되어 있다. 다음 중 (주)대한의 기업가치를 가장 극대화시킬 수 있는 투자조합은 어느 것인가? CPA 99

투자안	최초투자비용	수익성지수(Profitability Index)
A	4억원	1.40
B	5	1.20
C	3	1.40
D	6	1.15
E	4	1.23
F	6	1.19

① A, F ② B, F ③ D, F
④ A, B, C ⑤ A, C, E

30 (주)감마기업은 다음 네 개의 투자안을 검토하고 있다. 투자기간은 모두 1기간이며, 각 투자안에 적용되는 가중평균자본비용은 10%로 동일하다. 다음 설명 중 적절하지 않은 것은? CPA 08

투자안	투자액(t = 0)	수익성지수(PI)
A	1억	1.2
B	1	1.5
C	2	1.5
D	3	1.4

① 순현재가치(NPV)가 가장 큰 투자안은 D이다.
② 투자안 B와 투자안 C의 내부수익률(IRR)은 동일하다.
③ 투자안이 모두 상호배타적일 경우, 순현재가치법과 내부수익률법으로 평가한 결과는 상이하다.
④ 투자안이 모두 독립적이며 투자할 수 있는 총금액이 2억원으로 제약될 경우, 투자안 A와 투자안 B에 투자하는 것은 기업가치를 극대화시킬 수 있다.
⑤ 투자안이 모두 독립적이며 투자할 수 있는 총금액이 3억원으로 제약될 경우, 투자안 B와 투자안 C에 투자하는 것이 기업가치를 극대화시킬 수 있다.

31 (주)민국은 신형 기계를 도입하기로 하고 A형 기계와 B형 기계 두 기종을 검토 중이다. A형 기계의 구입원가는 10억원이고 매년 1억원의 유지비가 소요되며 수명은 2년이다. 한편 B형 기계는 구입원가가 14억원이고 매년 7천만원의 유지비가 소요되며 수명은 3년이다. 매년 두 기계로부터 얻는 미래 현금유입이 동일하며 일단 특정 기계를 선택하면 그 기계로 영구히 교체해서 사용해야 한다. 현금흐름이 실질현금흐름이고 실질할인율이 12%일 때 가장 적절하지 않은 것은? CPA 12

① A형 기계의 총비용의 현가는 근사치로 11.69억원이다.
② B형 기계의 총비용의 현가는 근사치로 15.68억원이다.
③ A형 기계의 등가연금비용(equivalent annual cost)은 근사치로 6.92억원이다.
④ B형 기계의 등가연금비용(equivalent annual cost)은 근사치로 5.53억원이다.
⑤ A형 기계의 등가연금비용(equivalent annual cost)은 B형 기계의 등가연금비용(equivalent annual cost)보다 크다.

32 다음 피셔의 분리정리에 대한 설명 중에서 바르지 못한 것은? CPA 96

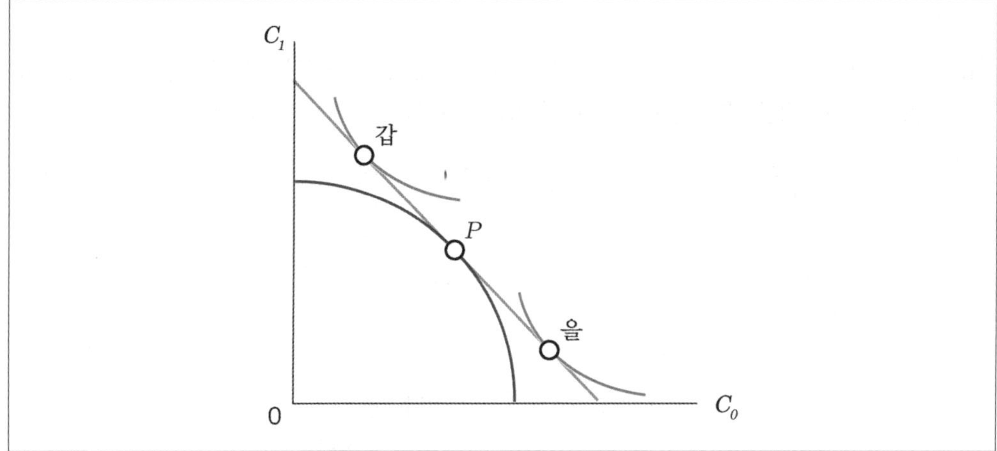

① 갑과 을의 최적실물투자점은 P이다.
② 시장이자율은 시장기회선의 기울기의 절댓값에서 1을 차감한 값이다.
③ 을이 갑보다 소비에 있어서 현재의 소비를 더 선호한다.
④ 최적실물투자점인 P에서 평균투자수익률이 극대화된다.
⑤ 최적소비점에서 갑과 을의 효용에 대한 무차별곡선의 한계대체율(MRS)이 같다.

정답 및 해설

정답

01	⑤	02	④	03	①	04	①	05	⑤	06	④	07	②	08	③	09	②	10	①
11	②	12	②	13	②	14	②	15	①	16	③	17	③	18	⑤	19	③	20	③
21	⑤	22	⑤	23	②	24	⑤	25	②	26	④	27	⑤	28	⑤	29	④	30	④
31	④	32	④																

해설

01 ⑤ 매몰원가는 과거의 의사결정을 통해 이미 지출된 비용이므로 현재의 의사결정에 따라 영향을 받지 않기 때문에 새로운 투자안의 현금흐름 추정 시 고려하지 않는다.

02 ④
① 기회비용이므로 현금유출로 처리한다.
② 부정적 부수효과(잠식비용)이므로 현금유출로 처리한다.
③ 관련원가이므로 현금유출로 처리한다.
④ 매몰원가(비관련원가)이므로 현금흐름에 고려하지 않는다.
⑤ 긍정적 부수효과이므로 현금유입으로 처리한다.

03 ①
② 의사결정(토지 매각 또는 공장건물 신축)의 결과와 무관하게 임대료 수입은 상실되는 것이므로 기회비용이 아닌 비관련원가이며, 현금흐름 추정 시 고려하지 않는다.
③ 토지 처분가격 7억원은 공장건물을 신축하는 방안의 기회비용이므로 고려해야 한다.
④ 공장건물의 신축비용은 신축하는 방안과 관련된 현금흐름이므로 고려해야 한다.
⑤ 금융비용(이자지급액, 배당지급액, 예상이자수익의 상실)은 할인율에 반영되므로 현금흐름 추정 시 고려하지 않는다.

04 ①
① 이미 부도처리된 대출금은 매몰원가로서 추가 자금지원 여부 검토 시에는 고려대상이 아니다.
② 상가건물 신축 시 토지와 주차장 시설의 매각을 포기하는 것이므로 세후 매각가액인 150억원을 기회비용(현금유출)으로 고려해야 한다.
③ 골프장 인수 시 호텔수입 증가분 등은 투자안의 부수효과이므로 골프장 인수 시의 현금유입으로 고려해야 한다.
④ 신제품 발매로 인한 순운전자본의 증감은 현금흐름 추정 시 고려해야 한다.

05 ⑤ 임대건물 신축안의 $NPV = -18억원 + \frac{24억원}{1.2} = 2억원$

주차장 1단위 신축안의 $NPV = -100만원 + \frac{100만원}{0.2} = 400만원$

∴ 주차장을 50단위 신축해야 한다.

06 ④ 현재 기계의 장부금액 = 4,000만원 - 4,000만원 × 5년/8년 = 1,500만원

처분시점의 현금유입액 = 처분가액 - (처분가액 - 장부금액) × 법인세율

= 2,000만원 - (2,000만원 - 1,500만원) × 0.3 = 1,850만원

07 ② ΔD = (3,000만원 - 0원) ÷ 3년 = 1,000만원

$\Delta OCF = (\Delta R - \Delta C) \times (1-t) + t \times \Delta D$

= (2,000만원 - 500만원) × (1 - 0.3) + 0.3 × 1,000만원 = 1,350만원

투자종료시점의 처분에 따른 유입액 = 처분가액 - (처분가액 - 장부금액) × 법인세율

= 500만원 - (500만원 - 0원) × 0.3 = 350만원

구분	0	1	2	3
ΔOCF		1,350	1,350	1,350
순운전자본	-300			300
투자/처분	-3,000			350
합계	-3,300	1,350	1,350	2,000

$NPV = -3,300만원 + 1,350만원 \times 2.4868 + 650만원 \times 0.7513 = 545.525만원 = 5,455,250원$

08 ③ ΔD = (200억원 - 0원) ÷ 5년 = 40억원

$\Delta OCF = (\Delta R - \Delta C) \times (1-t) + t \times \Delta D$

= 50억원 × (1 - 0.2) + 0.2 × 40억원 = 48억원

구분	0	1	2	3	4	5
ΔOCF		48	48	48	48	48
순운전자본	-10					10
투자/처분	-200					
합계	-210	48	48	48	48	58

NPV = - 210억원 + 48억원 × 3.3522 + 10억원 × 0.4972 = - 44억원

09 ② ΔD = (15,000백만원 - 0원) ÷ 10년 = 1,500백만원

$\Delta OCF = (\Delta R - \Delta C) \times (1-t) + t \times \Delta D$

= [(100백만원 - 40백만원) × 150개 - 2,500백만원] × (1 - 0.35) + 0.35 × 1,500백만원

= 4,750백만원

NPV = -15,000백만원 + 4,750백만원 × 6.71 = 16,873백만원

10 ① ΔD = (663,000원 - 0원) ÷ 3년 = 221,000원

$\Delta OCF = (\Delta R - \Delta C) \times (1-t) + t \times \Delta D$

= 285,000원 × (1 - 0.3) + 0.3 × 221,000원 = 265,800원

투자종료시점의 처분에 따른 유입액 = 처분가액 - (처분가액 - 장부금액) × 법인세율

= 50,000원 - (50,000원 - 0원) × 0.3 = 35,000원

구분	0	1	2	3
ΔOCF		265,800	265,800	265,800
순운전자본	-25,000			25,000
투자/처분	-663,000			35,000
합계	-688,000	265,800	265,800	325,800

$$NPV = -688,000\text{원} + \frac{265,800\text{원}}{1.1} + \frac{265,800\text{원}}{1.1^2} + \frac{325,800\text{원}}{1.1^3} = 18,084\text{원}$$

11 ② ΔD = (72억원 - 0원) ÷ 3년 = 24억원

$\Delta OCF = (\Delta R - \Delta C) \times (1-t) + t \times \Delta D$

= 28억원 × (1 - 0.3) + 0.3 × 24억원 = 26.8억원

투자종료시점의 처분에 따른 유입액 = 처분가액 - (처분가액 - 장부금액) × 법인세율

= 6억원 - (6억원 - 0원) × 0.3 = 4.2억원

구분	0	1	2	3
ΔOCF		26.8	26.8	26.8
순운전자본	-3			3
투자/처분	-72			4.2
합계	-75	26.8	26.8	34

12 ② $\Delta R = 1,800\text{만원} - 1,500\text{만원} = 300\text{만원}$

$\Delta C = 600\text{만원} - 700\text{만원} = -100\text{만원}$

$$\Delta D = \frac{2,500\text{만원} - 0\text{원}}{5\text{년}} - \frac{2,400\text{만원} - 0\text{원}}{8\text{년}} = 500\text{만원} - 300\text{만원} = 200\text{만원}$$

$\Delta OCF = (\Delta R - \Delta C) \times (1-t) + t \times \Delta D$

$= (300\text{만원} + 100\text{만원}) \times (1 - 0.3) + 0.3 \times 200\text{만원} = 340\text{만원}$

13 ② ΔD = (1,000만원 - 0원) ÷ 5년 = 200만원

$\Delta OCF = (\Delta R - \Delta C) \times (1-t) + t \times \Delta D$

= [500개 × (5만원 - 3만원) - 300만원 - 100개 × (2만원 - 1만원)] × (1 - 0.4) + 0.4 × 200만원

= 440만원

NPV = -1,000만원 + 440만원 × 3.7908 = 668만원

14 ② 3년 후 새로운 기계 처분에 따른 유입액 = 처분가액 - (처분가액 - 장부금액) × 법인세율

= 1,000만원 - (1,000만원 - 0원) × 0.3 = 700만원

$\Delta OCF = (\Delta R - \Delta C) \times (1-t) + t \times \Delta D$

$= (6{,}000\text{만원} - 3{,}000\text{만원}) \times (1-0.3) + 0.3 \times \frac{I - 0\text{원}}{3\text{년}} = 2{,}100\text{만원} + 0.1 \times I$

$NPV = -I + (2{,}100\text{만원} + 0.1 \times I) \times 2.4869 + 700\text{만원} \times 0.7513 > 0$

∴ 구입비용: $I < 7{,}651.17$만원

15 ① 현재시점 사용 중인 기계 처분에 따른 유입액 = 처분가액 - (처분가액 - 장부금액) × 법인세율

= 250만원 - (250만원 - 250만원) × 0.4 = 250만원

5년 후 새로운 기계 처분에 따른 유입액 $= 500\text{만원} - (500\text{만원} - 0\text{원}) \times 0.4 = 300\text{만원}$

$\Delta OCF = (\Delta R - \Delta C) \times (1-t) + t \times \Delta D$

$= 200\text{만원} \times (1-0.4) + 0.4 \times \left(\frac{I - 0\text{원}}{5\text{년}} - \frac{500\text{만원} - 0\text{원}}{10\text{년}}\right) = 100\text{만원} + 0.08 \times I$

$NPV = -I + 250\text{만원} + (100\text{만원} + 0.08 \times I) \times 3.7908 + 300\text{만원} \times 0.6209 > 0$

∴ 구입가격: $I < 1{,}170.24$만원

16 ③ $NPV = -100\text{억원} + \frac{10\text{억원}}{1.2} + \frac{16\text{억원}}{1.2^2} + \frac{20\text{억원}}{1.2^3} + \frac{30\text{억원}}{1.2^4} + \frac{16\text{억원}}{0.1-0.04} \times \frac{1}{1.2^4} = 74.09\text{억원}$

17 ③ ① 영업이익 $= Q \times (10\text{만원} - 5\text{만원}) - (1{,}000\text{만원} + 1{,}000\text{만원}) = 0$

➜ 회계손익분기점 연간 판매수량(Q): 400개

회계손익분기점 매년 현금유입액 $= 400\text{개} \times (10\text{만원} - 5\text{만원}) - 1{,}000\text{만원} = 1{,}000\text{만원}$

∴ 회계손익분기점에서의 회수기간은 투자안의 내용연수와 동일한 3년이다.

② 내부수익률은 순현가가 0이 되는 할인율이므로 재무손익분기점(순현가 = 0)에서 내부수익률은 자본비용과 같다.

③ 현금손익분기점에서 영업현금흐름이 0이므로 내부수익률은 -100%이다.

④ $NPV = -3{,}000\text{만원} + [Q \times (10\text{만원} - 5\text{만원}) - 1{,}000\text{만원}] \times 2.4869 > 0$

∴ 재무손익분기점 연간 판매수량(Q) > 441.26개

⑤ $OCF = Q \times (10\text{만원} - 5\text{만원}) - 1{,}000\text{만원} = 0$

➜ 현금손익분기점 연간 판매수량(Q): 200개

∴ 재무손익분기점(441.26개) > 회계손익분기점(400개) > 현금손익분기점(200개)

18 ⑤ 상호배타적인 투자안을 평가함에 있어서 자본비용(할인율)이 피셔의 수익률보다 작은 경우에 상반된 의사결정결과를 가져온다.

19 ③ 할인율이 0%인 경우 NPV_A = 12억원 - 5억원 = 7억원, NPV_B = 10억원 - 5억원 = 5억원이고, 할인율이 12%인 경우 두 투자안의 NPV가 동일하므로 할인율 변화에 따른 NPV의 변화가 보다 민감한, 즉 NPV곡선의 기울기가 보다 가파른 투자안은 투자안 A이다. NPV곡선의 기울기가 보다 가파른 투자안은 투자규모가 보다 대규모이거나, 내용연수가 보다 장기이거나, 투자안의 현금흐름이 보다 후반부에 집중된 투자안이다.

20 ③ NPV법은 가치가산의 원칙이 성립하지만, IRR법은 성립하지 않는다.

21 ⑤
② IRR법은 혼합형 현금흐름의 경우에 해가 없거나, 복수의 해가 존재할 수 있다.
③ 장단기이자율이 상이한 경우 IRR법은 비교대상 기회비용의 선정이 곤란하다.
④ IRR법은 가치가산의 원칙이 적용되지 않는다.
⑤ NPV법은 투자안의 성과를 절대적인 금액(절대적 성과)로 표현하는 방법이며, IRR법은 투자안의 성과를 상대적인 수익률(상대적 성과)로 표현하는 방법이다.

22 ⑤
① 일반적으로 할인율 > 0%이므로 미래현금흐름의 현재가치가 명목상 현금흐름보다 작기 때문에 할인회수기간은 회수기간보다 길다.
② 현금의 유입과 유출이 반복되는 혼합형 현금흐름의 경우에도 MIRR법을 사용하면 복수의 IRR이 계산되는 문제점을 해결할 수 있다.
③ MIRR법은 재투자수익률을 자본비용으로 가정하기 때문에 내부수익률(IRR)이 자본비용보다 큰 경우 투자안의 내용연수 동안 발생하는 현금흐름의 가치를 더 낮게 평가하므로 MIRR값은 IRR값보다 더 작게 된다.
④ 투자규모가 동일한 경우에는 상대적인 수익성(MIRR, PI)을 기준으로 투자안을 평가하는 결과와 절대적인 금액(NPV)을 기준으로 투자안을 평가하는 결과가 동일하다. 다만, 투자규모가 상이한 경우에는 절대적인 금액으로 표현되는 가치의 증가가 큰 투자안이라도 상대적인 수익성은 낮을 수 있으므로 각 방법의 평가결과는 다를 수 있다.
⑤ NPV법은 투자안의 성과를 절대적인 금액(절대적 성과)으로 표현하는 방법이므로 투자의 효율성(상대적인 성과: IRR, PI)은 고려하지 못하고 있다.

23 ②
② 자본비용이 7%인 경우에 NPV법의 의사결정결과와 IRR법의 의사결정결과가 상이하므로 두 투자안의 순현가를 같게 하는 할인율(피셔의 수익률)은 7%보다 높다.
① 자본비용이 피셔의 수익률보다 높은 구간에서는 투자안 B의 순현가가 투자안 A의 순현가보다 높지만, 자본비용이 피셔의 수익률보다 낮은 구간에서는 투자안 A의 순현가가 투자안 B의 순현가보다 높다.
③ 자본비용이 5%일 때 투자안 A의 순현가는 투자안 B의 순현가보다 높다.
④ 투자안 A의 NPV곡선의 기울기가 보다 가파르므로, 투자안 A는 투자안 B에 비하여 투자기간 후기에 현금유입이 상대적으로 더 많다.
⑤ 투자안 B의 IRR이 20%이므로 자본비용이 16%일 때 투자안 B의 순현가는 0보다 크다.

24 ⑤ ② 투자안들의 내부수익률이 모두 자본비용보다 높기 때문에 두 투자안의 순현재가치는 모두 0원보다 크다.

③ 두 투자안의 순현재가치가 동일하게 되는 할인율인 피셔의 수익률은 증분현금흐름의 내부수익률(증분IRR)과 동일한 10%이다.

⑤ NPV법과 IRR법의 의사결정결과가 상반되는 상황은 자본비용이 피셔의 수익률인 10%보다 작은 구간에서 발생한다.

25 ② ③ 피셔수익률은 증분현금흐름의 내부수익률과 같은 15%이다.

① NPV법과 IRR법의 평가결과가 상반되는 상황이므로 자본비용은 피셔수익률 15%보다 작다.

② 할인율이 변동하는 경우에 투자안 B보다 투자안 A의 NPV 변동이 심하기 때문에 투자안 A의 NPV 곡선이 보다 가파르다.

⑤ 독립적인 투자안이라면 두 투자안의 NPV가 모두 양(+)수이므로 두 투자안 모두 선택하는 것이 바람직하다.

26 ④ ① A의 회수기간 = 2년

B의 회수기간 = $1 + \frac{40억원}{60억원}$ = 1.67년

② A의 AAR = $\frac{(40억원 + 60억원 + 90억원) \div 3년}{(100억원 + 0원) \div 2} = 126.67\%$

B의 AAR = $\frac{(60억원 + 60억원 + 60억원) \div 3년}{(100억원 + 0원) \div 2} = 120\%$

④ $\frac{20억원}{(1 + 증분IRR_{(A-B)})} = \frac{30억원}{(1 + 증분IRR_{(A-B)})^3}$

∴ 증분$IRR_{(A-B)}$ = 22.46% > 자본비용(20%) ➜ A를 선택한다.

⑤ A의 PI = $\frac{100억원 + 27.1억원}{100억원} = 1.271$

B의 PI = $\frac{100억원 + 26.4억원}{100억원} = 1.264$

27 ⑤ PI법을 사용할 경우 PI가 1보다 크면 투자안을 채택하고, 1보다 작으면 투자안을 기각한다.

28 ⑤ 투자안의 부분(분할)투자가 가능한 경우에는 수익성지수법을 이용해서 수익성지수가 높은 투자안부터 투자하면 최적의 투자안 조합을 선택할 수 있으나, 투자안의 부분투자가 불가능한 경우에는 가능한 투자조합들 중에서 총투자의 순현재가치가 극대화되는 투자안 조합 또는 가중평균수익성지수가 극대화되는 투자안 조합을 선택해야 최적의 투자안 조합을 결정할 수 있다.

29 ④ $NPV_A = 4억원 \times 0.4 = 1.6억원$
$NPV_B = 5억원 \times 0.2 = 1.0억원$
$NPV_C = 3억원 \times 0.4 = 1.2억원$
$NPV_D = 6억원 \times 0.15 = 0.9억원$
$NPV_E = 4억원 \times 0.23 = 0.92억원$
$NPV_F = 6억원 \times 0.19 = 1.14억원$

투자조합	총투자액	잔여자금	*NPV*	*WAPI*
A + F	10억원	2억원	2.74억원	1.2283
B + F	11억원	1억원	2.14억원	1.1783
D + F	12억원	0원	2.04억원	1.1700
A + B + C	12억원	0원	3.80억원	1.3167
A + C + E	11억원	1억원	3.72억원	1.3100

30 ④

투자안	투자액(t = 0)	수익성지수	PV(유입액)	NPV	유입액(t = 1)	IRR
A	1억	1.2	1.2억	0.2억	1.32억	32%
B	1억	1.5	1.5억	0.5억	1.65억	65%
C	2억	1.5	3.0억	1.0억	3.30억	65%
D	3억	1.4	4.2억	1.2억	4.62억	54%

$NPV_{(A+B)}$ = 0.7억원 < NPV_C = 1억원
∴ 투자할 수 있는 총금액이 2억원인 경우 투자안 C에 투자하는 것이 기업가치를 극대화시킬 수 있다.

31 ④ ① A형 기계의 총비용의 현가: $10억원 + \frac{1억원}{1.12} + \frac{1억원}{1.12^2} = 11.69억원$

② B형 기계의 총비용의 현가: $14억원 + \frac{0.7억원}{1.12} + \frac{0.7억원}{1.12^2} + \frac{0.7억원}{1.12^3} = 15.68억원$

③ A형 기계의 등가연금비용: $EAC_A = 11.69억원 \div (\frac{1}{1.12} + \frac{1}{1.12^2}) = 6.92억원$

④ B형 기계의 등가연금비용: $EAC_B = 15.68억원 \div (\frac{1}{1.12} + \frac{1}{1.12^2} + \frac{1}{1.12^3}) = 6.53억원$

⑤ $EAC_A = 6.92억원 > EAC_B = 6.53억원$

32 ④ 최적실물투자점인 P는 투자의 NPV가 극대화되는 점이며, 투자의 한계수익률이 시장이자율과 같아지는 점이다. 실물투자기회에 투자 시 투자수익률이 높은 투자안에 우선적으로 투자할 것이므로 총투자액에 대한 수익률인 평균투자수익률은 최초 투자시점에서 가장 높다.

제3장

포트폴리오이론

핵심 이론 요약

객관식 연습문제

정답 및 해설

핵심 이론 요약

01 통계적 측정치

(1) 기대수익률과 위험

① 자산 1의 기대수익률: $E(R_1) = \Sigma p \times R_1$

② 자산 1 수익률의 분산: $Var(R_1) = \sigma_1^2 = \Sigma p \times [R_1 - E(R_1)]^2$

③ 자산 1 수익률의 표준편차: $\sigma_1 = \sqrt{Var(R_1)}$

(2) 확률변수들 간의 관계에 대한 측정치

① 수익률 간의 공분산: $Cov(R_1,\ R_2) = \sigma_{12} = \Sigma p \times [R_1 - E(R_1)] \times [R_2 - E(R_2)]$

② 수익률 간의 상관계수: $\rho_{12} = \dfrac{\sigma_{12}}{\sigma_1 \times \sigma_2}$

02 위험회피형 투자자의 효용함수와 의사결정

(1) 위험회피형 투자자의 효용함수

① 불포만성 가정[$U(W)' > 0$]: 부가 증가하는 경우에 효용은 증가

② 한계효용 체감[$U(W)'' < 0$]: 부가 증가하는 경우에 한계효용은 감소

(2) 의사결정

① 확실성등가(CEQ): 기대효용과 동일 효용을 제공하는 확실한 부의 수준

② 갬블의 비용 = 현재부 - 확실성등가

③ 지급 가능한 최대 참가비 = 확실성등가 - 현재부

④ 위험프리미엄 = 기대부 - 확실성등가

⑤ 지급 가능한 최대 보험료 = 보장되는 부 - 확실성등가

03 2개의 자산으로 구성된 포트폴리오

(1) 포트폴리오의 기대수익률과 위험

① 기대수익률: $E(R_P) = w_1 E(R_1) + w_2 E(R_2)$

② 수익률의 분산: $\sigma_P^2 = w_1^2\sigma_1^2 + w_2^2\sigma_2^2 + 2w_1w_2\sigma_{12} = w_1^2\sigma_1^2 + w_2^2\sigma_2^2 + 2w_1w_2\rho_{12}\sigma_1\sigma_2$

(2) 상관계수에 따른 분산투자효과

① $\rho_{12} = +1$인 경우: 분산투자효과는 발생하지 않음

- $\sigma_P = w_1\sigma_1 + w_2\sigma_2$

② $\rho_{12} = -1$인 경우: 분산투자효과 극대화

- $\sigma_P = w_1\sigma_1 - w_2\sigma_2$ 또는 $\sigma_P = -w_1\sigma_1 + w_2\sigma_2$

(3) 최소분산포트폴리오(MVP)

① MVP 구성을 위한 투자비율: $w_1 = \dfrac{\sigma_2^2 - \sigma_{12}}{\sigma_1^2 + \sigma_2^2 - 2\sigma_{12}}$

- $\rho_{12} = 0$인 경우: $w_1 = \dfrac{\sigma_2^2}{\sigma_1^2 + \sigma_2^2}$
- $\rho_{12} = -1$인 경우: $w_1 = \dfrac{\sigma_2}{\sigma_1 + \sigma_2}$
- $\sigma_1 = \sigma_2$인 경우: $w_1 = \dfrac{\sigma_2^2 - \sigma_1\sigma_2\rho_{12}}{\sigma_1^2 + \sigma_2^2 - 2\sigma_1\sigma_2\rho_{12}} = \dfrac{\sigma^2 - \sigma^2\rho_{12}}{2\sigma^2 - 2\sigma^2\rho_{12}} = \dfrac{\sigma^2(1-\rho_{12})}{2\sigma^2(1-\rho_{12})} = 0.5$

② $0 < \sigma_1 < \sigma_2$인 경우에 $\sigma_P < \sigma_1$이 가능한 상관계수의 범위: $-1 \le \rho_{12} < \dfrac{\sigma_1}{\sigma_2}$

(4) 포트폴리오의 위험(수익률의 분산)에 대한 개별자산의 공헌도와 공헌비율

① 개별자산 1의 공헌도 $= w_1^2\sigma_1^2 + w_1w_2\sigma_{12} = w_1 \times (w_1\sigma_1^2 + w_2\sigma_{12}) = w_1 \times \sigma_{1P}$

② 개별자산 1의 공헌비율 $= \dfrac{w_1 \times \sigma_{1P}}{\sigma_P^2}$

04 n개의 자산으로 구성된 포트폴리오

(1) 포트폴리오의 기대수익률과 위험

① 기대수익률: $E(R_P) = \sum_{i=1}^{n} w_i \times E(R_i)$

② 수익률의 분산: $\sigma_P^2 = \sum_{i=1}^{n}\sum_{j=1}^{n} w_iw_j\sigma_{ij} = \sum_{i=1}^{n} w_i^2\sigma_i^2 + \sum\sum_{i \ne j} w_iw_j\sigma_{ij}$

(2) 포트폴리오의 분산투자효과

① n개의 자산에 동일한 비율($\frac{1}{n}$)씩 투자하는 포트폴리오의 위험

- $\sigma_P^2 = \dfrac{1}{n} \times (\overline{\sigma_i^2} - \overline{\sigma_{ij}}) + \overline{\sigma_{ij}}$
- $\overline{\sigma_i^2}$: 개별자산 수익률 분산의 평균
- $\overline{\sigma_{ij}}$: 개별자산 수익률 간 공분산의 평균

② 포트폴리오에 포함되는 자산의 수를 무한히 증가시키는 경우

- $\lim_{n \to \infty}(\sigma_P^2) = \overline{\sigma_{ij}}$

객관식 연습문제

01 만기가 1년 후이고 만기일 이전에는 현금흐름이 발생하지 않는 위험자산 A가 있다. 이 자산은 만기일에 경기가 호황인 경우 140원, 불황인 경우 80원을 투자자에게 지급한다. 위험자산 A의 현재 적정 가격이 100원이라면, 위험자산 A의 적정 할인율에 가장 가까운 것은? (단, 경기가 호황과 불황이 될 확률은 각각 50%이다) CPA 19

① 연 8% ② 연 10% ③ 연 14%
④ 연 20% ⑤ 연 30%

02 자산 세 개(A, B, C)의 1년 후 시장상황에 따른 예상수익(단위: 원)은 다음과 같다. 자산 A의 현재가격은 100원이다. 다음 중 자산의 균형가격으로 성립될 수 없는 것은? (단, 1년 후 호황과 불황의 확률은 각각 50%이다) CPA 06

구분	자산 A	자산 B	자산 C
1년 후 수익(호황)	110	120	160
1년 후 수익(불황)	110	100	80

① 위험회피형 투자자만 있는 세계에서 자산 B의 현재가격이 97원이다.
② 위험회피형 투자자만 있는 세계에서 자산 C의 현재가격이 105원이다.
③ 위험선호형 투자자만 있는 세계에서 자산 C의 현재가격이 115원이다.
④ 위험중립형 투자자만 있는 세계에서 자산 B의 현재가격이 100원이다.
⑤ 위험중립형 투자자만 있는 세계에서 자산 C의 현재가격이 107원이다.

03 아래 표에서와 같이 A, B, C 및 D 투자안의 호경기와 불경기 때의 수익률이 주어져 있다. 네 투자안 가운데 하나를 선택하는 경우, 다음의 설명 중 옳은 것을 모두 모아 놓은 것은? (단, 호경기와 불경기가 발생할 확률은 각각 1/2로 동일하다) CPA 04

투자안	호경기	불경기
A	10%	10%
B	13%	7%
C	14%	6%
D	15%	9%

a. 위험회피형 투자자들 가운데에서도 D 투자안을 선택하는 투자자가 있다.
b. 위험중립형 투자자는 A 투자안, B 투자안 및 C 투자안을 동일하게 평가한다.
c. 위험선호형 투자자는 A 투자안과 B 투자안 중에서는 B 투자안을 선택한다.

① a, b, c ② b, c ③ a, c
④ a, b ⑤ c

04 다음은 세 가지 위험자산(A, B, C)의 기대수익률과 표준편차이다. 지배원리를 적용하였을 때, 옳은 것만을 모두 고르면? (단, 투자자는 위험회피형이고, 투자자의 효용함수는 2차함수의 형태를 가지며, 수익률은 정규분포를 따른다고 가정한다) CPA 15

	A	B	C
기대수익률	10%	15%	20%
표준편차	5%	?	15%

a. B의 표준편차가 3%이면, A가 B를 지배한다.
b. B의 표준편차가 18%이면, B가 C를 지배한다.
c. B의 표준편차가 13%이면, A, B, C 사이에는 지배관계가 성립하지 않는다.

① a ② b ③ c
④ a, b ⑤ b, c

05 현재 3,000만원의 가치가 있는 차량을 보유하고 있는 K 씨는 차량파손에 따른 손실에 대비하여 보험 가입을 고려하고 있다. 사고가 발생할 확률은 5%이며, 사고 발생 시 차량의 가치가 1,000만원이 될 가능성은 40%이고, 100만원이 될 가능성은 60%이다. 차량파손 시 그 손실액을 전액 보상하는 보험에 대하여 K 씨가 지불할 수 있는 최대 보험료와 가장 가까운 금액은? (단, K 씨의 효용함수는 $\sqrt{W}$이며, W의 단위는 만원이다) CPA 23

① 108만원 ② 138만원 ③ 158만원
④ 172만원 ⑤ 195만원

06 위험자산 A, B, C의 기대수익률과 수익률의 표준편차는 다음과 같다. 지배원리를 이용하여 투자자 갑은 이들 세 가지 위험자산 가운데 두 가지 효율적 자산을 선택하고, 이 두 가지 효율적 자산에 각각 50%씩 투자하여 포트폴리오 K를 구성하고자 한다. 포트폴리오 K 수익률의 표준편차에 가장 가까운 것은? (단, 각 위험자산 사이의 상관계수는 모두 0이라고 가정한다) CPA 16

위험자산	A	B	C
기대수익률	9%	12%	10%
표준편차	13%	15%	10%

① 7% ② 8% ③ 9%
④ 10% ⑤ 11%

07 다음은 A, B 두 주식에 대한 기대수익률, 수익률의 표준편차, 수익률의 공분산이다. 총 1억원의 투자 자금으로 위의 주식들을 활용하여 I, II, III 세 가지의 포트폴리오를 구축하였다고 하면 위험회피형 투자자의 투자 행태에 대한 설명으로 가장 적절한 것은? CPA 05

$E(R_A) = 8\%,\ E(R_B) = 10\%$

$\sigma(R_A) = 10\%,\ \sigma(R_B) = 15\%,\ Cov(R_A,\ R_B) = -0.006$

포트폴리오	주식 A	주식 B
I	1억원	-
II	5천만원	5천만원
III	-	1억원

① 포트폴리오 I은 적절한 투자안이 될 수 있다.
② 포트폴리오 II는 적절한 투자안이 될 수 있다.
③ 지배원리에 의하면 포트폴리오 III은 포트폴리오 II보다 효율적인 투자안이므로 II를 지배한다.
④ 위험회피도가 낮은 투자자는 포트폴리오 III에 비하여 포트폴리오 I을 선택할 가능성이 높다.
⑤ 위험회피도가 높은 투자자는 포트폴리오 II에 비하여 포트폴리오 III을 선택할 가능성이 높다.

08 다음 그림에서 가로축은 투자안의 위험을 나타내고 세로축은 투자안의 기대수익을 나타낸다. 이 그림 중에서 위험중립형 투자자의 등기대효용곡선은 어느 것인가? CPA 12

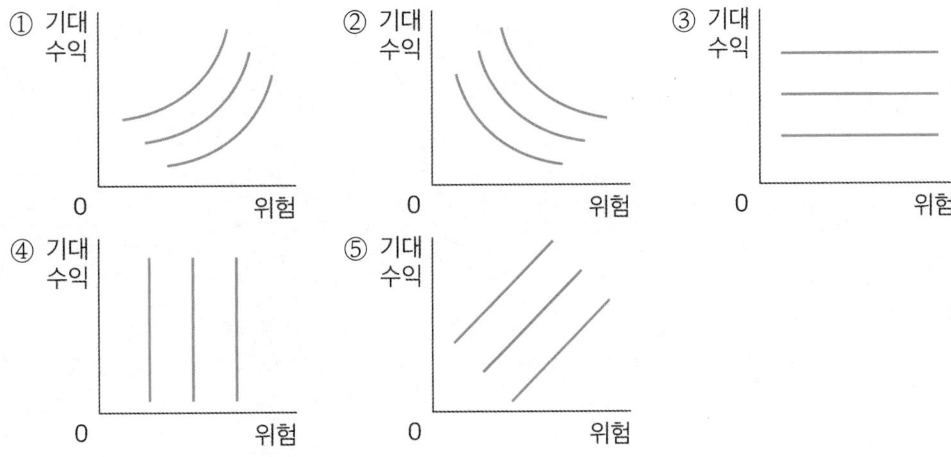

09 포트폴리오 분산투자의 효과에 대한 설명 중 가장 타당한 것은? CPA 97

① 완전한 분산투자는 모든 위험을 제거한다.
② 양(+)의 상관계수를 가지는 주식들 사이에는 분산투자효과가 없다.
③ 포트폴리오에 포함된 주식의 종류가 많을수록 총위험은 줄어든다.
④ 15 ~ 20 종류의 주식을 구입하기 전에는 분산투자효과가 없다.
⑤ 분산투자로 포트폴리오의 기대수익률은 줄어든다.

10 주식 A의 수익률 기댓값과 표준편차는 각각 12%와 4%이고, 주식 B의 수익률 기댓값과 표준편차는 각각 15%와 8%이다. 이 두 주식에 분산투자하여 포트폴리오를 구성하는 경우 적절한 항목만을 모두 선택한 것은? (단, 주식의 공매도가 가능하다) CPA 23

a. 두 주식 수익률 간의 상관계수가 (-)1인 경우 표준편차가 7%인 모든 포트폴리오의 기대수익률 평균은 13%이다.
b. 두 주식 수익률의 공분산이 0인 경우 포트폴리오의 기대수익률은 0%가 될 수 있다.
c. 포트폴리오의 기대수익률은 투자비율뿐만 아니라 두 주식의 상관계수에도 영향을 받는다.
d. 두 주식 수익률 간의 상관계수가 1인 경우 최소분산포트폴리오를 구성할 때 주식 A의 투자비율은 150%이다.

① a, b ② a, d ③ b, c
④ a, b, d ⑤ b, c, d

11 다음의 조건을 만족하는 위험자산 A와 위험자산 B로 구성된 포트폴리오 p에 관한 설명으로 적절한 항목만을 모두 선택한 것은? (단, $E(R_A)$, $E(R_B)$ 그리고 $E(R_p)$는 각각 위험자산 A, 위험자산 B 그리고 포트폴리오 p의 기대수익률을 나타내고, σ_A와 σ_B는 각각 위험자산 A와 위험자산 B 수익률의 표준편차를 나타낸다) CPA 20

<조건>
- 위험자산 A 수익률과 위험자산 B 수익률 간의 상관계수(ρ)는 -1보다 크고 1보다 작다.
- 공매도(short sale)는 허용되지 않는다.

a. $0 < E(R_A) \leq E(R_B)$의 관계가 성립한다면, 상관계수(ρ)의 크기에 관계없이 $E(R_A) \leq E(R_p) \leq E(R_B)$이다.

b. $\sigma_A = \sigma_B$인 경우, 상관계수(ρ)의 크기에 관계없이 두 위험자산에 투자자금의 50%씩을 투자하면 최소분산포트폴리오를 구성할 수 있다.

c. 위험자산 A와 위험자산 B에 대한 투자비율이 일정할 때, 상관계수(ρ)가 작아질수록 포트폴리오 p 수익률의 표준편차는 작아진다.

① a　② a, b　③ a, c
④ b, c　⑤ a, b, c

12 시장에는 두 개의 위험자산 A와 B만 존재한다고 가정하자. 이 두 위험자산의 기대수익률은 동일하며, 위험(표준편차) 역시 서로 동일하다. 위험회피적인 투자자 갑은 두 개의 위험자산 A와 B로 포트폴리오를 구성하려고 한다. 투자자 갑의 최적포트폴리오에서 위험자산 A에 대한 투자비율은 얼마인가? (단, 이 두 자산 사이의 공분산[$Cov(R_A, R_B)$]은 0이다) CPA 15

① 0.0　② 1/4　③ 1/3
④ 1/2　⑤ 2/3

13 지배원리를 이용하여 두 위험자산 A, B에서만 자산을 선택하려고 한다. 두 자산 A와 B의 기대수익률과 표준편차가 다음 표와 같다. 두 자산 간의 상관계수가 0이라고 가정할 때, 다음 설명 중 적절하지 않은 것은? CPA 18

자산	기대수익률	표준편차
A	12%	10%
B	5%	20%

① 상호배타적 투자의 경우, 모든 위험회피적 투자자는 자산 A를 선택한다.
② 상호배타적 투자의 경우, 모든 위험중립적 투자자는 자산 A를 선택한다.
③ 상호배타적 투자의 경우, 자산 A를 선택하는 위험선호적 투자자가 존재할 수 있다.
④ 두 자산으로 분산투자하는 경우, 모든 위험회피적 투자자는 자산 A를 양의 비율로 보유한다.
⑤ 두 자산으로 분산투자하는 경우, 자산 A와 B를 각각 70%와 30%의 비율로 보유하는 위험회피적 투자자가 존재할 수 있다.

14 두 개의 자산으로 포트폴리오를 구성하고자 한다. 각 자산의 수익률의 표준편차와 구성비율은 다음과 같다. 아래에서 옳은 기술만을 모두 모은 것은? (단, $\sigma_1 < \sigma_2$, $w_1 + w_2 = 1$, $w_1 \geq 0$, $w_2 \geq 0$이다) CPA 06

	표준편차	구성비율
자산 Ⅰ	σ_1	w_1
자산 Ⅱ	σ_2	w_2

a. 상관계수가 -1일 경우 무위험포트폴리오를 만들기 위한 구성비율은 $w_1 = \frac{\sigma_1}{\sigma_1 + \sigma_2}$, $w_2 = \frac{\sigma_2}{\sigma_1 + \sigma_2}$이다.
b. 만약 $\sigma_1 = 0$이고, $w_1 = w_2 = 0.5$이면 포트폴리오의 표준편차는 $0.5\sigma_2$이다.
c. 상관계수가 양수이면 포트폴리오의 표준편차는 항상 σ_1보다 크거나 같다.

① a ② b ③ a, b
④ b, c ⑤ a, b, c

15 두 개의 자산만으로 포트폴리오를 구성하려고 한다. 자산의 기대수익률과 표준편차는 아래와 같다. 다음 설명 중 적절한 항목만을 모두 고르면? (단, 공매도는 가능하지 않다고 가정한다) CPA 13

	기대수익률	표준편차
자산 I	13%	10%
자산 II	20%	15%

(가) 상관계수가 -1일 경우 무위험포트폴리오를 만들기 위한 두 자산 I, II의 구성비율은 각각 0.4와 0.6이다.
(나) 상관계수가 0.2일 경우 포트폴리오의 표준편차를 10%보다 작게 만드는 두 자산의 구성비율이 존재한다.
(다) 상관계수가 0.8일 경우 포트폴리오의 표준편차는 결코 10%보다 작을 수 없다.
(라) 두 자산으로 구성된 포트폴리오 A와 B가 모두 효율적(efficient) 포트폴리오라면, 두 포트폴리오 A와 B의 구성비를 선형 결합한 새로운 포트폴리오도 효율적이다.

① (나), (라) ② (다), (라) ③ (나), (다)
④ (나), (다), (라) ⑤ (가), (나), (라)

16 두 개의 주식(A와 B)으로 포트폴리오를 구성하고자 한다. 공매도(short sale)가 허용된다고 가정할 때, 다음 중 수익률의 표준편차가 0인 포트폴리오를 구성할 수 있는 경우만을 모두 선택한 것은? (단, 두 주식 수익률의 표준편차는 모두 0보다 크다고 가정한다) CPA 19

a. 주식 A와 B 수익률의 상관계수가 -1인 경우
b. 주식 A와 B 수익률의 상관계수가 0인 경우
c. 주식 A와 B 수익률의 상관계수가 1인 경우

① a ② a, b ③ a, c
④ b, c ⑤ a, b, c

17 주식 A의 수익률의 평균(= 기댓값)과 표준편차는 각각 9%와 20%이고, 주식 B의 수익률의 평균과 표준편차는 각각 5%와 10%이다. 이 두 주식에 분산투자하는 포트폴리오 C의 수익률의 평균과 분산에 관한 주장 중 맞는 것을 모두 골라라. (단, 주식의 공매도(short sale)가 가능하며, 두 주식의 수익률의 공분산은 0이다) CPA 09

a. 포트폴리오 C의 수익률의 평균이 29%가 될 수 있다.
b. 포트폴리오 C의 수익률의 평균이 0%가 될 수 있다.
c. 포트폴리오 C의 수익률의 평균이 -5%가 될 수 있다.
d. 포트폴리오 C의 분산이 0이 될 수 있다.

① a, b, c, d ② a, b, c ③ b, c
④ a, c ⑤ b, c, d

18 주식과 채권 반반으로 구성된 뮤추얼펀드가 있다고 하자. 뮤추얼펀드를 구성하고 있는 주식과 채권의 분산이 각각 0.16과 0.04이고, 주식과 채권 간의 공분산은 -0.1이다. 뮤추얼펀드의 분산을 $\sigma_P^2 = w_S S_S + w_B S_B$라고 할 때($w_S = w_B = \frac{1}{2}$, S_S= 주식으로 인한 뮤추얼펀드의 분산 기여도, S_B= 채권으로 인한 뮤추얼펀드의 분산 기여도), S_S는 얼마인가? CPA 01

① 0.02 ② 0.03 ③ 0.05
④ 0.08 ⑤ 0.16

정답 및 해설

정답

01	②	**02**	⑤	**03**	①	**04**	③	**05**	⑤	**06**	③	**07**	②	**08**	③	**09**	③	**10**	①
11	⑤	**12**	④	**13**	⑤	**14**	②	**15**	④	**16**	③	**17**	②	**18**	②				

해설

01 ② $100원 = \dfrac{140원 \times 0.5 + 80원 \times 0.5}{1+k}$

$\therefore\ k = 0.1$

02 ⑤ 무위험자산인 자산 A의 현재가격이 100원이므로 무위험이자율은 10%이다.

- 위험중립형 투자자만 있는 세계: $P_B = \dfrac{120원 \times 0.5 + 100원 \times 0.5}{1.1} = 100원$

  $P_C = \dfrac{160원 \times 0.5 + 80원 \times 0.5}{1.1} = 109.09원$
- 위험회피형 투자자만 있는 세계: $P_B < 100원$, $P_C < 109.09원$
- 위험선호형 투자자만 있는 세계: $P_B > 100원$, $P_C > 109.09원$

03 ① $E(R_A) = E(R_B) = E(R_C) = 0.1 < E(R_D) = 0.12$

$\sigma_A = 0 \ < \sigma_B = \sigma_D = 0.03 \ < \sigma_C = 0.04$

a. 위험회피형: A > B > C와 D > B의 순서로 선호, A 투자안 또는 D 투자안을 선택한다.
b. 위험중립형: A = B = C와 D > B의 순서로 선호, D 투자안을 선택한다.
c. 위험선호형: A < B < C와 D > B의 순서로 선호, C 투자안 또는 D 투자안을 선택한다.

04 ③ a. B의 표준편차가 3%이면, B가 A를 지배한다.
b. B의 표준편차가 18%이면, C가 B를 지배한다.

05 ⑤ 기대효용 $= 0.95 \times \sqrt{3{,}000} + 0.05 \times (0.4 \times \sqrt{1{,}000} + 0.6 \times \sqrt{100}) = 52.966$

확실성등가$= 52.966^2 = 2{,}805.41$만원

최대 보험료 = 보장되는 부 − 확실성등가 = 3,000만원 − 2,805.41만원 = 194.59만원

06 ③ 위험자산 A, B, C 중에서 효율적인 자산은 B와 C이다.

$R_K = 0.5R_B + 0.5R_C$

$\sigma_K = \sqrt{w_B^2 \times \sigma_B^2 + w_C^2 \times \sigma_C^2 + 2w_B w_C \sigma_{BC}} = \sqrt{0.5^2 \times 0.15^2 + 0.5^2 \times 0.1^2} = 0.0901$

07 ② $E(R_{II}) = w_A \times E(R_A) + w_B \times E(R_B) = 0.5 \times 0.08 + 0.5 \times 0.1 = 0.09$

$\sigma_{II} = \sqrt{w_A^2 \times \sigma_A^2 + w_B^2 \times \sigma_B^2 + 2 \times w_A \times w_B \times \sigma_{AB}}$

$= \sqrt{0.5^2 \times 0.1^2 + 0.5^2 \times 0.15^2 + 2 \times 0.5 \times 0.5 \times (-0.006)} = 0.072$

① Ⅰ은 Ⅱ에 의해 지배되므로 적절한 투자안이 될 수 없다.
② Ⅱ는 Ⅰ을 지배하며, Ⅲ과는 지배관계가 없으므로 적절한 투자안이 될 수 있다.
③ Ⅱ와 Ⅲ 간에는 지배관계가 존재하지 않는다.
④ 위험회피도가 낮은 투자자는 Ⅰ보다 기대수익률이 높은 Ⅲ을 선택할 가능성이 높다.
⑤ 위험회피도가 높은 투자자는 Ⅲ보다 위험이 낮은 Ⅱ를 선택할 가능성이 높다.

08 ③ 위험중립형 투자자는 위험수준과 무관하게 기대수익이 동일하면 기대효용이 동일하며, 기대수익이 클수록 기대효용이 증가한다.

09 ③ ① 완전한 분산투자의 경우에도 체계적 위험은 제거되지 않는다.
② 상관계수가 +1인 경우에만 분산투자효과가 발생하지 않는다.
③ 포트폴리오에 포함된 주식의 종류가 많을수록 비체계적 위험이 더 많이 감소하므로, 총위험은 줄어든다.
④ 2개의 자산만으로 포트폴리오를 구성하는 경우에도 상관계수가 +1이 아니라면 분산투자효과는 발생한다.
⑤ 분산투자를 하는 경우에 포트폴리오의 위험은 감소하지만, 포트폴리오의 기대수익률은 개별자산 기대수익률의 가중평균이 될 뿐 감소하지는 않는다.

10 ① a. $\sigma_P = 0.07 = w_A \sigma_B - w_B \sigma_B = 0.12w_A - 0.08$인 경우 $w_A = 1.25$

$\sigma_P = 0.07 = -w_A \sigma_A + w_B \sigma_B = -0.12w_A + 0.08$인 경우 $w_A = 0.083$

$E(R_P) = 1.25 \times 0.12 + (1 - 1.25) \times 0.15 = 0.1125$

또는 $E(R_P) = 0.083 \times 0.12 + (1 - 0.083) \times 0.15 = 0.1475$

구성 가능한 모든 포트폴리오의 기대수익률 평균$= \dfrac{0.1125 + 0.1475}{2} = 0.13$

b. 공매도가 가능하므로 공분산과 무관하게 포트폴리오의 기대수익률은 모든 값이 가능하다.

c. 포트폴리오의 기대수익률은 개별자산 수익률 간의 상관계수와 무관하다.

d. $w_A = \dfrac{0.08^2 - 1 \times 0.04 \times 0.08}{0.04^2 + 0.08^2 - 2 \times 1 \times 0.04 \times 0.08} = 2$

11 ⑤ b. $w_A = \dfrac{\sigma_B^2 - \sigma_A\sigma_B\rho_{AB}}{\sigma_A^2 + \sigma_B^2 - 2\times\sigma_A\sigma_B\rho_{AB}} = \dfrac{\sigma^2 - \sigma^2\rho_{AB}}{2\times\sigma^2 - 2\times\sigma^2\rho_{AB}} = \dfrac{\sigma^2\times(1-\rho_{AB})}{2\times\sigma^2\times(1-\rho_{AB})} = 0.5$

12 ④ A와 B의 기대수익률이 동일하므로 A와 B에 대한 투자비율과 무관하게 포트폴리오의 기대수익률은 일정하다. 따라서 수익률의 표준편차가 가장 작은 포트폴리오(MVP)가 최적포트폴리오이다.

$$w_A = \frac{\sigma_B^2 - \sigma_{AB}}{\sigma_A^2 + \sigma_B^2 - 2\times\sigma_{AB}} = \frac{\sigma_B^2}{\sigma_A^2 + \sigma_B^2} = \frac{\sigma^2}{2\times\sigma^2} = \frac{1}{2}$$

13 ⑤ ① 모든 위험회피적 투자자는 기대수익률이 높고 위험이 낮은 자산 A를 선택한다.

② 모든 위험중립적 투자자는 위험과 무관하게 기대수익률이 높은 자산 A를 선택한다.

③ 위험선호적 투자자의 경우에 자산 A와 자산 B 간에 지배관계가 존재하지 않는다.

④⑤ MVP 구성을 위한 자산 A 투자비율: $w_A = \dfrac{0.2^2}{0.1^2 + 0.2^2} = 0.8$

∴ 위험회피적 투자자가 자산 A와 자산 B에 분산투자하는 경우의 효율적 포트폴리오 집합은 자산 A에 80% 이상 투자하는 것이다.

14 ② a. 상관계수가 -1인 경우에 최소분산포트폴리오는 분산이 0인 무위험포트폴리오이다.

MVP 구성을 위한 $w_1 = \dfrac{\sigma_2^2 - \sigma_{12}}{\sigma_1^2 + \sigma_2^2 - 2\sigma_{12}} = \dfrac{\sigma_2^2 + \sigma_1\sigma_2}{\sigma_1^2 + \sigma_2^2 + 2\sigma_1\sigma_2} = \dfrac{\sigma_2}{\sigma_1 + \sigma_2}$

MVP 구성을 위한 $w_2 = 1 - \dfrac{\sigma_2}{\sigma_1 + \sigma_2} = \dfrac{\sigma_1}{\sigma_1 + \sigma_2}$

b. $Var(R_P) = w_1^2\sigma_1^2 + w_2^2\sigma_2^2 + 2w_1w_2\rho_{12}\sigma_1\sigma_2 = w_2^2\times\sigma_2^2 = 0.5^2\times\sigma_2^2$

$\sigma_P = 0.5\times\sigma_2$

c. $\rho_{12} > 0$인 경우에도 $\rho_{12} < \dfrac{\sigma_1}{\sigma_2}$이라면 포트폴리오의 표준편차는 σ_1보다 작을 수 있다.

15 ④ (가) $\sigma_{12} = \rho_{12}\times\sigma_1\times\sigma_1 = -1\times 0.1\times 0.15 = -0.015$

MVP 구성을 위한 $w_1 = \dfrac{\sigma_2^2 - \sigma_{12}}{\sigma_1^2 + \sigma_2^2 - 2\times\sigma_{12}} = \dfrac{0.15^2 - (-0.015)}{0.1^2 + 0.15^2 - 2\times(-0.015)} = 0.6$

(나), (다) 최소분산포트폴리오를 구성하는 자산 Ⅰ에 대한 투자비율 < 1

$$w_1 = \frac{\sigma_2^2 - \sigma_{12}}{\sigma_1^2 + \sigma_2^2 - 2\times\sigma_{12}} = \frac{0.15^2 - \rho_{12}\times 0.1\times 0.15}{0.1^2 + 0.15^2 - 2\times\rho_{12}\times 0.1\times 0.15} < 1$$

$$\therefore\ \rho_{12} < \frac{\sigma_1}{\sigma_2} = \frac{0.1}{0.15} = 0.6667$$

(라) 포트폴리오 A와 B가 효율적 투자선상의 포트폴리오이므로 포트폴리오 A와 B로 구성된 새로운 포트폴리오도 효율적 투자선상에서 포트폴리오 A와 B 사이에 존재하는 효율적 포트폴리오가 된다.

16 ③ a. 상관계수가 -1인 경우에는 공매도 가능 여부와 무관하게 수익률의 표준편차가 0인 포트폴리오를 구성할 수 있다.

c. 상관계수가 +1인 경우에도 공매도가 가능한 경우에는 수익률의 표준편차가 0인 포트폴리오를 구성할 수 있다.

17 ② a, b, c. 주식의 공매도가 가능한 상황에서는 구성 가능한 포트폴리오의 기대수익률(수익률의 평균)은 -∞부터 +∞까지의 모든 값이 가능하다.

d. 주식의 공매도가 가능한 상황에서는 두 주식 수익률 간의 상관계수가 -1이거나 +1이면 포트폴리오 수익률의 표준편차(또는 분산)는 0부터 +∞까지의 모든 값이 가능하지만, 이외의 경우에는 수익률의 표준편차(또는 분산)가 0이 되는 포트폴리오의 구성은 불가능하다.

18 ② $R_P = w_S R_S + w_B R_B$

$Var(R_P) = \sigma_P^2 = w_S^2\sigma_S^2 + w_B^2\sigma_B^2 + 2w_S w_B \sigma_{SB} = w_S(w_S\sigma_S^2 + w_B\sigma_{SB}) + w_B(w_B\sigma_B^2 + w_S\sigma_{SB})$

$\therefore\ S_S = w_S\sigma_S^2 + w_B\sigma_{SB} = 0.5 \times 0.16 + 0.5 \times (-0.1) = 0.03$

제4장

자본자산가격결정모형

핵심 이론 요약

객관식 연습문제

정답 및 해설

핵심 이론 요약

01 자본자산가격결정모형(CAPM)의 기본가정

① 위험회피형 투자자들의 기대효용 극대화

② 평균-분산 기준

③ 투자자들의 동질적인 기대

④ 단일기간투자

⑤ 완전자본시장

- 거래의 마찰적 요인(세금이나 거래비용 등)이 존재하지 않음
- 투자자들의 정보획득에 아무런 제약이 없음
- 모든 투자자는 가격수용자(price taker)이며, 모든 자산은 무한히 분할 가능

⑥ 무위험자산이 존재하고, 모든 투자자는 무위험이자율로 얼마든지 차입과 대출 가능

02 자본시장선과 효율적 포트폴리오

(1) 무위험자산

① 기대수익률: $E(R_f)=R_f$

② 수익률의 표준편차: $\sigma_f=0$

③ 다른 위험자산 i 수익률과의 관계: $Cov(R_f,\ R_i)=0,\ \rho_{fi}=0$

(2) 자본시장선(CML)

① 무위험자산이 존재하는 경우의 효율적 투자선

- $E(R_P)=R_f+\dfrac{E(R_m)-R_f}{\sigma_m}\times\sigma_P$

② 자본시장선의 기울기: $\dfrac{E(R_m)-R_f}{\sigma_m}$

- 시장포트폴리오의 위험 1단위당 위험프리미엄(위험보상비율, 샤프비율)

(3) 자본시장선상의 포트폴리오($R_P=w_fR_f+w_mR_m$)의 특징

① 기대수익률: $E(R_P)=R_f+w_m\times[E(R_m)-R_f]=R_f+\dfrac{E(R_m)-R_f}{\sigma_m}\times\sigma_P$

② 수익률의 표준편차: $\sigma_P=w_m\times\sigma_m$

③ 시장포트폴리오 수익률과의 상관계수: $\rho_{Pm}=+1$

④ 베타: $\beta_P=w_f\beta_f+w_m\beta_m=w_f\times0+w_m\times1=w_m$

(4) 시장포트폴리오

① 지배원리를 만족하는 가장 우월한 완전분산투자된 효율적 포트폴리오

② 시장포트폴리오의 구성: 모든 위험자산들을 개별위험자산들의 시장가치 비율대로 포함

③ 시장포트폴리오의 위험: 비체계적 위험이 모두 제거됨

④ 시장포트폴리오의 대용치: 주가지수

03 베타

(1) 베타의 계산

① $\beta_i = \frac{\sigma_{im}}{\sigma_m^2} = \frac{\sigma_i}{\sigma_m} \times \rho_{im}$

② 포트폴리오의 베타: $\beta_P = \Sigma w_i \times \beta_i$

(2) 베타(β_i)의 의미

① 완전분산투자하여 시장포트폴리오를 구성하는 경우에도 제거되지 않는 개별자산의 위험

② 시장 전체의 위험을 1로 보았을 때 개별자산의 체계적 위험의 크기

③ 시장포트폴리오 수익률 변동에 대한 개별자산 수익률 변동의 민감도

④ 특수한 자산의 베타

- 시장포트폴리오의 베타: $\beta_m = 1$
- 무위험자산의 베타: $\beta_f = 0$
- 음(-)의 체계적 위험을 갖는 자산: $\beta_i < 0$ 가능

04 증권시장선과 균형기대수익률

(1) 시장의 균형조건식

① 모든 개별자산의 체계적 위험 1단위당 위험프리미엄
= 시장포트폴리오의 체계적 위험 1단위당 위험프리미엄

② $\frac{E(R_i) - R_f}{\sigma_{im}} = \frac{E(R_m) - R_f}{\sigma_m^2}$, 즉 $\frac{E(R_i) - R_f}{\beta_i} = \frac{E(R_m) - R_f}{\beta_m = 1}$

(2) 증권시장선(SML)

① 모든 자산의 체계적 위험에 상응하는 균형기대수익률

- $E(R_i) = R_f + [E(R_m) - R_f] \times \beta_i$

② 증권시장선의 기울기: $[E(R_m) - R_f]$

- 시장포트폴리오의 체계적 위험 1단위당 위험프리미엄

③ 시장가격에 따른 기대수익률 > 균형기대수익률의 경우

- 해당 자산의 시장가격이 균형가격에 비해 과소평가
- 해당 자산에 대한 초과수요 발생 ➜ 가격 상승 ➜ 기대수익률 하락

(3) 증권시장선의 이동

① 위험회피정도의 변화: 증권시장선의 절편인 무위험이자율 불변, 기울기인 $[E(R_m)-R_f]$ 변화

② 기대인플레이션율의 변동: 증권시장선의 절편인 무위험이자율 변동, 기울기인 $[E(R_m)-R_f]$ 불변

05 자본시장선과 증권시장선의 비교

구분	자본시장선	증권시장선
대상	효율적 포트폴리오	모든 자산 또는 포트폴리오
결정식	$E(R_P)=R_f+\dfrac{E(R_m)-R_f}{\sigma_m}\times\sigma_P$	$E(R_i)=R_f+[E(R_m)-R_f]\times\beta_i$
의미	총위험과 기대수익률 간의 선형관계	체계적 위험과 기대수익률 간의 선형관계

06 CAPM 가정의 현실화와 실증검증

(1) CAPM 가정의 현실화

① 이질적 기대 고려 시: CAPM의 기본논리 성립하지 않음

② 개인소득세(차등세율 구조) 고려 시: CAPM의 기본논리 성립하지 않음

③ 개인소득세(동일세율 구조) 고려 시: CAPM의 기본논리 성립

④ 차입이자율 > 대출이자율 고려 시: CAPM의 기본논리 성립하지 않음

⑤ 거래비용 고려 시: band SML

⑥ 무위험자산 부재 시: Zero - beta CAPM

⑦ Zero - beta 포트폴리오: $\beta_Z=0$, $Cov(R_Z, R_m)=0$, $\rho_{Zm}=0$

(2) CAPM의 실증검증

① 기대수익률과 체계적 위험 간의 선형관계 검증

② 롤의 비판: 진정한 시장포트폴리오의 구성이 불가능하므로 CAPM의 실증검증은 불가능

객관식 연습문제

01 자본자산가격결정모형(CAPM)의 가정에 관한 설명으로 가장 적절하지 않은 것은? CPA 14

① 투자자들은 자신의 기대효용을 극대화하고자 하는 위험중립적인 합리적 투자자로서 평균-분산 기준에 따라 투자결정을 한다.

② 각 자산의 기대수익률과 분산, 공분산 등에 관한 자료는 모든 투자자들이 동일하게 알고 있다. 즉, 모든 투자자들의 위험자산에 대한 예측은 동일하다.

③ 정보는 모든 투자자에게 신속하고 정확하게 알려지며 정보획득에 따른 비용도 존재하지 않는다.

④ 투자자들의 투자기간은 현재와 미래만 존재하는 단일기간(single period)이다.

⑤ 모든 투자자는 가격수용자(price taker)이기 때문에 어떤 투자자의 거래도 시장가격에 영향을 미칠 만큼 크지 않다.

02 위험회피적인 투자자 갑은 무위험자산과 위험자산 A를 이용하여 자신의 효용을 극대화하는 포트폴리오를 구성하고자 한다. 투자자 갑의 효용을 극대화하는 포트폴리오에서 위험자산 A가 차지하는 투자비중에 관한 다음 설명 중 옳은 것만을 모두 선택한 것은? (단, 위험자산 A의 기대수익률은 무위험수익률보다 높고, 투자자 갑의 효용함수는 $U = E(R_p) - \frac{1}{2} \times \gamma \times \sigma_p^2$과 같다고 가정한다. 여기서, $E(R_p)$와 σ_p는 각각 위험자산 A와 무위험자산이 결합한 포트폴리오의 기대수익률과 표준편차이다. 그리고 γ는 투자자 갑의 위험회피도(위험회피계수)이다) CPA 17

> a. 다른 조건은 일정할 때, 위험자산 A의 기대수익률이 높을수록 위험자산 A에 대한 투자비중도 높다.
> b. 다른 조건은 일정할 때, 투자자 갑의 위험회피도가 클수록 위험자산 A에 대한 투자비중도 높다.
> c. 다른 조건은 일정할 때, 위험자산 A의 표준편차가 클수록 위험자산 A에 대한 투자비중도 높다.

① a　　② b　　③ c
④ a, c　　⑤ b, c

03 다음과 같은 투자자 1과 2의 포트폴리오 선택에 관한 설명으로 틀린 것은? CPA 94

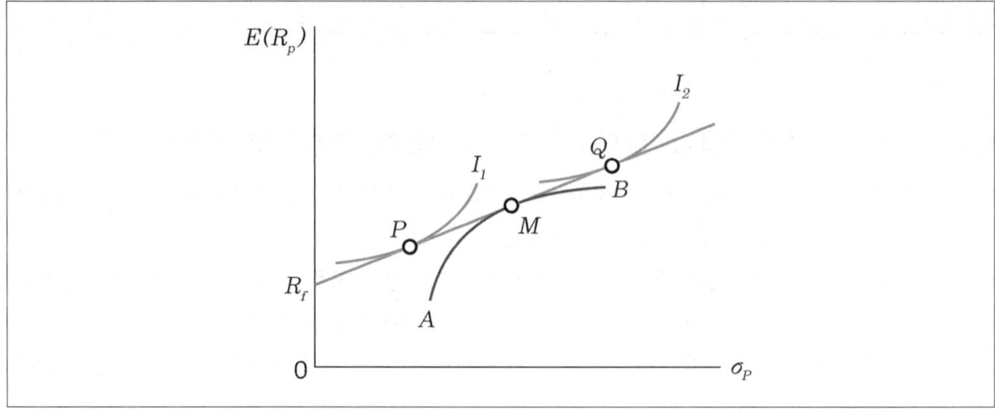

① 두 투자자 모두 위험회피형이다.
② 이를 자본시장선(CML)이라 한다.
③ 효율적 투자선은 AMB이다.
④ 투자자 2가 투자자 1보다 덜 위험회피적이다.
⑤ P와 Q의 포트폴리오는 전체 위험자산에 투자한 금액 중 개별위험자산이 차지하는 투자비율이 동일하다.

04 투자자 갑은 시장포트폴리오에 1,000만원을 투자하고 있으며, 그 가운데 주식 A와 B에 각각 100만원과 200만원을 투자하고 있다. 다음 문장의 빈칸 (a)와 (b)에 들어갈 내용으로 적절한 것은? (단, CAPM이 성립하고, 두 투자자(갑과 을)를 포함한 모든 투자자들은 CAPM에 따라 최적포트폴리오를 구성한다고 가정한다) CPA 19

> 투자자 을은 1,000만원을 시장포트폴리오와 무위험자산에 나누어 투자하고 있다. 전체 투자금액 가운데 300만원을 시장포트폴리오에 투자한다면, 투자자 을의 시장포트폴리오에 대한 투자금액 가운데 주식 A에 투자하는 비중은 (a)이다. 그리고 시장 전체에서 볼 때, 주식 A의 시가총액은 주식 B의 시가총액의 (b)이다.

	(a)	(b)
①	3%	$\frac{1}{2}$배
②	3%	2배
③	10%	$\frac{1}{2}$배
④	10%	2배
⑤	30%	$\frac{1}{2}$배

05 주식시장이 주식 A와 주식 B만으로 이루어져 있다고 가정한다. 주식 A 45%와 주식 B 55%로 구성된 시장포트폴리오의 샤프비율(Sharpe ratio)이 0.2라고 할 때, 무위험이자율(risk free rate) 값으로 가장 가까운 것은? CPA 12

주식시장		
	주식 A의 수익률	주식 B의 수익률
평균	6.50%	8.50%
분산	0.10	0.15
공분산	0.06	

① 1.39% ② 1.43% ③ 1.47%
④ 1.51% ⑤ 1.55%

06 시장포트폴리오와 무위험자산에 대한 투자비율이 각각 80%와 20%인 최적포트폴리오 A가 있다. CAPM이 성립한다고 가정할 때, 시장포트폴리오의 샤프비율과 최적포트폴리오 A의 샤프비율 사이의 차이($\frac{E(R_m)-R_f}{\sigma_m}-\frac{E(R_A)-R_f}{\sigma_A}$)는 얼마인가? (단, 시장포트폴리오의 기대수익률($E(R_m)$)과 무위험수익률(R_f)은 각각 20%와 5%이며, 시장포트폴리오 수익률의 표준편차(σ_m)는 15%이다. $E(R_A)$와 σ_A는 각각 최적포트폴리오 A의 기대수익률과 수익률의 표준편차를 나타낸다) CPA 20

① - 1.0 ② - 0.5 ③ 0
④ 0.5 ⑤ 1.0

07 투자자 갑이 구성한 최적포트폴리오(optimal portfolio)의 기대수익률과 표준편차는 각각 10%와 12%이다. 시장포트폴리오의 표준편차는 15%이고 무위험수익률은 5%라면, 시장포트폴리오의 기대수익률은? (단, CAPM이 성립한다고 가정한다) CPA 17

① 6.50% ② 8.25% ③ 11.25%
④ 12.50% ⑤ 17.50%

08 시장포트폴리오와 상관계수가 1인 포트폴리오 A의 기대수익률은 12%이고, 무위험수익률은 5%이다. 시장포트폴리오의 기대수익률과 수익률의 표준편차는 각각 10%와 25%이다. 포트폴리오 A 수익률의 표준편차에 가장 가까운 것은? (단, CAPM이 성립한다고 가정한다) CPA 16

① 30% ② 35% ③ 40%
④ 45% ⑤ 50%

09 투자자 갑과 투자자 을이 자본시장선(CML)상에 있는 포트폴리오 중에서 자신의 기대효용을 극대화하기 위해 선택한 최적포트폴리오의 기대수익률과 표준편차는 다음과 같다. 위험회피(risk aversion) 성향이 갑보다는 높지만 을보다 낮은 투자자가 투자원금 1,000만원을 보유하고 있다면 자신의 기대효용을 극대화하기 위한 다음 포트폴리오 중 가장 적절한 것은? (단, 시장포트폴리오의 기대수익률은 18%이며, 무위험이자율은 6%이다) CPA 08

투자자	기대수익률	표준편차
갑	21%	15%
을	15%	9%

① 300만원을 무위험자산에 투자하고 나머지 금액을 시장포트폴리오에 투자한다.
② 500만원을 무위험자산에 투자하고 나머지 금액을 시장포트폴리오에 투자한다.
③ 670만원을 무위험자산에 투자하고 나머지 금액을 시장포트폴리오에 투자한다.
④ 80만원을 무위험이자율로 차입해서 원금과 함께 총액인 1,080만원을 모두 시장포트폴리오에 투자한다.
⑤ 500만원을 무위험이자율로 차입해서 원금과 함께 총액인 1,500만원을 모두 시장포트폴리오에 투자한다.

10 아래 표에서와 같이 세 가지 펀드만 판매되고 있는데 위험수준은 수익률의 표준편차를 나타낸다. 위험수준 25%를 추구하는 투자자에게 총투자액 1억원을 "안정주식형"에 3천만원, "성장주식형"에 5천만원, "국채투자형"에 2천만원씩 투자하는 최적포트폴리오를 추천하고 있다. 위험수준 15%를 추구하는 투자자가 총투자액 8천만원으로 최적포트폴리오를 구성한다면 "안정주식형"에 투자해야 하는 금액은 얼마인가? CPA 04

펀드명칭	기대수익률	위험수준
안정주식형	10%	20%
성장주식형	20%	40%
국채투자형	5%	0%

① 1,152만원 ② 1,440만원 ③ 1,800만원
④ 2,400만원 ⑤ 3,840만원

11 시장에 위험자산 A, B 그리고 무위험자산만이 존재하며 각 자산의 수익률 분포는 다음과 같다.

구분	기대수익률	수익률의 표준편차 (위험수준)
자산 A	30%	40%
자산 B	15%	20%
무위험자산	10%	0%

모든 투자자는 이자율 10%로 대출과 차입을 할 수 있으며 시장포트폴리오의 위험수준은 27%이다. 17%의 수익을 기대하는 투자자 갑은 총 투자금액 1억원을 자산 A에 3,000만원, 자산 B에 2,000만원, 그리고 무위험자산에 5,000만원씩 투자하는 최적포트폴리오를 구성하고 있다. 다음 설명 중 가장 적절한 것은? (단, 소수점 셋째 자리에서 반올림한다) CPA 23

① 시장포트폴리오의 기대수익률은 21%이다.
② 투자자 갑의 투자 위험수준은 15.5%이다.
③ 시장포트폴리오 샤프비율은 0.52이며, 투자자 갑의 최적포트폴리오 샤프비율은 0.26이다.
④ 5,000만원의 투자금을 가지고 있는 투자자 을이 수익률 38%를 목표로 하는 최적포트폴리오를 구성하는 경우, 자산 B에 4,000만원이 배분된다.
⑤ 총 투자금액 1억원을 가지고 있는 투자자 병이 위험수준 21.6%를 목표로 하는 최적포트폴리오를 구성하는 경우, 자산 A에 5,800만원이 배분된다.

12 다음 조건을 만족하는 경우에 관한 설명으로 적절한 항목만을 모두 선택한 것은? CPA 22

<조건>
- CAPM이 성립하며, 포트폴리오 A와 포트폴리오 B는 최적포트폴리오이다.
- 무위험이자율은 4%이며, 시장포트폴리오의 기대수익률 및 수익률 표준편차는 각각 15% 및 10%이다.
- 포트폴리오 A의 베타는 0.6이고, 포트폴리오 B의 베타는 0.4이다.

a. 포트폴리오 A와 포트폴리오 B의 사전적(ex - ante) 수익률은 항상 같은 방향으로 움직인다.
b. 포트폴리오 B의 샤프비율은 1.5이다.
c. 포트폴리오 A의 수익률 표준편차는 포트폴리오 B의 수익률 표준편차보다 1.5배 크다.
d. 시장포트폴리오에 대한 포트폴리오 A의 투자비중은 60%이다.

① c ② c, d ③ a, c, d
④ b, c, d ⑤ a, b, c, d

13 두 투자자 각각의 최적포트폴리오 A와 B의 베타는 0.8과 0.4이다. 다음 설명 중 가장 적절하지 않은 것은? (단, CAPM이 성립하고, 모든 투자자들은 CAPM에 따라 최적포트폴리오를 구성하고 있다) CPA 19

① 포트폴리오 A의 베타 1단위당 위험프리미엄($\frac{E(R_A)-R_f}{\beta_A}$)은 시장포트폴리오의 위험프리미엄과 같다. 단, $E(R_A)$와 β_A는 포트폴리오 A의 기대수익률과 베타이고, R_f는 무위험수익률이다.

② 포트폴리오 B의 위험프리미엄이 4%이면, 포트폴리오 A의 위험프리미엄은 8%이다.

③ 포트폴리오 A 수익률의 표준편차는 포트폴리오 B 수익률의 표준편차의 2배이다.

④ 포트폴리오 A와 B의 기대수익률이 각각 6%와 4%가 되기 위해서는 무위험수익률은 3%이어야 한다.

⑤ 무위험수익률이 5%이고 시장포트폴리오의 위험프리미엄이 5%이면, 포트폴리오 A의 기대수익률은 9%이다.

14 무위험이자율은 3%, 시장포트폴리오의 기대수익률은 13%이다. 아래 두 자산 가격의 균형/저평가/고평가 여부에 대하여 가장 적절한 것은? CPA 05

자산	β계수	기대수익률
A	0.5	9%
B	1.5	17

① 두 자산의 가격은 모두 균형상태이다.

② 두 자산의 가격은 모두 저평가되어 있다.

③ 두 자산의 가격은 모두 고평가되어 있다.

④ 자산 A는 저평가되어 있고 자산 B는 고평가되어 있다.

⑤ 자산 A는 고평가되어 있고 자산 B는 저평가되어 있다.

15 주식시장에서 거래되는 모든 주식의 베타는 3보다 작다고 가정한다. 투자자 갑은 자신의 자금 1,000만원으로 주식 A와 주식 B에 각각 w 및 (1 - w)의 비중으로 분산투자하려 한다. 주식 A, B에 분산투자된 갑의 포트폴리오 C의 베타에 관한 주장 중 맞는 것의 개수를 골라라. (각 주식의 베타는 지난 6개월간 각 주식과 시장포트폴리오의 수익률 자료를 이용하여 추정되었다고 가정한다. 단, 주식의 공매도(short sale)가 가능하다) CPA 09

> a. 포트폴리오 C의 베타가 3이 될 수 있다.
> b. 포트폴리오 C의 베타가 -4가 될 수 있다.
> c. 포트폴리오 C의 베타가 0이 될 수 있다.
> d. w가 어떤 값이 되더라도 포트폴리오 C의 베타 값이 전혀 변하지 않는 경우가 있다.

① 4개 ② 3개 ③ 2개
④ 1개 ⑤ 0개

16 시장포트폴리오의 기대수익률은 연 20%, 무위험수익률은 연 10%이다. 당신은 시장포트폴리오에 부의 25%, β_A = 2인 자산 A에 나머지 75%를 투자했다고 하자. CAPM이 옳다면 당신의 포트폴리오의 연평균 기대수익률은? CPA 98

① 20% ② 22.5% ③ 25%
④ 27.5% ⑤ 30%

17 (주)대한은 총 5억원의 기금을 3개 프로젝트에 투자하고 있으며, 투자금액과 베타계수는 다음과 같다.

프로젝트	투자금액	베타계수
A	1.4억원	0.5
B	2.0억원	1.6
C	1.6억원	2.0

무위험자산수익률은 5%이며, 내년도 시장수익률의 추정확률분포는 다음과 같다.

확률	시장수익률
0.2	9%
0.6	12%
0.2	15%

주어진 자료에 근거하여 추정된 증권시장선(SML)으로부터 산출한 기금의 기대수익률로 가장 적절한 것은?

CPA 11

① 12.95% ② 13.52% ③ 13.95%
④ 14.52% ⑤ 14.94%

18 (주)대한은 투자자금 1,000,000원으로 베타가 1.5인 위험자산포트폴리오를 구성하려고 한다. (주)대한의 투자정보는 다음 표와 같다. 무위험자산수익률은 5.0%이다. 자산 C의 기대수익률과 가장 가까운 것은?

CPA 11

투자자산	베타	기대수익률(%)	투자금액(원)
자산 A	1.0	13.0	280,000
자산 B	2.0	21.0	240,000
자산 C	?	?	?
포트폴리오	1.5	?	1,000,000

① 16.90% ② 17.33% ③ 17.54%
④ 17.76% ⑤ 18.03%

19 총 1억원의 자금을 1천만원씩 10개의 주식에 투자한 포트폴리오의 현재 베타(β)는 1.64이다. 만약 베타가 2.0인 주식을 매각하고 새로운 주식을 매입했을 경우에 새로운 포트폴리오의 베타가 1.5가 되었다면, 새로운 주식의 β는 얼마인가? CPA 95

① 1.44 ② 0.92 ③ 0.6
④ 0.8 ⑤ 0.9

20 25개 종목의 주식에 동일한 비중으로 투자하여 구성된 포트폴리오 A의 베타가 1.12이다. 이 포트폴리오에서 베타가 0.8인 주식 X를 전량 매도함과 동시에 그 금액만큼 베타가 2.3인 주식 Y를 매입한다면 구성종목 변경 후 포트폴리오 A의 베타에 가장 가까운 것은? CPA 22

① 1.18 ② 1.20 ③ 1.22
④ 1.24 ⑤ 1.26

21 펀드매니저 A는 베타가 1.1인 300억원 규모의 포트폴리오를 운영하고 있으며 추가로 450억원 규모의 자금 운용을 맡아 신규 자산에 투자하려고 한다. 추가 자금의 투자로 재구성된 수정포트폴리오의 기대수익률은 14%를 목표로 하고 있으며, 무위험이자율은 4.6%, 시장위험프리미엄은 5%이다. 수정포트폴리오의 목표 기대수익률을 달성하기 위해 추가로 투자되는 새로운 자산들의 평균 베타에 가장 가까운 것은? (단, CAPM이 성립한다) CPA 23

① 1.5 ② 1.9 ③ 2.4
④ 2.8 ⑤ 3.1

22 CAPM이 성립한다는 가정하에 다음 문장의 (a)와 (b)에 들어갈 값으로 적절한 것은? CPA 20

> 주식 A 수익률과 주식 B 수익률의 표준편차는 각각 10%와 20%이며, 시장포트폴리오 수익률의 표준편차는 10%이다. 시장포트폴리오 수익률은 주식 A 수익률과 상관계수가 0.4이고, 주식 B 수익률과는 상관계수가 0.8이다. 주식 A와 주식 B의 베타는 각각 0.4와 (a)이며, 주식 A와 주식 B로 구성된 포트폴리오의 베타가 0.76이기 위해서는 주식 B에 대한 투자비율이 (b)이어야 한다.

	(a)	(b)
①	0.8	30%
②	0.8	70%
③	1.0	30%
④	1.6	30%
⑤	1.6	70%

23 CAPM(자본자산가격결정모형)이 성립하는 시장에서 시장포트폴리오의 수익률의 표준편차는 0.04이며 세 자산의 베타와 수익률의 표준편차가 다음과 같다. 틀린 설명은 무엇인가? CPA 08

자산	베타	표준편차
A	0.8	0.10
B	0.8	0.05
C	0.4	0.10

① 자산 B와 시장포트폴리오의 상관계수는 자산 A와 시장포트폴리오의 상관계수의 2배수이다.
② 자산 B와 시장포트폴리오의 상관계수는 자산 C와 시장포트폴리오의 상관계수의 2배수이다.
③ 자산 A와 자산 B의 체계적 위험 1단위당 위험프리미엄은 동일하다.
④ 자산 A의 분산가능한 위험은 자산 C의 분산가능한 위험보다 낮다.
⑤ 투자원금 50만원을 보유한 투자자가 무위험이자율로 25만원을 차입하여 총액인 75만원을 자산 A에 투자할 경우의 기대수익률은 시장포트폴리오의 기대수익률보다 높다.

24 다음의 위험(risk)에 관한 여러 설명 중 옳은 것은? CPA 04

① 총위험이 큰 주식의 기대수익률은 총위험이 낮은 주식의 기대수익률보다 항상 크다.

② 증권시장선(SML)보다 위쪽에 위치하는 주식의 기대수익률은 과대평가되어 있으므로 매각하는 것이 바람직하다.

③ 시장포트폴리오의 베타는 항상 1로서 비체계적 위험은 모두 제거되어 있다.

④ 상관관계가 1인 두 주식으로 포트폴리오를 구성하는 경우에도 미미하지만 분산투자의 효과를 볼 수 있다.

⑤ 베타로 추정한 주식의 위험과 표준편차로 추정한 주식의 위험 사이에는 일정한 관계가 있다.

25 다음 중 CAPM(자본자산가격결정모형)이 성립하는 시장에서 존재할 수 없는 경우는? CPA 06

① A주식: 기대수익률 = 8%, 표준편차 = 20%
B주식: 기대수익률 = 20%, 표준편차 = 18%

② A주식: 기대수익률 = 18%, 베타 = 1.0
B주식: 기대수익률 = 22%, 베타 = 1.5

③ A주식: 기대수익률 = 13%, 표준편차 = 20%
B주식: 기대수익률 = 20%, 표준편차 = 40%

④ A주식: 기대수익률 = 14.6%, 베타 = 1.2
시장포트폴리오의 기대수익률 = 13%, 무위험이자율 = 5%

⑤ A주식: 기대수익률 = 20%, 표준편차 = 30%
시장포트폴리오: 기대수익률 = 12%, 표준편차 = 16%
무위험이자율 = 4%

26 주식 A와 주식 B의 기대수익률은 동일하다. 주식 A와 시장포트폴리오의 상관계수는 주식 B와 시장포트폴리오의 상관계수의 2배이다. CAPM이 성립하고 주식 A의 표준편차가 10%라면, 주식 B의 표준편차는? CPA 17

① 5% ② 10% ③ 15%
④ 20% ⑤ 25%

27 증권시장선(SML)에 관한 설명으로 가장 적절하지 않은 것은? CPA 15

① 위험자산의 기대수익률은 베타와 선형관계이다.

② 개별위험자산의 베타는 0보다 작을 수 없다.

③ 개별위험자산의 위험프리미엄은 시장위험프리미엄에 개별위험자산의 베타를 곱한 것이다.

④ 균형상태에서 모든 위험자산의 $\frac{E(R_j)-R_f}{\beta_j}$는 동일하다. 단, $E(R_j)$와 β_j는 각각 위험자산 j의 기대수익률과 베타이며, R_f는 무위험수익률이다.

⑤ 어떤 위험자산의 베타가 1% 변화하면, 그 자산의 위험프리미엄도 1% 변화한다.

28 CAPM이 성립한다는 가정하에서 다음 중 가장 적절하지 않은 것은? (단, r_f는 무위험이자율이고 m은 시장포트폴리오이며 시장은 균형에 있다고 가정한다) CPA 10

① 모든 주식의 $\frac{E(r_j)-r_f}{cov(r_j,r_m)}$이 일정하다.

② 시장포트폴리오는 어떤 비효율적 포트폴리오보다 큰 변동보상률(reward to variability ratio)을 갖는다.

③ 개별 주식 j가 시장포트폴리오의 위험에 공헌하는 정도를 상대적인 비율로 전환하면 $\frac{w_j cov(r_j,r_m)}{\sigma_m^2}$이다(여기서 w_j는 j주식이 시장포트폴리오에서 차지하는 비중임).

④ 1년 후부터 매년 300원의 일정한 배당금을 영원히 지급할 것으로 예상되는 주식의 체계적 위험이 2배가 되면 주가는 40% 하락한다. (단, 위험이 증가하기 전 주식의 가격은 3,000원이고 무위험이자율은 4%이다)

⑤ 무위험이자율보다 낮은 기대수익률을 제공하는 위험자산이 존재한다.

29 다음 설명 중 옳은 항목만을 모두 선택한 것은? (단, 자본자산가격결정모형(CAPM)이 성립한다고 가정한다) CPA 16

> a. 투자자의 효용을 극대화시키는 최적포트폴리오의 베타 값은 그 투자자의 시장포트폴리오에 대한 투자비율과 동일하다.
> b. 투자자의 위험회피성향이 높아질수록 최적포트폴리오를 구성할 때 시장포트폴리오에 대한 투자비율이 낮아진다.
> c. 시장포트폴리오와 개별위험자산의 위험프리미엄은 항상 0보다 크다.

① a ② b ③ a, b
④ a, c ⑤ a, b, c

30 CAPM에 대한 설명으로 틀린 것은? CPA 06

① 시장위험프리미엄(market risk premium)은 항상 0보다 커야 한다.
② 시장포트폴리오와 무위험자산 간의 상관계수는 정확히 0이다.
③ SML에 위치한다고 해서 반드시 CML에 위치하는 것은 아니다.
④ 위험자산의 기대수익률은 무위험자산의 수익률보다 항상 높아야 한다.
⑤ 개별자산의 진정한 위험은 총위험의 크기가 아니라 체계적 위험의 크기만으로 평가되어야 한다.

31 자본시장선(CML)과 증권시장선(SML)과의 관계에 대한 서술 중 옳지 않은 것은? CPA 02

① 동일한 β를 가지고 있는 자산이면 SML선상에서 동일한 위치에 놓이게 된다.
② CML과 SML은 기대수익률과 총위험 간의 선형관계를 설명하고 있다는 점에서 공통점을 가지고 있다.
③ 비체계적 위험(unsystematic risk)을 가진 포트폴리오는 CML선상에 놓이지 않는다.
④ 어떤 자산과 시장포트폴리오 간의 상관계수가 1이면 CML과 SML은 동일한 표현식이 된다.
⑤ SML선상에 있는 자산이라고 하여 모두 다 CML선상에 위치하지는 않는다.

32 자본시장선(CML)과 증권시장선(SML)에 대한 설명 중 틀린 것은? CPA 94

① CML과 SML은 증권의 위험과 기대수익률 간의 관계를 나타내는 식이다.
② CML과 SML은 모든 증권에 적용되는데 그 차이는 단지 CML의 경우 위험이 표준편차로, SML의 경우 위험이 베타로 측정된다는 것이다.
③ 균형하에서 모든 증권의 위험 - 기대수익률이 CML상에 위치하는 것은 아니다.
④ CML의 기울기는 효율적 포트폴리오의 단위위험에 대한 보상을 나타낸다.
⑤ 균형하에서 모든 증권의 위험 - 기대수익률은 SML상에 위치한다.

33 자본자산가격결정모형(CAPM)에 대한 다음의 설명 중 가장 올바른 것은? CPA 05

① 증권시장선(SML)에서 다른 조건은 동일하고 시장포트폴리오의 기대수익률이 커진다면 β가 1보다 매우 큰 주식의 균형수익률은 상승하지만, β가 0보다 크지만 1보다 매우 작은 주식의 균형수익률은 하락한다.
② 자본시장선(CML)에서 무위험자산과 시장포트폴리오에 대한 투자 가중치는 객관적이지만, 시장포트폴리오에 대한 투자비율은 주관적이다.
③ 증권시장선(SML)의 기울기는 β값에 상관없이 항상 일정한 값을 가진다.
④ 자본시장선(CML)상에 있는 포트폴리오는 효율적이므로 베타는 0이다.
⑤ 자본시장선(CML)상에 있는 포트폴리오와 시장포트폴리오의 상관계수는 0이다.

34 자본시장에서 CAPM이 성립한다고 가정한다. 무위험자산의 수익률은 연 5.0%, 시장포트폴리오의 기대수익률은 연 15.0%, 시장포트폴리오 연 수익률의 표준편차는 5.0%, 주식 A의 베타계수는 2.0, 주식 A 연 수익률의 표준편차는 12.5%이다. 이들 자료에 근거하여 CML과 SML을 도출할 때 다음 설명 중 적절하지 않은 항목만으로 구성된 것은? CPA 11

a. CML과 SML은 기대수익률과 총위험의 상충관계(trade - off)를 공통적으로 설명한다.
b. 주식 A의 베타계수가 2.0으로 일정할 때 잔차의 분산이 감소하면 균형하에서 주식 A의 기대수익률은 감소한다.
c. 주식 A의 수익률과 시장포트폴리오의 수익률 간의 상관계수가 1.0이므로 SML은 CML과 일치한다.
d. CML상의 시장포트폴리오는 어떤 비효율적 포트폴리오보다 위험보상비율(reward to variability ratio)이 크다.
e. SML을 이용하여 비효율적 개별자산의 균형수익률을 구할 수 있다.

① a, b, c ② a, b, d ③ a, c, e
④ b, c, e ⑤ b, d, e

35 증권시장선(SML)과 자본시장선(CML)에 대한 다음의 설명 중 옳은 항목만을 모두 모은 것은? CPA 10

a. SML은 초과이익이 발생한다는 가격결정모형으로부터 도출된다.
b. 인플레이션율이 상승하는 경우 SML의 절편이 상승한다.
c. 개별증권의 수익률과 시장수익률 간의 상관계수가 1인 경우 SML은 CML과 일치하게 된다.
d. CML을 이용하여 비효율적 개별자산의 균형수익률을 구할 수 있다.
e. 수동적(passive) 투자포트폴리오를 구성하기 위해서는 CML을 이용할 수 있다.

① a, d ② b, e ③ a, b, c
④ a, c, e ⑤ b, c, e

36 자본시장선(CML)과 증권시장선(SML)에 관한 설명으로 가장 적절하지 않은 것은? CPA 14

① 자본시장선에 위치한 위험자산과 시장포트폴리오 간의 상관계수는 항상 1이다.
② 증권시장선은 모든 자산의 체계적 위험(베타)과 기대수익률 간의 선형적인 관계를 설명한다.
③ 자본시장선은 자본배분선(capital allocation line)들 중에서 기울기가 가장 큰 직선을 의미한다.
④ 자본시장선의 기울기는 '시장포트폴리오의 기대수익률에서 무위험자산수익률(무위험이자율)을 차감한 값'으로 표현된다.
⑤ 증권시장선의 균형기대수익률보다 높은 수익률이 기대되는 주식은 과소평가된 자산에 속한다.

37 시장포트폴리오의 기대수익률과 표준편차는 각각 15%와 20%이다. 그리고 무위험자산의 수익률은 5%이다. 효율적 포트폴리오 A의 기대수익률이 10%라고 하면, 포트폴리오 A의 베타는 얼마인가? 그리고 포트폴리오 A와 시장포트폴리오와의 상관계수는 얼마인가? (단, CAPM이 성립한다고 가정한다) CPA 15

	베타	상관계수
①	$\frac{1}{3}$	0.5
②	$\frac{1}{3}$	1.0
③	$\frac{1}{2}$	0.5
④	$\frac{1}{2}$	1.0
⑤	$\frac{2}{3}$	0.5

38 주식 A와 주식 B로 위험포트폴리오를 구성하고자 한다. 주식 A와 주식 B의 기대수익률은 10%로 같으며, 주식 A 수익률의 표준편차와 주식 B 수익률의 표준편차는 각각 20%와 40%이다. 샤프비율$\left[\frac{E(R_i)-R_f}{\sigma_i}\right]$에 관한 다음 설명 중 옳은 것만을 모두 선택한 것은? (단, $E(R_i)$와 σ_i는 각각 주식(포트폴리오) i의 기대수익률과 수익률의 표준편차이고, 주식 A와 주식 B에 대한 투자비율의 합은 1이며, 무위험수익률(R_f)은 5%이다. 공매도는 허용하지 않는다고 가정한다) CPA 16

> a. 주식 A의 샤프비율은 주식 B의 샤프비율의 두 배이다.
> b. 주식 A와 주식 B 사이의 상관계수가 1인 경우, 주식 B에 대한 투자비율이 높아질수록 위험포트폴리오의 샤프비율은 하락한다.
> c. 주식 A와 주식 B 사이의 상관계수가 0인 경우, 위험포트폴리오 가운데 최소분산포트폴리오의 샤프비율이 가장 크다.

① a ② b ③ a, c
④ b, c ⑤ a, b, c

39 CAPM을 이용하여 주식 A, B, C의 과대/과소/적정 평가 여부를 판단하고자 한다. 주식 A, B, C의 베타와 현재 가격에 내재된 기대수익률은 다음과 같다. 다음 설명 중 가장 적절하지 않은 것은? (단, 시장포트폴리오의 기대수익률과 무위험수익률(R_f)은 각각 10%와 5%이다) CPA 16

주식	베타	현재 가격에 내재된 기대수익률
A	0.5	8.5%
B	0.8	7.0%
C	1.2	11.0%

① 주식 A는 과소평가되어 있다.
② 주식 A의 위험보상률$\left[\frac{E(R_A)-R_f}{\beta_A}\right]$은 시장위험프리미엄과 같다. 단, β_A와 $E(R_A)$는 각각 주식 A의 베타와 현재 가격에 내재된 기대수익률이다.
③ 주식 B는 증권시장선(SML)보다 아래에 위치한다.
④ 주식 B의 현재 가격에 내재된 기대수익률은 균형수익률(요구수익률)보다 작다.
⑤ 주식 C의 알파 값은 0이다.

40 두 위험자산 A와 B의 기대수익률과 표준편차가 다음 표와 같다. 시장에서 CAPM이 성립하고 차익거래의 기회가 없다고 가정한다. 다음 중 적절하지 않은 것은? CPA 18

자산	기대수익률	표준편차
A	12%	6%
B	10%	15%

① 자산 A의 베타가 자산 B의 베타보다 크다.
② 자산 A의 비체계적 위험이 자산 B의 비체계적 위험보다 작다.
③ 무위험자산과 자산 A를 각각 40%와 60%의 비율로 구성한 포트폴리오의 표준편차는 2.4%이다.
④ 무위험이자율이 4.5%인 경우, 자산 A의 샤프지수는 1.25이다.
⑤ 시장포트폴리오의 표준편차가 5%인 경우, 자산 A의 베타는 1.2보다 크지 않다.

41 다음과 같은 투자자 상황동기가 발생했을 때 SML의 변화는? CPA 95

- 물가상승률이 기대보다 낮다.
- 투자자들이 보다 더 위험회피적이 되었다.

① SML의 기울기는 커지고 위로 이동한다.
② SML의 기울기는 작아지고 아래로 이동한다.
③ SML의 기울기는 커지고 아래로 이동한다.
④ SML의 기울기는 작아지고 위로 이동한다.
⑤ SML의 기울기는 변화 없이 위로 이동한다.

42 CAPM이 성립하며 시장에는 다음 두 위험자산만이 존재한다고 하자. 두 주식 수익률 간의 공분산은 0이다. 시장포트폴리오를 구성하는 주식 A와 B의 구성비는 각각 68%와 32%이며, 무위험자산은 존재하지 않는다고 가정한다. 이 시장포트폴리오에 대한 제로베타포트폴리오의 기대수익률에 가장 가까운 것은? (단, 공매제한은 없으며, 각 주식에 대한 가중치는 퍼센트 기준으로 소수 셋째 자리에서 반올림하여 계산한다) CPA 13

	기대수익률	표준편차
주식 A	18%	35%
주식 B	8%	22%

① 5.00% ② 5.25% ③ 5.53%
④ 5.72% ⑤ 6.00%

43 자본자산가격결정모형(CAPM)이 성립할 때, 다음 중 가장 적절한 것은? CPA 21

① 공매도가 허용될 때, 기대수익률이 서로 다른 두 개의 효율적 포트폴리오를 조합하여 시장포트폴리오를 복제할 수 있다.
② 시장포트폴리오의 위험프리미엄이 음(-)의 값을 가지는 경우가 발생할 수 있다.
③ 수익률의 표준편차가 서로 다른 두 포트폴리오 중에서 더 높은 표준편차를 가진 포트폴리오는 더 높은 기대수익률을 갖는다.
④ 비체계적 위험을 가진 자산이 자본시장선상에 존재할 수 있다.
⑤ 베타가 0인 위험자산 Z와 시장포트폴리오를 조합하여 위험자산 Z보다 기대수익률이 높고 수익률의 표준편차가 작은 포트폴리오를 구성할 수 없다.

정답 및 해설

정답

01	①	02	①	03	③	04	③	05	②	06	③	07	③	08	②	09	④	10	②
11	④	12	③	13	④	14	④	15	①	16	④	17	⑤	18	②	19	③	20	①
21	③	22	④	23	②	24	③	25	⑤	26	④	27	②	28	④	29	③	30	④
31	②	32	②	33	③	34	①	35	⑤	36	④	37	④	38	⑤	39	②	40	③
41	③	42	④	43	①														

해설

01 ① CAPM에서는 위험회피적인 투자자를 가정한다.

02 ① a. 위험회피형 투자자는 위험자산 A의 기대수익률이 높을수록 위험자산 A에 대한 투자비중이 높다.
b. 위험회피형 투자자는 위험회피도가 클수록 위험자산 A에 대한 투자비중이 낮다.
c. 위험회피형 투자자는 위험자산 A의 표준편차가 클수록 위험자산 A에 대한 투자비중이 낮다.

03 ③ ① 무차별곡선 I_1과 I_2의 형태로 보아 투자자 1과 2는 모두 위험회피형 투자자이다.
③ 무위험자산이 존재하는 경우의 효율적 투자선은 자본시장선(CML)이다.
④ 투자자 2(포트폴리오 Q)가 투자자 1(포트폴리오 P)보다 더 많은 위험을 부담하더라도 더 높은 수익률을 추구하므로 투자자 2가 덜 위험회피적이다.
⑤ 투자자 1과 투자자 2 모두 위험자산으로는 시장포트폴리오(M)만을 선택하므로 모든 투자자의 위험자산에 투자하는 금액 중에서 개별위험자산이 차지하는 투자비율은 동일하다.

04 ③ CAPM이 성립하는 경우에 모든 투자자들의 시장포트폴리오에 대한 투자금액 중에서 개별위험자산에 대한 투자금액의 비율이 동일하며, 시장포트폴리오를 구성하는 개별위험자산에 대한 투자비율은 개별위험자산의 시장가치비율과 동일하다.

05 ② $\overline{R_m} = w_A \times \overline{R_A} + w_B \times \overline{R_B} = 0.45 \times 0.065 + 0.55 \times 0.085 = 0.076$

$\sigma_m = \sqrt{w_A^2\sigma_A^2 + w_B^2\sigma_B^2 + 2w_A w_B \sigma_{AB}} = \sqrt{0.45^2 \times 0.1 + 0.55^2 \times 0.15 + 2 \times 0.45 \times 0.55 \times 0.06}$
$= 0.3087$

시장포트폴리오의 샤프비율 $= 0.2 = \dfrac{\overline{R_m} - \overline{R_f}}{\sigma_m} = \dfrac{0.076 - \overline{R_f}}{0.3087}$

$\therefore\ \overline{R_f} = 0.0143$

자본자산가격결정모형

제4장

해커스 윤민호 객관식 재무관리

06 ③ 최적포트폴리오인 CML상 포트폴리오의 샤프비율은 시장포트폴리오의 샤프비율과 동일하다.

$R_A = w_f R_f + w_m R_m = 0.2R_f + 0.8R_m$

$E(R_A) = R_f + w_m \times [E(R_m) - R_f] = 0.05 + 0.8 \times (0.2 - 0.05) = 0.17$

$\sigma_A = w_m \times \sigma_m = 0.8 \times 0.15 = 0.12$

$$\therefore \frac{E(R_m) - R_f}{\sigma_m} - \frac{E(R_A) - R_f}{\sigma_A} = \frac{0.2 - 0.05}{0.15} - \frac{0.17 - 0.05}{0.12} = 0$$

07 ③ CAPM의 성립을 가정하는 경우에 최적포트폴리오는 자본시장선상의 포트폴리오이다.

$$E(R_P) = 0.1 = R_f + \frac{E(R_m) - R_f}{\sigma_m} \times \sigma_P = 0.05 + \frac{E(R_m) - 0.05}{0.15} \times 0.12$$

$\therefore E(R_m) = 0.1125$

08 ② 시장포트폴리오와 상관계수가 1인 포트폴리오는 자본시장선상의 포트폴리오이다.

$$E(R_A) = 0.12 = R_f + \frac{E(R_m) - R_f}{\sigma_m} \times \sigma_A = 0.05 + \frac{0.1 - 0.05}{0.25} \times \sigma_A$$

$\therefore \sigma_A = 0.35$

09 ④ 자본시장선상의 포트폴리오: $E(R_P) = R_f + w_m \times [E(R_m) - R_f]$

투자자 갑: $E(R_P) = 0.06 + w_m^{갑} \times (0.18 - 0.06) = 0.21$ $\therefore w_m^{갑} = 1.25$

투자자 을: $E(R_P) = 0.06 + w_m^{을} \times (0.18 - 0.06) = 0.15$ $\therefore w_m^{을} = 0.75$

투자자의 최적포트폴리오: $0.75 < w_m < 1.25$

① $w_m = 0.7$

② $w_m = 0.5$

③ $w_m = 0.33$

④ $w_m = 1.08$

⑤ $w_m = 1.5$

10 ② 시장포트폴리오의 구성비율: [안정주식형 : 성장주식형] = [3 : 5]

<위험수준 25% 추구 투자자>

$R_P = 0.2R_f + 0.8R_m$

$\sigma_P = 0.25 = 0.8 \times \sigma_m$

$\therefore \ \sigma_m = 0.3125$

<위험수준 15% 추구 투자자>

$\sigma_P = 0.15 = w_m \times \sigma_m = w_m \times 0.3125$

$\therefore \ w_m = 0.48$

안정주식형 투자금액 $= 8{,}000$만원 $\times 0.48 \times \dfrac{3}{8} = 1{,}440$만원

11 ④ ① 투자자 갑: $E(R_P) = 0.17 = w_m \times E(R_m) + w_f \times R_f = 0.5 \times E(R_m) + 0.5 \times 0.1$

$\therefore \ E(R_m) = 0.24$

② 투자자 갑: $\sigma_P = w_m \times \sigma_m = 0.5 \times 0.27 = 0.135$

③ 시장포트폴리오 샤프비율 $= \dfrac{E(R_m) - R_f}{\sigma_m} = \dfrac{0.24 - 0.1}{0.27} = 0.5185$

투자자 갑의 최적포트폴리오 샤프비율 $= \dfrac{E(R_P) - R_f}{\sigma_P} = \dfrac{0.17 - 0.1}{0.135} = 0.5185$

④ 투자자 을: $E(R_P) = 0.38 = R_f + w_m \times [E(R_m) - R_f] = 0.1 + w_m \times (0.24 - 0.1)$

$\therefore \ w_m = 2$

자산 B 배분금액 $= 5{,}000$만원 $\times 2 \times 0.4 = 4{,}000$만원

⑤ 투자자 병: $\sigma_P = 0.216 = w_m \times \sigma_m = w_m \times 0.27$

$\therefore \ w_m = 0.8$

자산 A 배분금액 $= 10{,}000$만원 $\times 0.8 \times 0.6 = 4{,}800$만원

12 ③ CAPM이 성립하는 상황에서 최적포트폴리오인 포트폴리오 A와 포트폴리오 B는 자본시장선상의 포트폴리오이다.

a. 자본시장선상 포트폴리오들 간 수익률의 상관계수(ρ_{AB})는 +1이다.

b. 샤프비율: $\dfrac{E(R_A) - R_f}{\sigma_A} = \dfrac{E(R_B) - R_f}{\sigma_B} = \dfrac{E(R_m) - R_f}{\sigma_m} = \dfrac{0.15 - 0.04}{0.1} = 1.1$

d. 자본시장선상 포트폴리오의 베타는 시장포트폴리오에 대한 투자비율과 동일하다.

포트폴리오 A의 $w_m = \beta_A = 0.6$

포트폴리오 B의 $w_m = \beta_B = 0.4$

c. $\sigma_A = w_m \times \sigma_m = 0.6 \times 0.1 = 0.06$

$\sigma_B = w_m \times \sigma_m = 0.4 \times 0.1 = 0.04$

13 ④ ③ $\left[\beta_A = 0.8 = \frac{\sigma_A}{\sigma_m}\times\rho_{Am} = \frac{\sigma_A}{\sigma_m}\right] = \left[\beta_B = 0.4 = \frac{\sigma_B}{\sigma_m}\times\rho_{Bm} = \frac{\sigma_B}{\sigma_m}\right]\times 2$

④ $E(R_m) - R_f = \frac{E(R_A) - R_f}{\beta_A} = \frac{0.06 - R_f}{0.8} = \frac{E(R_B) - R_f}{\beta_B} = \frac{0.04 - R_f}{0.4}$

$\therefore\ R_f = 0.02$

⑤ $E(R_A) = R_f + [E(R_m) - R_f]\times\beta_A = 0.05 + 0.05\times 0.8 = 0.09$

14 ④ $E(R_i) = R_f + [E(R_m) - R_f]\times\beta_i = 0.03 + (0.13 - 0.03)\times\beta_i$

$E(R_A) = 0.03 + (0.13 - 0.03)\times 0.5 = 0.08 < 0.09$ ➜ 과소평가

$E(R_B) = 0.03 + (0.13 - 0.03)\times 1.5 = 0.18 > 0.17$ ➜ 과대평가

15 ① $\beta_C = w\times\beta_A + (1-w)\times\beta_B$

a, b, c. 공매도가 가능하기 때문에 포트폴리오 C의 베타는 모든 값이 가능하다.

d. $\beta_A = \beta_B$인 경우에는 투자비율과 무관하게 $\beta_C = \beta_A = \beta_B$로 일정하다.

16 ④ $\beta_P = w_m\beta_m + w_A\beta_A = 0.25\times 1 + 0.75\times 2 = 1.75$

$E(R_P) = R_f + [E(R_m) - R_f]\times\beta_P = 0.1 + (0.2 - 0.1)\times 1.75 = 0.275$

17 ⑤ $E(R_m) = 0.2\times 0.09 + 0.6\times 0.12 + 0.2\times 0.15 = 0.12$

$\beta_P = w_A\beta_A + w_B\beta_B + w_C\beta_C = 0.28\times 0.5 + 0.4\times 1.6 + 0.32\times 2.0 = 1.42$

$E(R_P) = R_f + [E(R_m) - R_f]\times\beta_P = 0.05 + (0.12 - 0.05)\times 1.42 = 0.1494$

18 ②
- $\beta_P = 1.5 = w_A\beta_A + w_B\beta_B + w_C\beta_C = 0.28\times 1 + 0.24\times 2 + 0.48\times\beta_C$

  ➜ $\beta_C = 1.54167$
- $\beta_A = 1 = \beta_m$이므로 $E(R_m) = E(R_A) = 0.13$이다.

$\therefore\ E(R_C) = R_f + [E(R_m) - R_f]\times\beta_C = 0.05 + (0.13 - 0.05)\times 1.54167 = 0.1733$

19 ③ $\beta_P^{후} = 1.5 = \beta_P^{전} - 0.1\times\beta_{처분} + 0.1\times\beta_{매입} = 1.64 - 0.1\times 2.0 + 0.1\times\beta_{매입}$

$\therefore$ 새로운 주식의 $\beta(\beta_{매입}) = 0.6$

20 ① $\beta_A^{후} = \beta_A^{전} - 0.04 \times \beta_X + 0.04 \times \beta_Y = 1.12 - 0.04 \times 0.8 + 0.04 \times 2.3 = 1.18$

21 ③ $E(R_{수정}) = 0.14 = R_f + [E(R_m) - R_f] \times \beta_{수정} = 0.046 + 0.05 \times \beta_{수정}$

$\beta_{수정} = 1.88 = 1.1 \times \frac{300억원}{750억원} + \beta_{신규} \times \frac{450억원}{750억원}$

$\therefore\ \beta_{신규} = 2.4$

22 ④ (a) $\beta_B = \frac{\sigma_B}{\sigma_m} \times \rho_{Bm} = \frac{0.2}{0.1} \times 0.8 = 1.6$

(b) $\beta_P = 0.76 = w_A \times \beta_A + w_B \times \beta_B = (1 - w_B) \times 0.4 + w_B \times 1.6$

$\therefore\ w_B = 0.3$

23 ② $\beta_A = 0.8 = \frac{\sigma_A}{\sigma_m} \times \rho_{Am} = \frac{0.1}{0.04} \times \rho_{Am} \qquad \therefore \rho_{Am} = 0.32$

$\beta_B = 0.8 = \frac{\sigma_B}{\sigma_m} \times \rho_{Bm} = \frac{0.05}{0.04} \times \rho_{Bm} \qquad \therefore \rho_{Bm} = 0.64$

$\beta_C = 0.4 = \frac{\sigma_C}{\sigma_m} \times \rho_{Cm} = \frac{0.1}{0.04} \times \rho_{Cm} \qquad \therefore \rho_{Cm} = 0.16$

② 자산 B와 시장포트폴리오의 상관계수는 자산 C와 시장포트폴리오의 상관계수의 4배수이다.
③ 모든 자산의 체계적 위험 1단위당 위험프리미엄은 시장포트폴리오의 체계적 위험 1단위당 위험프리미엄$[E(R_m) - R_f]$과 동일하다.
④ 자산 A와 자산 C의 총위험은 동일하지만 자산 A의 체계적 위험이 더 높기 때문에 총위험 중 분산가능한 위험인 비체계적 위험은 자산 A가 더 낮다.
⑤ $\beta_P = w_f \beta_f + w_A \beta_A = -0.5 \times 0 + 1.5 \times 0.8 = 1.2 > 1 = \beta_m$이므로 $E(R_P) > E(R_m)$이다.

24 ③ ① 자산의 기대수익률은 총위험이 아닌 체계적 위험에 의해 결정되며, 총위험이 큰 자산의 체계적 위험이 더 작을 수도 있기 때문에 총위험이 크다고 해서 반드시 기대수익률이 높은 것은 아니다.
② 증권시장선보다 위쪽에 위치하는 주식의 기대수익률은 균형상태에서의 수익률보다 과대하므로, 주가는 과소평가되어 있어 매입하는 것이 바람직하다.
④ 상관계수가 +1인 경우에는 분산투자효과가 발생하지 않는다.
⑤ 총위험(수익률의 표준편차)과 체계적 위험(베타) 간에 일정한 관계가 존재하지는 않는다.

25 ⑤ ①③ CAPM이 성립하는 시장에서는 자산의 기대수익률이 체계적 위험에 의해 결정되므로 기대수익률과 총위험(수익률의 표준편차) 간에는 일정한 관계가 없다. 따라서 총위험이 큰 주식의 기대수익률이 총위험이 작은 주식의 기대수익률보다 클 수도 있고 작을 수도 있다.

② 체계적 위험(β)이 큰 주식의 기대수익률은 체계적 위험이 작은 주식의 기대수익률보다 높아야 한다.

④ $E(R_A) = R_f + [E(R_m) - R_f] \times \beta_A = 0.05 + (0.13 - 0.05) \times 1.2 = 0.146$

⑤ 개별자산의 위험보상비율$\left[\dfrac{E(R_A) - R_f}{\sigma_A} = \dfrac{0.2 - 0.04}{0.3} = 0.53\right]$은 시장포트폴리오의 위험보상비율 $\left[\dfrac{E(R_m) - R_f}{\sigma_m} = \dfrac{0.12 - 0.04}{0.16} = 0.5\right]$보다 클 수 없다.

26 ④ $E(R_A) = E(R_B)$이므로 $\beta_A = \beta_B$이다.

$$\beta_A = \frac{\sigma_A}{\sigma_m} \times \rho_{Am} = \frac{0.1}{\sigma_m} \times (2 \times \rho_{Bm}) = \frac{0.2}{\sigma_m} \times \rho_{Bm} = \frac{\sigma_B}{\sigma_m} \times \rho_{Bm} = \beta_B$$

$\therefore\ \sigma_B = 0.2$

27 ② ② 시장포트폴리오 수익률과의 상관계수(또는 공분산)가 음(-)인 개별위험자산의 베타는 0보다 작다.

③ 개별위험자산 i의 위험프리미엄$= [E(R_m) - R_f] \times \beta_i$

④ 균형상태에서 모든 위험자산의 $\dfrac{E(R_j) - R_f}{\beta_j}$는 $[E(R_m) - R_f]$와 동일하다.

28 ④ ① CAPM이 성립하는 경우에 모든 주식의 체계적 위험 1단위당 위험프리미엄은 시장포트폴리오의 체계적 위험 1단위당 위험프리미엄과 동일해야 한다.

$$\frac{E(r_i) - r_f}{\beta_i} = \frac{E(r_j) - r_f}{\beta_j} = \cdots = \frac{E(r_m) - r_f}{\beta_m},\ 즉\ \frac{E(r_i) - r_f}{\sigma_{im}} = \frac{E(r_j) - r_f}{\sigma_{jm}} = \cdots = \frac{E(r_m) - r_f}{\sigma_m^2}$$

② 시장포트폴리오는 위험(수익률의 표준편차) 1단위당 위험프리미엄인 변동보상률(샤프비율)이 가장 큰 위험자산포트폴리오이다.

③ 개별 주식 j의 시장포트폴리오의 위험에 대한 공헌도 $= w_j \times Cov(r_j, r_m)$

개별 주식 j의 시장포트폴리오의 위험에 대한 공헌비율 $= \dfrac{w_j \times Cov(r_j, r_m)}{\sigma_m^2}$

④ 위험 증가 전: $k_e^{전} = \dfrac{d}{P_0} = \dfrac{300원}{3{,}000원} = 0.1 = 0.04 + [E(R_m) - R_f] \times \beta_i^{전}$

$\therefore\ [E(R_m) - R_f] \times \beta_i^{전} = 0.06$

위험 증가 후: $k_e^{후} = 0.04 + [E(R_m) - R_f] \times (\beta_i^{전} \times 2) = 0.04 + 0.06 \times 2 = 0.16$

위험 증가 후 주가 $= \dfrac{300원}{k_e^{후}} = \dfrac{300원}{0.16} = 1{,}875원$

$\therefore$ 가격 하락률 $= \dfrac{3{,}000원 - 1{,}875원}{3{,}000원} = 37.5\%$

⑤ $\beta_i < 0$인 위험자산의 기대수익률은 무위험이자율보다 낮다.

29 ③ a. 최적포트폴리오는 CML상의 포트폴리오이며, CML상의 포트폴리오의 베타는 시장포트폴리오에 대한 투자비율(w_m)과 동일하다.

c. 시장포트폴리오의 위험프리미엄인 $[E(R_m)-R_f]$는 항상 0보다 크지만, 개별위험자산의 위험프리미엄인 $[E(R_i)-R_f]=[E(R_m)-R_f]\times\beta_i$은 0보다 작을 수 있다.

30 ④ ① 최적위험자산포트폴리오인 시장포트폴리오의 기대수익률은 무위험이자율보다 높아야 하므로 시장위험프리미엄인 $[E(R_m)-R_f]$는 항상 0보다 커야 한다.

② 모든 위험자산과 무위험자산의 수익률 간 상관계수는 0이다.

③ SML에 위치하는 균형상태의 자산이라도 완전히 분산투자된 효율적 포트폴리오가 아니라면 CML 하단에 위치한다.

④ $\beta_i<0$인 위험자산의 기대수익률은 무위험이자율보다 낮다.

31 ② ① 동일한 β를 가진 자산의 기대수익률은 동일하므로 동일한 β를 가진 자산은 SML에서 동일한 위치에 놓이게 된다.

② CML은 효율적 포트폴리오의 총위험(수익률의 표준편차)과 기대수익률 간의 선형관계를 나타내는 모형이지만, SML은 모든 개별자산 혹은 포트폴리오의 체계적 위험(β)과 기대수익률 간의 선형관계를 나타내는 모형이다.

③⑤ 균형상태에 있는 모든 자산은 SML선상에 위치하지만 그중에서 완전분산투자되어 비체계적 위험이 제거된 효율적 포트폴리오만 CML선상에 존재하게 되며, 비체계적 위험을 가진 비효율적 포트폴리오는 CML의 하단에 위치한다.

④ 시장포트폴리오 수익률과의 상관계수가 +1인 효율적 포트폴리오(CML선상의 포트폴리오)의 경우에는 CML과 SML이 동일한 표현식이 된다.

32 ② ① CML은 효율적 포트폴리오의 총위험(수익률의 표준편차)과 기대수익률 간의 선형관계, SML은 모든 자산 혹은 포트폴리오의 체계적 위험(β)과 이에 상응하는 기대수익률 간의 선형관계를 나타내는 식이다.

② CML은 완전분산투자되어 비체계적 위험이 제거된 효율적 포트폴리오에만 적용된다.

③ CML상에는 효율적 포트폴리오만 위치한다.

④ CML의 기울기 $\left[\dfrac{E(R_m)-R_f}{\sigma_m}\right]$는 효율적 포트폴리오의 단위위험에 대한 보상, 즉 시장포트폴리오의 총위험(수익률의 표준편차) 1단위당 위험프리미엄을 나타낸다.

⑤ 시장이 균형상태인 경우 모든 증권의 위험 - 기대수익률은 SML상에 위치한다.

33 ③ ① 시장포트폴리오의 기대수익률이 커지면 $\beta>0$인 모든 주식의 균형기대수익률은 상승한다.

② 무위험자산과 시장포트폴리오에 대한 투자비율은 투자자별 위험회피정도에 따라 주관적으로 결정되지만, 시장포트폴리오를 구성하는 개별위험자산에 대한 투자비율은 각 개별자산의 시장가치비율에 따라 결정되므로 객관적이다.

③ SML의 기울기인 $[E(R_m)-R_f]$는 β와 무관하게 결정된다.

④ CML상의 포트폴리오는 효율적 포트폴리오로서 완전분산투자되어 비체계적 위험이 0이며, 체계적 위험은 시장포트폴리오에 대한 투자비율에 따라 결정($\beta_P=w_m\times\beta_m=w_m$)되므로 0은 아니다.

⑤ CML상의 포트폴리오와 시장포트폴리오의 상관계수는 +1이다.

34 ① a. CML은 기대수익률과 총위험(수익률의 표준편차) 간의 선형관계(상충관계)를 설명하지만, SML은 기대수익률과 체계적 위험(베타) 간의 선형관계(상충관계)를 설명한다.

b. CAPM이 성립하므로 균형하에서 주식의 기대수익률은 체계적 위험에 의해 결정되며 비체계적 위험(잔차의 분산)과는 무관하다.

c. $\beta_A = 2.0 = \frac{\sigma_A}{\sigma_m} \times \rho_{Am} = \frac{0.125}{0.05} \times \rho_{Am} \quad \therefore \ \rho_{Am} = 0.8$

35 ⑤ a. CAPM은 초과이익이 발생하지 않는 균형상태를 가정하는 모형이다.

b. 인플레이션율이 상승하는 경우에 무위험이자율이 상승하여 SML의 절편이 상승한다.

c. 개별증권의 수익률과 시장수익률 간의 상관계수가 +1인 경우, 즉 완전분산투자된 효율적 포트폴리오인 CML상의 포트폴리오의 경우에는 SML과 CML이 동일한 표현식이다.

d. SML을 이용하여 비효율적 개별자산의 균형수익률을 구할 수 있다.

e. 수동적 투자포트폴리오는 위험자산포트폴리오로 시장포트폴리오를 구성하는 완전분산투자된 포트폴리오이므로 무위험자산과 시장포트폴리오로 구성되어 있다. 따라서 이러한 포트폴리오를 구성하기 위해서는 CML을 이용할 수 있다.

36 ④ 자본시장선의 기울기는 시장포트폴리오의 기대수익률에서 무위험자산수익률(무위험이자율)을 차감한 후 시장포트폴리오 수익률의 표준편차로 나눈 값 $\left[\frac{E(R_m) - R_f}{\sigma_m}\right]$이다.

37 ④
- $E(R_A) = 0.1 = R_f + [E(R_m) - R_f] \times \beta_A = 0.05 + (0.15 - 0.05) \times \beta_A$

  $\therefore \ \beta_A = 0.5$
- 포트폴리오 A는 효율적 포트폴리오이므로 시장포트폴리오 수익률과의 상관계수는 +1이다.

38 ⑤ a. 주식 A의 샤프비율 $= \frac{E(R_A) - R_f}{\sigma_A} = \frac{0.1 - 0.05}{0.2} = 0.25$

주식 B의 샤프비율 $= \frac{E(R_B) - R_f}{\sigma_B} = \frac{0.1 - 0.05}{0.4} = 0.125$

b. $E(R_A) = E(R_B) = 10\%$이므로 위험포트폴리오의 기대수익률은 구성비율과 무관하게 10%로 일정하지만, 주식 B에 대한 투자비율이 높아질수록 위험포트폴리오 수익률의 표준편차는 상승하므로 주식 B에 대한 투자비율이 높아질수록 위험포트폴리오의 샤프비율은 하락한다.

c. 위험포트폴리오의 기대수익률은 구성비율과 무관하게 10%로 일정하며, 최소분산포트폴리오는 수익률의 표준편차가 가장 작으므로 샤프비율이 가장 크다.

39 ② 균형 $E(R_A)=0.05+(0.1-0.05)\times 0.5=0.075$

균형 $E(R_B)=0.05+(0.1-0.05)\times 0.8=0.09$

균형 $E(R_C)=0.05+(0.1-0.05)\times 1.2=0.11$

① 균형 $E(R_A)=0.075<0.085$이므로 주식 A의 가격은 과소평가되어 있다.

② $\frac{E(R_A)-R_f}{\beta_A}=\frac{0.085-0.05}{0.5}=0.07>[E(R_m)-R_f]=0.1-0.05=0.05$

③④ 균형 $E(R_B)=0.09>0.07$이며, 주식 B는 증권시장선(SML)보다 아래에 위치한다.

⑤ 주식 C의 알파 $=E(R_C)-[R_f+\{E(R_m)-R_f\}\times 1.2]$

$=0.11-[0.05+(0.1-0.05)\times 1.2]=0$

40 ③ ① $CAPM$이 성립하는 균형상황에서 $E(R_A)>E(R_B)$이므로 $\beta_A>\beta_B$이다.

② $\beta_A>\beta_B$이고, $\sigma_A<\sigma_B$이므로 비체계적 위험은 자산 B가 더 크다.

③ $R_P=w_fR_f+w_AR_A=0.4\times R_f+0.6\times R_A$

$\sigma_P=w_A\times\sigma_A=0.6\times 0.06=0.036$

④ 샤프지수 $=\frac{E(R_A)-R_f}{\sigma_A}=\frac{0.12-0.045}{0.06}=1.25$

⑤ $\beta_A=\frac{\sigma_A}{\sigma_m}\times\rho_{Am}=\frac{0.06}{0.05}\times\rho_{Am}=1.2\times\rho_{Am}$

ρ_{Am}이 1보다 클 수 없으므로, β_A는 1.2보다 클 수 없다.

41 ③ 예상인플레이션율의 하락으로 인해 SML이 아래로 이동하고, 투자자들의 위험회피정도가 심화되어 단위당 위험프리미엄이 증가하므로 SML의 기울기가 커진다.

42 ④ $Cov(R_Z,\ R_m)=Cov(w_AR_A+w_BR_B,\ 0.68R_A+0.32R_B)=0.68\times w_A\times\sigma_A^2+0.32\times w_B\times\sigma_B^2$

$=0.68\times w_A\times 0.35^2+0.32\times(1-w_A)\times 0.22^2=0$

→ $w_A=-0.2284,\ w_B=1.2284$

$\therefore\ E(R_Z)=w_AE(R_A)+w_BE(R_B)=-0.2284\times 0.18+1.2284\times 0.08=0.0572$

43 ① ② 시장포트폴리오의 위험프리미엄인 $[E(R_m)-R_f]$은 항상 양(+)의 값을 갖는다.

③ 기대수익률은 체계적 위험(β)에 의해 결정되므로 총위험(수익률의 표준편차)과는 일정한 관계가 없다.

④ 비체계적 위험을 가진 자산은 자본시장선의 하단에 존재한다.

⑤ 베타가 0인 위험자산 Z와 시장포트폴리오를 조합하여 최소분산선상의 Golbal - MVP와 같이 위험자산 Z보다 기대수익률이 높고 수익률의 표준편차가 작은 포트폴리오를 구성할 수 있다.

Golbal - MVP 구성: $w_m=\frac{\sigma_Z^2-\sigma_{mZ}}{\sigma_m^2+\sigma_Z^2-2\sigma_{mZ}}=\frac{\sigma_Z^2}{\sigma_m^2+\sigma_Z^2}<1$

제5장

시장모형과 차익거래가격결정이론

핵심 이론 요약

객관식 연습문제

정답 및 해설

핵심 이론 요약

01 시장모형과 증권특성선

(1) 시장모형의 의의

① 단일의 공통요인

- 시장포트폴리오의 수익률을 이용하여 개별자산의 수익률을 설명하는 모형

② 포트폴리오의 통계적 측정치 계산

- 마코위츠의 완전공분산모형에 비해 필요한 정보량 감소

(2) 시장모형의 기본가정

① 개별자산의 수익률: $R_i = \alpha_i + \beta_i R_m + e_i$

- α_i: R_m이 0인 경우 개별자산 i의 평균적인 수익률(회귀식의 절편)
- β_i: R_m 변동에 대한 R_i 변동의 민감도(회귀식의 기울기)
- e_i: 잔차항(개별자산의 고유한 요인에 의한 변동 부분)

② 가정

- 잔차는 평균적으로는 0의 값: $E(e_i) = 0$
- 잔차와 공통요인은 독립적: $Cov(R_m,\ e_i) = 0$
- 서로 다른 자산들의 잔차는 독립적: $Cov(e_i,\ e_j) = 0$

③ 베타의 추정

- 사전적 베타: 미래수익률의 확률분포로부터 추정되는 베타
- 사후적 베타: 과거의 자료를 이용하여 추정되는 베타(일반적)

02 시장모형에 의한 통계적 측정치

(1) 개별자산의 통계적 측정치

① 기대수익률: $E(R_i) = \alpha_i + \beta_i E(R_m)$

② 수익률의 분산: $Var(R_i) = \beta_i^2 Var(R_m) + Var(e_i)$

- $\underbrace{Var(R_i)}_{\text{총위험}} = \underbrace{\beta_i^2 Var(R_m)}_{\text{체계적 위험}} + \underbrace{Var(e_i)}_{\text{비체계적 위험}}$

③ 결정계수(설명력): $R^2 = \dfrac{\text{체계적 위험}}{\text{총위험}} = \dfrac{\beta_i^2 Var(R_m)}{Var(R_i)} = {\rho_{im}}^2$

- R_m의 변동이 R_i의 변동을 결정짓는(설명하는) 정도

④ 개별자산 수익률 간의 공분산: $Cov(R_i, R_j) = \beta_i \beta_j Var(R_m)$

- 공통요인과 관련된 개별자산 수익률 부분 간의 관계로만 파악
- 개별자산 수익률 간의 상관계수: $\rho_{ij} = \rho_{im} \times \rho_{jm}$

(2) 포트폴리오의 통계적 측정치

① 포트폴리오의 수익률: $R_P = \alpha_P + \beta_P R_m + e_P$

- $\alpha_P = \Sigma w_i \alpha_i$
- $\beta_P = \Sigma w_i \beta_i$
- $e_P = \Sigma w_i e_i$

② 기대수익률: $E(R_P) = \alpha_P + \beta_P E(R_m) = \Sigma w_i E(R_i)$

③ 수익률의 분산: $Var(R_P) = \beta_P^2 Var(R_m) + Var(e_P)$

- $Var(e_P) = \Sigma w_i^2 Var(e_i)$

(3) 포트폴리오의 분산투자효과

① 모든 자산에 동일한 비율로 투자하는 포트폴리오의 위험

- $\sigma_P^2 = \beta_P^2 Var(R_m) + \frac{1}{n}\overline{\Sigma Var(e_i)}$

② 포트폴리오에 포함되는 자산의 수를 무한히 증가시키는 경우

- $\lim_{n \to \infty}(\sigma_P^2) = \beta_P^2 Var(R_m)$

03 완전공분산모형과 시장모형의 비교

(1) 공통점

① 위험자산들만 존재하는 경우의 효율적 투자선 도출

② 위험자산들만으로 구성되는 포트폴리오의 기대수익률과 위험 측정

(2) 시장모형의 유용성과 한계

① 필요한 정보량의 감소

	완전공분산모형		시장모형	
필요한 정보량	$E(R_i)$ σ_i^2 σ_{ij}	: n개 : n개 : $(n^2-n)/2$개	α_i β_i $Var(e_i)$ $E(R_m)$ $Var(R_m)$	: n개 : n개 : n개 : 1개 : 1개
	총	$(n^2+3n)/2$개	총	$3n+2$개

② 가정의 비현실성

- 통계적 가정의 비현실성: $Cov(e_i,\ e_j) = 0$

04 2요인 APT

(1) 복제포트폴리오의 조건

① 목표포트폴리오와 동일한 금액 투자: $\Sigma w_i = 1$

② 목표포트폴리오와 체계적 위험이 동일: $\Sigma w_i \beta_{i1} = \beta_{목표1}$, $\Sigma w_i \beta_{i2} = \beta_{목표2}$

(2) 무위험차익거래의 조건

① 추가적인 투자자금의 부담 없음: $\Sigma w_i = 0$

② 추가적인 (체계적) 위험의 부담 없음: $\Sigma w_i \beta_{i1} = 0$, $\Sigma w_i \beta_{i2} = 0$

(3) 2요인 APT 균형식

① 균형식: $E(R_i) = \lambda_0 + \lambda_1 \beta_{i1} + \lambda_2 \beta_{i2}$

② 요인포트폴리오: 특정요인 민감도는 1, 나머지 공통요인 민감도는 0인 포트폴리오

③ λ_0: 모든 공통요인 민감도가 0인 포트폴리오의 기대수익률

- 무위험자산 존재 시: 무위험이자율과 동일한 개념

④ $\lambda_k \beta_{ik}$: 개별자산 i의 k요인에 대한 위험프리미엄

- λ_k: k요인에 대한 위험 1단위당 위험프리미엄
- β_{ik}: 개별자산 i 수익률의 k요인에 대한 민감도

05 CAPM과 APT의 비교

(1) 공통점

① 가정: 완전자본시장, 위험회피형 투자자들의 동질적 기대

② 결론: 개별자산의 체계적 위험(공통요인 민감도)과 균형기대수익률 간의 선형관계

(2) 차이점

비교사항	CAPM	APT
균형달성과정	지배원리에 기초 수많은 투자자 참여 필요	차익거래의 논리에 기초 수많은 투자자 참여 불필요
투자자들의 행동에 대한 가정	평균 - 분산 기준 (정규분포 또는 2차 효용함수)	차익거래이익을 추구
수익률 결정요인	단일의 공통요인(R_m)	여러 개의 공통요인
시장포트폴리오와 무위험자산	필요	불필요
투자기간	단일기간	다기간으로 쉽게 확장 가능

(3) APT의 한계

① 공통요인의 개수 불명확

② 공통요인의 경제적 의미 불명확

객관식 연습문제

01 다음은 내년도 경기상황에 따른 시장포트폴리오의 수익률과 주식 A와 B의 수익률 예상치이다. 경기상황은 호황과 불황만 존재하며 호황과 불황이 될 확률은 동일하다. 증권시장선(SML)을 이용하여 주식 A의 베타(β_A)와 주식 B의 베타(β_B)를 비교할 때, β_A는 β_B의 몇 배인가? (단, CAPM이 성립하고 무위험자산수익률은 5%이다) CPA 13

경기상황	수익률		
	시장포트폴리오	주식 A	주식 B
호황	12.5%	20.0%	27.5%
불황	7.5%	10.0%	12.5%

① $\frac{1}{2}$배 ② $\frac{2}{3}$배 ③ $\frac{3}{4}$배
④ $\frac{4}{3}$배 ⑤ $\frac{3}{2}$배

02 최근 주식시장에 상장된 주식 A의 최초의 3거래일 동안 주식 A와 시장포트폴리오의 일별 수익률은 다음과 같다. 문제 풀이의 편의를 위해 아래 자료가 주식 A의 수익률 자료의 전체 모집단이라 가정한다. 이 자료에 근거하여 자본자산가격결정모형(CAPM)에 의한 주식 A의 베타 값을 산출한 후 가장 가까운 값을 골라라. (소수 다섯째 자리에서 반올림하여 소수 넷째 자리로 확정하여 계산하여라. 예로서 0.00666은 0.0067로 간주하여 계산할 것) CPA 09

	주식 A의 수익률	시장포트폴리오의 수익률
거래일 1	0.1	0.1
거래일 2	0.3	0.2
거래일 3	-0.1	0.0

① 1.2 ② 1.5 ③ 1.7
④ 2.0 ⑤ 2.3

03 시장가치 1억원 규모의 펀드 A를 운용하고 있는 펀드매니저는 펀드의 위험을 표준편차로 추정하려 한다. 과거 5년간 펀드 A와 KOSPI의 월간 수익률 평균은 각각 1.8%, 1.4%였다. KOSPI 수익률 표준편차는 1.6%, 펀드 A 수익률과 KOSPI 수익률의 상관계수는 0.835로 나타났다. 이어 펀드 A와 KOSPI 월간 수익률을 이용한 회귀분석 결과는 다음과 같다. 이때 펀드 A의 표준편차는 얼마인가? CPA 03

	계수	표준오차	t 통계량	P - 값
상수	-0.178	0.635	-0.281	0.779
KOSPI	1.670	0.098	16.901	5.62E-32

① 2.8% ② 3.2% ③ 3.6%
④ 3.9% ⑤ 4.2%

04 펀드 K를 운용하고 있는 펀드매니저는 펀드의 위험을 표준편차로 추정하고 월간 수익률자료를 이용해 분석한다. 과거 5년간 펀드 K와 KOSPI(주가지수)의 평균수익률은 각각 3.0%, 2.0%이다. 또한 KOSPI 수익률의 표준편차는 3.0%, 펀드 K 수익률과 KOSPI 수익률의 상관계수는 0.8이다. 펀드 K 수익률을 종속변수로, KOSPI 수익률을 독립변수로 한 단순회귀분석의 결과는 다음과 같다. 펀드 K의 표준편차로 가장 적절한 것은? CPA 11

변수	추정계수	표준오차	t - 통계량	p - 값
상수	0.15	0.50	0.26	0.75
KOSPI 수익률	1.60	0.08	15.4	0.0001

① 5.2% ② 5.8% ③ 6.0%
④ 7.5% ⑤ 8.0%

05 시장모형이 성립한다고 가정하자. 주식 A(β_A = 1.4)와 B(β_B = 0.6)에 투자액의 3/4과 1/4을 각각 투자한 포트폴리오 수익률의 표준편차가 0.04이다. 시장포트폴리오 수익률의 표준편차는 0.02로 알려져 있다. 이 포트폴리오의 총위험에 대한 체계적 위험의 비율은? CPA 01

① 32% ② 34% ③ 36%
④ 38% ⑤ 40%

06 몇 개의 주식으로 이루어진 어느 포트폴리오는 시장포트폴리오와 0.8의 상관계수를 갖는다. 포트폴리오의 수익률과 위험이 시장모형에 의해 설명된다고 가정하고 이 포트폴리오의 총위험 중 비체계적 위험의 비율을 구하시오. CPA 07

① 80% ② 64% ③ 36%
④ 20% ⑤ 16%

07 시장의 균형을 가정하는 경우, 다음 CML에서 A증권과 관련된 설명으로 적절하지 못한 것은? CPA 96

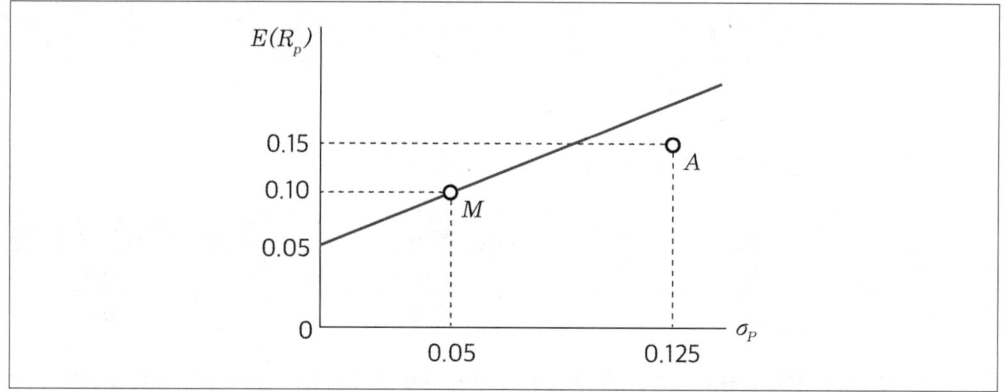

① A증권의 체계적 위험에 대한 보상은 0.1이다.
② A증권 수익률과 시장포트폴리오 수익률 간의 상관계수는 0.8이다.
③ A증권은 비효율적인 투자안이다.
④ 결정계수는 0.64이다.
⑤ $\beta_A = 3$이다.

08 다음 표는 시장모형을 만족시키는 두 주식 A와 B에 대한 정보를 보여준다. 시장포트폴리오의 표준편차는 20%이다. 다음 설명 중 가장 적절하지 않은 것은? CPA 18

주식	베타	표준편차
A	0.4	30%
B	1.2	40%

① 주식 A와 주식 B 간의 공분산은 0.0192이다.
② 주식 B와 시장포트폴리오 간의 공분산은 0.048이다.
③ 분산으로 표시된 주식 B의 체계적 위험은 0.0576이다.
④ 분산으로 표시된 주식 B의 비체계적 위험은 0.1224이다.
⑤ 주식 A에 80%, 주식 B에 20% 투자된 포트폴리오의 베타는 0.56이다.

09 주식 A와 B의 베타와 수익률의 표준편차는 다음과 같다.

주식	베타	수익률의 표준편차
A	1.8	0.3
B	0.8	0.2

두 주식 수익률의 공분산(σ_{AB})은 0.0324이다. 포트폴리오 X는 주식 A와 B로 구성된 포트폴리오이며 베타가 1.3이다. 시장모형이 성립한다고 가정할 때 다음 설명 중 가장 적절하지 않은 것은? (단, 소수점 다섯째 자리에서 반올림한다) CPA 23

① 주식 A의 체계적 위험은 0.0729이다.
② 주식 B의 결정계수(R^2)는 0.36이다.
③ 주식 A와 주식 B의 상관계수는 0.54이다.
④ 포트폴리오 X의 비체계적 위험은 0.0427이다.
⑤ 포트폴리오 X의 수익률의 분산은 0.0487이다.

10 투자자 갑은 아래 표와 같이 포트폴리오 A와 B, 시장포트폴리오의 자료를 수집하였다. 무위험자산 수익률은 5%이고, 이 수익률로 무한정 차입과 대출이 가능하다고 가정한다. 다음 설명 중 적절한 항목만을 모두 고르면? (단, 투자비중은 퍼센트 기준으로 소수 첫째 자리에서 반올림하여 계산한다) CPA 13

	기대수익률	표준편차	시장포트폴리오와의 상관계수
포트폴리오 A	10%	15.0%	0.6
포트폴리오 B	12%	25.2%	0.5
시장포트폴리오	15%	18.0%	1.0

(가) 시장포트폴리오와 무위험자산이 결합한 포트폴리오 X의 표준편차가 포트폴리오 A의 표준편차와 동일하기 위해서는, 시장포트폴리오에 83%를 투자해야 한다.
(나) 시장포트폴리오와 무위험자산이 결합한 포트폴리오 Y의 기대수익률이 포트폴리오 B의 기대수익률과 동일하기 위해서는, 시장포트폴리오에 50%를 투자해야 한다.
(다) 시장모형이 성립한다고 가정하면 포트폴리오 A와 포트폴리오 B 사이의 상관계수는 0.3으로 추정된다.

① (가) ② (나) ③ (가), (다)
④ (나), (다) ⑤ (가), (나), (다)

11 다음 표는 1개의 공통요인만 존재하는 시장에서 포트폴리오 A와 포트폴리오 B의 기대수익률과 공통요인에 대한 베타를 나타낸다. 차익거래의 기회가 존재하지 않는다고 할 때, 포트폴리오 B의 기대수익률은 얼마인가? (단, 무위험수익률은 5%이고, 포트폴리오 A와 포트폴리오 B는 모두 잘 분산투자된 포트폴리오이며 비체계적 위험이 없다고 가정한다) CPA 20

포트폴리오	기대수익률	베타
A	15%	0.8
B	( )	1.2

① 15% ② 20% ③ 25%
④ 27.5% ⑤ 30%

12 A증권(β_A = 1)의 기대수익률이 16%이고, B증권(β_B = 0.5)의 기대수익률이 10%이다. 무위험증권의 수익률이 6%라면 적정이익을 얻기 위한 가장 바람직한 투자전략은? CPA 93

① A증권을 매각하고 B증권을 구입한다.
② A증권을 공매하고 무위험자산에 투자한다.
③ B증권을 공매하고 무위험증권과 A증권에 투자한다.
④ A증권을 공매하고 무위험증권과 B증권에 투자한다.
⑤ B증권을 공매하고 무위험자산에 투자한다.

13 증권 또는 포트폴리오의 수익률이 다음의 2요인모형에 의하여 설명된다고 가정하자.

$$R_i = E(R_i) + \beta_{i1}F_1 + \beta_{i2}F_2 + e_i$$

R_i = 포트폴리오 i의 수익률　　$E(R_i)$ = 포트폴리오 i의 기대수익률
F_1 = 공통요인 1　　F_2 = 공통요인 2
β_{i1} = 포트폴리오 i의 공통요인 1에 대한 체계적 위험
β_{i2} = 포트폴리오 i의 공통요인 2에 대한 체계적 위험
e_i = 잔차항(비체계적 위험)

위 2요인 차익거래가격결정모형(arbitrage pricing theory)이 성립하는 자본시장에서 다음과 같은 3가지 충분히 분산된 포트폴리오가 존재한다. 요인 1 포트폴리오와 요인 2 포트폴리오 위험프리미엄(risk premium)의 조합으로 가장 적절한 것은? CPA 11

포트폴리오	기대수익률	베타 1	베타 2
A	16%	1.0	1.0
B	17%	0.5	1.5
C	18%	-1.5	3.0

	요인 1 포트폴리오	요인 2 포트폴리오
①	4%	4%
②	4%	6%
③	6%	4%
④	6%	6%
⑤	8%	8%

14 다음 표는 2개의 공통요인만이 존재하는 시장에서, 비체계적 위험이 모두 제거된 포트폴리오 A, B, C, D의 기대수익률과 각 요인에 대한 민감도를 나타낸다. 차익거래가격결정이론(APT)이 성립할 때, 포트폴리오 D의 요인 1에 대한 민감도에 가장 가까운 것은? CPA 21

포트폴리오	요인 1에 대한 민감도	요인 2에 대한 민감도	기대수익률
A	1	1	7%
B	2	1	10%
C	2	2	12%
D	( )	3	20%

① 2 ② 3 ③ 4
④ 5 ⑤ 6

15 증권 수익률은 다음의 3-요인모형으로 설명된다고 가정하자.

$$R_i = E(R_i) + \beta_{i1}F_1 + \beta_{i2}F_2 + \beta_{i3}F_3 + e_i$$

여기서, R_i: 증권 i의 수익률 $E(R_i)$: 증권 i의 기대수익률
β_{ij}: 증권 i의 공통요인 j에 대한 체계적 위험(민감도)
F_j: 공통요인 j(j = 1, 2, 3) e_i: 잔차항

3-요인 차익거래가격결정모형(arbitrage pricing theory; APT)이 성립하며 각 요인들의 위험프리미엄(risk premium)은 아래와 같다.

요인	요인 1	요인 2	요인 3
위험프리미엄	6%	4%	5%

무위험자산수익률은 3%이다. 요인 1, 요인 2, 요인 3의 체계적 위험이 각각 1.2, 0.2, 0.8인 증권의 균형기대수익률은 얼마인가? CPA 14

① 12% ② 15% ③ 17%
④ 19% ⑤ 21%

16 무위험이자율이 10%인 어느 경제사회에 다음과 같은 자료가 파악되었다. 다음 설명 중 바른 것은?

CPA 96

구분	$E(R_i)$	b_{i1}	b_{i2}
A증권	15%	1	0
B증권	13%	0	1
C증권	18%	1.2	0.5

① 각 증권의 가격은 단일요인에 의해 설명되고 있다.
② C증권의 기대수익률은 향후 하락할 것이다.
③ C증권의 가격은 과대평가되어 있다.
④ 평균 - 분산 기준에 의한 투자안 선택원리에 입각한다.
⑤ 효율적인 시장포트폴리오를 필요로 한다.

17 다음의 APT(차익거래가격결정이론)에 대한 설명 중 옳지 않은 것은? CPA 04

① APT를 유도하기 위한 가정은 CAPM의 경우보다 상대적으로 약하며, 따라서 CAPM은 APT의 특수한 형태로 볼 수 있다.
② APT에서는 자산의 수익률 분포에 대한 제약이 필요 없으며, 투자자가 위험회피적이라는 가정도 필요 없다.
③ APT는 시장포트폴리오를 필요로 하지 않기 때문에 시장에 존재하는 자산 일부만으로 자산가치평가를 할 수 있다.
④ APT에서 위험자산의 기대수익률 결정에 영향을 미치는 체계적 위험은 하나 이상이다.
⑤ APT와 CAPM은 둘 다 자산의 기대수익률과 관련 위험요인이 선형관계를 갖고 있다는 것을 보여 준다.

18 CAPM과 APT 등 위험프리미엄의 가격모형에 관한 다음 설명 중 적절하지 않은 것은? (단, CAPM에서 시장이 균형상태라고 가정한다) CPA 18

① 자본시장선에 존재하는 두 위험포트폴리오 간의 상관계수는 1이다.

② CAPM에서 시장포트폴리오는 효율적 포트폴리오이다.

③ APT모형은 차익거래의 기회가 지속되지 않는다는 조건 등을 이용하여 적정 위험프리미엄을 도출한다.

④ 파마 - 프렌치의 3요인모형은 시장포트폴리오의 수익률, 기업규모, 주가순자산비율(PBR)을 반영한 세 가지 공통요인으로 주식의 수익률을 설명한다.

⑤ 자본시장선보다 아래에 존재하는 자산은 증권시장선에 놓이지 않을 수 있다.

정답 및 해설

정답

01	②	**02**	④	**03**	②	**04**	③	**05**	③	**06**	③	**07**	⑤	**08**	④	**09**	④	**10**	③
11	②	**12**	③	**13**	②	**14**	③	**15**	②	**16**	②	**17**	②	**18**	⑤				

해설

01 ②

- $E(R_m) = 0.5 \times 0.125 + 0.5 \times 0.075 = 0.1$
- $E(R_A) = 0.5 \times 0.2 + 0.5 \times 0.1 = 0.15 = R_f + [E(R_m) - R_f] \times \beta_A = 0.05 + (0.1 - 0.05) \times \beta_A$

  $\therefore \ \beta_A = 2$
- $E(R_B) = 0.5 \times 0.275 + 0.5 \times 0.125 = 0.2 = R_f + [E(R_m) - R_f] \times \beta_B = 0.05 + (0.1 - 0.05) \times \beta_B$

  $\therefore \ \beta_B = 3$

$$\beta_A = \frac{2}{3}\beta_B$$

02 ④

$$\overline{R_A} = \frac{0.1 + 0.3 + (-0.1)}{3} = 0.1$$

$$\overline{R_m} = \frac{0.1 + 0.2 + 0.0}{3} = 0.1$$

$$Var(R_m) = \frac{(0.1-0.1)^2 + (0.2-0.1)^2 + (0.0-0.1)^2}{3} = 0.0067$$

$$Cov(R_A, R_m) = \frac{(0.1-0.1) \times (0.1-0.1) + (0.3-0.1) \times (0.2-0.1) + (-0.1-0.1) \times (0.0-0.1)}{3}$$

$$= 0.0133$$

$$\beta_A = \frac{Cov(R_A, R_m)}{Var(R_m)} = \frac{0.0133}{0.0067} \fallingdotseq 2$$

03 ②

증권특성선: $R_A = -0.178 + 1.670 \times R_m$

$$\beta_A = 1.670 = \frac{\sigma_A}{\sigma_m} \times \rho_{Am} = \frac{\sigma_A}{0.016} \times 0.835$$

$$\therefore \sigma_A = 0.032$$

04 ③ 증권특성선: $R_K = 0.15 + 1.60 \times R_m$

$$\beta_K = 1.6 = \frac{\sigma_K}{\sigma_m} \times \rho_{Km} = \frac{\sigma_K}{0.03} \times 0.8$$

$\therefore \ \sigma_K = 0.06$

05 ③ $\beta_P = w_A\beta_A + w_B\beta_B = 0.75 \times 1.4 + 0.25 \times 0.6 = 1.2$

$$R^2 = \frac{\text{체계적 위험}}{\text{총위험}} = \frac{\beta_P^2 Var(R_m)}{Var(R_P)} = \frac{1.2^2 \times 0.02^2}{0.04^2} = 0.36$$

06 ③ $$R^2 = \frac{\text{체계적 위험}}{\text{총위험}} = \frac{\beta_P^2 Var(R_m)}{Var(R_P)} = \rho_{Pm}{}^2 = 0.8^2 = 0.64$$

$$\frac{\text{비체계적 위험}}{\text{총위험}} = 1 - R^2 = 1 - 0.64 = 0.36$$

07 ⑤ ① A증권의 체계적 위험에 대한 보상: $E(R_A) - R_f = 0.15 - 0.05 = 0.1$

⑤ $E(R_A) - R_f = 0.1 = [E(R_m) - R_f] \times \beta_A = (0.1 - 0.05) \times \beta_A$

$\therefore \ \beta_A = 2$

② $\beta_A = 2 = \dfrac{\sigma_A}{\sigma_m} \times \rho_{Am} = \dfrac{0.125}{0.05} \times \rho_{Am}$

$\therefore \ \rho_{Am} = 0.8$

③ A증권은 CML 하단에 존재하는 자산이므로 비효율적인 투자안이다.

④ $R^2 = \rho_{Am}{}^2 = 0.8^2 = \dfrac{\beta_A^2\sigma_m^2}{\sigma_A^2} = \dfrac{2^2 \times 0.05^2}{0.125^2} = 0.64$

08 ④ ① $\sigma_{AB} = \beta_A\beta_B Var(R_m) = 0.4 \times 1.2 \times 0.2^2 = 0.0192$

② $\beta_B = 1.2 = \dfrac{\sigma_{Bm}}{\sigma_m^2} = \dfrac{\sigma_{Bm}}{0.2^2}$

$\therefore \ \sigma_{Bm} = 0.048$

③ 주식 B의 체계적 위험 $= \beta_B^2 Var(R_m) = 1.2^2 \times 0.2^2 = 0.0576$

④ 주식 B의 비체계적 위험 $= Var(e_B) = Var(R_B) - \beta_B^2 Var(R_m) = 0.4^2 - 0.0576 = 0.1024$

⑤ $\beta_P = w_A\beta_A + w_B\beta_B = 0.8 \times 0.4 + 0.2 \times 1.2 = 0.56$

09 ④ ① $\sigma_{AB} = 0.0324 = 1.8 \times 0.8 \times Var(R_m)$

$\therefore\ Var(R_m) = 0.0225$

주식 A의 체계적 위험 $= \beta_A^2 Var(R_m) = 1.8^2 \times 0.0225 = 0.0729$

② 주식 B의 결정계수 $= \dfrac{\beta_B^2 Var(R_m)}{Var(R_B)} = \dfrac{0.8^2 \times 0.0225}{0.2^2} = 0.36$

③ 주식 A와 주식 B의 상관계수 $= \dfrac{\sigma_{AB}}{\sigma_A \times \sigma_B} = \dfrac{0.0324}{0.3 \times 0.2} = 0.54$

④ $\beta_X = 1.3 = w_A \beta_A + w_B \beta_B = w_A \times 1.8 + (1 - w_A) \times 0.8$

→ $w_A = 0.5,\ w_B = 0.5$

$Var(e_A) = Var(R_A) - \beta_A^2 Var(R_m) = 0.3^2 - 1.8^2 \times 0.0225 = 0.0171$

$Var(e_B) = Var(R_B) - \beta_B^2 Var(R_m) = 0.2^2 - 0.8^2 \times 0.0225 = 0.0256$

$\therefore\ Var(e_X) = w_A^2 Var(e_A) + w_B^2 Var(e_B) = 0.5^2 \times 0.0171 + 0.5^2 \times 0.0256 = 0.010675$

⑤ $Var(R_X) = \beta_X^2 Var(R_m) + Var(e_X) = 1.3^2 \times 0.0225 + 0.010675 = 0.0487$

10 ③ (가) $\sigma_X = w_m \times \sigma_m = w_m \times 0.18 = 0.15 = \sigma_A$

$\therefore\ w_m = 0.8333$

(나) $E(R_Y) = R_f + w_m \times [E(R_m) - R_f] = 0.05 + w_m \times (0.15 - 0.05) = 0.12 = E(R_B)$

$\therefore\ w_m = 0.7$

(다) $\rho_{AB} = \dfrac{\sigma_{AB}}{\sigma_A \times \sigma_B} = \rho_{Am} \times \rho_{Bm} = 0.6 \times 0.5 = 0.3$

11 ② 시장균형조건: $\dfrac{E(R_A) - R_f}{\beta_A} = \dfrac{0.15 - 0.05}{0.8} = \dfrac{E(R_B) - R_f}{\beta_B} = \dfrac{E(R_B) - 0.05}{1.2}$

$\therefore\ E(R_B) = 0.2$

12 ③
- 각 증권의 기대수익률에 반영된 위험 1단위당 위험프리미엄

  A증권: $\dfrac{E(R_A) - R_f}{\beta_A} = \dfrac{0.16 - 0.06}{1} = 0.1$ > B증권: $\dfrac{E(R_B) - R_f}{\beta_B} = \dfrac{0.1 - 0.06}{0.5} = 0.08$
- 상대적으로 위험 1단위당 위험프리미엄이 적은 B증권을 공매해서 유입되는 자금으로 무위험증권과 A증권을 매입해야 한다(w_B = -1, w_A = +0.5, w_f = +0.5). 예를 들어 B증권을 100원 공매하여 유입되는 자금으로 A증권과 무위험증권을 각각 50원씩 매입해야 한다.

13 ② $E(R_A) = 0.16 = \lambda_0 + \lambda_1 \times 1.0 + \lambda_2 \times 1.0$

$E(R_B) = 0.17 = \lambda_0 + \lambda_1 \times 0.5 + \lambda_2 \times 1.5$

$E(R_C) = 0.18 = \lambda_0 + \lambda_1 \times (-1.5) + \lambda_2 \times 3.0$

$\therefore\ \lambda_0 = 0.06,\ \lambda_1 = 0.04,\ \lambda_2 = 0.06$

14 ③ $E(R_A) = 0.07 = \lambda_0 + \lambda_1 \times 1 + \lambda_2 \times 1$

$E(R_B) = 0.1 = \lambda_0 + \lambda_1 \times 2 + \lambda_2 \times 1$

$E(R_C) = 0.12 = \lambda_0 + \lambda_1 \times 2 + \lambda_2 \times 2$

➜ $\lambda_0 = 0.02,\ \lambda_1 = 0.03,\ \lambda_2 = 0.02$

$E(R_D) = 0.2 = \lambda_0 + \lambda_1 \times \beta_{D1} + \lambda_0 \times \beta_{D2} = 0.02 + 0.03 \times \beta_{D1} + 0.02 \times 3$

∴ 포트폴리오 D의 요인 1에 대한 민감도: $\beta_{D1} = 4$

15 ② $E(R_i) = \lambda_0 + \lambda_1 \times \beta_{i1} + \lambda_2 \times \beta_{i2} + \lambda_3 \times \beta_{i3}$

$= 0.03 + 0.06 \times 1.2 + 0.04 \times 0.2 + 0.05 \times 0.8 = 0.15$

16 ② ① 공통요인이 2개인 2요인(다요인)모형이다.

③ 1요인에 대한 위험 1단위당 위험프리미엄: $\lambda_1 = E(R_A) - R_f = 0.15 - 0.1 = 0.05$

2요인에 대한 위험 1단위당 위험프리미엄: $\lambda_2 = E(R_B) - R_f = 0.13 - 0.1 = 0.03$

균형 $E(R_C) = R_f + \lambda_1 b_{C1} + \lambda_2 b_{C2} = 0.1 + 0.05 \times 1.2 + 0.03 \times 0.5 = 0.175$

현재 C증권의 기대수익률은 과대평가, C증권의 가격은 과소평가되어 있다.

② 차익거래과정을 통해 C증권의 가격은 상승하고 C증권의 기대수익률은 하락할 것이다.

④⑤ CAPM에 대한 설명이며, APT에서는 시장포트폴리오나 평균 - 분산 기준의 가정이 불필요하다.

17 ② ① APT의 가정은 CAPM보다 약하며, CAPM은 APT에서 공통요인이 시장포트폴리오의 수익률 하나뿐인 APT의 특수한 형태로 볼 수 있다.

② CAPM은 평균 - 분산 기준의 적용을 위하여 자산수익률의 확률분포가 정규분포이거나 투자자의 효용함수가 2차함수라는 가정이 필요하지만, APT는 이와 같은 가정을 필요로 하지 않는다. 다만, 투자자가 위험회피적이라는 가정은 필요하다.

③ CAPM은 모든 위험자산이 포함된 시장포트폴리오의 존재를 필요로 하지만, APT는 시장에 존재하는 자산 중 일부만으로도 자산가치평가가 가능하다.

④ CAPM은 자산의 기대수익률이 단일의 공통요인(시장포트폴리오의 수익률)에 의해 결정된다고 가정하지만, APT는 하나 이상의 공통요인에 의해 결정된다고 본다.

⑤ CAPM과 APT에 따르면 자산의 기대수익률이 관련 위험요인과 선형관계를 갖는다.

CAPM: $E(R_i) = R_f + [E(R_m) - R_f] \times \beta_i$

APT: $E(R_i) = R_f + \lambda_1 \beta_{i1} + \lambda_2 \beta_{i2} + \cdots + \lambda_k \beta_{ik}$

18 ⑤ ④ 파마 - 프렌치의 3요인모형은 개별자산의 초과수익률을 시장요인(MKT)과 기업규모요인(SMB) 및 가치요인(HML)의 3요인에 의해 설명하고자 하는 모형이다. 여기서 시장요인은 시장포트폴리오의 평균수익률과 무위험이자율의 차이, 기업규모요인은 소형주들의 평균수익률과 대형주들의 평균수익률의 차이, 가치요인은 가치주(PBR이 낮은 주식)들의 평균수익률과 성장주(PBR이 높은 주식)들의 평균수익률의 차이를 말한다.

⑤ CAPM에서 자본시장선보다 아래에 존재하는 비효율적인 개별자산도 시장의 균형상태에서는 증권시장선상에 놓인다.

제6장

자본구조이론

핵심 이론 요약

객관식 연습문제

정답 및 해설

핵심 이론 요약

01 원천별 자본비용과 가중평균자본비용

(1) 원천별 자본비용

① 타인자본비용

- $k_d = \frac{I}{B} = \frac{\text{이자지급액}}{\text{부채조달액} - \text{자금조달비용}}$
- CAPM 이용 시: $k_d = R_f + [E(R_m) - R_f] \times \beta_d$
- 세후타인자본비용: $\frac{I \times (1-t)}{B} = k_d \times (1-t)$

② 자기자본비용

- CAPM 이용 시: $k_e = R_f + [E(R_m) - R_f] \times \beta_i$
- 유보이익의 자본비용: 보통주 자기자본비용
- 신주발행비용 고려 시: 유보이익의 자본비용 < 신주발행 시의 자기자본비용

(2) 가중평균자본비용($WACC = k_0$)과 무성장영구기업의 가치

① $I \times t$를 현금흐름에 고려하는 경우

- $V = \frac{EBIT \times (1-t) + I \times t}{k_0} = \frac{EBIT \times (1-t) + I \times t}{k_d \times \frac{B}{V} + k_e \times \frac{S}{V}}$

② $I \times t$를 자본비용에 반영하는 경우

- $V = \frac{EBIT \times (1-t)}{k_0} = \frac{EBIT \times (1-t)}{k_d \times (1-t) \times \frac{B}{V} + k_e \times \frac{S}{V}}$

③ 가중평균자본비용 계산 시 가중치의 적용

- 목표자본구조 기준 > 시장가치 기준 > 장부금액 기준

02 주주의 위험과 자기자본비용

(1) 주주의 위험과 레버리지분석

① 영업위험과 영업레버리지도

- 영업위험: 영위 업종(자산구성, 영업비용의 고정화 정도)에 의해 결정
- 영업레버리지효과: 고정영업비용의 존재로 인해 매출액 변동률보다 영업이익 변동률이 더 커지는 효과
- 영업레버리지도: $DOL = \frac{\text{영업이익 변동률}}{\text{매출액 변동률}} = \frac{\text{공헌이익}}{\text{영업이익}}$

② 재무위험과 재무레버리지도

- 재무위험: 부채사용(자본구성, 재무비용의 고정화 정도)에 의해 결정
- 재무레버리지효과: 이자비용의 존재로 인해 영업이익 변동률보다 당기순이익 변동률이 더 커지는 효과
- 재무레버리지도: $DFL = \frac{\text{당기순이익(세전이익, 주당이익) 변동률}}{\text{영업이익 변동률}} = \frac{\text{영업이익}}{\text{세전이익}}$

③ 결합레버리지도

- $DCL = \frac{\text{당기순이익 변동률}}{\text{매출액 변동률}} = DOL \times DFL = \frac{\text{공헌이익}}{\text{세전이익}}$

(2) 주주의 위험과 자기자본비용(CAPM 성립 시)

① 무부채기업의 주주의 위험과 (자기)자본비용

- $\beta_U = \text{영업위험}$
- $\rho = R_f + \text{영업위험프리미엄} = R_f + [E(R_m) - R_f] \times \beta_U$

② 부채사용기업의 주주의 위험과 자기자본비용

- $\beta_L = \text{영업위험} + \text{재무위험}$
- $k_e = R_f + \text{영업위험프리미엄} + \text{재무위험프리미엄} = R_f + [E(R_m) - R_f] \times \beta_L$

03 MM 이전의 자본구조이론

(1) 타인자본사용의 효과

① 긍정적인 효과: 타인자본비용의 저렴효과($k_d < k_e$)

② 부정적인 효과: 주주 재무위험의 증가효과

(2) 순이익(NI)접근법

① 가정: $\overline{k_d} < \overline{k_e}$

② 부채비율 증가의 효과: 가중평균자본비용 하락, 기업가치 증가

- 타인자본비용의 저렴효과만 고려

③ 가치평가 순서: $\left(\frac{NI}{k_e} = S_L\right) + B = V_L$

(3) 순영업이익(NOI = EBIT)접근법

① 가정: $\overline{k_d} < \widetilde{k_e}$

② 부채비율 증가의 효과: 가중평균자본비용 불변, 기업가치 불변

- 타인자본비용의 저렴효과와 주주 재무위험의 증가효과가 완전히 상쇄

③ 가치평가 순서: $\left(\frac{NOI = EBIT}{k_0} = V_L\right) - B = S_L$

(4) 전통적 접근법

① 가정: $\widetilde{k_d} < \widetilde{k_e}$

② 부채비율 증가의 효과: 기업가치가 극대화되는 최적부채비율 존재

04 MM의 자본구조이론

(1) 법인세가 없는 MM의 자본구조이론: 무관련이론(1958년)

① 자본비용 및 베타

- 기업가치: $V_L = V_U$
- 부채사용기업 주주의 위험: $\beta_L = \beta_U + (\beta_U - \beta_d)\dfrac{B}{S}$
- 부채사용기업의 자기자본비용: $k_e = \rho + (\rho - k_d)\dfrac{B}{S}$
- 부채사용기업의 가중평균자본비용: $k_0 = \rho$
- 부채사용기업의 자산베타: $\beta_A = \beta_d\dfrac{B}{V} + \beta_L\dfrac{S}{V} = \beta_U$

② 자본구조변경(부채비율 증가)의 효과

V_L	k_d	k_e	k_0	β_L	β_A
불변	불변	상승	불변	상승	불변

(2) 법인세가 있는 MM의 자본구조이론: 수정이론(1963년)

① 자본비용 및 베타

- 기업가치: $V_L = V_U + B \times t$
- 이자비용 감세효과의 현재가치: $\dfrac{I \times t}{k_d} = B \times t$
- 부채사용기업 주주의 위험: $\beta_L = \beta_U + (\beta_U - \beta_d)(1-t)\dfrac{B}{S}$
- 부채사용기업의 자기자본비용: $k_e = \rho + (\rho - k_d)(1-t)\dfrac{B}{S}$
- 부채사용기업의 가중평균자본비용: $k_0 = \rho(1 - t\dfrac{B}{V})$
- 부채사용기업의 자산베타: $\beta_A = \beta_d\dfrac{B}{V} + \beta_L\dfrac{S}{V} = \beta_U\dfrac{V_U}{V_L} + \beta_d\dfrac{B \times t}{V_L}$

② 자본구조변경(부채비율 증가)의 효과

- 부채사용이 극대화되는 경우: $\lim_{\frac{B}{V}\to 1} k_0 = \lim_{\frac{B}{V}\to 1} \rho(1 - t\dfrac{B}{V}) = \rho(1-t)$

V_L	k_d	k_e	k_0	β_L	β_A
상승	불변	상승	하락	상승	하락

③ 법인세율 인상의 효과

- 기업가치 감소, 가중평균자본비용 하락, 자기자본비용 불변

05 개인소득세의 존재

(1) 개인소득세와 최적자본구조

① 채권자와 주주의 개인소득세와 법인세를 모두 고려

- $V_L = V_U + B \times \left[1 - \frac{(1-t)\times(1-t_e)}{1-t_d}\right]$
- 법인세율(t)과 채권자의 개인소득세율(t_d) 및 주주의 개인소득세율(t_e)
- 세율 간의 관계에 따라 레버리지이득의 부호와 크기 결정
- ($t_d = t_e$) 또는 ($t_d = t_e = 0$)인 경우: $V_L = V_U + B \times t$

② 채권자의 개인소득세와 법인세를 고려($t_e = 0$ 가정)

- $V_L = V_U + B \times \left(\frac{t - t_d}{1 - t_d}\right)$
- $t > t_d$인 경우: $V_L > V_U$
- $t = t_d$인 경우: $V_L = V_U$

(2) 밀러의 균형부채이론

① 채권자가 요구하는 최소 세전이자율: $k_d^D = \frac{r_0}{1-t_d}$

- 개인소득세율은 누진세율구조이므로 회사채에 대한 수요곡선은 우상향

② 기업이 지급 가능한 최대 세전이자율: $k_d^S = \frac{r_0}{1-t}$

- 법인세율은 단일세율구조이므로 회사채에 대한 공급곡선은 수평

③ 시장균형: 회사채에 대한 수요와 공급이 일치하는 점

- 균형이자율 = 기업이 지급 가능한 최대 세전이자율
- 시장균형점: $k_d^D = k_d^S$, $t = t_d$, $V_L = V_U$

④ 개별기업입장

- 부채사용이득 없음: 기업은 지급 가능한 최대이자율을 모두 부담
- 개별기업의 기업가치는 자본구조와 무관

⑤ 기업들의 유효법인세율이 상이한 경우

- 비부채성 감세효과나 이익의 규모에 따라 유효법인세율 상이
- 부채사용이 증가하는 경우에 유효법인세율과 기업의 지급 가능한 최대이자율 하락
- 회사채의 공급곡선 우하향
- 개별기업입장에서도 부채사용이득 발생: 기업가치 극대화되는 최적자본구조 존재

06 파산비용이론과 대리비용이론

(1) 파산비용이론

① 부채사용 증가의 효과

- 미래 파산가능성 증가 ➜ 기대파산비용 증가
- 기대파산비용의 현재가치만큼 기업가치 하락
- $V_L = V_U + B \times t - PV$(기대파산비용)

② 기업가치 극대화되는 최적자본구조 존재

- 부채 1단위 사용 증가에 따른 한계이득과 한계비용이 일치하는 수준
- 한계이득: 이자비용 감세효과의 현재가치 증가분
- 한계비용: 기대파산비용의 현재가치 증가분

(2) 발생유형에 따른 대리비용(대리인 비용)의 구분

① 감시비용: 본인이 대리인의 이탈행위를 방지하기 위해 발생

② 확증비용: 대리인이 이탈행위를 하지 않고 있음을 입증하기 위해 발생

③ 잔여손실: 최적의 의사결정을 하지 못함에 따른 부의 감소

(3) 자기자본의 대리비용(본인: 주주, 대리인: 경영자)

① 경영자 지분율이 낮을수록 크게 발생

- 경영자의 특권적 소비나 업무태만
- 소유와 경영이 일치하는 경우 발생하지 않음

② 자기자본의 대리비용의 감소방안

- 효율적 노동시장, 적대적 M&A의 활성화
- 유인장치(스톡옵션 등), 규제장치(사외이사제도 등)

(4) 부채의 대리비용(본인: 채권자, 대리인: 주주)

① 부채의존도가 높을수록 크게 발생

- 기업가치 극대화와 자기자본가치 극대화가 불일치하는 상황 발생 가능

② 주주의 재산도피유인

- 과다한 배당지급이나 고가의 자사주매입

③ 주주의 위험투자선호유인: 주주의 유한책임에 기인

- 부채의존도가 높은 기업의 경우에 주주들이 고위험한 투자안을 실행할 유인

④ 주주의 과소투자유인: 채권자가 선순위, 주주가 후순위임에 기인

- 부채의존도가 높은 기업의 경우에 주주들이 $NPV > 0$인 투자안을 실행하지 않을 유인

⑤ 부채의 대리비용의 감소방안: 재무적 통합, 차입약정 강화 등

(5) 대리비용과 최적자본구조

① 부채의존도가 높을수록 자기자본의 대리비용 감소, 부채의 대리비용 증가

② 기업가치 극대화되는 최적자본구조 존재

- 총대리비용(= 자기자본의 대리비용 + 부채의 대리비용) 최소화

07 정보비대칭

(1) 정보비대칭에 따른 신주발행과 자사주매입의 신호효과

① 신주발행: 주가 고평가에 대한 신호

② 자사주매입: 주가 저평가에 대한 신호

(2) 자본조달순위이론

① 기존주주의 부를 극대화하기 위한 자본조달순위

- 정보비대칭 해소비용과 같은 자금조달비용 비교
- 내부유보자금 > 부채발행 > 신주발행

② 최적자본구조에 대한 예측을 하지 않음

- 기업이 처한 상황에 따라 자본구조가 결정될 뿐임

(3) 로스의 신호이론

① 자본구조가 기업의 성과에 대한 경영자의 전망을 전달하는 수단

- 미래성과에 대해 긍정적 전망을 하는 경우에 보다 많은 부채사용
- 미래성과에 대해 부정적 전망을 하는 경우에 보다 적은 부채사용
- 부채사용이 미래성과에 대한 긍정적 전망을 외부투자자들에게 전달
- 거짓신호를 보낼 유인은 존재하지 않음

② 신호균형

- 긍정적 전망의 경우 많은 부채를 사용, 부정적 전망의 경우 적은 부채를 사용
- 경영자가 보유하는 정보 = 자본구조에 의한 신호 = 시장가격에 반영되는 정보

③ 최적자본구조

- 부채 1단위 추가사용에 따른 한계이득과 한계비용이 일치하는 신호균형
- 한계이득: 신호효과에 의한 기업가치 증가분
- 한계비용: 자본비용 상승 또는 파산가능성 증가

객관식 연습문제

01 동일한 회사에서 자산, 부채 및 자기자본에 요구되는 수익률을 큰 것부터 작은 것의 순으로 나열한 것은? CPA 97

① 부채, 자산, 자기자본 ② 자산, 부채, 자기자본 ③ 자산, 자기자본, 부채
④ 자기자본, 부채, 자산 ⑤ 자기자본, 자산, 부채

02 다음의 설명 중 가장 옳지 않은 것은? CPA 05

① 약 1,000종목의 주식에 적절히 분산투자한 투자자가 새로운 주식을 포트폴리오에 편입할 때 요구하는 수익률은 비체계적 위험보다는 체계적 위험에 의하여 더 큰 영향을 받는다.
② 경제가 불경기에 처하여 수익성이 높은 투자기회가 축소되면 자금의 수요가 줄어들면서 전반적으로 시장이자율이 하락한다.
③ 물가가 큰 폭으로 상승할 것으로 예상되는 경우, 채권이나 주식 등 금융자산에 대한 요구수익률도 상승한다.
④ 총자산의 약 80%가 자신이 창업한 회사의 주식으로 구성된 경우 비체계적 위험도 총자산의 수익률에 큰 영향을 미칠 수 있다.
⑤ 어떤 무부채기업이 1억원 상당의 투자안에 대하여 자금을 조달하고자 할 때, 회사 내부의 현금을 사용하는 경우의 자본비용은 외부로부터 자금을 차입할 때의 자본비용보다 대체적으로 낮다.

03 불완전자본시장하에서 유보이익의 자본비용에 관한 바른 설명은? CPA 93

① 신주발행에 의한 자기자본비용보다 작다.
② 신주발행에 의한 자기자본비용과 같다.
③ 신주발행에 의한 자기자본비용보다 크다.
④ 신주발행에 의한 자기자본비용과는 관계가 없다.
⑤ 자본비용은 없다.

04 (주)명동 주식의 베타는 1.2이고 부채비율$(=\frac{\text{부채}}{\text{자기자본}})$은 150%이다. (주)명동이 발행한 회사채는 만기 2년, 액면가 1,000,000원인 무이표채이다. 현재 만기가 1년 남은 이 회사채의 시장가격은 892,857원이고, 이 회사의 다른 부채는 없다. 시장포트폴리오의 기대수익률은 연 10%이고 무위험 수익률은 연 2%이며 법인세율은 30%이다. (주)명동의 가중평균자본비용과 가장 가까운 것은?

CPA 19

① 9.68% ② 10.24% ③ 11.84%
④ 12.56% ⑤ 14.02%

05 레버리지(leverage)에 대한 설명으로 가장 맞는 것은? CPA 92

① 재무위험(financial leverage)은 자본구조에 따른 위험으로 투자의사결정과는 무관하다.
② 영업레버리지도(DOL)은 매출량의 변동액에 대한 영업이익(EBIT)의 변동액의 비율로 측정한다.
③ 영업손익 확대효과란 매출량의 변화가 주당이익(EPS)의 변화에 미치는 영향을 말한다.
④ 영업레버리지는 기업의 영업비 중에서 변동영업비가 부담하는 정도를 말한다.
⑤ DOL과 DFL은 0에서 무한대까지의 범위에서 그 값이 결정되며 클수록 손익 확대효과는 크다.

06 영업레버리지도(DOL), 재무레버리지도(DFL), 결합레버리지도(DCL)에 관한 설명으로 가장 적절하지 않은 것은?

CPA 16

① 영업이익(EBIT)이 영(0)보다 작은 경우, 음(-)의 DOL은 매출액 증가에 따라 영업이익이 감소함을 의미한다.
② 고정영업비가 일정해도 DOL은 매출액의 크기에 따라 변화한다.
③ DCL은 DOL과 DFL의 곱으로 나타낼 수 있다.
④ 이자비용이 일정해도 DFL은 영업이익의 크기에 따라 변화한다.
⑤ 영업이익이 이자비용(이자비용 > 0)보다 큰 경우, 영업이익이 증가함에 따라 DFL은 감소하며 1에 수렴한다.

07 레버리지분석은 매출액의 변화가 영업이익(EBIT) 및 주당순이익(EPS)에 미치는 영향을 파악하기 위해 사용된다. 부채를 사용하지 않는 A기업의 매출액이 250억원에서 275억원으로 증가할 때 EPS는 100원에서 150원으로 증가한다면, 이 기업의 영업레버리지도(DOL)에 가장 가까운 것은?

CPA 22

① 6.5 ② 6.0 ③ 5.5
④ 5.0 ⑤ 4.5

08 레버리지에 관한 설명으로 적절한 항목만을 모두 선택한 것은? CPA 21

a. 손익분기점 미만의 매출액 수준에서는 영업레버리지도(DOL)가 음(-)의 값으로 나타난다.
b. 영업레버리지도(DOL)가 크다는 것은 영업이익 변화율에 비해 매출액 변화율이 크다는 것을 의미한다.
c. 레버리지효과가 없을 경우 영업레버리지도(DOL)와 재무레버리지도(DFL)는 모두 0과 1 사이의 값으로 나타난다.
d. 재무레버리지도(DFL)와 결합레버리지도(DCL)가 각각 4, 8일 때, 매출액이 10% 증가하면, 영업이익은 20% 증가한다.
e. 재무레버리지는 이자비용 중에서 영업고정비의 비중 증가에 따른 순이익 확대효과를 의미한다.

① a, d ② b, d ③ c, d
④ a, c, d ⑤ a, c, e

09 A기업의 재무레버리지도(DFL)는 2이고 결합레버리지도(DCL)는 6이다. 현재 A기업의 영업이익(EBIT)이 20억원이라면, 이 기업의 고정영업비용은? CPA 17

① 20억원 ② 25억원 ③ 30억원
④ 35억원 ⑤ 40억원

10 (주)윈드는 풍력 발전에 사용되는 터빈을 생산하는 기업이며 생산된 터빈은 모두 판매되고 있다. (주)윈드의 손익분기점은 터빈을 2,500개 판매할 때이다. (주)윈드가 터빈을 3,400개 판매할 때의 영업레버리지도(degree of operational leverage; DOL)로 가장 적절한 것은? CPA 12

① DOL ≤ 1.5
② 1.5 < DOL ≤ 2.5
③ 2.5 < DOL ≤ 3.5
④ 3.5 < DOL ≤ 4.5
⑤ DOL > 4.5

11 완전자본시장에서의 MM 자본구조이론(1958)이 성립한다는 가정하에서 자본구조에 대한 다음 설명 중 가장 옳은 것은? CPA 08

① 부채비율이 증가하게 되면 자기자본비용과 타인자본비용이 증가하기 때문에 가중평균자본비용(WACC)이 증가한다.
② 법인세로 인한 절세효과가 없기 때문에 순이익의 크기는 자본구조와 무관하게 결정된다.
③ 부채비율이 증가함에 따라 영업위험이 커지기 때문에 자기자본비용이 커진다.
④ 부채비율이 증가함에 따라 자기자본비용과 타인자본비용은 증가하나 가중평균자본비용(WACC)은 일정하다.
⑤ 부채비율이 증가함에 따라 EPS(주당순이익)의 변동성이 커진다.

12 A기업은 기대영업이익이 매년 2,000만원으로 영구히 일정할 것으로 예상되며 영구채를 발행하여 조달한 부채 2,000만원을 가지고 있다. B기업은 영구채 발행을 통해 조달한 부채 6,000만원을 가지고 있다는 점을 제외하고는 모든 점(기대영업이익과 영업위험)에서 A기업과 동일하다. 모든 기업과 개인은 10%인 무위험이자율로 차입과 대출이 가능하다. A기업과 B기업의 자기자본비용은 각각 20%와 25%이며 자본시장은 거래비용이나 세금이 없는 완전시장으로 가정한다. 다음 중 가장 적절한 것은? CPA 15

① B기업이 A기업에 비해 과소평가되어 있다.
② A기업의 자기자본가치는 1.0억원이다.
③ B기업의 자기자본가치는 1.2억원이다.
④ 차익거래기회가 존재하지 않기 위해서는 A기업과 B기업의 자기자본비용이 같아야 한다.
⑤ B기업의 주식을 1% 소유한 투자자는 자가부채(homemade leverage)를 통하여 현재가치 기준으로 6만원의 차익거래이익을 얻을 수 있다.

13 자본구조와 기업가치의 무관련성을 주장한 Miller와 Modigliani는 시장 불완전요인 중 법인세를 고려할 경우 기업가치는 레버리지(leverage)에 따라 변화한다고 수정하였다. 만일 부채를 사용하고 있지 않은 어떤 기업이 위험의 변화 없이 8%의 금리로 100억원을 영구히 차입하여 자기자본을 대체한다면 Miller와 Modigliani의 수정명제에 따라 이 기업의 가치는 얼마나 변화하게 될까? (단, 법인세율은 40%, 주주의 요구수익률은 10%이다) CPA 02

① 40억원 증가 ② 10억원 증가 ③ 80억원 증가
④ 30억원 감소 ⑤ 70억원 감소

14 부채가 없는 기업이 8%의 금리로 200억원을 영구히 차입하여 자기자본을 대체했다. 법인세율은 30%, 주주의 요구수익률은 10%이다. 법인세를 고려한 MM의 수정명제에 따른 기업가치 변화 중 가장 적절한 것은? CPA 11

① 80억원 증가 ② 60억원 증가 ③ 60억원 감소
④ 40억원 증가 ⑤ 40억원 감소

15 법인세를 고려한 MM의 수정이론(1963)이 성립한다고 가정하자. C기업은 1년 후부터 영원히 매년 10억원의 영업이익을 예상하고 있다. C기업은 현재 부채가 없으나 차입하여 자사주를 매입 · 소각하는 방식으로 자본재구성을 하려고 한다. C기업의 자기자본비용은 10%이며, 법인세율은 30%일 때 가장 적절하지 않은 것은?

① C기업의 무부채 기업가치(V_U)는 70억원이다.
② C기업이 무부채 기업가치(V_U)의 50%만큼을 차입한다면 기업가치(V_L)는 80.5억원이 된다.
③ C기업이 무부채 기업가치(V_U)의 100%만큼을 차입한다면 기업가치(V_L)는 91억원이 된다.
④ 부채비율($\frac{부채}{자기자본}$)이 100%인 자본구조를 갖는 기업가치(V_L)는 85억원이다.
⑤ 부채 대 자산비율($\frac{부채}{자기자본 + 부채}$)이 100%인 자본구조를 갖는 기업가치(V_L)는 100억원이다.

16 A회사의 부채비율(B/S)은 100%이고 동일한 영업위험을 가진 B회사의 부채비율(B/S)은 200%이다. A회사의 보통주베타가 0.5인 경우에 B회사의 보통주베타는 얼마인가? (단, 부채의 베타는 0이다) CPA 93

① 0.5 ② 0.25 ③ 0.75
④ 1 ⑤ 2

17 D기업의 자본구조는 부채 20%와 자기자본 80%로 구성되어 있다. 이 기업의 최고경영진은 부채를 추가로 조달하여 자사주매입 후 소각을 통해 부채비율(부채/자기자본)을 100%로 조정하고자 한다. 현재 무위험수익률은 3%이고, D기업 보통주의 베타는 2.3이며 법인세율은 40%이다. 부채를 추가로 조달한 후의 베타에 가장 가까운 것은? (단, CAPM 및 MM의 수정이론(1963)이 성립하고, 부채비용은 무위험수익률과 동일하다고 가정한다) CPA 20

① 3.05 ② 3.10 ③ 3.15
④ 3.20 ⑤ 3.25

18 부채가 전혀 없는 기업 A의 자기자본비용은 7%인데 신규사업을 위해 (무위험)부채를 조달한 후 부채비율(부채/자기자본)이 100%가 되었다. 무위험이자율은 5%이고 시장포트폴리오의 기대수익률은 9%이다. 법인세율이 40%일 때, 기업 A의 자기자본비용은 얼마로 변화하겠는가? CPA 06

① 7% ② 7.4% ③ 7.8%
④ 8.2% ⑤ 12.2%

19 (주)알파는 현재 자본 80%와 부채 20%로 구성되어 있으며 CAPM(자본자산가격결정모형)에 의해 계산된 (주)알파의 자기자본비용은 14%이다. 무위험이자율은 5%, 시장위험프리미엄은 6%, 이 회사에 대한 법인세율은 20%이다. (주)알파가 무위험이자율로 차입을 하여 자사주매입을 함으로써 현재의 자본구조를 자본 50%와 부채 50%로 변경한다면 자기자본비용은 얼마가 되겠는가? CPA 08

① 16.5% ② 17.0% ③ 17.5%
④ 18.0% ⑤ 18.5%

20 무부채기업인 (주)대한의 연간 기대영업이익은 3억원이며 자본비용은 15%이다. (주)대한은 10%의 이자율로 10억원의 부채를 조달하여 자본구조를 변경할 계획이다. MM의 기본명제(무관련이론)와 수정명제(법인세 고려)하에서 각각 추정된 (주)대한의 가중평균자본비용(WACC)들 간의 차이 ($WACC_{기본명제}$ - $WACC_{수정명제}$)는 얼마인가? (단, 법인세율은 40%이다) CPA 10

① 0 ② 1.25% ③ 2.50%
④ 3.75% ⑤ 4.25%

21 무부채기업인 A기업의 자기자본은 10억원이다. A기업에서는 매년 0.7억원의 영구 무성장 세후영업이익이 발생하며, 법인세율은 30%이다. A기업은 이자율 5%의 영구채 5억원 발행자금 전액으로 자사주매입소각 방식의 자본구조 변경을 계획 중이다. MM수정이론(1963)을 가정할 때, 자본구조 변경에 따른 가중평균자본비용에 가장 가까운 것은? (단, 자본비용은 % 기준으로 소수점 아래 셋째 자리에서 반올림한다) CPA 21

① 6% ② 8% ③ 10%
④ 12% ⑤ 14%

22 자기자본만으로 운영하는 기업이 있다. 이 기업의 자기자본비용은 15%이며 매년 3억원씩의 기대영업이익이 예상된다. 이 회사는 자본구조를 변경하기 위하여 5억원의 부채를 이자율 10%로 조달하여 주식의 일부를 매입하고자 한다. 법인세율은 30%이며 법인세 있는 MM의 모형을 이용하여 자본구조 변경 후 이 기업의 자기자본의 가치를 구하면 얼마인가? CPA 06

① 9억원 ② 10.5억원 ③ 14억원
④ 15억원 ⑤ 16.5억원

23 A기업의 주식베타는 2.05이고 법인세율은 30%이다. A기업과 부채비율 이외의 모든 것이 동일한 B기업은 부채 없이 자기자본만으로 자본을 구성하고 있는데 주식베타는 1.0이고 기업가치는 100억원이다. CAPM과 MM이론이 성립된다고 할 때 A기업의 가치는 근사치로 얼마인가? (단, 하마다 모형을 이용한다) CPA 07

① 114억원 ② 125억원 ③ 118억원
④ 167억원 ⑤ 122억원

24 노트북 액정 제조업체인 (주)테크는 부채를 운용하는 기업으로 주식베타는 1.56이다. 반면 (주)감마는 (주)테크와 자본구조 이외에 모든 것이 동일한 무부채기업이고 주식베타는 1.2이며 기업가치는 260억원이다. (주)테크가 운용하고 있는 부채의 가치는 얼마인가? (단, 법인세율은 40%이고, MM의 수정명제와 CAPM이 성립한다고 가정한다) CPA 13

① 100억원 ② 110억원 ③ 120억원
④ 130억원 ⑤ 140억원

25 무위험부채를 보유한 A기업의 현재 법인세율은 30%이고 주식베타는 2.0이다. A기업과 부채비율 이외의 모든 것이 동일한 무부채기업인 B기업의 베타는 1.0, 기업가치는 50억원, 법인세율은 30%이다. CAPM과 MM수정이론(1963)을 가정할 때, A기업의 이자비용 절세효과(interest tax shield effect)의 현재가치(PV)에 가장 가까운 것은? (단, 금액은 억원 단위로 표시하고, 소수점 아래 셋째 자리에서 반올림한다) CPA 21

① 2.71억원 ② 4.71억원 ③ 6.71억원
④ 8.71억원 ⑤ 10.71억원

26 무부채기업인 (주)백제의 발행주식수는 10,000주이며 자기자본가치는 5억원이다. 이 기업은 이자율 10%로 영구사채 3억원을 발행하여 전액 자기주식을 매입소각하는 방법으로 자본구조를 변경하고자 한다. (주)백제의 기대영업이익은 매년 1억원으로 영구히 지속되며, 법인세율은 40%이다. 시장은 준강형 효율적이고 MM의 수정이론(1963)이 성립한다고 가정할 때 다음 중 가장 적절하지 않은 것은? (단, 자본비용은 % 기준으로 소수점 셋째 자리에서 반올림한다) CPA 17

① 자본구조 변경 전 자기자본비용은 12%이다.
② 채권발행에 대한 공시 직후 부채의 법인세효과로 인하여 주가는 24% 상승할 것이다.
③ 채권발행 공시 직후의 주가로 자사주를 매입한다면, 채권발행에 따라 매입할 수 있는 자기주식 수는 근사치로 4,839주이다.
④ 자본구조 변경 후 자기자본비용은 13.13%이다.
⑤ 자본구조 변경 후 가중평균자본비용은 8.33%이다.

27 법인세가 있는 MM이론이 성립된다고 가정하자. 현재 어느 기업의 발행주식수는 100만주로 부채는 전혀 없으나 10%에 차입할 수 있고 가중평균자본비용(WACC)은 16%이다. 순영업이익(EBIT)은 매년 100억원일 것으로 예상되고 법인세율은 30%로 고정되어 있다. 이 기업이 부채로 자금을 조달하여 자사주를 매입함으로써 부채의 시장가치가 기업가치의 40%가 되도록 하려고 한다. 다음의 내용 중 옳지 않은 것은? CPA 04

① 부채로 자금을 조달하기 전 자기자본비용은 16%이다.
② 부채로 자금을 조달해 자본구조를 재구성한 후에는 자기자본비용이 18.8%로 증가한다.
③ 부채로 자금을 조달해 자본구조를 재구성한 후의 가중평균자본비용은 14.08%로 감소한다.
④ 조달해야 할 부채의 시장가치는 근사치로 198.86억원이다.
⑤ 자사주를 매입한 이후의 발행주식수는 근사치로 545,463주이다.

28 (주)평창은 매년 150억원의 기대영업이익을 창출하는 데 200억원의 부채를 이자율 10%로 차입하여 운용하고 있다. 한편 (주)평창과 자본구조를 제외한 모든 면에서 동일한 무부채기업 (주)한강의 자기자본비용은 20%이다. 다음 설명 중 가장 적절하지 않은 것은? (단, 법인세율은 40%이고, MM의 수정명제가 성립하는 것으로 가정하며, 자본비용은 퍼센트 기준으로 소수 둘째 자리에서 반올림하여 계산한다) CPA 13

① 무부채기업인 (주)한강의 기업가치는 450억원이다.
② 부채기업인 (주)평창의 경우 부채를 사용함에 따라 발생하는 법인세감세액의 현재가치는 80억원이다.
③ 부채기업인 (주)평창의 자기자본비용은 23.6%이다.
④ 부채기업인 (주)평창의 가중평균자본비용(WACC)은 17.0%이다.
⑤ 만약 부채비율(부채/자기자본)이 무한히 증가한다면 가중평균자본비용은 14.1%가 된다.

29 무부채기업인 (주)한라의 자기자본비용은 20%이다. (주)한라의 순영업이익(EBIT)은 매년 100억원으로 예상되고 있으며 법인세율은 40%이다. (주)한라는 이자율 10%로 차입금을 조달하여 자기주식을 매입소각하는 방법으로 자본구조 변경을 계획하고 있으며 목표자본구조는 부채의 시장가치가 기업가치의 30%가 되도록 하는 것이다. 법인세가 있는 MM이론이 성립된다는 가정하에서 가장 적절하지 않은 것은? CPA 12

① 자본구조 변경 전에 가중평균자본비용은 20%이다.
② 자본구조 변경 후에 가중평균자본비용은 17.6%이다.
③ 조달해야 할 부채의 시장가치는 근사치로 238.63억원이다.
④ 자본구조 변경 전에 기업가치는 300억원이다.
⑤ 자본구조 변경 후에 자기자본비용은 근사치로 22.57%이다.

30 무부채기업인 K사의 영업이익(EBIT)은 매년 12억원으로 기대된다. 현재 K사의 자기자본비용은 14%이고 법인세율은 30%이다. K사는 이자율 8%로 부채를 조달하여 자사주 일부를 매입소각할 예정이다. K사는 시장가치 기준으로 자기자본이 부채의 2배가 되는 자본구조를 목표로 삼고 있다. 법인세가 있는 MM이론이 성립된다고 가정한다. 다음 설명 중 적절한 항목만으로 구성된 것은? [단, 아래의 계산값에서 금액은 억원 기준으로 소수 둘째 자리까지(예를 들면, 10.567억원 → 10.56억원), 자본비용은 % 기준으로 소수 둘째 자리까지 제시된 것이다] CPA 14

> a. 자본구조 변경에 필요한 부채(시장가치)는 30.88억원이다.
> b. 자본구조 변경 후 자기자본비용은 16.10%이다.
> c. 자본구조 변경 후 가중평균자본비용(WACC)은 11.22%이다.
> d. 자본구조 변경에 의한 기업가치의 증가액은 6.66억원이다.

① a ② a, b ③ a, c
④ b, c ⑤ b, d

31 현재 부채와 자기자본 비율이 50 : 50인 (주)한국의 주식베타는 1.5이다. 무위험이자율이 10%이고, 시장포트폴리오의 기대수익률은 18%이다. 이 기업의 재무담당자는 신주발행을 통해 조달한 자금으로 부채를 상환하여 부채와 자기자본 비율을 30 : 70으로 변경하였다. 다음 설명 중 옳지 않은 것은? (단, 법인세가 없고 무위험부채사용을 가정하며 소수점 셋째 자리에서 반올림한다) CPA 09

① 자본구조 변경 전의 자기자본비용은 22.0%이다.
② 자본구조 변경 전의 자산베타는 0.75이다.
③ 자본구조 변경 후의 주식베타는 1.07로 낮아진다.
④ 자본구조 변경 후의 자기자본비용은 20.56%로 낮아진다.
⑤ 자본구조 변경 후의 가중평균자본비용은 16%로 변경 전과 같다.

32 부채를 사용하지 않고 자기자본만 사용하고 있는 기업인 (주)거창은 베타계수가 1.4이고 자산의 시장가치는 300억원이다. 현재 무위험이자율은 4%이고 (주)거창의 자기자본비용은 12.4%이다. 이제 (주)거창은 100억원을 무위험이자율로 차입하여 자본구조를 변경하려 한다. 이때 차입한 금액은 자기주식을 매입소각하는 데 사용될 예정이다. 부채의 베타가 0이고 법인세율이 40%이며 CAPM과 법인세가 있는 MM이론이 성립된다는 가정하에서 Hamada 모형을 이용했을 때 가장 적절하지 않은 것은? CPA 12

① 자본구조 변경 전 가중평균자본비용은 12.4%이지만 자본구조 변경 후 가중평균자본비용은 8.94%로 감소한다.
② 자본구조 변경 전 자기자본비용은 12.4%이지만 자본구조 변경 후 자기자본비용은 14.5%로 증가한다.
③ 자본구조 변경 전 주식베타는 1.4이지만 자본구조 변경 후 주식베타는 1.75로 증가한다.
④ 자본구조 변경 전 자산베타는 1.4이지만 자본구조 변경 후 자산베타는 1.24로 감소한다.
⑤ 자본구조 변경 전 자산의 시장가치는 300억원이지만 자본구조 변경 후 자산의 시장가치는 340억원으로 증가한다.

33 무부채기업인 (주)한성의 베타는 2이고, 자기자본비용은 20%이며, 시장가치는 200억원이다. 이 기업은 50억원을 무위험이자율 5%로 차입하여 전액 자기주식을 매입소각하는 방법으로 자본구조를 변경하고자 한다. 법인세율은 40%이며, 부채의 베타는 0이다. MM의 수정이론(1963)과 CAPM이 성립한다고 가정할 때, 자본구조 변경 후 다음 설명 중 옳지 않은 항목만을 모두 선택한 것은? (단, 자본비용은 % 기준으로 소수점 셋째 자리에서 반올림하며, 베타는 소수점 셋째 자리에서 반올림한다) CPA 23

a. 자기자본비용은 22.65%이다.
b. 가중평균자본비용은 17.65%이다.
c. 기업가치는 220억원이다.
d. 주식베타는 2.27이다.
e. 자산베타는 1.82이다.

① a, d ② a, e ③ b, c
④ b, d ⑤ d, e

34 무부채기업인 U기업의 연간 기대영업이익은 2억원이며, 부채비율(B/S)이 100%인 L기업의 연간 기대영업이익은 5억원이다. 두 기업의 주식수익률에 대한 자료는 다음과 같다.

구분	주식수익률의 표준편차	시장수익률과의 상관계수
U기업	20%	0.4
L기업	50%	0.6

시장포트폴리오의 기대수익률과 표준편차는 모두 20%이고, 무위험이자율은 5%이다. 법인세율이 40%인 경우 다음 중 가장 적절하지 않은 것은? (단, CAPM과 법인세가 있는 MM이론이 성립한다고 가정한다) CPA 22

① L기업의 베타는 1.50이다.
② U기업의 자기자본비용은 11.00%이다.
③ L기업의 가중평균자본비용은 12.25%이다.
④ U기업의 가치는 10.91억원이다.
⑤ L기업의 가치가 U기업의 가치보다 8.76억원 더 크다.

35 무부채기업인 (주)도봉과 1,000억원의 부채를 사용하고 있는 (주)관악은 자본구조를 제외한 모든 면에서 동일하다. 법인세율은 25%이고, 투자자의 개인소득세율은 채권투자 시 X%, 주식투자 시 Y%일 때 다음 설명 중 옳은 항목만을 모두 선택한 것은? (단, 법인세 및 개인소득세가 존재하는 것 이외에 자본시장은 완전하다고 가정한다) CPA 18

a. X와 Y가 같다면, 기업가치는 (주)관악이 (주)도봉보다 더 크다.
b. X가 25이고 Y가 0일 때, 기업가치는 (주)도봉이 (주)관악보다 더 크다.
c. X가 15이고 Y가 0일 때, 두 기업의 기업가치 차이는 250억원보다 작다.

① a ② a, b ③ a, c
④ b, c ⑤ a, b, c

36 밀러(M. H. Miller)의 균형부채이론이 주장하는 내용이 아닌 것은? CPA 94

① 타인자본에 대한 기업의 지급이자율은 우상향한다.

② 기업의 자본구조는 그 경제 전체적인 관점에서 기업의 법인세율과 투자자의 개인소득세율에 따라 결정된다.

③ 개별기업의 자본구조와 기업가치는 무관하다.

④ 국민경제 전체적 관점에서 볼 때 부채의 최적규모가 존재한다.

⑤ MM이론을 확장하여 개인소득세를 도입한 자본구조이론이다.

37 다른 모든 조건은 동일하고 자본구조만 차이가 나는 두 기업이 있다. 부채사용기업의 가치가 50억원이고, 무부채기업의 가치가 47.8억원이며 파산비용과 대리인 비용의 현재가치가 1.6억원일 때 MM의 자본구조이론에서 법인세 절감액의 현재가치는 얼마인가? CPA 93

① 2.2억원 ② 3.8억원 ③ 16억원

④ 96.2억원 ⑤ 97.8억원

38 주식회사의 주주와 경영자 간에 발생하는 대리인 문제에 대한 설명과 관련이 없는 것은? CPA 97

① 소유와 경영이 분리되어 있을 때 발생한다.

② 경영자가 파산가능성이 있을 때 위험이 높은 투자사업을 수행한다.

③ 소유가 분산될수록 주주와 경영자 간의 이해 상충은 심화되는 경향이 있다.

④ 적대적 기업인수가 가능하면 대리인 문제가 줄어든다.

⑤ 대주주인 경영자가 자신의 이익을 위해서 소수주주의 이해와 상충된 의사결정을 할 수 있다.

39 기업의 소유자와 경영자 사이에서 발생하는 대리인 비용(agency problem)과 관련이 가장 없는 것은? CPA 12

① 감시비용(monitoring cost)
② 지배원리(dominance principle)
③ 스톡옵션(stock option)
④ 정보의 비대칭성(information asymmetry)
⑤ 기업지배권(corporate governance)

40 대리비용(agency costs)과 관련된 다음 서술 중 옳은 것은? CPA 02

① 위험유인(risk incentive)이란 소유경영자와 외부주주 간에 발생하는 이해 상충에서 파생하는 대리비용이다.
② 위험유인은 소유경영자의 지분율이 높을수록 위험한 투자안을 선택하려는 유인이다.
③ 과소투자유인(under - investment incentive)은 부채의 대리비용으로, 수익성 투자 포기유인이라고도 한다.
④ 특권적 소비(perquisite consumption)는 주주와 채권자 간에 발생하는 대리비용으로, 타인자본의존도에 비례하여 증가하는 경향이 있다.
⑤ 감시비용(monitoring costs)이란 대리인이 자신의 의사결정이 위임자의 이해와 일치한다는 것을 입증하기 위해 지불하는 비용이다.

41 자본구조이론에서 고려하는 기업의 대리인 문제와 가장 관련이 없는 것은? CPA 20

① 잠식비용(erosion cost)
② 감시비용(monitoring cost)
③ 과소투자유인(under - investment incentive)
④ 확증비용(bonding cost)
⑤ 위험선호유인(risk incentive)

42 투자안의 결정과 관련된 다음 설명 중 주주부의 극대화와 상충되는 것은? CPA 97

① 투자자본의 회수기간이 길더라도 순현가가 양(+)이면 투자안을 채택한다.
② 현 기업의 파산위험이 현저할 경우에는 순현가가 양(+)인 투자안을 기각할 수 있다.
③ 현 기업의 파산위험이 현저할 경우에는 순현가가 음(-)인 투자안을 채택할 수 있다.
④ 순현가가 양(+)이라도 상황이 더 유리하게 될 때까지 투자집행을 기다린다.
⑤ 순현가가 음(-)이라도 기업 확장을 위하여 투자안을 채택한다.

43 회계기업의 부채는 현재 2,000억원이다. 미래 상황은 호황과 불황이 동일 확률로 가능하며 이 기업은 상호배타적인 두 투자안을 고려하고 있다. 두 투자안이 시행되면 호황과 불황에서의 기업가치는 다음과 같이 예상된다.

상황	A투자안이 시행되는 경우	B투자안이 시행되는 경우
호황에서의 기업가치	4,300억원	3,800억원
불황에서의 기업가치	1,100억원	2,000억원

다음 중 적절한 설명을 모두 모은 것은? CPA 06

a. A투자안 시행 시의 기대기업가치는 B투자안 시행 시의 기대기업가치보다 200억원만큼 작다.
b. A투자안 시행 시의 기업가치 변동성(표준편차)은 B투자안 시행 시의 기업가치 변동성보다 700억원만큼 크다.
c. 주주가치를 극대화하는 기업은 B투자안을 선택한다.

① a, b, c ② a, c ③ b, c
④ a ⑤ a, b

44 다음은 시장가치로 측정한 A기업과 B기업의 자본구조와 경영자의 지분율이다. 이에 대한 설명 중 가장 적절하지 않은 것은? CPA 08

	A기업	B기업
자본	20억	80억
부채	80억	20억
경영자(내부주주)의 지분율	80%	20%

① B기업은 A기업에 비해 기업 외부주주와 경영자(내부주주) 간에 발생하는 대리비용이 높을 수 있다.
② A기업은 B기업에 비해 채권자가 부담하는 대리비용이 낮을 수 있다.
③ B기업은 A기업에 비해 위험이 높은 투자안에 대한 선호유인이 낮을 수 있다.
④ A기업은 B기업에 비해 경영자의 과소투자유인(underinvestment incentive)이 높을 수 있다.
⑤ B기업은 A기업에 비해 주주의 재산도피현상(milking the property)이 낮을 수 있다.

45 자본구조와 기업가치에 관련된 설명으로 가장 적절하지 않은 것은? CPA 17

① 파산비용이론(상충이론; trade - off theory)에 의하면 부채사용 시 법인세 절감효과에 따른 기업가치 증가와 기대파산비용의 증가에 따른 기업가치 감소 간에 상충관계가 존재한다.
② 자본조달순위이론에 따르면 경영자는 수익성이 높은 투자안이 있을 경우 외부금융(external financing)보다는 내부금융(internal financing)을 선호한다.
③ 부채를 사용하는 기업의 주주들이 위험이 높은 투자안에 투자함으로써 채권자의 부를 감소시키고 자신들의 부를 증가시키려는 유인을 위험선호유인(risk incentive)이라 한다.
④ 과소투자유인(under - investment incentive)이란 부채를 과다하게 사용하여 파산가능성이 있는 기업의 주주들이 투자안의 순현가가 0보다 크다고 하더라도 투자를 회피하려는 유인을 말한다.
⑤ 소유경영자의 지분율이 100%일 때 지분의 대리인 비용(agency cost of equity)이 가장 크게 나타나며, 소유경영자 지분율이 낮아지고 외부주주 지분율이 높아질수록 지분의 대리인 비용은 감소한다.

46 투자성과가 좋은 투자안의 실행을 고려 중인 A기업의 재무담당자가 "자사의 현 주가가 적절한 가치보다 과소평가되어 있다."고 생각하고 있다. 이 투자안의 자금조달 순서로 바람직한 것은? CPA 96

① 필요자금을 우선 유보이익으로 조달하고, 부족분은 사채를 발행한다.
② 필요자금을 우선 유보이익으로 조달하고, 부족분은 주식을 발행한다.
③ 필요자금을 우선 주식으로 조달하고, 부족분은 사채를 발행한다.
④ 필요자금을 우선 주식으로 조달하고, 부족분은 유보이익을 이용한다.
⑤ 필요자금을 우선 사채로 조달하고, 부족분은 주식을 발행한다.

47 자본구조와 관련된 다음의 서술 중에서 적절한 것을 모두 모은 것은? CPA 06

a. 이익을 많이 내는 성공적인 기업들이 거의 부채를 사용하지 않는 현상은 파산비용과 절세효과를 동시에 고려하는 균형이론에 의해 설명된다. b. 자본조달순위이론(pecking order theory)이 제시하는 자본조달의 우선순위는 내부자금, 신주발행, 부채의 순서이다. c. 자본조달순위이론은 최적자본구조에 대한 예측을 하지 않는다.

① a, b ② a, b, c ③ c
④ b, c ⑤ a, c

48 자본조달순위이론(pecking order theory)에 관한 설명으로 가장 적절하지 않은 것은? CPA 15

① 경영자는 외부투자자에 비해 더 많은 기업정보를 알고 있다고 가정한다.
② 자본조달 시 고평가된 기업이라고 하더라도 신주 발행보다 부채 발행을 선호한다.
③ 최적자본구조에 대해서는 설명하지 못한다.
④ 수익성이 높은 기업은 파산비용 등 재무적 곤경비용의 부담이 작기 때문에 수익성이 낮은 기업보다 높은 부채비율을 가질 것으로 예측한다.
⑤ 기업들이 여유자금(financial slack)을 보유하려는 동기를 설명한다.

49 기업들이 왜 각기 특정한 자본구조를 가지고 있는가에 대해 비대칭적 정보이론이 있다. 비대칭적 정보이론의 가정 혹은 내용이 아닌 것은? CPA 95

① 기업의 내부경영자는 기업 외부의 투자자보다 정보가 많다.
② 기업의 부채 증가는 우월한 정보를 보유한 경영자가 외부에 전달하는 신호라고 해석한다.
③ 기업은 미래의 유리한 투자기회에 대비하여 현재보다 더 많은 부채조달 여력이 있어야 한다.
④ 기업이 유상증자를 통해 자본을 조달하는 것은 부정적 신호이다.
⑤ 부채의 심화는 파산위험을 증가시켜 기업가치가 감소될 수 있다는 신호가 된다.

50 자본구조와 기업가치에 대한 다음의 설명 중 가장 타당하지 않은 것은? CPA 00

① Modigliani & Miller(1963)는 법인세 절약효과 때문에 레버리지와 기업가치 사이에는 정(+)의 관계가 있다고 주장하였다.
② Jensen & Meckling(1976)은 총대리(인)비용이 최소가 되는 레버리지 수준에서 최적자본구조가 실현된다고 주장하였다.
③ Miller(1977)는 법인세와 (개인)소득세를 모두 고려할 경우 자본구조와 기업가치는 무관하다고 주장하였다.
④ DeAngelo & Masulis(1980)는 법인세와 (개인)소득세를 모두 고려하더라도 비부채성 세금효과 때문에 최적자본구조가 존재할 수 있다고 주장하였다.
⑤ Myers & Majluf(1984)는 내부자금 사용 후 외부자금을 사용하는 자본조달 우선순위가 있기 때문에 레버리지와 기업가치 사이에는 부(-)의 관계가 있다고 주장하였다.

51 여러 가지 자본구조이론에 대한 다음의 설명 중 가장 옳지 않은 것은? CPA 05

① Modigliani & Miller(1958)에 의하면 레버리지와 기업가치는 무관하고, 자기자본가치를 먼저 구한 후 이것과 부채가치를 합쳐 기업가치를 구한다.

② Modigliani & Miller(1963)에서는 레버리지가 많을수록 기업가치는 상승하는데, 이는 순이익접근법의 결과와 동일하다.

③ Modigliani & Miller(1963)에서는 다른 조건이 일정하다면, 법인세율이 상승할수록 기업가치와 가중평균자본비용은 하락하지만 자기자본비용은 변함이 없다.

④ Miller(1977)는 개인수준의 이자소득세 때문에 레버리지이득이 감소된다고 하였다.

⑤ 전통적 접근법과 파산비용이론 및 대리인 이론의 결과는 레버리지를 적절하게 이용해야 기업가치가 상승한다는 공통점이 있다.

52 자본구조이론에 대한 다음 설명 중 맞는 것은? CPA 92

① 순이익(NI)접근법에서는 부채사용이 증가할수록 기업가치는 감소한다.

② 재무적 곤경비용(파산비용, 대리비용 등) 고려 시 부채사용과 기업가치는 무관하다.

③ 법인세를 고려한 MM의 수정이론(63)에 의하면 부채사용이 증가할수록 기업가치는 증가한다.

④ Miller의 균형부채이론에 의하면 부채사용이 증가할수록 기업가치는 증가한다.

⑤ 순영업이익(NOI)접근법과 법인세 없는 경우의 MM이론(58)에서는 부채사용이 증가할수록 기업가치는 감소한다.

53 기업이 부채를 증가시켜 자본구조를 변경할 때 발생하는 경제적 효과 중 옳지 않은 것은? CPA 97

① 세금과 파산비용 등이 없는 완전자본시장하에서 주주의 부는 변하지 않는다.

② 법인세 산정 시 이자가 손비처리되므로 법인세 절감효과가 양(+)이 된다.

③ 레버리지이득은 주식 관련 개인소득세율의 크기에 관계없이 항상 양(+)이다.

④ 파산비용 때문에 부채의 증가가 반드시 주주의 부를 극대화하지는 않는다.

⑤ 주주가 채권자의 이익에 상충되는 의사결정을 할 수 있다.

54 다음은 자본구조이론에 대한 설명이다. 가장 적절하지 않은 것은? CPA 19

① MM(1963)에 의하면 법인세가 존재할 경우 최적자본구조는 부채를 최대한 많이 사용하는 것이다.

② 대리비용이론에 따르면 부채의 대리비용과 자기자본의 대리비용의 합인 총 대리비용이 최소가 되는 점에서 최적자본구조가 존재한다.

③ 상충이론(또는 파산비용이론)에 따르면 부채사용으로 인한 법인세 절감효과와 기대파산비용을 고려할 경우 최적자본구조가 존재한다.

④ Miller(1977)에 의하면 법인세율과 개인소득세율이 같은 점에서 경제 전체의 균형부채량이 존재하며 이에 따라 개별기업의 최적자본구조도 결정된다.

⑤ DeAngelo와 Masulis(1980)에 의하면 투자세액공제 등 비부채성 세금 절감효과를 고려할 경우 기업별 유효법인세율의 차이로 인해 최적자본구조가 존재할 수 있다.

55 자본구조이론에 관한 설명으로 가장 적절하지 않은 것은? CPA 22

① 지분의 분산 정도가 크거나 소유경영자의 지분율이 낮을수록 자기자본의 대리인 비용은 증가할 수 있다.

② Miller(1977)에 의하면 채권시장이 균형일 때 부채기업과 무부채기업의 가치는 동일하다.

③ 자본조달순위이론은 최적자본구조의 존재 여부에 대하여 설명하지 못한다.

④ 부채비율이 높을 때 위험선호유인, 과소투자유인, 재산도피유인 등이 발생할 수 있다.

⑤ MM에 의하면 법인세가 존재하는 경우 부채비율(B/S)의 증가에 따라 가중평균자본비용은 부채비용 × (1 - 법인세율)로 수렴한다.

56 모든 기업이 현재의 상황에서 최적자본구조를 유지하고 있다고 하자. 다음 중 부채비율을 기존의 상태보다 감소시켜야 하는 상황은? CPA 98

① 다각화되어 있던 사업을 정리하고, 안정적인 현금흐름을 갖는 1개의 사업에 집중하기로 한 경우

② 구조조정의 결과로 하드웨어 부문을 매각하고, 고기술 집약적 소프트웨어 부문에 집중하기로 한 경우

③ 경영자가 소유지분을 25%에서 15%로 감소시킨 경우

④ 회계장부상의 감가상각비가 계속 대폭 감소될 경우

⑤ 정부가 예상되는 재정적자를 줄이기 위하여 법인세율을 증가시킨 경우

정답 및 해설

정답

01	⑤	02	⑤	03	①	04	①	05	①	06	①	07	④	08	①	09	⑤	10	④
11	⑤	12	⑤	13	①	14	②	15	④	16	③	17	④	18	④	19	⑤	20	④
21	①	22	②	23	⑤	24	①	25	⑤	26	⑤	27	⑤	28	⑤	29	③	30	⑤
31	④	32	①	33	④	34	③	35	③	36	①	37	②	38	②	39	②	40	③
41	①	42	⑤	43	⑤	44	②	45	⑤	46	①	47	③	48	④	49	⑤	50	⑤
51	①	52	③	53	③	54	④	55	⑤	56	②								

해설

01 ⑤ 주주의 요구수익률(자기자본비용)은 주주가 부담하는 영업위험과 재무위험으로 인해 채권자의 요구수익률(타인자본비용)보다 높은 것이 일반적이며, 자산에 대한 요구수익률(가중평균자본비용)은 자기자본비용과 타인자본비용의 가중평균이다.

02 ⑤ ① 이미 적절히 분산투자된 포트폴리오를 보유하고 있으므로 새로운 자산을 편입하는 경우에도 포트폴리오에 비체계적 위험은 거의 존재하지 않기 때문에 체계적 위험에 의하여 더 큰 영향을 받는다.

④ 적절히 분산투자되어 있지 못한 포트폴리오를 보유하고 있으므로 비체계적 위험도 수익률에 큰 영향을 미칠 수 있다.

⑤ 회사 내부 현금을 사용하는 경우의 자본비용(유보이익의 자본비용 = 자기자본비용)이 외부 차입하는 경우의 자본비용(타인자본비용)보다 더 높은 것이 일반적이다.

03 ① 유보이익의 자본비용은 유보이익의 기회비용이며, 거래비용이 없는 완전자본시장의 경우에는 자기자본비용과 동일하다. 거래비용이 발생하는 불완전자본시장의 경우에는 신주발행비용의 발생으로 인해 신주발행에 의한 자기자본비용이 유보이익의 자본비용보다 크다.

04 ①

$$k_e = R_f + [E(R_m) - R_f] \times \beta_L = 0.02 + (0.1 - 0.02) \times 1.2 = 0.116$$

$$k_d = \frac{1{,}000{,}000\text{원}}{892{,}857\text{원}} - 1 = 0.12$$

$$k_0 = k_d(1-t)\frac{B}{V} + k_e\frac{S}{V} = 0.12 \times (1-0.3) \times 0.6 + 0.116 \times 0.4 = 0.0968$$

05 ① ① 재무위험은 자본구조(부채사용정도)에 따라 결정되므로 투자의사결정(자산구성)과는 무관하다.
② DOL은 매출량의 변동률에 대한 영업이익(EBIT)의 변동률의 비율로 측정한다.
③ 영업손익 확대효과란 매출량의 변화가 영업이익의 변화에 미치는 영향을 말한다.
④ 영업레버리지는 기업의 영업비 중에서 고정영업비가 부담하는 정도를 말한다.
⑤ DOL과 DFL은 1에서 무한대까지의 범위에서 그 값이 결정되며 클수록 손익 확대효과는 크다. DOL과 DFL이 음(-)수로 계산될 수도 있으나 이러한 값은 DOL과 DFL의 개념상 무의미하다.

06 ① 영업이익이 0보다 작은 경우, 음(-)의 DOL은 매출액 증가에 따라 영업이익이 증가(영업손실이 감소)함을 의미한다.

07 ④ $DFL = 1$: 무부채기업

$DCL = 5$: 매출액 $\frac{275\text{억원} - 250\text{억원}}{250\text{억원}} = 10\%$ 증가 ➜ 주당이익 $\frac{150\text{원} - 100\text{원}}{100\text{원}} = 50\%$ 증가

$$DOL = \frac{DCL}{DFL} = \frac{5}{1} = 5$$

08 ① a. 손익분기점 미만: 공헌이익 > 0, 영업이익 < 0
b. 영업레버리지도가 크다는 것은 매출액 변화율에 비해 영업이익 변화율이 크다는 것을 의미한다.
c. 레버리지효과가 없을 경우 영업레버리지도와 재무레버리지도는 모두 1이다.
d. DFL = 4, DCL = 8이면 DOL = 2이므로 매출액이 10% 증가하면, 영업이익은 20% 증가한다.
e. 재무레버리지는 영업비용과는 무관하며 이자비용의 발생에 따른 순이익 확대효과를 의미한다.

09 ⑤ $\text{영업레버리지도} = \frac{DCL}{DFL} = \frac{\text{공헌이익}}{\text{영업이익}}$

$$= \frac{6}{2} = \frac{\text{공헌이익}}{20\text{억원}} \rightarrow \text{공헌이익} = 60\text{억원}$$

$\therefore$ 고정영업비용 = 공헌이익 − 영업이익 = 60억원 − 20억원 = 40억원

10 ④ $FC = Q_{BEP} \times (@p - @v) = 2{,}500\text{개} \times (@p - @v)$

$$DOL = \frac{\text{공헌이익}}{\text{영업이익}} = \frac{Q \times (@p - @v)}{Q \times (@p - @v) - FC} = \frac{Q}{Q - Q_{BEP}} = \frac{3{,}400\text{개}}{3{,}400\text{개} - 2{,}500\text{개}} = 3.7778$$

11 ⑤ ①③④ 부채비율이 증가하게 되면 재무위험이 커지기 때문에 자기자본비용이 증가하지만, 일정하게 유지되는 타인자본비용의 저렴효과와 완전히 상쇄되어 가중평균자본비용은 일정하게 유지된다.
② 자본구조가 상이한 경우 부채사용에 따른 이자비용의 차이로 인해 순이익의 크기는 달라진다.
⑤ 부채비율이 증가하면 재무레버리지효과가 발생하여 주당순이익의 변동성이 커진다.

12 ⑤ 각 기업의 자기자본비용이 제시되어 있으므로 주주현금흐름을 자기자본비용으로 할인하여 자기자본가치를 계산할 수 있다.

② A기업의 자기자본가치 $= \frac{NI}{k_e} = \frac{2{,}000\text{만원} - 2{,}000\text{만원} \times 0.1}{0.2} = 0.9\text{억원}$

③ B기업의 자기자본가치 $= \frac{2{,}000\text{만원} - 6{,}000\text{만원} \times 0.1}{0.25} = 0.56\text{억원}$

① A기업의 기업가치 $= B + S_L = 2{,}000\text{만원} + 9{,}000\text{만원} = 1.1\text{억원}$
B기업의 기업가치 $= 6{,}000\text{만원} + 5{,}600\text{만원} = 1.16\text{억원}$
완전자본시장을 가정하는 경우에는 자본구조만 상이한 기업의 가치는 동일해야 하므로 B기업이 A기업에 비해 과대평가되어 있다.

④ 차익거래기회가 존재하지 않기 위해서는 각 기업의 가중평균자본비용이 같아야 한다.

⑤ 상대적으로 과대평가된 B기업의 주식을 1% 소유한 투자자는 [B기업 주식 처분 + A기업 주식 매입 + 자가부채 차입]을 통하여 현재가치 기준으로 (1.16억원 - 1.1억원) × 1% = 6만원의 차익거래이익을 얻을 수 있다.

거래내용	현재시점 CF	미래 매년 발생 CF
B주식 1% 처분	56만원	$-(2{,}000\text{만원} - 6{,}000\text{만원} \times 10\%) \times 0.01$ $= -2{,}000\text{만원} \times 0.01 + 6{,}000\text{만원} \times 10\% \times 0.01$ $= -14\text{만원}$
A주식 1% 매입	-90만원	$(2{,}000\text{만원} - 2{,}000\text{만원} \times 10\%) \times 0.01$ $= 2{,}000\text{만원} \times 0.01 - 2{,}000\text{만원} \times 10\% \times 0.01 = 18\text{만원}$
개인차입	40만원	$-4{,}000\text{만원} \times 10\% \times 0.01 = -4\text{만원}$
합계(차익거래이익)	6만원	0

13 ① 시장의 불완전요인 중 법인세를 고려하는 경우(MM수정이론) 부채사용기업의 가치는 무부채기업의 가치보다 레버리지이득(이자비용 감세효과의 현재가치)만큼 크기 때문에 자본구조변경에 따라 기업가치는 $B \times t$ = 100억원 × 0.4 = 40억원만큼 증가한다.

14 ② 부채사용에 따른 레버리지이득만큼 기업가치가 증가한다.
$B \times t$ = 200억원 × 0.3 = 60억원

15 ④ ① $V_U = \frac{EBIT \times (1-t)}{\rho} = \frac{10억원 \times (1-0.3)}{0.1} = 70억원$

② $B = V_U \times 0.5 = 70억원 \times 0.5 = 35억원$

$V_L = V_U + B \times t = 70억원 + 35억원 \times 0.3 = 80.5억원$

③ $B = V_U = 70억원$

$V_L = V_U + B \times t = 70억원 + 70억원 \times 0.3 = 91억원$

④ $\frac{B}{S} = 100\%, \ B = V_L \times 0.5$

$V_L = V_U + B \times t = 70억원 + V_L \times 0.5 \times 0.3$

$V_L = 82.35억원$

⑤ $\frac{B}{V_L} = 100\%, \ B = V_L$

$V_L = V_U + B \times t = 70억원 + V_L \times 0.3$

$V_L = 100억원$

16 ③ $\beta_L^A = 0.5 = \beta_U + (\beta_U - \beta_d)(1-t)\frac{B}{S} = \beta_U + (\beta_U - 0) \times (1-0) \times 1$

➜ $\beta_U = 0.25$

$\therefore \ \beta_L^B = \beta_U + (\beta_U - \beta_d)(1-t)\frac{B}{S} = 0.25 + (0.25-0) \times (1-0) \times 2 = 0.75$

17 ④ 변경 전: $\beta_L = 2.3 = \beta_U + (\beta_U - \beta_d)(1-t)\frac{B}{S} = \beta_U + (\beta_U - 0) \times (1-0.4) \times \frac{2}{8}$

➜ $\beta_U = 2$

$\therefore$ 변경 후: $\beta_L = \beta_U + (\beta_U - \beta_d)(1-t)\frac{B}{S} = 2 + (2-0) \times (1-0.4) \times 1 = 3.2$

18 ④ $k_e = \rho + (\rho - k_d)(1-t)\frac{B}{S} = 0.07 + (0.07 - 0.05) \times (1-0.4) \times 1 = 0.082$

19 ⑤ 변경 전: $k_e = 0.14 = \rho + (\rho - k_d)(1-t)\frac{B}{S} = \rho + (\rho - 0.05) \times (1-0.2) \times \frac{2}{8}$

➜ $\rho = 0.125$

$\therefore$ 변경 후: $k_e = 0.125 + (0.125 - 0.05) \times (1-0.2) \times \frac{5}{5} = 0.185$

20 ④ $WACC_{기본명제} = \rho = 0.15$

$V_U = \frac{EBIT \times (1-t)}{\rho} = \frac{3억원 \times (1-0.4)}{0.15} = 12억원$

$V_L = V_U + B \times t = 12억원 + 10억원 \times 0.4 = 16억원$

$WACC_{수정명제} = \rho\left(1 - t \times \frac{B}{V}\right) = 0.15 \times \left(1 - 0.4 \times \frac{10}{16}\right) = 0.1125$

$\therefore$ $WACC_{기본명제}$ - $WACC_{수정명제}$ = 0.15 - 0.1125 = 0.0375

21 ① $V_L = V_U + B \times t = 10억원 + 5억원 \times 0.3 = 11.5억원$

$\rho = \frac{EBIT \times (1-t)}{V_U} = \frac{0.7억원}{10억원} = 0.07$

$\therefore\ k_0 = \rho(1 - t\frac{B}{V}) = 0.07 \times (1 - 0.3 \times \frac{5}{11.5}) = \frac{EBIT \times (1-t)}{V_L} = \frac{0.7억원}{11.5억원} = 0.06$

22 ② $V_U = \frac{EBIT \times (1-t)}{\rho} = \frac{3억원 \times (1-0.3)}{0.15} = 14억원$

$V_L = V_U + B \times t = 14억원 + 5억원 \times 0.3 = 15.5억원$

$\therefore\ S_L = V_L - B = 15.5억원 - 5억원 = 10.5억원$

23 ⑤ $\beta_L = 2.05 = \beta_U + (\beta_U - \beta_d)(1-t)\frac{B}{S} = 1 + (1-0) \times (1-0.3) \times \frac{B}{S}$

→ $\frac{B}{S} = 1.5,\ \frac{B}{V} = 0.6$

$V_L = V_U + B \times t = 100억원 + V_L \times 0.6 \times 0.3$

$\therefore\ V_L = 121.95억원$

24 ① $\beta_L = 1.56 = \beta_U + (\beta_U - \beta_d)(1-t)\frac{B}{S} = 1.2 + (1.2-0) \times (1-0.4) \times \frac{B}{S}$

→ $\frac{B}{S} = 0.5,\ \frac{B}{V} = \frac{1}{3}$

$V_L = V_U + B \times t = 260억원 + V_L \times \frac{1}{3} \times 0.4$

→ $V_L = 300억원$

$\therefore\ B = 100억원$

25 ⑤ $\beta_L = 2.0 = \beta_U + (\beta_U - \beta_d)(1-t)\dfrac{B}{S} = 1 + (1-0) \times (1-0.3) \times \dfrac{B}{S}$

➜ $\dfrac{B}{S} = \dfrac{1}{0.7}$

$V_L = V_U + B \times t = 50$억원 $+ V_L \times \dfrac{1}{1.7} \times 0.3$

➜ $V_L = 60.71$억원

∴ 이자비용 절세효과의 $PV = B \times t = 60.71$억원 $\times \dfrac{1}{1.7} \times 0.3 = 10.71$억원

26 ⑤ ① 변경 전 $V_U = \dfrac{EBIT \times (1-t)}{\rho} = \dfrac{1\text{억원} \times (1-0.4)}{\rho} = 5$억원

변경 전 $\rho = 0.12$

② 공시 직후 기업가치 $= V_U + B \times t = 5$억원 $+ 3$억원 $\times 0.4 = 6.2$억원

공시 직후 주가 $= \dfrac{6.2\text{억원}}{10{,}000\text{주}} = 62{,}000$원

공시 직후 주가 상승률 $= \dfrac{12{,}000\text{원}}{50{,}000\text{원}} = 0.24$

③ 매입주식수 $= \dfrac{\text{부채조달액}}{\text{주당 매입가격}} = \dfrac{3\text{억원}}{62{,}000\text{원}} = 4{,}838.71$주

④ 변경 후 $S_L = V_L - B = 6.2$억원 $- 3$억원 $= 3.2$억원

변경 후 $k_e = \rho + (\rho - k_d)(1-t)\dfrac{B}{S} = 0.12 + (0.12 - 0.1) \times (1-0.4) \times \dfrac{3}{3.2} = 0.13125$

⑤ 변경 후 $k_0 = \rho(1 - t\dfrac{B}{V}) = 0.12 \times (1 - 0.4 \times \dfrac{3}{6.2}) = 0.09677$

27 ⑤ ① 무부채기업 ρ = 0.16

② 변경 후 $k_e = \rho + (\rho - k_d)(1-t)\dfrac{B}{S} = 0.16 + (0.16 - 0.1) \times (1-0.3) \times \dfrac{4}{6} = 0.188$

③ 변경 후 $k_0 = \rho\left(1 - t\dfrac{B}{V}\right) = 0.16 \times (1 - 0.3 \times 0.4) = 0.1408$

④ 변경 후 $V_L = \dfrac{EBIT \times (1-t)}{k_0} = \dfrac{100\text{억원} \times (1-0.3)}{0.1408} = 497.16$억원

변경 후 $B = V_L \times 0.4 = 497.16$억원 $\times 0.4 = 198.86$억원

⑤ 자사주매입 직전(공시 직후) 주가 $= \dfrac{497.16\text{억원}}{100\text{만주}} = 49{,}716$원

매입주식수 $= \dfrac{\text{부채조달액}}{\text{주당 매입가격}} = \dfrac{198.86\text{억원}}{49{,}716\text{원}} = 400{,}000$주

자사주매입 이후 발행주식수 $= 1{,}000{,}000$주 $- 400{,}000$주 $= 600{,}000$주

28 ⑤ ① $V_U = \frac{EBIT \times (1-t)}{\rho} = \frac{150억원 \times (1-0.4)}{0.2} = 450억원$

② $B \times t = 200억원 \times 0.4 = 80억원$

③ $V_L = V_U + B \times t = 450억원 + 80억원 = 530억원$

$S_L = V_L - B = 530억원 - 200억원 = 330억원$

$k_e = \rho + (\rho - k_d)(1-t)\frac{B}{S} = 0.2 + (0.2-0.1) \times (1-0.4) \times \frac{200}{330} = 0.236$

④ $k_0 = \rho(1-t\frac{B}{V}) = 0.2 \times (1-0.4 \times \frac{200}{530}) = 0.17$

⑤ $\lim_{\frac{B}{S}\to\infty}(k_0) = \lim_{\frac{B}{V}\to 1}\left[\rho(1-t\frac{B}{V})\right] = \rho(1-t) = 0.2 \times (1-0.4) = 0.12$

29 ③ ① 변경 전 $\rho = 0.2$

② $k_o = \rho(1-t\frac{B}{V}) = 0.2 \times (1-0.4 \times 0.3) = 0.176$

③ $V_L = \frac{EBIT \times (1-t)}{k_0} = \frac{100억원 \times (1-0.4)}{0.176} = 340.91억원$

$B = V_L \times 0.3 = 340.91억원 \times 0.3 = 102.27억원$

④ $V_U = \frac{EBIT \times (1-t)}{\rho} = \frac{100억원 \times (1-0.4)}{0.2} = 300억원$

⑤ $k_e = \rho + (\rho - k_d)(1-t)\frac{B}{S} = 0.2 + (0.2-0.1) \times (1-0.4) \times \frac{3}{7} = 0.2257$

30 ⑤ b. $k_e = \rho + (\rho - k_d)(1-t)\frac{B}{S} = 0.14 + (0.14-0.08) \times (1-0.3) \times 0.5 = 0.161$

c. $k_o = \rho(1-t\frac{B}{V}) = 0.14 \times (1-0.3 \times \frac{1}{3}) = 0.126$

d. $V_U = \frac{EBIT \times (1-t)}{\rho} = \frac{12억원 \times (1-0.3)}{0.14} = 60억원$

$V_L = \frac{EBIT \times (1-t)}{k_0} = \frac{12억원 \times (1-0.3)}{0.126} = 66.66억원$

∴ 자본구조 변경에 의한 기업가치 증가액 $= 66.66억원 - 60억원 = 6.66억원$

a. $B = V_L \times \frac{1}{3} = 66.66억원 \times \frac{1}{3} = 22.22억원$

31 ④ ① $k_e = R_f + [E(R_m) - R_f] \times \beta_L = 0.1 + (0.18 - 0.1) \times 1.5 = 0.22$

② $\beta_L = 1.5 = \beta_U + (\beta_U - \beta_d)(1-t)\frac{B}{S} = \beta_U + (\beta_U - 0) \times (1-0) \times 1$

→ $\beta_U = 0.75$

$\beta_A = \beta_d \times \frac{B}{V} + \beta_L \times \frac{S}{V} = 0 \times 0.5 + 1.5 \times 0.5 = 0.75 = \beta_U$

③ $\beta_L = 0.75 + (0.75 - 0) \times (1-0) \times \frac{3}{7} = 1.07$

④ $k_e = R_f + [E(R_m) - R_f] \times \beta_L = 0.1 + (0.18 - 0.1) \times 1.07 = 0.1856$

⑤ $k_0 = k_d \times \frac{B}{V} + k_e \times \frac{S}{V} = 0.1 \times 0.3 + 0.1857 \times 0.7 = 0.16$

$= R_f + [E(R_m) - R_f] \times \beta_U = 0.1 + (0.18 - 0.1) \times 0.75 = \rho$

32 ① ⑤ $V_L = V_U + B \times t = 300$억원 $+ 100$억원 $\times 0.4 = 340$억원

① $k_0 = \rho(1 - t\frac{B}{V}) = 0.124 \times (1 - 0.4 \times \frac{100}{340}) = 0.1094$

② $k_e = \rho + (\rho - k_d)(1-t)\frac{B}{S} = 0.124 + (0.124 - 0.04) \times (1-0.4) \times \frac{100}{240} = 0.145$

③ $\beta_L = \beta_U + (\beta_U - \beta_d)(1-t)\frac{B}{S} = 1.4 + (1.4 - 0)(1-0.4) \times \frac{100}{240} = 1.75$

④ $\beta_A = \beta_U \times \frac{V_U}{V_L} + \beta_d \times \frac{B \times t}{V_L} = 1.4 \times \frac{300}{340} + 0 \times \frac{40}{340}$

$= \beta_d \times \frac{B}{V_L} + \beta_L \times \frac{S}{V_L} = 0 \times \frac{100}{340} + 1.75 \times \frac{240}{340} = 1.24$

33 ④ c. $V_L = V_U + B \times t = 200$억원 $+ 50$억원 $\times 0.4 = 220$억원

a. $k_e = \rho + (\rho - k_d)(1-t) \times \frac{B}{S} = 0.2 + (0.2 - 0.05) \times (1 - 0.4) \times \frac{50\text{억원}}{170\text{억원}} = 0.2265$

b. $k_0 = \rho(1 - t\frac{B}{V}) = 0.2 \times (1 - 0.4 \times \frac{50\text{억원}}{220\text{억원}}) = 0.1818$

d. $\beta_L = \beta_U + (\beta_U - \beta_d)(1-t)\frac{B}{S} = 2 + (2-0) \times (1-0.4) \times \frac{50\text{억원}}{170\text{억원}} = 2.3529$

e. $\beta_A = \beta_U \times \frac{V_U}{V_L} = 2 \times \frac{200\text{억원}}{220\text{억원}} = \beta_L \times \frac{S_L}{V_L} = 2.3529 \times \frac{170\text{억원}}{220\text{억원}} = 1.8182$

34 ③ ② U기업 $\beta_U = \frac{\sigma_U}{\sigma_m} \times \rho_{Um} = \frac{0.2}{0.2} \times 0.4 = 0.4$

U기업 $\rho = R_f + [E(R_m) - R_f] \times \beta_U = 0.05 + (0.2 - 0.05) \times 0.4 = 0.11$

④ U기업 $V_U = \frac{EBIT \times (1-t)}{\rho} = \frac{2\text{억원} \times (1-0.4)}{0.11} = 10.91\text{억원}$

① L기업 $\beta_L = \frac{\sigma_L}{\sigma_m} \times \rho_{Lm} = \frac{0.5}{0.2} \times 0.6 = 1.5$

③ L기업 $k_e = R_f + [E(R_m) - R_f] \times \beta_L = 0.05 + (0.2 - 0.05) \times 1.5 = 0.275$

L기업 $k_0 = k_d(1-t)\frac{B}{V} + k_e\frac{S}{V} = 0.05 \times (1-0.4) \times 0.5 + 0.275 \times 0.5 = 0.1525$

⑤ L기업 $V_L = \frac{EBIT \times (1-t)}{k_0} = \frac{5\text{억원} \times (1-0.4)}{0.1525} = 19.67\text{억원}$

$V_L - V_U = 19.67\text{억원} - 10.91\text{억원} = 8.76\text{억원}$

35 ③ a. $V_L = V_U + B \times \left[1 - \frac{(1-t) \times (1-t_e)}{1-t_d}\right]$에서 채권투자 시 개인소득세율($t_d$)과 주식투자 시 개인소득세율($t_e$)이 같으면 $V_L = V_U + B \times t$이고, 법인세율(t)이 25%이므로 (주)관악의 기업가치(V_L)는 (주)도봉의 기업가치(V_U)보다 $B \times t = 1{,}000\text{억원} \times 0.25 = 250\text{억원}$만큼 더 크다.

b. $t_e = 0$이면 $V_L = V_U + B \times \frac{t - t_d}{1 - t_d}$이고, $t_d = t$인 경우에는 $V_L = V_U$이므로 (주)관악의 기업가치와 (주)도봉의 기업가치는 동일하다.

c. $t_e = 0$이면 $V_L = V_U + B \times \frac{t - t_d}{1 - t_d}$이고, $t_d = 0.15 < t = 0.25$인 경우이므로 V_L과 V_U의 차이인 $B \times \frac{t - t_d}{1 - t_d} = 1{,}000\text{억원} \times \frac{0.25 - 0.15}{1 - 0.15} = 117.65\text{억원}$은 250억원보다 작다.

36 ① 밀러의 균형부채이론에서 법인세율은 단일세율로서 모든 기업에 동일하게 적용되는 경우를 가정하므로 타인자본에 대한 기업의 지급이자율은 수평이다.

37 ② $V_L = V_U + PV(\text{이자비용의 감세효과}) - PV(\text{재무적 곤경비용})$

$50\text{억원} = 47.8\text{억원} + PV(\text{이자비용의 감세효과}) - 1.6\text{억원}$

$\therefore PV(\text{이자비용의 감세효과}) = 3.8\text{억원}$

38 ② ① 소유와 경영이 분리되어 있는 경우에 주주가치나 기업가치의 희생을 통해 경영자가 자신의 부를 극대화하려는 유인이 존재하기 때문에 발생하는 문제이다. 소유와 경영이 일치하는 상황에서는 자기자본의 대리문제가 발생하지 않는다.

② 위험투자선호유인은 부채의 대리비용(주주와 채권자 간의 대리비용)에 관한 사항이다.

③ 소유가 분산될수록 자기자본의 대리비용이 발생될 유인이 높아진다.

④ 자기자본 대리비용의 발생으로 주가가 하락하는 경우에 적대적 M&A의 대상이 될 가능성이 커지게 되며, 적대적 M&A가 이루어지는 경우에 경영자는 기존의 지위를 상실하게 된다. 따라서 M&A 시장이 활성화되는 경우에 자기자본 대리비용의 발생이 감소될 수 있다.

39 ② 지배원리란 위험회피형 투자자의 경우 기대수익률이 동일하다면 위험이 작은 자산을 선택하고 위험이 동일하다면 기대수익률이 높은 자산을 선택하는 것을 말하며, 대리문제로 인해 발생하는 대리인 비용과는 무관하다.

40 ③ ① 위험유인(위험투자선호유인)은 부채의 대리비용이다.

② 위험유인은 부채의존도가 높을수록 주주가 보다 위험한 투자안을 선택하려는 유인이다.

④ 자기자본의 대리비용(경영자의 특권적 소비나 업무태만)은 주주와 경영자 간의 이해 상충에 따라 발생하는 대리비용으로 지분분산 정도가 심화될수록 자기자본의 대리비용은 증가하며, 부채의존도가 높을수록 자기자본의 대리비용은 감소한다.

⑤ 감시비용은 본인이 대리인의 이탈행위를 감시하기 위한 비용이고, 확증비용은 대리인이 자신의 행위가 본인의 이익을 해하지 않는다는 것을 입증하기 위한 비용이며, 잔여손실은 대리문제의 발생으로 최적의사결정 이외의 의사결정을 함에 따른 기업가치 감소분을 말한다.

41 ① 잠식비용은 신규 투자안 실행 시 기존 투자안의 현금흐름에 미치는 부정적인 부수효과를 말하며, 이는 기업의 대리인 문제와는 관련 없는 용어이다.

42 ⑤ ① 주주부의 극대화를 위한 가장 타당한 경제성 분석방법은 순현가법이므로 주주부의 극대화를 위해서는 회수기간과 무관하게 순현가가 양(+)인 투자안을 채택한다.

② 부채의존도가 높은 기업은 순현가가 충분히 크지 않은 경우에 순현가가 양(+)인 투자안도 기각할 수 있다(과소투자유인).

③ 부채의존도가 높은 기업은 순현가가 음(-)인 투자안이라도 고위험한 투자안을 채택할 수 있다(위험투자선호유인).

④ 투자의 집행을 연기하는 경우의 순현가가 지금 투자하는 경우의 순현가보다 크다면 순현가가 양(+)인 투자안이라도 투자의 집행을 연기할 수 있다.

⑤ 기업 확장을 위해 순현가가 음(-)인 투자안을 채택하는 경우에는 주주부(기업가치)의 감소를 가져온다.

43 ⑤

구분 (단위: 억원)	A투자안 실행 시			B투자안 실행 시		
	호황(50%)	불황(50%)	기대가치	호황(50%)	불황(50%)	기대가치
기업가치	4,300	1,100	2,700	3,800	2,000	2,900
부채가치	2,000	1,100	1,550	2,000	2,000	2,000
자기자본가치	2,300	0	1,150	1,800	0	900
기업가치의 변동성(σ)	$\sqrt{(4,300-2,700)^2 \times 0.5 + (1,100-2,700)^2 \times 0.5}$ = 1,600			$\sqrt{(3,800-2,900)^2 \times 0.5 + (2,000-2,900)^2 \times 0.5}$ = 900		

∴ 기업가치 극대화를 추구하는 경우 B투자안을 선택하고, 주주가치(자기자본가치) 극대화를 추구하는 경우 A투자안을 선택한다.

44 ②

① 경영자(내부주주)의 지분율이 낮은 B기업이 자기자본의 대리비용이 높을 수 있다.
② 부채의존도가 높은 A기업이 부채의 대리비용이 높을 수 있다.
③ 부채의존도가 높은 A기업이 고위험한 투자안에 대한 선호유인이 높을 수 있다.
④ 부채의존도가 높은 A기업이 경영자(주주)의 과소투자유인이 높을 수 있다.
⑤ 부채의존도가 높은 A기업이 주주의 재산도피현상이 높을 수 있다.

45 ⑤

소유경영자의 지분율이 100%(소유와 경영이 일치)일 때 지분의 대리인 비용(자기자본의 대리비용)은 발생하지 않으며, 소유경영자 지분율이 낮아지고 외부주주 지분율이 높아질수록 지분의 대리인 비용은 증가한다.

46 ①

불완전자본시장(정보비대칭)하의 자본조달순서이론에 따르면 유보이익 - 부채 발행 - 신주 발행의 순서로 자본을 조달한다. 특히나 자사의 주가가 과소평가되어 있는 상황에서는 되도록 신주 발행은 하지 않을 것이다.

47 ③

a. 이익을 많이 내는 성공적인 기업들이 부채를 거의 사용하지 않는 현상은 자본조달순위이론에 의해 설명될 수 있다. 수익성이 높은 기업들은 내부유보이익이 많기 때문에 신규자금을 외부에서 조달하지 않고 내부유보자금을 이용할 수 있기 때문이다. 파산비용과 절세효과를 동시에 고려하는 경우에는 부채사용 증가로 인한 이자비용의 감세효과 증가와 기대파산비용의 현재가치 증가라는 상충관계에 의해 최적자본구조가 존재하게 된다.
b. 자본조달순위이론이 제시하는 우선순위는 내부자금, 부채, 신주 발행의 순서이다.
c. 자본조달순위이론에 따르면 기업의 자본구조는 정보비대칭의 특성에 따라 결정될 뿐이다.

48 ④ 자본조달순위이론에 따르면 기존주주의 부를 극대화하기 위해서는 자금조달 시에 내부유보자금 - 부채 발행 - 신주 발행의 순위로 조달해야 한다. 수익성이 높은 기업은 충분한 내부유보자금을 보유하고 있으므로 부채와 같은 외부자금조달의 필요성이 낮다.

49 ⑤ 비대칭적 정보이론에 따르면 경영자가 기업의 미래현금흐름에 대한 낙관적 전망이 있는 경우에만 부채를 사용하며, 부정적 전망이 있는 경우에는 부채를 사용(거짓신호)하지 않는다. 따라서 기업의 부채 심화가 파산위험에 대한 신호로 연결되지는 않는다.

50 ⑤ 자본조달순위이론이 레버리지와 기업가치 사이의 관계에 대한 이론은 아니다. 정보비대칭이 존재하는 현실시장에서는 기업의 자본조달행태가 타인자본과 자기자본의 적절한 균형을 목적으로 하는 것이 아니라, 단지 정보비대칭의 특성에 따라 기존주주의 부를 극대화하기 위하여 투자자금을 내부자금 - 부채 발행 - 신주 발행의 순서로 조달하게 된다는 이론이다.

51 ①
① MM(58)에 의하면 레버리지와 기업가치는 무관하다. 다만, MM이론은 순영업이익접근법으로 영업이익을 가중평균자본비용으로 할인하여 기업가치를 먼저 구하고 여기에서 부채가치를 차감하여 자기자본가치를 구한다. 순이익을 자기자본비용으로 할인하여 자기자본가치를 먼저 구하고 여기에 부채가치를 더하여 기업가치를 구하는 방식은 순이익접근법이다.
② MM(63)에 의하면 부채사용이 증가하여 레버리지가 커질수록 기업가치는 증가한다. 이러한 MM(63)의 결론은 접근방식은 다르지만 결과만을 생각한다면 순이익접근법의 결과와 동일하다.
③ 다른 조건이 일정한 상태에서 법인세율이 상승하면 법인세 유출액의 증가로 인해 기업가치가 감소하고 이에 따라 가중평균자본비용은 하락한다. 다만, 이자비용 감세효과의 증가로 인한 자기자본비용의 감소효과와 법인세 유출액 증가로 인한 자기자본가치(기업가치) 하락의 효과가 서로 상쇄되기 때문에 자기자본비용은 변함이 없다.
④ $V_L = V_U + B \times \frac{t - t_d}{1 - t_d}$에서 개인수준의 이자소득세($t_d$) 때문에 레버리지이득은 감소된다.
⑤ 개별기업의 최적자본구조가 존재한다고 주장하는 이론들이다.

52 ③
① 순이익접근법에서는 부채사용이 증가할수록 타인자본비용의 저렴효과 때문에 기업가치는 증가한다.
② 재무적 곤경비용(파산비용, 대리비용 등) 고려 시 기업가치를 극대화시키는 최적자본구조가 존재한다.
③ MM의 수정이론에서는 부채사용이 증가할수록 이자비용의 감세효과로 인해 기업가치는 증가한다.
④ Miller의 균형부채이론에 의하면 국민경제 전체적인 관점에서 볼 때에는 최적부채규모가 존재하지만, 개별기업입장에서는 부채사용으로 인한 이득이 존재하지 않고, 부채사용기업의 가치와 무부채기업의 가치가 동일하므로 자본구조와 기업가치는 무관하다.
⑤ 순영업이익접근법과 MM의 무관련이론에서 자본구조와 기업가치는 무관하다.

53 ③ ② 법인세의 존재만 고려하는 경우에 이자비용의 법인세 절감효과는 양(+)이 된다.

③ 법인세와 개인소득세를 고려하는 경우에 레버리지이득인 $B \times \left[1-\frac{(1-t)(1-t_e)}{1-t_d}\right]$은 법인세율과 개인소득세율의 크기에 따라 음(-)의 값을 가질 수도 있다.

④ 파산비용을 고려하는 경우에 부채사용이 증가할수록 기대파산비용의 현재가치가 증가하여 기업가치(자기자본가치)가 감소될 수 있다.

⑤ 부채의존도가 높아서 파산가능성이 높은 경우에 주주의 위험투자선호유인 또는 과소투자유인이 발생하여 채권자의 이익에 상충되는 의사결정을 할 수 있다.

54 ④ Miller(1977)에 의하면 법인세율과 개인소득세율이 같은 점에서 경제 전체의 균형부채량이 존재하지만, 개별기업의 입장에서는 부채사용으로 인한 이득이 발생하지 않아서 개별기업의 기업가치와 자본구조는 무관하게 된다.

55 ⑤ MM수정이론에서 부채비율이 무한히 증가하여 $\frac{B}{V}$이 1에 수렴하면 가중평균자본비용은 $k_d \times (1-t)$이 아니라 $\rho \times (1-t)$로 수렴한다.

56 ② ① 이전보다 안정적인 현금흐름이 예상되는 상황이어서 추가적인 부채차입능력을 보유하게 되므로 부채의존도를 증가시킬 수 있는 상황이다. 즉, 부채의존도가 증가되어도 타인자본비용의 증가를 유발하지 않는 상황이다.

② 영업위험이 증가되어 파산가능성이 증가되므로 기존보다 부채의존도를 감소시켜야 하는 상황이다. 즉, 하드웨어부문을 매각함에 따라 타인자본비용이 증가될 수 있으므로 부채의존도를 감소시켜서 타인자본비용의 증가를 방지해야 하는 상황이다.

③ 경영자의 지분율 감소에 따라 자기자본 대리비용의 증가가 예상되므로 부채의존도를 증가시켜 자기자본 대리비용의 감소를 유도해야 하는 상황이다.

④ 감가상각비가 감소하는 경우 감가상각비 감세효과의 축소에 따라 기업가치가 감소되어 자기자본가치가 감소되므로 기존의 최적자본구조를 유지하고자 한다면 부채사용액을 감소시켜야 한다. 반면에 감가상각비의 대폭 감소로 인해 비부채성 감세효과가 축소되어 이자비용 감세효과의 추가 획득이 가능하게 될 수 있으므로 이러한 경우에는 기존보다 부채사용액을 증가시킬 수도 있다.

⑤ 법인세율이 상승하는 경우 기업가치가 감소되어 자기자본가치가 감소되므로 최적자본구조를 유지하고자 한다면 부채사용액을 감소시켜야 한다. 반면에 법인세율의 상승에 따라 이자비용의 감세효과가 더 커질 수 있으므로 기업가치 증가를 위해서 부채사용액을 증가시킬 수도 있다.

제7장

부채사용 투자안의 가치평가

핵심 이론 요약

객관식 연습문제

정답 및 해설

핵심 이론 요약

01 불확실성하에서의 투자안 평가방법

(1) 위험조정할인율법과 확실성등가법

① 위험조정할인율법

- 투자안의 위험이 기간별로 안정적인 경우에 적용
- 투자에 따른 현금흐름의 위험을 할인율에 반영하는 방법
- 기대현금흐름을 위험이 반영된 위험조정할인율로 할인하여 평가

② 확실성등가법

- 투자안의 위험이 기간별로 안정적이지 못한 경우에 적용
- 투자안의 위험을 현금흐름에 반영하는 방법
- 기대현금흐름을 확실성등가로 전환한 후 무위험이자율로 할인하여 평가

(2) 평가결과의 비교

<위험조정할인율법>		<확실성등가법>
$\frac{E(CF_t)}{(1+k)^t}$	=	$\frac{CEQ_t}{(1+R_f)^t}$

02 위험조정할인율법

(1) 신규투자안의 평가에 적용할 자본비용

① 신규투자안의 영업위험과 재무위험이 반영된 신규투자안의 자본비용 이용

② 대용베타를 이용한 신규투자안의 영업위험(β_U) 측정

- $\beta_L^{대용회사} = \beta_U + (\beta_U - \beta_d)(1-t)\frac{B}{S}$ 대용회사

③ CAPM의 성립을 가정한 신규투자안의 자본비용 계산

- $\beta_L^{신규투자안} = \beta_U + (\beta_U - \beta_d)(1-t)\frac{B}{S}$ 신규투자안
- $k_e = R_f + [E(R_m) - R_f] \times \beta_L$
- $k_0 = k_d(1-t)\frac{B}{V} + k_e\frac{S}{V}$

④ 법인세가 있는 MM이론의 성립을 가정한 신규투자안의 자본비용 계산

- $\rho = R_f + [E(R_m) - R_f] \times \beta_U$
- $k_e = \rho + (\rho - k_d)(1-t)\frac{B}{S}$
- $k_0 = \rho(1 - t\frac{B}{V})$

(2) 무성장영구투자안을 가정한 신규투자안의 NPV 계산

① 가중평균자본비용(WACC)법

- $NPV = \frac{EBIT \times (1-t)}{k_0} - 총투자액$

② 주주현금흐름(FTE)법

- $NPV = \frac{NI}{k_e} - 주주투자액 = \frac{(EBIT - I) \times (1-t)}{k_e} - (총투자액 - 부채사용액)$

③ 조정현재가치(APV)법

- $APV = \left[\frac{EBIT \times (1-t)}{\rho} - 총투자액\right] + B \times t$

(3) 위험조정할인율법을 적용하는 경우의 평가방법 선택

① 가중평균자본비용(WACC)법

- 목표자본구조가 명확한 경우, 즉 자본구조가 일정하게 유지되는 경우

② 주주현금흐름(FTE)법

- 목표자본구조가 명확하고 주주현금흐름의 계산이 용이한 경우

③ 조정현재가치(APV)법

- 부채사용액이 명확한 경우, 즉 부채사용액이 일정하게 유지되는 경우

03 확실성등가의 측정방법

(1) 효용함수를 이용하는 방법

① 기대현금흐름과 동일한 효용을 제공하는 무위험한 현금흐름 계산

② 개별투자자의 주관적인 위험회피정도가 반영되므로 투자자마다 상이

(2) CAPM을 이용하는 방법

① 투자안의 현금흐름을 기준으로 측정된 베타: $\frac{Cov(CF_i,\ R_m)}{\sigma_m^2}$

② 금액(₩) 단위로 측정된 위험프리미엄: $[E(R_m)-R_f]\times\frac{Cov(CF_i,\ R_m)}{\sigma_m^2}$

③ 확실성등가의 계산: $CEQ=E(CF_i)-[E(R_m)-R_f]\times\frac{Cov(CF_i,\ R_m)}{\sigma_m^2}$

(3) 확실성등가계수를 이용하는 방법

① 확실성등가계수(α_t)

- t기의 기대현금흐름에 대한 확실성등가의 비율
- $\alpha_t=\frac{CEQ_t}{E(CF_t)}=\left(\frac{1+R_f}{1+k}\right)^t$

② 확실성등가의 계산: $CEQ_t=E(CF_t)\times\alpha_t$

③ 위험회피형투자자의 확실성등가계수

- 1보다 작은 값을 갖는다.
- 위험회피정도가 심할수록 확실성등가계수는 작아진다.

④ 기대현금흐름이 매년 일정하게 유지될 것으로 예상되는 경우

- 확실성등가는 음(-)의 성장률을 갖는 일정성장연금이 된다.

객관식 연습문제

01 자본비용과 관련된 다음 서술 중 가장 옳은 것은? CPA 01

① 자기자본비용은 부채의존도와는 무관하다.
② 타인자본비용이 자기자본비용보다 더 크다.
③ 신규투자안 평가 시 기존의 WACC을 사용한다.
④ WACC이 최소가 되는 자본구성이 최적자본구조이다.
⑤ 사내유보이익을 투자재원으로 사용하는 경우 자본비용은 없다.

02 (주)대한과 (주)민국은 새로운 투자안에 대해 고려하고 있다. (주)대한과 (주)민국이 선택해야 할 투자안을 올바르게 구성한 것은? (단, CAPM이 성립한다고 가정한다) CPA 10

- (주)대한의 주식베타는 1이고 기업의 평균자본비용은 6%이다.
- (주)대한에는 2개의 사업부서 AM과 PM이 있으며 AM은 기업평균보다 위험도가 높은 투자안을, PM은 낮은 투자안을 수행한다.
- (주)민국의 주식베타는 2이고 기업의 평균자본비용은 10%이다.
- (주)민국에는 2개의 사업부서 하계와 동계가 있으며 하계는 기업평균보다 위험도가 높은 투자안을, 동계는 낮은 투자안을 수행한다.
- (주)대한과 (주)민국은 베타가 1.5로 측정된 신규사업 A와 B에 대한 시행 여부를 고려하고 있다. (주)대한은 AM사업부가, (주)민국은 동계사업부가 이 투자안을 수행할 계획이다.
- (주)대한과 (주)민국은 모두 완전 자기자본조달기업이며 신규사업에 대한 자본조달은 기존 자본구조를 따른다.
- 신규사업 A의 내부수익률은 9%이고 B의 내부수익률은 7%이다.

	(주)대한	(주)민국
①	A, B	A
②	A, B	없음
③	A	A
④	A	없음
⑤	없음	없음

03 A기업은 자동차부품사업에 진출하는 신규투자안을 검토하고 있다. 신규투자안과 동일한 사업을 하고 있는 B기업은 주식베타가 1.5이며 타인자본을 사용하지 않는다. A기업은 신규투자안에 대해서 목표부채비율(B/S)을 100%로 설정하였다. 필요한 차입금은 10%인 무위험이자율로 조달할 수 있으며 법인세율은 40%, 시장포트폴리오의 기대수익률은 15%이다. A기업이 신규투자안의 순현가를 구하기 위해 사용해야 할 할인율은 얼마인가? CPA 15

① 10% ② 12% ③ 14%
④ 18% ⑤ 22%

04 (주)남산은 초기투자액이 3,000억원이며, 매년 360억원의 영업이익이 영구히 발생하는 신규 사업을 고려하고 있다. 신규 사업에 대한 목표부채비율(B/S)은 150%이다. 한편 대용기업으로 선정된 (주)충무의 부채비율(B/S)은 100%이고 주식베타는 1.44이다. (주)남산과 (주)충무의 부채비용은 무위험이자율이다. 시장기대수익률은 10%, 무위험이자율은 2%, 법인세율은 40%이다. 신규 사업의 순현가와 가장 가까운 것은? (단, 자본비용은 % 기준으로 소수점 넷째 자리에서 반올림한다) CPA 18

① 89억원 ② 97억원 ③ 108억원
④ 111억원 ⑤ 119억원

05 다음의 상황을 가정해서 시장포트폴리오의 기대수익률을 계산하시오. CPA 92

- 1기 후 기대현금유입액: 200원
- 1기 후 기대현금유입액의 확실성등가: 160원
- 무위험이자율: 20%
- β: 1.5

① 10% ② 20% ③ 30%
④ 40% ⑤ 50%

06 A기업은 부채비율(타인자본가치/자기자본가치: B/S) 100%를 유지한다. A기업의 부채는 채권 발행으로 조달된다. A기업의 영업위험만 반영된 베타는 1.0이고 채권베타는 0.3이다. A기업은 영업활동으로 매년 말 세전현금흐름 500억원을 영구적으로 산출한다. 법인세율 30%, 무위험수익률 5%, 시장포트폴리오의 기대수익률은 10%이다. 채권에 대해 지급하는 이자율은 채권의 기대수익률과 동일하다고 가정한다. CAPM 및 MM수정이론(1963)이 성립한다고 가정한다. 1년 말 세전현금흐름의 확실성등가에 가장 가까운 것은? (단, 소수는 소수점 아래 다섯째 자리에서 반올림하고 금액은 백만원 단위에서 반올림하여 계산하시오) CPA 21

① 315.6억원 ② 369.5억원 ③ 422.8억원
④ 483.9억원 ⑤ 534.5억원

07 투자안 X의 현금흐름(CF)과 현금흐름이 발생할 확률은 다음 표와 같다. 무위험이자율이 10%이고 투자자 K 씨의 효용함수가 $U(W) = \sqrt{W}$일 때, 투자안 X의 위험조정할인율(risk adjusted discount rate)에 가장 가까운 것은? CPA 22

0기	1기		2기	
CF	CF	확률	CF	확률
(-)600만원	400만원	60%	900만원	70%
	100만원	40%	400만원	30%

① 10% ② 11% ③ 13%
④ 15% ⑤ 17%

정답 및 해설

정답

01 ④ **02** ③ **03** ③ **04** ① **05** ④ **06** ④ **07** ③

해설

01 ④ ① 부채사용이 증가할수록 주주의 재무위험이 증가하여 자기자본비용은 상승하게 된다.
② 부채사용기업의 주주가 부담하는 영업위험과 재무위험으로 인해 일반적으로 자기자본비용이 타인자본비용보다 더 크다.
③ 신규투자안 평가 시 기존기업의 WACC를 사용하기 위해서는 신규투자안의 영업위험이 기존기업의 영업위험과 동일하고, 신규투자안의 재무위험이 기존기업의 재무위험과 동일해야 한다.
④ 기업가치의 극대화를 위한 최적자본구조의 달성방안은 WACC의 최소화이다.
⑤ 유보이익의 기회비용(자기자본비용)이 유보이익의 자본비용이다.

02 ③ (주)대한의 자본비용: $0.06 = R_f + [E(R_m) - R_f] \times 1$
(주)민국의 자본비용: $0.1 = R_f + [E(R_m) - R_f] \times 2$
➔ $E(R_i) = R_f + [E(R_m) - R_f] \times \beta_i = 0.02 + 0.04 \times \beta_i$
신규투자안의 자본비용: $k = R_f + [E(R_m) - R_f] \times \beta_{\text{신규투자안}} = 0.02 + 0.04 \times 1.5 = 0.08$
(주)대한과 (주)민국 모두 기존사업(또는 사업부)과 무관하게 신규투자안의 내부수익률이 신규투자안의 영업위험과 재무위험이 반영된 자본비용(8%)보다 커야 투자안을 실행할 것이므로 모두 신규사업 A만 실행한다.

03 ③ $\beta_L = \beta_U + (\beta_U - \beta_d)(1-t)\dfrac{B}{S} = 1.5 + (1.5 - 0) \times (1 - 0.4) \times 1 = 2.4$
$k_e = R_f + [E(R_m) - R_f] \times \beta_L = 0.1 + (0.15 - 0.1) \times 2.4 = 0.22$
$k_0 = k_d(1-t)\dfrac{B}{V} + k_e\dfrac{S}{V} = 0.1 \times (1 - 0.4) \times 0.5 + 0.22 \times 0.5 = 0.14$

04 ① $\beta_L^{대용} = 1.44 = \beta_U + (\beta_U - \beta_d)(1-t)\frac{B}{S}^{대용} = \beta_U + (\beta_U - 0) \times (1-0.4) \times 1$

→ $\beta_U = 0.9$

$\rho = R_f + [E(R_m) - R_f] \times \beta_U = 0.02 + (0.1 - 0.02) \times 0.9 = 0.092$

$k_0 = \rho(1 - t\frac{B}{V}) = 0.092 \times (1 - 0.4 \times 0.6) = 0.06992$

$\therefore\ NPV = \frac{EBIT \times (1-t)}{k_0} - 총투자액 = \frac{360억원 \times (1-0.4)}{0.06992} - 3{,}000억원 = 89.24억원$

05 ④ $\frac{E(CF_1)}{1+k} = \frac{200}{1+k} = \frac{160}{1+0.2} = \frac{CEQ_1}{1+R_f}$

$k = 0.5 = R_f + [E(R_m) - R_f] \times \beta = 0.2 + [E(R_m) - 0.2] \times 1.5$

$\therefore\ E(R_m) = 0.4$

06 ④ $\rho = R_f + [E(R_m) - R_f] \times \beta_U = 0.05 + (0.1 - 0.05) \times 1 = 0.1$

$k_0 = \rho\left(1 - t\frac{B}{V}\right) = 0.1 \times (1 - 0.3 \times 0.5) = 0.085$

$\therefore\ CEQ_1 = E(CF_1) \times \frac{1+R_f}{1+k_0} = 500억원 \times \frac{1.05}{1.085} = 483.87억원$

07 ③ $E(CF_1) = 0.6 \times 400만원 + 0.4 \times 100만원 = 280만원$

$E(CF_2) = 0.7 \times 900만원 + 0.3 \times 400만원 = 750만원$

$E(U_1) = 0.6 \times \sqrt{400만원} + 0.4 \times \sqrt{100만원} = 1{,}600$

$E(U_2) = 0.7 \times \sqrt{900만원} + 0.3 \times \sqrt{400만원} = 2{,}700$

$CEQ_1 = 1{,}600^2 = 256만원$

$CEQ_1 = 2{,}700^2 = 729만원$

$PV = \sum\frac{E(CF_t)}{(1+k)^t} = \frac{280만원}{1+k} + \frac{750만원}{(1+k)^2} = \sum\frac{CEQ_t}{(1+R_f)^t} = \frac{256만원}{1.1} + \frac{729만원}{1.1^2} = 835.2만원$

$\therefore\ k = 0.13$

제8장

사업결합 - 합병과 취득(M&A)

핵심 이론 요약

객관식 연습문제

정답 및 해설

핵심 이론 요약

01 M&A의 동기

(1) 시너지효과가설

① 영업시너지효과

- 수익의 증가나 비용의 감소와 같은 영업현금흐름의 증가

② 재무시너지효과

- 위험의 감소에 따른 자본비용의 감소와 부채사용여력의 증가

(2) 저평가설

① 토빈의 q비율

- 증권시장에서의 기업의 시장가치 ÷ 기업자산의 대체원가

② 토빈의 q비율이 1보다 작은 기업은 적대적 M&A의 대상이 되기 쉽다.

02 적대적 M&A의 방법과 방어방법

(1) 적대적 M&A의 방법

① 주식공개매수

- 대상기업 주주들을 대상으로 공개적으로 주식을 매입하여 지배력을 확보

② 백지위임장투쟁

- 주주들의 의결권을 위임받아 지배력을 확보

③ 차입매수(LBO)

- 인수대상기업의 자산이나 수익력을 담보로 자금을 차입하여 지배력을 확보

④ 경영자매수(MBO)

- 인수대상기업의 현 경영진에 의해 이루어지는 차입매수

(2) 적대적 M&A의 방어방법

① 역공개매수
  • 인수대상기업이 인수기업의 주식에 대한 공개매수를 하여 정면대결을 펼치는 전략

② 초다수의결규정
  • 합병승인에 대한 주주총회의 결의요건을 강화하는 방법

③ 황금낙하산
  • 기존 경영진이 적대적 M&A로 인해 해임되면 거액의 보상금을 지급하도록 하는 고용계약

④ 이사임기교차제
  • 이사들의 임기만료시점이 분산되도록 하는 방법

⑤ 황금주
  • 합병 등의 특별한 안건에 대해 거부권을 행사할 수 있는 주식

⑥ 차등의결권주
  • 다른 주식에 비해 월등히 많은 의결권이 부여된 주식

⑦ 백기사
  • 적대적 M&A의 대상이 되는 기업의 기존 경영진(대주주)에게 우호적인 제3자

⑧ 사기업화
  • 상장기업의 주식을 대부분 사들여 상장폐지시켜서 적대적 M&A 시도를 사전에 예방

⑨ 독소조항
  • 적대적 M&A가 성사되는 경우 인수자가 매우 불리한 상황에 처하게 될 규정이나 계약

⑩ 왕관의 보석
  • 기업의 핵심적인 사업부문을 매각하여 인수시도를 저지하는 방법

⑪ 불가침협정
  • 인수기업이 매입한 자사주식을 높은 가격에 재매입해서 인수의도를 포기하도록 계약

cf) 녹색편지(그린메일)
  • 대상기업의 주식을 매집한 후 높은 가격에 주식을 재매입하도록 대상기업에 제안

03 M&A의 경제성분석: 무부채기업 가정

(1) 시너지효과의 측정

① 두 기업 자원의 상호보완효과에 의해 발생

- $\Delta V = V_{AB} - (V_A + V_B)$
- $\beta_U^{AB} = \beta_U^A \times \frac{V_U^A}{V_U^A + V_U^B} + \beta_U^B \times \frac{V_U^B}{V_U^A + V_U^B}$
- $\rho^{AB} = \rho^A \times \frac{V_U^A}{V_U^A + V_U^B} + \rho^B \times \frac{V_U^B}{V_U^A + V_U^B}$

② 인수대상기업의 경영효율개선에 의해 발생

- $\Delta V = V_B^{후} - V_B^{전}$

(2) M&A 프리미엄과 M&A의 NPV

① 인수대상기업 주주의 이득

- M&A 프리미엄 = 인수가격 - V_B

② 인수기업 주주의 이득

- M&A의 NPV = $(V_{AB} - V_A)$ - 인수가격 = 시너지효과 - M&A 프리미엄

04 인수가격의 결정

(1) 인수가격의 하한과 상한

① 인수대상기업 주주들이 수용 가능한 최소인수가격

- M&A 전 인수대상기업의 가치 = V_B

② 인수기업 주주들이 수용 가능한 최대인수가격

- M&A 전 인수대상기업의 가치 + 시너지효과 = $V_B + \Delta V$

(2) 주식교환방식에 의한 M&A 시 주식교환비율과 인수가격

① 주식교환비율(ER)

- 인수대상기업의 주식 1주에 대해 교부해주는 인수기업 주식의 수

② 교부주식수 = $N_B \times ER$

③ 인수가격 = 교부주식수 × M&A 후 기업의 주가
= 인수대상기업 주주들의 M&A 후 지분율 × V_{AB}

(3) 시너지효과가 없는 경우의 인수가격

① 순이익의 추가적인 증분이 발생하지 않는 경우($\Delta NI = 0$)

- M&A 전 주당이익 기준 주식교환비율 결정 ➜ 각 주주에게 귀속되는 주당이익 불변
- $ER = \dfrac{EPS_B}{EPS_A}$
- $EPS_A = EPS_{AB},\ EPS_B = EPS_{AB} \times ER$

② 기업가치의 추가적인 증분이 발생하지 않는 경우($\Delta V = 0$)

- M&A 전 주가 기준 주식교환비율 결정 ➜ 각 주주에게 귀속되는 주가 불변
- $ER = \dfrac{P_B}{P_A}$
- $P_A = P_{AB},\ P_B = P_{AB} \times ER$

(4) 시너지효과가 있는 경우의 인수가격

① 주주들이 M&A 전·후의 주당이익을 기준으로 의사결정하는 경우

- A주주입장: $EPS_A \leq EPS_{AB} = \dfrac{NI_{AB}}{N_{AB}} = \dfrac{NI_A + NI_B + \Delta NI}{N_A + N_B \times ER}$
- B주주입장: $EPS_B \leq EPS_{AB} \times ER = \dfrac{NI_A + NI_B + \Delta NI}{N_A + N_B \times ER} \times ER$
- $\dfrac{EPS_B}{EPS_A + \dfrac{\Delta NI}{N_A}} \leq ER \leq \dfrac{EPS_B + \dfrac{\Delta NI}{N_B}}{EPS_A}$

② 주주들이 M&A 전·후의 주가를 기준으로 의사결정하는 경우

- A주주입장: $P_A \leq P_{AB} = \dfrac{V_{AB}}{N_{AB}} = \dfrac{V_A + V_B + \Delta V}{N_A + N_B \times ER} = \dfrac{NI_{AB} \times PER_{AB}}{N_A + N_B \times ER}$
- B주주입장: $P_B \leq P_{AB} \times ER = \dfrac{V_A + V_B + \Delta V}{N_A + N_B \times ER} \times ER = \dfrac{NI_{AB} \times PER_{AB}}{N_A + N_B \times ER} \times ER$
- $\dfrac{P_B}{P_A + \dfrac{\Delta V}{N_A}} \leq ER \leq \dfrac{P_B + \dfrac{\Delta V}{N_B}}{P_A}$

③ NPV를 기준으로 의사결정하는 경우: 주가 기준과 동일

- A주주입장: M&A의 NPV $= N_A \times P_{AB} - N_A \times P_A \geq 0$
- B주주입장: M&A의 프리미엄 $= N_B \times ER \times P_{AB} - N_B \times P_B \geq 0$

객관식 연습문제

01 다음 설명 중 틀린 것은? CPA 02

① 가중평균자본비용이 신규투자안의 경제성을 평가하는 할인율로 사용되기 위해서는 투자안의 경영위험이 기존기업의 경영위험과 동일해야 할 뿐만 아니라 신규투자안의 수행을 위해 조달한 자금의 구성이 기존기업의 재무위험과도 동일해야 한다.

② CAPM(capital asset pricing model)은 Markowitz의 포트폴리오이론에 필요한 가정뿐만 아니라 세금과 거래비용 등이 없는 완전한 시장의 존재라는 가정과 무위험이자율로 무제한 차입과 대출이 가능하다는 가정을 전제로 한다.

③ 자본시장과 실물생산기회가 동시에 존재할 경우 최적투자는 효용곡선과는 관계없이 시장에서의 이자율과 생산기회에 의해서만 결정되고, 최적소비는 효용곡선과 최적투자에 의해 결정된 자본시장선과의 관계에 의해 결정된다는 것이 Fisher의 분리정리이다.

④ Tobin의 q비율은 자산의 대체원가(replacement costs)를 주식시장에서 평가된 기업의 시장가치로 나누어 준 값으로, q가 1보다 작으면 저평가된 기업이라고 할 수 있다.

⑤ 매출액이 1% 변화할 때의 영업이익의 변화율을 영업레버리지도(degree of operating leverage)라고 하고, 영업이익이 1% 변화할 때의 순이익의 변화율을 재무레버리지도(degree of financial leverage)라고 한다.

02 다음 중 기업경영자의 전횡을 방지하는 것이 아닌 것은? CPA 98

① 사외이사제도
② 주식소유의 분산 및 대중화
③ 적대적 M&A
④ 기관투자자와 대주주
⑤ 백지위임장투쟁(proxy fight)

03 적대적 M&A 위협에 대한 방어전략에 포함될 수 있는 적절한 항목은 모두 몇 개인가? CPA 16

a. 독약조항(poison pill)
b. 이사진의 임기분산
c. 황금 낙하산(golden parachute)
d. 초다수결조항
e. 백기사(white knight)

① 1개 ② 2개 ③ 3개
④ 4개 ⑤ 5개

04 적대적 M&A에 대응하기 위하여 기존 보통주 1주에 대해 저렴한 가격으로 한 개 또는 다수의 신주를 매입하거나 전환할 수 있는 권리를 부여하는 방어적 수단은? CPA 08

① 독약조항(poison pill) ② 역매수전략 ③ 황금주
④ 그린메일(green mail) ⑤ 백지주 옵션

05 기업 매수 및 합병(M&A)에 관한 다음 서술 중 가장 타당하지 않은 것은? CPA 01

① 적대적 M&A의 경우 피인수기업 주주는 손실을 본다.
② 보유지분이 불충분하더라도 백지위임장투쟁(proxy fight)을 통해 경영권을 획득할 수 있다.
③ 공개매수제의(tender offer) 시 피인수기업 주주들의 무임승차현상(free riding)은 기업매수를 어렵게 한다.
④ M&A 시장의 활성화는 주주와 경영자 간 대리문제를 완화시키는 역할을 한다.
⑤ 우리사주조합의 지분율을 높이는 것은 M&A 방어를 위한 수단이 된다.

06 M&A 시장에 관한 다음 설명 중 가장 적절하지 않은 것은? CPA 23

① 인수대상기업의 주식을 대량 매입하기 이전에 일부의 주식을 매입하는 것을 발판매입(toehold acquisitions)이라고 한다.
② 인수기업입장에서 합병의 성과가 좋게 나타날 가능성이 높을 경우 현금에 의한 인수가 보통주에 의한 인수보다 유리하다.
③ 공개매수(tender offer) 시 피인수기업 주주들의 무임승차문제(free riding problem)가 발생할 수 있다.
④ 적대적 M&A는 지분의 대리인 문제를 완화시키는 수단으로 사용될 수 있다.
⑤ 인수를 시도하는 투자자들로부터 프리미엄이 붙은 높은 가격으로 자사주식을 재매입하는 것을 LBO(leveraged buyout)라고 한다.

07 동해기업이 남해기업을 흡수합병하려고 한다. 두 기업은 모두 100% 자기자본으로만 구성되어 있는 기업이며 합병 전 재무자료는 다음과 같다. 합병 후의 기업가치는 100억원으로 예상된다. 만약 동해기업이 남해기업 주주에게 45억원의 현금을 지불하고 합병한다면, 동해기업입장에서 합병의 순현가(NPV)는 얼마인가? CPA 13

	동해기업	남해기업
1주당 주가	10,000원	8,000원
발행주식수	50만주	35만주

① 5.0억원 ② 7.0억원 ③ 9.2억원
④ 12.1억원 ⑤ 13.2억원

08 인수기업의 가치는 800억원이고 피인수기업의 가치는 100억원이다. 두 기업 모두 자기자본만을 사용하고 있다. 인수기업의 발행주식수는 100만주이고 피인수기업의 발행주식수는 10만주이다. 합병이 성사되면 합병기업의 가치가 1,200억원으로 추산된다. 만약 인수기업이 150억원의 현금으로 피인수기업을 인수하면 합병을 공시하는 시점에서 인수기업의 주가가 몇 퍼센트 상승할 것으로 예상되는가? CPA 06

① 25% ② 28% ③ 31%
④ 35% ⑤ 37%

09 시가평가액이 500억원, 발행주식수가 100만주로 한 주당 가격이 5만원인 갑회사가 인수 전 시가평가액이 100억원인 을회사를 150억원에 상당하는 신주를 발행 · 교부하여 흡수합병할 것을 검토하고 있다. 흡수합병 후 통합된 기업의 시가평가액은 630억원으로 예상된다. 이때 옳지 않은 설명은? CPA 97

① 기업합병의 시너지(Synergy)는 30억원으로 평가된다.
② 갑회사는 인수 시 30만주를 발행·교부하여야 한다.
③ 을회사에게 지불하게 될 프리미엄은 50억원이다.
④ 갑회사가 평가하는 합병의 순현가는 -20억원이다.
⑤ 주주의 이익을 극대화하려면 갑회사는 을회사를 합병하지 않아야 한다.

10 시장가치가 27억원인 A기업은 시장가치가 8억원인 B기업을 인수하려 한다. A기업의 현재 주가는 9,000원이며 B기업의 현재 주가는 4,000원이다. A기업이 추정하는 합병의 시너지(synergy)효과는 5억원이며, 인수프리미엄은 2억원이다. A기업이 신주를 발행해서 B기업의 주식과 교환하는 방식으로 B기업을 인수하고자 할 경우, 몇 주를 발행해야 하는가? CPA 08

① 100,000주 ② 200,000주 ③ 300,000주
④ 400,000주 ⑤ 500,000주

11 X기업은 신주를 발행하여 Y기업의 주식과 교환하는 방식으로 Y기업을 흡수합병하고자 한다. 두 기업의 합병 전 재무자료는 다음 표와 같다. 주식교환비율이 합병 전 주가를 기준으로 정해질 경우, 합병 후 주당순이익(EPS)과 가장 가까운 것은? (단, 합병에 의한 시너지효과는 없다) CPA 19

	X기업	Y기업
주가	20,000원	8,000원
EPS	2,000원	1,000원
발행주식수	3,000,000주	1,200,000주

① 2,000원 ② 2,027원 ③ 2,042원
④ 2,069원 ⑤ 2,082원

12 (주)알파는 (주)감마를 주식교환방식으로 흡수합병하고자 하며, 두 기업의 합병 전 재무자료는 다음과 같다. 두 기업은 모두 자기자본만을 사용하며, 합병에 의한 시너지효과는 없다. 자본시장이 효율적이고 주식교환비율이 합병 전 주가를 기준으로 정해질 경우, 합병 후 PER에 가장 가까운 것은? CPA 23

항목	(주)알파	(주)감마
주당순이익	1,000원	400원
발행주식수	100주	50주
주가수익비율(PER)	10	20

① 14.89 ② 13.65 ③ 12.43
④ 11.67 ⑤ 10.66

13 기업 A는 기업 B를 주식교환방식으로 흡수합병하고자 하며 주주는 주당순이익(EPS)에 근거하여 의사결정을 행한다. 규모의 경제로 인한 시너지효과로 합병 후 당기순이익이 합병 전 두 기업의 당기순이익의 합보다 10억원이 증가할 때, 기업 A 주주입장에서 최대교환비율은 얼마인가? (단, 교환비율은 기업 B 주식 1주당 교환되는 기업 A의 주식수이다) CPA 10

	기업 A	기업 B
당기순이익	30억원	5억원
주식수	1,000,000주	500,000주

① 0.8 ② 1 ③ 1.2
④ 1.4 ⑤ 1.6

14 (주)설악의 주식베타는 1.4, 주당순이익은 1,500원, 발행주식수는 100주, 주가수익비율(PER)은 12배이다. (주)태백의 주식베타는 1.2, 주당순이익은 1,000원, 발행주식수는 50주, 주가수익비율(PER)은 8배이다. 한편 (주)설악과 (주)태백이 합병한다면 시너지효과로 인하여 당기순이익이 40,000원 증가하고 합병 후 주가수익비율은 10이 될 것으로 예상한다. 이제 (주)설악의 주주들은 주가 기준으로 주식교환비율을 계산하려 한다. (주)설악이 (주)태백을 흡수합병하기 위하여 (주)태백에게 제시할 수 있는 최대 주식교환비율과 가장 가까운 것은? CPA 12

① 0.222 ② 0.337 ③ 0.557
④ 0.622 ⑤ 0.667

15 A기업은 신주를 발행해서 주식교환방식으로 B기업을 합병할 예정이다. 다음은 두 기업의 합병 전 자료이다.

구분	A기업	B기업
주당순이익	2,500원	2,000원
주가수익비율(PER)	20	15
총발행주식수	10,000주	10,000주

합병 후 합병기업의 당기순이익은 합병 전 두 기업의 당기순이익의 합과 같으며, 합병 후 PER은 20으로 예상된다. 주가 기준으로 주식교환비율이 결정된다면 B기업 주주가 수용할 수 있는 최소 주식교환비율에 가장 가까운 것은? CPA 22

① 0.50 ② 0.45 ③ 0.40
④ 0.35 ⑤ 0.30

16 (주)온조와 (주)비류의 재무자료는 다음과 같다. 두 회사의 합병에 의한 시너지효과로 당기순이익이 10,000원 증가한다면 (주)온조가 (주)비류를 흡수합병하기 위해 (주)비류에게 제시할 수 있는 최대 주식교환비율은 근사치로 얼마인가? (합병 후 주가수익비율(PER)은 12가 될 것으로 예상된다)

CPA 07

항목	(주)온조	(주)비류
주당순이익(EPS)	500원	300원
발행주식수	70주	50주
주가수익비율(PER)	14	10

① 0.314 ② 0.510 ③ 0.657
④ 0.755 ⑤ 1.00

17 무부채기업인 A기업과 B기업의 시장가치는 각각 200억원, 300억원이고, 주식베타는 각각 1.5, 1.1이다. 두 기업은 합병하며 시너지는 발생하지 않는다. 합병기업은 위험부채를 발행하고 자사주를 매입하여 부채비율(부채/자기자본)이 150%가 되도록 자본구조를 변경할 계획이다. 위험부채의 베타는 0.3, 무위험이자율은 5%, 시장포트폴리오의 기대수익률은 10%, 법인세율은 30%이다. 합병기업의 자기자본비용에 가장 가까운 것은? (단, CAPM 및 MM의 수정이론(1963)이 성립한다고 가정한다. 소수점 아래 넷째 자리에서 반올림하여 계산하시오)

CPA 20

① 10.3% ② 12.5% ③ 14.2%
④ 16.3% ⑤ 18.4%

정답 및 해설

정답

01 ④ 02 ② 03 ⑤ 04 ① 05 ① 06 ⑤ 07 ① 08 ③ 09 ② 10 ①
11 ④ 12 ④ 13 ② 14 ⑤ 15 ① 16 ③ 17 ④

해설

01 ④ Tobin의 q비율은 주식시장에서 평가된 기업의 시장가치를 자산의 대체원가로 나누어 준 값이다.

02 ② 주식소유가 분산되고 대중화되어 외부주주지분율이 높을수록 기업경영자의 전횡(자기자본의 대리비용)이 발생될 유인이 높아진다.

03 ⑤ 모두 적대적 M&A 위협에 대한 방어전략에 포함될 수 있다.

04 ①
② 역매수전략: 적대적 인수기업이 공개매수를 하는 경우 이에 맞서 인수대상기업이 적대적 인수기업의 주식을 매수하여 정면 대결을 하는 적대적 M&A 방어전략
③ 황금주: 1개의 주식만으로도 합병 등 주요 안건에 대해 거부권을 행사할 수 있는 특별한 주식
④ 그린메일: 적대적 인수기업이 인수대상기업의 주식을 매집한 후에 적대적 M&A를 포기하는 대가로 높은 가격에 주식을 재매입하도록 인수대상기업에게 제안하는 것, 또는 적대적 인수기업이 매집한 주식을 프리미엄이 붙은 높은 가격에 재매입해주는 조건으로 M&A를 포기하도록 유도하는 전략
⑤ 백지주 옵션: 신주의 제3자 배정을 통해 경영권에는 관심이 없는 우호적인 안정주주에게 주식을 발행하는 전략

05 ①
① 적대적 M&A 시 지분확보 경쟁 속에서 피인수기업의 주가가 상승할 수 있으므로 피인수기업의 주주가 이득을 취할 수도 있다. 특히나 공개매수제의가 이루어질 경우 공개매수가격이 현재의 시장가격보다 높은 가격에서 결정되는 것이 일반적이다.
② 백지위임장투쟁은 다른 주주의 의결권을 위임받아 대리행사하는 것을 말한다.
③ 합병 후 기업가치(주가)는 공개매수가격보다 높을 것으로 기대되는 것이 일반적이다. 따라서 인수대상기업의 기존주주들이 자신은 공개매수에 응하지 않고 다른 주주들은 공개매수에 응하여 합병은 성사되지만 자신은 계속 주주의 지위를 유지하기 바라는 무임승차를 하고자 한다면 기업매수는 성사되기 어렵다.
④ 경영자의 특권적 소비나 태업으로 인하여 자기자본의 대리비용이 발생하는 경우에 기업가치는 하락하게 되며, 이러한 기업은 적대적 M&A의 표적이 된다. 이러한 M&A가 성사된 후 기존의 경영진은 퇴출될 것이므로, M&A 시장이 활성화되면 경영자는 자기자본의 대리비용이 발생되지 않도록 노력할 것이다.
⑤ 적대적 M&A 시 우리사주조합이 보유한 지분도 인수대상기업에 우호적인 지분으로 이용될 수 있다.

06 ⑤ 차입매수(LBO)는 인수대상기업의 자산이나 수익력을 담보로 자금을 차입하여 해당 기업의 지배력을 획득한 후에 인수대상기업의 현금흐름이나 자산 매각을 통해 해당 채무를 상환해가는 지배력 획득방법을 말한다.

07 ① 합병 전 동해기업의 가치: $V_A = N_A \times P_A = 50\text{만주} \times 10{,}000\text{원} = 50\text{억원}$

합병의 $NPV = (V_{AB} - V_A) - \text{인수대가} = (100\text{억원} - 50\text{억원}) - 45\text{억원} = 5\text{억원}$

08 ③ 합병 전 인수기업의 주가 = 800억원 ÷ 100만주 = 80,000원

합병 후 기업가치 = V_{AB} - 인수대가 = 1,200억원 - 150억원 = 1,050억원

합병 후 주가 = 1,050억원 ÷ 100만주 = 105,000원

인수기업의 주가 상승률 = $\dfrac{105{,}000\text{원} - 80{,}000\text{원}}{80{,}000\text{원}}$ = 0.3125

09 ② ① 시너지효과 = $V_{\text{합병후}} - (V_{\text{갑}} + V_{\text{을}})$ = 630억원 - (500억원 + 100억원) = 30억원

② 인수대가 = 150억원 = 교부주식수 × 합병 후 주가 = 교부주식수 × $\dfrac{630\text{억원}}{100\text{만주} + \text{교부주식수}}$

∴ 교부주식수 = 312,500주, 합병 후 주가 = 48,000원

③ 합병프리미엄 = 인수대가 - $V_{\text{을}}$ = 150억원 - 100억원 = 50억원

④ 합병NPV = 시너지효과 - 합병프리미엄 = 30억원 - 50억원

= $(V_{\text{합병후}} - V_{\text{갑}})$ - 인수대가 = (630억원 - 500억원) - 150억원 = -20억원

⑤ 합병NPV < 0이므로 주주의 이익을 극대화하려면 갑회사는 을회사를 합병하지 않아야 한다.

10 ① 합병 후 기업가치 = 27억원 + 8억원 + 5억원 = 40억원

합병 전 A기업의 발행주식수 = 27억원 ÷ 9,000원 = 300,000주

인수대가 = 합병 전 B기업가치 + 인수프리미엄 = 8억원 + 2억원 = 10억원

= 교부주식수 × 합병 후 주가 = 교부주식수 × $\dfrac{40\text{억원}}{300{,}000\text{주} + \text{교부주식수}}$

∴ 교부주식수 = 100,000주

합병의 NPV = 시너지효과 - 인수프리미엄 = 5억원 - 2억원 = 3억원

합병 후 주가 $= \dfrac{40\text{억원}}{300{,}000\text{주} + 100{,}000\text{주}}$

$= P_A + \dfrac{\text{합병의 } NPV}{N_A} = 9{,}000\text{원} + \dfrac{3\text{억원}}{300{,}000\text{주}} = 10{,}000\text{원}$

11 ④ $ER = \frac{P_Y}{P_X} = \frac{8,000원}{20,000원} = 0.4$

교부주식수 = 120만주 × 0.4 = 48만주

$NI_{합병후} = 2,000원 \times 300만주 + 1,000원 \times 120만주 = 72억원$

$\therefore\ EPS_{합병후} = \frac{NI_{합병후}}{N_{합병후}} = \frac{72억원}{300만주 + 48만주} = 2,068.97원$

12 ④

항목	(주)알파	(주)감마
당기순이익	1,000원 × 100주 = 100,000원	400원 × 50주 = 20,000원
주가	1,000원 × 10 = 10,000원	400원 × 20 = 8,000원
기업가치	10,000원 × 100주 = 1,000,000원	8,000원 × 50주 = 400,000원

$ER = \frac{P_{감마}}{P_{알파}} = \frac{8,000원}{10,000원} = 0.8$

교부주식수 = 50주 × 0.8 = 40주

$\therefore\ PER = \frac{(1,000,000원 + 400,000원)/(100주 + 40주)}{(100,000원 + 20,000원)/(100주 + 40주)} = \frac{10,000원}{857.14원} = 11.67$

13 ② $EPS_A = \frac{30억원}{1,000,000주} = 3,000원$

$EPS_B = \frac{5억원}{500,000주} = 1,000원$

$EPS_{합병후} = \frac{30억원 + 5억원 + 10억원}{1,000,000주 + 500,000주 \times ER} \geq EPS_A = 3,000원$

$\therefore\ ER \leq 1 = \frac{EPS_B + \frac{\Delta NI}{N_B}}{EPS_A} = \frac{1,000원 + \frac{10억원}{500,000주}}{3,000원}$

14 ⑤ $P_{설악} = EPS_{설악} \times PER_{설악} = 1,500원 \times 12 = 18,000원$

$P_{태백} = EPS_{태백} \times PER_{태백} = 1,000원 \times 8 = 8,000원$

$V_{설악} = 100주 \times 18,000원 = 180만원$

$V_{태백} = 50주 \times 8,000원 = 40만원$

$V_{합병후} = NI_{합병후} \times PER_{합병후}$

$= (1,500원 \times 100주 + 1,000원 \times 50주 + 40,000원) \times 10 = 240만원$

$\Delta V = 240만원 - (180만원 + 40만원) = 20만원$

$P_{합병후} = \frac{240만원}{100주 + 50주 \times ER} \geq P_{설악} = 18,000원$

$\therefore\ ER \leq 0.667 = \frac{P_{태백} + \frac{\Delta V}{N_{태백}}}{P_{설악}} = \frac{8,000원 + \frac{20만원}{50주}}{18,000원}$

15 ① $P_B = EPS_B \times PER_B = 2{,}000\text{원} \times 15 = 30{,}000\text{원}$

$P_A = EPS_A \times PER_A = 2{,}500\text{원} \times 20 = 50{,}000\text{원}$

$V_{AB} = NI_{AB} \times PER_{AB} = (2{,}500\text{원} \times 10{,}000\text{주} + 2{,}000\text{원} \times 10{,}000\text{주}) \times 20 = 9\text{억 원}$

$\Delta V = 9\text{억 원} - (50{,}000\text{원} \times 10{,}000\text{주} + 30{,}000\text{원} \times 10{,}000\text{주}) = 1\text{억 원}$

$$P_{AB} \times ER = \frac{9\text{억원}}{10{,}000\text{주} + 10{,}000\text{주} \times ER} \times ER \geq P_B = 30{,}000\text{원}$$

$$\therefore\ ER \geq 0.5 = \frac{P_B}{P_A + \dfrac{\Delta V}{N_A}} = \frac{30{,}000\text{원}}{50{,}000\text{원} + \dfrac{1\text{억원}}{10{,}000\text{주}}}$$

16 ③ $P_{\text{온조}} = EPS_{\text{온조}} \times PER_{\text{온조}} = 500\text{원} \times 14 = 7{,}000\text{원}$

$P_{\text{비류}} = EPS_{\text{비류}} \times PER_{\text{비류}} = 300\text{원} \times 10 = 3{,}000\text{원}$

$V_{\text{합병후}} = NI_{\text{합병후}} \times PER_{\text{합병후}} = (500\text{원} \times 70\text{주} + 300\text{원} \times 50\text{주} + 10{,}000\text{원}) \times 12 = 720{,}000\text{원}$

$\Delta V = 720{,}000\text{원} - (7{,}000\text{원} \times 70\text{주} + 3{,}000\text{원} \times 50\text{주}) = 80{,}000\text{ 원}$

$$P_{\text{합병후}} = \frac{720{,}000\text{원}}{70\text{주} + 50\text{주} \times ER} \geq P_{\text{온조}} = 7{,}000\text{원}$$

$$\therefore\ ER \leq 0.657 = \frac{P_{\text{비류}} + \dfrac{\Delta V}{N_{\text{비류}}}}{P_{\text{온조}}} = \frac{3{,}000\text{원} + \dfrac{80{,}000\text{원}}{50\text{주}}}{7{,}000\text{원}}$$

17 ④ $$\beta_U^{AB} = \beta_U^A \times \frac{V_U^A}{V_U^A + V_U^B} + \beta_U^B \times \frac{V_U^B}{V_U^A + V_U^B} = 1.5 \times \frac{200\text{억원}}{500\text{억원}} + 1.1 \times \frac{300\text{억원}}{500\text{억원}} = 1.26$$

$$\beta_L^{AB} = \beta_U^{AB} + (\beta_U^{AB} - \beta_d)(1-t)\frac{B}{S} = 1.26 + (1.26 - 0.3) \times (1 - 0.3) \times 1.5 = 2.268$$

$\rho^{AB} = R_f + [E(R_m) - R_f] \times \beta_U^{AB} = 0.05 + (0.1 - 0.05) \times 1.26 = 0.113$

$k_d = R_f + [E(R_m) - R_f] \times \beta_d = 0.05 + (0.1 - 0.05) \times 0.3 = 0.065$

$\therefore\ k_e^{AB} = R_f + [E(R_m) - R_f] \times \beta_L^{AB} = 0.05 + (0.1 - 0.05) \times 2.268 = 0.1634$

$$= \rho^{AB} + (\rho^{AB} - k_d)(1-t)\frac{B}{S} = 0.113 + (0.113 - 0.065) \times (1 - 0.3) \times 1.5 = 0.1634$$

제9장

기업재무론의 기타주제

핵심 이론 요약

객관식 연습문제

정답 및 해설

핵심 이론 요약

01 배당정책

(1) 배당정책의 기초개념

① 배당정책

- 당기순이익을 현금배당과 재투자를 위한 유보이익으로 나누는 의사결정

② 배당성향

- $\frac{\text{현금배당액}}{\text{당기순이익}} = \frac{\text{주당배당금}}{\text{주당순이익}} = 1 - \text{유보율}$

(2) MM의 배당무관련이론

① MM의 가정

- 완전자본시장(거래비용, 세금 등 거래의 마찰적 요인이 존재하지 않음)
- 투자자들의 동질적 기대, 배당소득과 자본이득에 대해 무차별
- 외부자금조달에 제약이 없음

② 합리적이고 완전한 경제환경하에서는 금융환상이 존재할 수 없음

- 현금배당을 지급하는 경우에 주가는 주당배당액만큼 정확하게 하향조정
- 기업의 배당정책과 투자정책은 무관
- 기업의 배당수준과 무관하게 주주들이 원하는 배당수준으로 조정 가능(자가배당조정)

(3) 시장불완전요인과 배당정책

① 개인소득세

- 현금배당을 지급하는 경우에 주주들의 세금부담 증가
- 현금배당이 기업가치에 부정적 영향

② 밀러와 숄즈

- 개인차입에 의한 이자비용 발생을 통해 배당소득세 회피
- 기업가치는 배당정책과 무관

③ 배당의 고객효과

- 투자자들이 자신의 선호를 만족시킬 수 있는 배당정책을 실시하는 기업주식에 투자
- 주식시장은 배당성향별로 분리 형성, 분리된 시장 내의 수요와 공급에 의해 기업가치 결정
- 기업가치는 배당정책과 무관

④ 배당의 신호효과

- 현금배당이 기업에 대한 긍정적인 정보를 투자자들에게 전달
- 재무적 건전성, 충분한 현금동원능력, 미래현금흐름 창출능력에 대한 경영자의 확신 등
- 현금배당이 기업가치에 긍정적 영향

⑤ 외부자금조달의 제약
- 과다한 배당을 지급하면 수익성 있는 투자기회 상실 가능
- 현금배당이 기업가치에 부정적 영향

⑥ 자금조달비용
- 과다한 배당을 지급하면 투자에 필요한 외부자금을 조달 시 자금조달비용 발생
- 현금배당이 기업가치에 부정적 영향

⑦ 주식거래수수료
- 배당을 지급하지 않는 경우 보유주식을 처분하는 과정에서 거래수수료 유출
- 현금배당이 기업가치에 긍정적 영향

⑧ 대리비용
- 현금배당을 지급하는 경우 자기자본대리비용(경영자의 특권적 소비) 감소 가능
- 현금배당이 기업가치에 긍정적 영향

⑨ 미래의 불확실성
- 현금배당을 지급하는 경우 주주현금흐름의 불확실성 감소
- 현금배당이 기업가치에 긍정적 영향

(4) 배당의 잔여이론과 배당정책의 현실

① 배당의 잔여이론과 문제점
- 외부자금조달에 제약이 있는 경우에는 투자결정과 자본조달결정 후에 배당정책 결정
- 주주현금흐름의 불안정성이 증가되며, 불필요한 신호효과를 가져올 수 있음

② 안정배당정책
- 장기적인 목표배당성향과 단기적인 순이익의 변동을 고려
- 주당배당액을 일정한 범위 내에서 안정적으로 유지하는 정책

③ 유보이익의 재투자수익률(ROE)과 주주의 요구수익률(k_e) 간의 관계
- ROE > k_e인 경우 ➜ 유보 증가
- ROE < k_e인 경우 ➜ 배당 증가

④ 기존주주의 기업 지배력을 유지하고자 하는 경우
- 배당을 많이 지급할수록 외부자금조달의 필요성 증가
- 신규주주 유입에 따른 기존주주의 지배력 약화 가능 ➜ 배당을 감소시켜야 함

(5) 자사주매입의 목적 및 장·단점

① 안정적인 유지가 기대되는 현금배당에 비해 신축적인 운용 가능
② 주주의 배당소득세를 회피하는 수단으로 이용 가능
③ 적대적 M&A의 방어수단, Stock Option의 실행수단으로 이용 가능
④ 자사주매입의 신호효과
- 기업의 미래현금흐름과 관련된 긍정적 신호 전달 가능
- 자사주식의 저평가라는 긍정적 신호 전달 가능
- 투자기회의 고갈이라는 부정적 신호 전달 가능

(6) 현금배당과 특수배당정책의 비교

① 현금배당과 특수배당정책의 효과

구분	현금배당	자사주매입 (시가매입)	주식배당 (무상증자)	주식분할	주식병합
발행주식수	불변	감소	증가	증가	감소
주가	하락	불변	하락	하락	상승
주당이익	불변	증가	감소	감소	증가
PER	감소	감소	불변	불변	불변

② 동일 금액만큼의 현금배당을 지급하는 경우와 자사주를 매입하는 경우 비교

- 정책실시 후의 PER에 미치는 영향 동일

(7) 자사주매입과 유상증자에 따른 주주 간 부의 이전

① 자사주의 매입가격이 주가에 미치는 영향

구분	고가매입	시가매입	저가매입
주가	하락	불변	상승

② 자사주의 매입방식에 따른 주주 간 부의 이전

- 지분비례대로 매입하는 경우 매입가격과 무관하게 부의 이전 문제 발생하지 않음
- 특정주주 주식만 매입해도 시장가격으로 매입하면 부의 이전 문제 발생하지 않음
- 특정주주 주식만 고가매입하면 잔여주주에게서 특정주주에게로 부의 이전 발생

③ 유상증자 시 신주의 발행가격이 주가에 미치는 영향

구분	고가발행	시가발행	저가발행
주가	상승	불변	하락

④ 유상증자 시 신주의 배정방식에 따른 주주 간 부의 이전

- 주주배정 유상증자 시 발행가격과 무관하게 부의 이전 문제는 발생하지 않음
- 제3자배정 유상증자 시 시장가격으로 발행하면 부의 이전 문제는 발생하지 않음
- 제3자배정 유상증자 시 저가발행하면 기존주주에게서 신규주주에게로 부의 이전 발생

⑤ 저가 유상증자 시 신주인수권의 가치

- 유상증자 시 기존주주는 보유주식 1주당 1개의 신주인수권을 보유
- 신주인수권의 가치 = 권리부주가 - 권리락주가
- 권리락주가 = $\frac{\text{기존주식수} \times \text{권리부주가} + \text{신주주식수} \times \text{발행가격}}{\text{기존주식수} + \text{신주주식수}}$

02 리스의 경제성분석

(1) (리스 - 차입 후 구매) 현금흐름의 측정

① CF_0 = + 구입가격

② $CF_{1\sim n}$ = - 리스료 × (1 - 법인세율) - 감가상각비 × 법인세율

③ CF_n = - 잔존가치

(2) 할인율

① 리스료는 매기 고정적으로 발생하는 현금유출

② 리스의 대안은 차입 후 구매이므로 적용할 적절한 할인율은 세후타인자본비용

03 재무비율분석

(1) 유동성비율: 단기채무 지급능력

① 유동비율 = $\dfrac{\text{유동자산}}{\text{유동부채}}$

② 당좌비율 = $\dfrac{\text{당좌자산}}{\text{유동부채}}$ = $\dfrac{\text{유동자산} - \text{재고자산}}{\text{유동부채}}$

(2) 안전성비율: 장기채무 지급능력과 재무구조의 건전성

① 부채비율 = $\dfrac{\text{부채}}{\text{자기자본}}$

② 자기자본비율 = $\dfrac{\text{자기자본}}{\text{총자산}}$

③ 비유동장기적합률 = $\dfrac{\text{비유동자산}}{\text{비유동부채} + \text{자기자본}}$

④ 이자보상비율 = $\dfrac{\text{세전이익} + \text{이자비용}}{\text{이자비용}}$ = $\dfrac{\text{영업이익}}{\text{이자비용}}$

(3) 활동성비율: 자산 활용의 효율성

① 총자산회전율 = $\dfrac{\text{매출액}}{\text{평균총자산}}$

② 매출채권회전율 = $\dfrac{\text{매출액(또는 외상매출액)}}{\text{평균매출채권}}$

③ 매출채권회수(회전)기간 = $\dfrac{365}{\text{매출채권회전율}}$

④ 재고자산회전율 = $\dfrac{\text{매출액(또는 매출원가)}}{\text{평균재고자산}}$

⑤ 재고자산회전기간 = $\dfrac{365}{\text{재고자산회전율}}$

⑥ 매입채무회전율 = $\dfrac{\text{매출액(또는 외상매입액)}}{\text{평균매입채무}}$

⑦ 매입채무지급(회전)기간 = $\dfrac{365}{\text{매입채무회전율}}$

(4) 수익성비율: 이익창출능력

① 매출액순이익률 = $\frac{\text{당기순이익}}{\text{매출액}}$

② 매출액영업이익률 = $\frac{\text{영업이익}}{\text{매출액}}$

③ 총자본이익률(ROI) = $\frac{\text{당기순이익}}{\text{총자본}} = \frac{\text{당기순이익}}{\text{매출액}} \times \frac{\text{매출액}}{\text{총자본}}$

$= \text{매출액순이익률(수익성)} \times \text{총자본회전율(활동성)}$

④ 자기자본이익률(ROE) = $\frac{\text{당기순이익}}{\text{자기자본}} = \frac{\text{당기순이익}}{\text{총자본}} \times \frac{\text{총자본}}{\text{자기자본}} = ROI \times \frac{\text{총자본}}{\text{자기자본}}$

$= \text{매출액순이익률} \times \text{총자본회전율} \times \frac{1}{\text{자기자본비율}}$

$= \frac{\text{당기순이익}}{\text{세전이익}} \times \frac{\text{세전이익}}{\text{영업이익}} \times \frac{\text{영업이익}}{\text{매출액}} \times \frac{\text{매출액}}{\text{총자본}} \times \frac{\text{총자본}}{\text{자기자본}}$

(5) 성장성비율: 전기 대비 당기의 증가율

① 매출액증가율 = $\frac{\text{당기매출액} - \text{전기매출액}}{\text{전기매출액}}$

② 순이익증가율 = $\frac{\text{당기순이익} - \text{전기순이익}}{\text{전기순이익}}$

③ 자산증가율 = $\frac{\text{당기말총자산} - \text{전기말총자산}}{\text{전기말총자산}}$

(6) 생산성비율: 생산요소의 효율적 이용정도

① 부가가치율 = $\frac{\text{부가가치}}{\text{매출액}}$

② 노동생산성 = $\frac{\text{부가가치}}{\text{평균종업원수}}$

③ 자본생산성(총자본투자효율) = $\frac{\text{부가가치}}{\text{평균총자본}}$

(7) 시장가치비율: 기업에 대한 시장에서의 가치평가

① 주가수익비율(PER) = $\frac{\text{주가}}{\text{주당이익}}$

② 주가대장부금액비율(PBR) = $\frac{\text{주가}}{\text{주당자기자본장부금액}}$

객관식 연습문제

01 (주)유림은 내부수익률법을 이용하여 서로 독립적인 아래의 다섯 개 투자안들을 고려하고 있다. 이들 투자안들은 모두 (주)유림의 영업위험과 동일한 위험도를 갖고 있다. 올해의 순이익은 25억원으로 예상되는데 다음의 조건하에 투자하고 남은 돈을 배당으로 지급한다면 올해의 배당성향은 얼마가 되겠는가? CPA 07

투자안	투자금액	내부수익률
A	10억원	12.0%
B	12	11.5
C	12	11.0
D	12	10.5
E	10	10.0

a. 현재 이 회사는 50%의 부채와 50%의 자기자본으로 이루어진 자본구조를 가지고 있다.
b. 신규투자 후에도 기존의 자본구조가 그대로 유지되어야 한다.
c. 세후 부채비용(after - tax cost of debt)은 8%이며 자기자본비용은 14.5%이다.

① 0% ② 12% ③ 32%
④ 56% ⑤ 100%

02 MM의 자본이론(1961)에 관한 내용 중 적절하지 못한 것은? CPA 96

① 합리적이고 완전한 경제환경하에서 금융환상은 존재하지 않는다.
② 배당정책과 기업가치는 무관하다.
③ 원래의 주가와 권리락주가와의 차이는 배당액으로 설명될 수 있다.
④ 유보이익의 투자수익률이 주주의 요구수익률보다 클 때, 배당보다는 유보이익으로 투자하는 것이 기업가치를 높인다.
⑤ 자가배당조정의 논리에 이론적 근거를 두고 있다.

03 시장의 불완전성이 배당정책에 미치는 영향에 대한 다음의 설명 중 가장 적절하지 않은 것은? CPA 08

① 배당을 늘리면 경영자의 특권적 소비를 줄이는 효과가 있기 때문에 기업가치에 긍정적 영향을 줄 수 있다.
② Miller와 Scholes는 배당소득세가 존재하더라도 기업가치는 배당정책의 영향을 받지 않는다고 주장하였다.
③ 배당의 증가는 미래에 양호한 투자처가 없어서 재투자를 하지 않고 배당을 증가시킨다는 부정적인 정보를 제공하므로 주가에 부정적인 영향을 주며 이를 배당의 신호효과라고 한다.
④ 배당을 늘리면 미래에 신주 발행을 통해 투자자금을 확보해야 하는 가능성이 높아지며 신주 발행에 관련된 비용도 증가할 수 있으므로 기업가치에 부정적인 영향을 줄 수 있다.
⑤ 최적자본구조를 유지하는 수준에서 재투자를 한 다음, 순이익의 나머지를 배당하는 배당정책을 사용하면 연도별 배당금의 변동이 심해진다.

04 기업 배당정책에 관련된 설명 중 가장 적절하지 않은 것은? CPA 17

① 일반적으로 기업들은 주당배당금을 일정하게 유지하려는 경향이 있다.
② 배당을 많이 지급함으로써, 외부주주와 경영자 간 발생할 수 있는 대리인 비용을 줄일 수 있다.
③ 배당의 고객효과(clientele effect)에 따르면 높은 한계세율을 적용받는 투자자들은 저배당기업을 선호하며, 낮은 한계세율을 적용받는 투자자들은 고배당기업을 선호한다.
④ 수익성 있는 투자기회를 많이 가지고 있는 기업일수록 고배당정책을 선호한다.
⑤ 정보의 비대칭성이 존재하는 경우 경영자는 시장에 기업정보를 전달하는 수단으로 배당을 사용할 수 있다.

05 당기순이익에서 배당금으로 지급되는 비율을 나타내는 배당성향을 장기적으로 일정하게 유지하면서 안정된 배당금을 지급하는 배당정책을 채택하고 있는 무차입기업에서 단기적으로 배당성향을 가장 많이 증가시킬 것으로 예상되는 경우는? (배당정책이론의 관점에서 답하시오) CPA 04

① 자본이득에 대한 세율에 비해 상대적으로 개인소득세율이 높아졌다.
② 자금수급의 불균형으로 인해 시장금리가 상승했다.
③ 예상치 못한 이상기후로 매출이 급감해 기업이익이 감소했다.
④ 칠레와 자유무역협정이 체결됨에 따라 투자기회가 증가했다.
⑤ 기업지배구조의 개선으로 여유자금에 대한 사용이 투명해졌다.

06 배당이론 및 정책에 관한 설명으로 적절한 항목만을 모두 선택한 것은? CPA 20

a. 배당의 고객효과이론에 의하면 소득세율이 높은 고소득자는 저배당주를 선호하며, 소득세율이 낮은 저소득자는 고배당주를 선호한다.
b. 안정배당이론에 의하면 기업의 순이익이 급증할 때 배당성향이 단기적으로 감소하는 경향이 있다.
c. MM의 배당이론(1961)에 의하면 배당정책이 주주의 부에 영향을 미치지 않으며 주주들은 배당소득과 자본이득을 무차별하게 생각한다.
d. 잔여배당이론에 의하면 수익성이 높은 투자기회를 다수 보유하는 기업의 배당성향이 낮은 경향이 있다.
e. 현금배당 시 주당순이익(EPS) 및 부채비율은 변동하지 않으며 자사주매입 시 주당순이익 및 부채비율은 증가한다.

① a, e ② c, d ③ a, b, c
④ b, d, e ⑤ a, b, c, d

07 완전자본시장을 가정할 때, 다음 설명 중 적절한 항목만을 모두 선택한 것은? (단, 자사주는 시가로 매입한다고 가정한다) CPA 22

a. 주식배당 및 주식분할 후 자기자본가치는 하락한다.
b. 현금배당 및 자사주매입 후 PER(주가수익비율)은 하락한다.
c. 주식배당 및 주식분할 후 EPS(주당순이익)는 변하지 않는다.
d. 자사주매입 및 주식병합 후 EPS는 상승한다.
e. 현금배당 및 자사주매입 후 주주의 부는 상승한다.

① a, b ② a, c ③ b, c
④ b, d ⑤ c, e

08 기업이 자사주를 매입(stock repurchase)하고자 하는 동기에 대한 설명 중 가장 타당성이 낮은 것은? CPA 97

① 채권자를 보호하는 수단이다.
② 성과급 주식옵션(stock option)의 실행을 위한 수단이다.
③ 현금배당에 대한 주주의 소득세를 절감할 수 있는 수단이다.
④ 적대적 기업합병 · 인수(M&A)에 대한 방어수단이다.
⑤ 주가가 저평가되었을 때 이 사실을 투자자에게 전달하는 수단이다.

09 다음 중 자사주매입과 관련하여 잘못된 설명은? CPA 93

① 시장에서 자사주의 가격이 낮게 형성되어 있을 경우에 매입한다.
② 세금을 고려하지 않는 경우 전체주주입장에서는 현금배당과 동일한 효과를 갖는다.
③ 시장가격으로 자사주매입 시 주식의 가격은 불변하며 주당순이익은 증가한다.
④ 일부주주에게서 매입하는 경우 매입가격에 따라 부의 이전 문제가 발생할 수 있다.
⑤ 기업입장에서는 이익의 사내유보를 통해 재무구조를 개선시킬 수 있다.

10 (주)한강은 올해 5억원의 당기순이익을 발생시켰다. (주)한강은 50%의 배당성향을 갖고 있으며 올해에도 이를 유지할 계획이다. 현재 순이익이 반영된 주가는 주당 20,000원이며 발행주식수는 20만주이다. 이 기업의 배당락주가는 18,000원이 되었다. 만약 (주)한강이 배당을 하지 않고 그 금액으로 자사의 주식을 현재 주가인 주당 20,000원으로 구입하여 소각한다면 주가는 얼마가 되겠는가? (단, 정보효과와 거래비용은 없다고 가정한다) CPA 10

① 16,500원 ② 18,000원 ③ 20,000원
④ 22,000원 ⑤ 23,500원

11 현금배당과 자사주매입(stock repurchase)을 비교한 다음의 서술 중 옳지 않은 것은? CPA 01

① 현금배당 직후에는 주당순이익(EPS)의 변화가 없으나, 자사주매입 직후에는 EPS가 증가한다.
② 시장의 불완전성(imperfections)이 없다면 투자자나 기업 모두 두 방식에 대해 무차별하다.
③ 현금배당 직후와 자사주매입 직후 모두 주가이익비율(PER)이 감소한다.
④ 세금을 고려하는 경우 자사주매입이 현금배당보다 투자자에게 유리하다.
⑤ 향후 자사의 이익이 많이 증가할 것으로 예상할 때, 기업은 현금배당을 선호한다.

12 다음은 10 : 1 주식분할(stock split)에 대한 설명이다. 이 중 가장 옳지 않은 것은? (단, 주식분할과 관련된 모든 비용은 무시한다) CPA 03

① 주식의 액면가는 1/10로 하락한다.
② 장부상 자본잉여금이 보통주 자본금으로 전입될 뿐 자기자본총액에는 변동이 없다.
③ 주주의 지분권(기업지배권)에는 변동이 없다.
④ 발행주식수가 10배 증가한다.
⑤ 주당순이익(EPS)이 1/10로 하락하고, 이론적인 주가는 1/10 수준으로 하락한다.

13 주식배당의 효과로 옳은 것은? CPA 95

① 주당순이익(EPS) 수준이 상승한다.
② 기업의 위험이 감소한다.
③ 기업의 재무상태표에 아무런 영향이 없다.
④ 기존주주의 부에 영향이 없다.
⑤ 기업입장에서 현금배당과 효과가 동일하다.

14 주식배당에 관한 설명으로 가장 적절하지 않은 것은? CPA 21

① 정보비대칭하의 불완전자본시장을 가정할 경우 주식배당은 기업 내부에 현금이 부족하다는 인식을 외부에 주는 부정적 효과가 있을 수 있다.
② 주식배당은 유보이익의 영구자본화를 가능하게 한다.
③ 완전자본시장의 경우 주식배당 실시 여부와 관계없이 주주의 부는 불변한다.
④ 주식배당은 주가를 상승시킴으로써 주식거래에 있어 유동성을 증가시킨다.
⑤ 주식배당의 경우 발행비용을 발생시켜 동일한 금액 수준의 현금배당보다 비용이 많이 들 수 있다.

15 완전자본시장을 가정했을 때 배당정책의 효과에 관한 설명으로 가장 적절하지 않은 것은? (단, 자사주는 시장가격으로 매입한다고 가정한다) CPA 18

① 주식배당 시, 발행주식수는 증가하며 주가는 하락한다.
② 자사주매입 시, 발행주식수는 감소하며 주가는 변하지 않는다.
③ 현금배당 시, 발행주식수의 변화는 없으며 주가는 하락한다.
④ 현금배당 또는 자사주매입 시, 주가이익비율(PER)은 증가한다.
⑤ 현금배당 또는 자사주매입 시, 기존주주의 부는 변하지 않는다.

16 A기업의 현재 발행주식수는 20,000주, 당기순이익은 5,000만원, 주가는 10,000원이다. 주가가 이론적 주가로 변한다고 가정할 때 A기업이 고려하고 있는 다음의 재무정책들 중에서 현재보다 주가이익비율(PER)이 감소하는 정책들을 모두 모은 것은? (단, 재무정책 실시에 따른 정보효과가 없다고 가정한다) CPA 08

a. 순이익의 20%를 현금으로 배당한다.
b. 발행주식수의 20%를 주식으로 배당한다.
c. 2 : 1로 주식을 분할한다.
d. 2 : 1로 주식을 병합한다.
e. 순이익의 20%에 해당하는 금액의 자사주를 10,000원에 재매입한다.

① b, c, d ② c, d, e ③ a, b
④ a, e ⑤ d

17 ABC기업의 시장가치 기준의 대차대조표는 아래와 같다. 주식의 액면가격은 5,000원이고 자본금(장부가격)은 500억원이다. 또한 당기순이익은 100억원이다. ABC기업은 주당 500원의 현금배당을 실시할 것인가 아니면 50억원의 자사주를 현재의 가격으로 매입할 것인가를 고려하고 있다. 다음 중 ABC기업이 현금배당을 실시하든 아니면 자사주를 매입하든 효과가 동일하게 나타나는 것들을 모두 모은 것은? (재무정책 발표에 따른 정보효과와 세금은 없다고 가정한다) CPA 06

현금	200억원	부채	1,000억원
고정자산	2,800억원	자기자본	2,000억원

a. 발행주식수	b. 주가	c. 주당순이익
d. 주주에게 지급되는 총금액	e. 주가이익비율(PER)	

① a, b, c ② d, e ③ d
④ e ⑤ b, d

18 (주)대한의 현재 주가가 1,000원이고, 자기자본은 다음과 같다. 주가는 이론적 주가로 변한다고 가정할 때, 각각의 재무정책효과에 관한 설명 중 가장 적절하지 않은 것은? (단, 거래비용, 세금과 정보효과는 무시한다) CPA 11

보통주자본금(액면금액 500원)	400,000원
자본잉여금	255,000원
이익잉여금	145,000원
자기자본	800,000원

① 10%의 주식배당을 1,000원에 실시하면 자본잉여금은 295,000원, 이익잉여금은 65,000원이 된다.
② 액면금액을 주당 100원으로 분할하면 발행주식수는 4,000주가 된다.
③ 주당 150원의 현금배당을 실시하면 배당락주가는 850원이고, 자기자본은 620,000원이 된다.
④ 주당 1,000원에 100주의 자사주를 매입하면 주가는 변함이 없지만 주당순이익은 증가한다.
⑤ 주당 1,000원에 80,000원만큼의 자사주매입을 실시하면 자사주매입 후 유통주식수는 720주가 된다.

19 (주)대한은 새로운 투자안에 소요되는 자금 3.21억원을 조달하기 위해 주당 8,560원에 주주배정 유상증자를 실시하려고 한다. 기발행주식수는 300,000주이며, 주주배정 유상증자 직전 주가는 주당 10,000원이다. 기존주주는 보유주식 1주당 한 개의 신주인수권을 갖고 있다. 다음 설명 중 가장 적절하지 않은 것은? CPA 11

① 신주 1주를 구입하기 위해 필요한 신주인수권의 수는 8개이다.
② 기존주주가 보유한 신주인수권의 가치는 160원이다.
③ 신주 발행 후 이론주가는 9,840원이다.
④ 구주 160주를 가진 주주가 신주인수권 행사를 위해 필요한 금액은 153,120원이다.
⑤ 구주 160주를 가진 주주의 신주인수권 행사 후 보유주식의 가치는 1,771,200원이다.

20 자본금이 액면가 500원인 보통주 10,000주로 구성되어 있고, 주가가 주당 2,500원인 (주)도고는 기존의 사업을 확장하는 데 필요한 500만원을 유상증자를 통해 조달하려고 한다. 우리사주조합에서는 신주발행물량의 일부를 할인된 가격에 배정해줄 것을 회사에 요청했지만 신주인수권은 모두 기존주주에게 소유지분 비례대로 배정될 것이다. 신주인수권은 주식과 분리되어 시장에서 별도로 거래된다. 신주의 발행가격이 주당 2,000원으로 결정되고, 신주인수권의 가격이 100원인 경우 다음의 설명 중 옳은 것은? (단, 유상증자와 관련된 모든 비용은 무시하고, 기존주주들이 신주 인수에 필요한 자금을 조달하는 데는 아무런 제약이 없다고 가정한다) CPA 03

① 기존주주의 기업지배권을 보호하기 위해 제도적으로 기존주주가 아닌 제3자에게는 신주인수권을 배정할 수 없다.
② 신주의 발행가격이 주가(시장가격)보다 낮게 책정되었으므로 주주들은 배정된 신주인수권을 행사하여 발행주식을 모두 인수하는 것이 유리하다.
③ 기업지배권을 고려하지 않고 투자수익만을 생각한다면 주주들은 발행주식을 인수하는 대신 신주인수권을 직접 매각하는 것이 유리하다.
④ 기존주주들이 배정된 신주발행물량을 모두 인수한다면 발행가격은 주주들의 부에 아무런 영향을 미치지 않는다.
⑤ 기존주주들이 신주를 모두 인수하더라도 유상증자 후 EPS의 감소와 주가 하락으로 주주의 부는 감소한다.

21 (주)한국은 미국 델라웨어 주에 새로운 공장을 설립하고자 한다. 공장 설립비용은 총 $10,000,000이며 이 공장 설비는 10년 후 폐기처분될 예정이다. (주)한국은 다음과 같은 두 가지의 자금 조달방안을 고려하고 있다. 첫째는 전액을 연 8%의 이자로 차입하는 것이며 둘째는 공장 설비 회사로부터 10년간 설비를 리스하는 것이다. 차입금이나 리스료는 모두 공장 설비 설치 후 1년 말 시점부터 매년 1회씩 10회에 걸쳐 지불되고, (주)한국의 가중평균자본비용이 15%일 때 리스가 차입방안보다 더 선호되게 하여주는 최대의 리스료는 약 얼마인가? (단, 세금이나 기타 비용은 무시할 수 있다고 가정하자) CPA 05

(n = 10; R = 8%)

(n = 10)	미래가치계수	연금의 현재가치계수
8%	2.1589	6.7101
15	4.0456	5.0188

① 149만불 ② 169만불 ③ 199만불
④ 247만불 ⑤ 463만불

22 명도기업은 특정 자동차부품을 보다 저렴하게 생산할 수 있는 기계설비의 도입에 리스를 이용할 것인지, 차입 구매할 것인지를 검토하고 있다. 이 기계설비의 구입가격은 1,200억원이고 내용연수는 10년이다. 10년 후 잔존가치와 매각가치는 없으며, 명도기업은 설비의 도입으로 매년 250억원의 비용이 절약될 것으로 기대한다. 리스료는 10년 동안 매년 연말에 지불하며 법인세율은 35%이고 감가상각은 정액법을 따르며 시장에서의 차입이자율은 9%이다. 명도기업입장에서, 차입 구매 대비 리스의 증분현금흐름의 순현가가 0이 되는 리스료에 가장 가까운 것은? (단, 10년 연금의 현가요소는 이자율 9%의 경우 6.4177이고, 5.85%의 경우 7.4127이다) CPA 13

① 183.67억원 ② 184.44억원 ③ 185.23억원
④ 185.95억원 ⑤ 186.98억원

23 유동비율이 120%일 때 이 비율을 감소시키는 상황은? CPA 95

① 현금으로 단기차입금을 상환할 경우
② 외상매출금을 현금으로 회수할 경우
③ 현금으로 재고자산을 구입할 경우
④ 유동자산을 외상매입할 경우
⑤ 사채를 발행해서 조달되는 자금으로 비유동자산을 구입할 경우

24 매출채권과 관련된 설명으로 가장 부적절한 것은? CPA 96

① 매출채권이 증가하더라도 추가적인 자금부담은 없다.
② 일반적으로 매출채권회전율이 높을수록 기업은 유리하다.
③ 단기성 매출채권이 항상 기업에게 유리한 것만은 아니다.
④ 비용 - 효익분석에 입각하여 적절한 매출채권을 유지해야 한다.
⑤ 매출채권회수정책을 고려하는 경우에 기업의 이미지에 손상이 없도록 할 필요가 있다.

25 다음의 서술 중 옳지 않은 것은? CPA 94

① 매출채권회전율을 알고 있으면 매출채권평균회수기간을 구할 수 있다.
② PER(Price Earnings Ratio)은 일종의 회수기간 개념이다.
③ 당기순이익이 0보다 클 때 주당순이익의 변화율 위험은 매출액의 변화율 위험보다 작다.
④ ROI(Return On Investment)는 활동성비율과 수익성비율을 결합한 비율이다.
⑤ 유동비율과 당좌비율은 유동성비율에 속한다.

26 재무비율의 이름과 경제적 의미를 짝지운 내용이 가장 적절하지 않은 것은? CPA 14

① 주가수익비율 - 수익성
② 매입채무회전율 - 활동성
③ 이자보상비율 - 레버리지
④ 당좌비율 - 유동성
⑤ 총자본투자효율 - 생산성

27 갑을기업의 전년도 자기자본순이익률(ROE)은 6%로 업계 평균 10%에 비해 상대적으로 저조하다. 내부 검토 결과, 매출액순이익률(profit margin)은 1%, 총자산회전율은 2.0으로 업계 평균과 비슷한 것으로 나타나 이 부분에서의 개선보다는 자본구조의 변경을 통해 현재 자기자본순이익률을 업계 평균 수준으로 끌어 올리려고 한다. 이 목표를 달성하기 위한 갑을기업의 적정 부채비율은 얼마인가? CPA 03

① 200% ② 300% ③ 400%
④ 500% ⑤ 600%

28 다음 자료에서 당좌비율(quick ratio; Q)을 계산했을 때 가장 적절한 것은? (단, 1년은 365일이고 회전율은 매출액에 대하여 계산한다) CPA 12

- 매출채권 120억원
- 유동부채 140억원
- 유동비율 150%
- 재고자산회전율 10회
- 매출채권회수기간 60일

① Q ≤ 50%
② 50% < Q ≤ 75%
③ 75% < Q ≤ 100%
④ 100% < Q ≤ 125%
⑤ Q > 125%

정답 및 해설

정답

01	④	02	④	03	③	04	④	05	③	06	⑤	07	④	08	①	09	⑤	10	③
11	⑤	12	②	13	④	14	④	15	④	16	④	17	②	18	③	19	④	20	④
21	①	22	②	23	④	24	①	25	③	26	①	27	③	28	③				

해설

01 ④ $k_0 = k_d(1-t)\dfrac{B}{V} + k_e\dfrac{S}{V} = 0.08 \times 0.5 + 0.145 \times 0.5 = 0.1125$

→ 내부수익률이 가중평균자본비용보다 높은 투자안 A와 투자안 B만 채택
총투자액 = 10억원 + 12억원 = 22억원
자본구조를 그대로 유지하기 위한 자기자본(유보이익) 투자액 = 22억원 × 50% = 11억원
∴ 올해의 배당성향 = $\dfrac{\text{총배당금}}{\text{당기순이익}} = \dfrac{25\text{억원} - 11\text{억원}}{25\text{억원}}$ = 0.56

02 ④ MM의 자본이론(배당이론)은 배당정책과 기업가치 간의 무관련이론이다. 완전자본시장을 가정하므로 언제든지 외부자금조달이 가능하기 때문에 기업의 투자정책은 배당정책에 의해 영향을 받지 않는다.

03 ③ ① 배당 증가 시 기업내부에 유보된 자금의 감소로 인해 경영자의 특권적 소비가 가능한 자원이 감소하므로 자기자본의 대리비용이 감소하여 기업가치에 긍정적 영향을 줄 수 있다.
② Miller와 Scholes는 배당소득세가 존재하더라도 부채의 차입과 면세무위험자산에 대한 투자 등을 통해 배당소득세의 회피가 가능하므로 기업가치는 배당정책의 영향을 받지 않는다고 주장하였다.
③ 배당의 신호효과는 기업이 현금배당을 많이 지급하는 경우에 기업의 재무적 건전성이나 충분한 현금동원능력, 미래현금흐름의 창출능력에 대한 경영자의 확신 등과 같은 기업에 대한 긍정적인 정보를 투자자들에게 전달해주는 신호가 되며 이에 따라 기업가치(주가)에 긍정적인 영향을 준다는 이론이다.

04 ④ 현실적으로 외부자금조달에 제약이 존재할 수 있음을 고려하면, 수익성 있는 투자기회를 많이 가지고 있는 기업일수록 투자자금 확보를 위해 저배당정책을 선호한다.

05 ③ ① 상대적으로 배당소득세율이 높아진 경우에는 주주의 세금부담을 회피하기 위해 현금배당보다 자사주매입이 선호될 것이므로 배당정책을 변경한다면 현금배당이 감소하여 배당성향은 감소할 것이다.
② 시장이자율이 상승하는 경우에는 차입조건이 악화됨에 따라 사내 유동성 확보를 위한 내부유보를 증가시킬 것이므로 배당정책을 변경한다면 현금배당이 감소하여 배당성향은 감소할 것이다.
③ 비정상적으로 이익이 감소한 경우에 안정된 배당금을 지급하기 위해서는 단기적 배당성향이 증가하게 된다.
④ 투자기회가 증가된 경우에는 유리한 투자기회 확보를 위해 내부유보를 증가시킬 것이므로 배당정책을 변경한다면 현금배당이 감소하여 배당성향은 감소할 것이다.
⑤ 지배구조가 개선되어 여유자금에 대한 사용이 투명해진 경우에는 경영자의 특권적 소비에 대한 우려가 감소하므로 배당정책을 변경하는 경우에는 현금배당이 감소하여 배당성향은 감소할 것이다.

06 ⑤ e. 현금배당 시 자기자본(이익잉여금)의 감소로 인해 부채비율은 증가한다.

07 ④ a. 주식배당 및 주식분할 후 자기자본가치는 변동하지 않는다.
c. 주식배당 및 주식분할 후 발행주식수가 증가하므로 EPS는 감소한다.
e. 현금배당 및 자사주매입 후 주주의 부는 변동하지 않는다.

08 ① 회사가 자사주를 매입하는 경우에는 채권자의 채권에 대한 담보가 감소하는 효과가 발생하므로 채권자 부의 감소를 가져올 수 있다.

09 ⑤ 자사주를 매입하는 경우에는 자기자본의 감소에 따라 재무구조가 악화된다.

10 ③ 자사주를 시장가격에 매입(소각)하는 경우에 주가의 변동은 발생하지 않는다.

$$\text{매입주식수} = \frac{5\text{억원} \times 0.5}{20{,}000\text{원}} = 12{,}500\text{주}$$

$$\therefore \text{ 자사주매입 후 주가} = \frac{200{,}000\text{주} \times 20{,}000\text{원} - 12{,}500\text{주} \times 20{,}000\text{원}}{200{,}000\text{주} - 12{,}500\text{주}} = 20{,}000\text{원}$$

11 ⑤ ② 언제든지 외부자금의 조달이 가능하고 세금이나 거래비용이 없으며 정보의 효율성이 만족되는 완전자본시장을 가정하는 경우에는 현금배당과 자사주매입의 효과가 동일하다.
⑤ 현금배당과 자사주매입의 두 가지 방안에 대해 고려하는 상황에서는 두 가지 방안 모두 현금의 사외유출이 이루어지므로 향후 이익 증가 예상은 의사결정에 영향을 미치지 못한다.

12 ② 자본잉여금의 자본금 전입은 무상증자이며, 주식분할의 경우에는 자기자본총액뿐만 아니라 자본잉여금, 자본금도 변하지 않는다.

13 ④ ① 주식수가 증가하므로 주당순이익은 감소한다.
② 주식배당은 형식적 증자로 단순한 회계상 자본항목의 대체일 뿐이므로 기업가치나 기업의 위험에 미치는 효과는 없다.
③ 주식배당을 실시하면 재무상태표상 이익이여금의 감소와 자본금의 증가를 가져온다.
④ 주식배당을 하는 경우에도 자기자본총액과 주주의 지분율이 변화하지 않으므로 주주입장에서 부의 변화는 없다.
⑤ 현금배당은 배당액만큼 현금의 유출과 자기자본의 감소를 가져오지만, 주식배당은 현금의 유출이 없으며, 자기자본총액도 변하지 않는다.

14 ④ 주식배당은 주가를 하락시킴으로써 주식거래에 있어 유동성을 증가시킨다.

15 ④ 현금배당 또는 자사주매입 시, 자기자본가치의 감소로 인해 $PER\left(=\frac{\text{주가}}{\text{주당순이익}}=\frac{\text{자기자본가치}}{\text{당기순이익}}\right)$은 감소한다.

16 ④ a. 현금배당: $\frac{\text{주가 하락}}{\text{주당순이익 불변}}=\frac{\text{자기자본가치 감소}}{\text{당기순이익 불변}}$ ➜ PER 감소
b. 주식배당: $\frac{\text{주가 하락}}{\text{주당순이익 감소}}=\frac{\text{자기자본가치 불변}}{\text{당기순이익 불변}}$ ➜ PER 불변
c. 주식분할: $\frac{\text{주가 하락}}{\text{주당순이익 감소}}=\frac{\text{자기자본가치 불변}}{\text{당기순이익 불변}}$ ➜ PER 불변
d. 주식병합: $\frac{\text{주가 상승}}{\text{주당순이익 증가}}=\frac{\text{자기자본가치 불변}}{\text{당기순이익 불변}}$ ➜ PER 불변
e. 자사주매입: $\frac{\text{주가 불변}}{\text{주당순이익 증가}}=\frac{\text{자기자본가치 감소}}{\text{당기순이익 불변}}$ ➜ PER 감소

17 ②

구분	이전	현금배당 시		자사주매입 시		효과비교
발행주식수	1,000만주	1,000만주	불변	975만주	감소	상이
주가	20,000원	19,500원	하락	20,000원	불변	상이
주당순이익	1,000원	1,000원	불변	1,025.64원	증가	상이
주가이익비율	20	19.5	하락	19.5	하락	동일
총지급액		50억원		50억원		동일

18 ③ ① 자본금은 440,000원, 자본잉여금은 295,000원, 이익잉여금은 65,000원이 된다.

③ 발행주식수 = 보통주자본금 ÷ 액면금액 = 400,000원 ÷ 500원 = 800주

배당락주가 = 배당부주가 - 주당배당액 = 1,000원 - 150원 = 850원

배당 후 자기자본 = 배당 전 자기자본 - 총배당액 = 800,000원 - 800주 × 150원 = 680,000원

19 ④ 신주 발행주식수 = 3.21억원 ÷ 8,560원 = 37,500주

① 필요한 신주인수권의 수 = 300,000개 ÷ 37,500주 = 8개

③ 권리락주가 = $\frac{300{,}000주 \times 10{,}000원 + 3.21억원}{300{,}000주 + 37{,}500주} = 9{,}840원$

② 신주인수권 1개의 가치 = 10,000원 - 9,840원 = 160원

④ 구주 160주를 가진 주주에게 배정되는 신주 주식수 = 20주

신주인수권 행사를 위해 필요한 금액 = 20주 × 8,560원 = 171,200원

⑤ 신주인수권 행사 후 보유주식의 가치 = (160주 + 20주) × 9,840원 = 1,771,200원

20 ④ 신주 발행주식수 = 500만원 ÷ 2,000원 = 2,500주

신주인수권 1개의 가치 = 2,500원 - $\frac{10{,}000주 \times 2{,}500원 + 500만원}{10{,}000주 + 2{,}500주}$ = 2,500원 - 2,400원 = 100원

① 특별법이나 정관의 규정 또는 주총 특별결의 등을 통해 제3자에게 신주인수권을 부여할 수 있으며, 우리사주조합에 대한 우선배정도 이 중 하나이다.

②③④⑤ 기존주주들에게 소유지분 비례대로 신주가 배정된 경우에 유상증자 후 EPS와 주가의 하락이 발생하여 기존 보유주식에서는 부의 감소가 발생하지만, 신주인수권 행사 시에는 인수한 신주에서 이득이 발생하여 이를 상쇄시키므로 부의 변화가 없게 된다. 더불어 배정받은 신주인수권을 처분하는 경우에도 신주인수권의 처분가격이 신주인수권의 이론가격과 동일하다면 기존 보유주식에서 발생하는 부의 감소가 신주인수권 처분가액의 수취와 상쇄되므로 부의 변화가 없게 된다. 따라서 신주인수권을 배정받은 주주입장에서 신주인수권의 행사 여부는 신주의 발행가격과는 무관하게 신주인수권의 시장가격과 이론가격의 비교를 통해 결정된다.

21 ① 리스의 평가에 적용될 할인율은 (세후)차입이자율인 8%이며, 차입 후 투자 대비 리스의 증분현금흐름의 현재가치가 0보다 크다면 리스가 선호된다.

리스 이용의 NPV = 투자액 - 리스료의 현재가치 = 10,000,000불 - 리스료 × 6.7101 > 0

→ 리스료 < 1,490,291불

∴ 최대의 리스료 = 149만불

22 ② 세후타인자본비용 $= k_d(1-t) = 0.09 \times (1-0.35) = 0.0585$

리스 이용의 $NPV = 1{,}200억원 - \left[\frac{1{,}200억원}{10년} \times 0.35 + 리스료 \times (1-0.35)\right] \times 7.4127 = 0$

∴ 리스료 = 184.44억원

23 ④ 유동비율이 100%를 초과하고 있는 상황이므로 유동자산만 감소하거나, 유동부채만 증가하거나, 유동자산과 유동부채가 동일 금액씩 증가하면 유동비율은 감소한다.

24 ① 매출채권이 증가하는 경우에는 매출채권의 회수가 지연됨에 따라 기업의 순운전자본에 대한 자금부담이 커지게 된다.

25 ③ ① 매출채권회수기간 = $\frac{365}{\text{매출채권회전율}}$

② PER은 주당순이익으로 투자액(주가)을 회수하는 데 걸리는 회수기간으로 해석이 가능하다.

③ 레버리지효과로 인해 주당순이익의 변화율 위험은 매출액의 변화율 위험보다 크다.

④ $ROI = \frac{\text{순이익}}{\text{총자본}} = \frac{\text{순이익}}{\text{매출액}} \times \frac{\text{매출액}}{\text{총자본}}$ = 매출액순이익률(수익성) × 총자본회전율(활동성)

26 ① 주가수익비율은 주가(시장가격)와 주당순이익 간의 관계를 나타내는 시장가치비율이다.

27 ③ 자기자본순이익률(ROE) = $\frac{\text{순이익}}{\text{자기자본}} = \frac{\text{순이익}}{\text{매출액}} \times \frac{\text{매출액}}{\text{총자본}} \times \frac{\text{총자본}}{\text{자기자본}}$

$= 1\% \times 2.0 \times \frac{\text{총자본}}{\text{자기자본}}$ = 10%(업계 평균)

➜ $\frac{\text{총자본}}{\text{자기자본}}$ = 500%

∴ 부채비율 = $\frac{\text{부채}}{\text{자기자본}}$ = 400%

28 ③ 유동비율 $= 150\% = \frac{\text{유동자산}}{\text{유동부채}} = \frac{\text{유동자산}}{\text{140억원}}$

➜ 유동자산 = 210억원

매출채권회수기간 $= 60\text{일} = \frac{\text{365일}}{\text{매출채권회전율}}$

➜ 매출채권회전율 = 6.0833

매출채권회전율 $= 6.0833 = \frac{\text{매출액}}{\text{매출채권}} = \frac{\text{매출액}}{\text{120억원}}$

➜ 매출액 = 730억원

재고자산회전율 $= 10\text{회} = \frac{\text{매출액}}{\text{재고자산}} = \frac{\text{730억원}}{\text{재고자산}}$

➜ 재고자산 = 73억원

∴ 당좌비율 $= \frac{\text{유동자산} - \text{재고자산}}{\text{유동부채}} = \frac{\text{210억원} - \text{73억원}}{\text{140억원}} = 97.86\%$

cpa.Hackers.com

제10장

주식의 가치평가와 투자전략

핵심 이론 요약

객관식 연습문제

정답 및 해설

핵심 이론 요약

01 배당평가모형

(1) 유보율과 재투자수익률

① 유보율

- $b = \frac{\text{유보액}}{\text{당기순이익}} = \frac{\text{주당유보액}}{EPS}$

② 유보이익의 재투자수익률

- $ROE = \frac{\text{당기순이익}}{\text{자기자본장부금액}} = \frac{EPS}{\text{주당자기자본장부금액}}$

(2) 항상성장모형

① 이익(배당)의 성장률 = 배당락주가 기준 주가의 상승률

- $g = \text{유보율} \times \text{재투자수익률}$
- 유보율과 재투자수익률이 매기 일정

② 적정 주가

- $P_0 = \frac{d_1}{k_e - g}$ (단, $k_e > g$)
- $d_1 = EPS_1 \times (1-b) = d_0 \times (1+g) = EPS_0 \times (1+g) \times (1-b)$

(3) 항상성장모형에서 성장기회의 (주당)순현재가치

① 기업이 보유하는 미래 성장기회(투자기회)의 가치

② NPVGO = 성장기업의 주가 - 무성장 가정 시 주가 $= \frac{d_1 = EPS_1 \times (1-b)}{k_e - g} - \frac{EPS_1}{k_e}$

③ 성장기회의 순현재가치의 현재가치 합계액으로도 계산 가능

④ ROE < k_e인 경우 ➜ NPVGO < 0

(4) 배당평가모형과 자기자본비용

① 무성장모형의 성립 가정 시

- $k_e = \frac{d}{P_0 - \text{주당신주발행비용}}$

② 항상성장모형의 성립 가정 시

- $k_e = \frac{d_1}{P_0 - \text{주당신주발행비용}} + g$

02 경제적 부가가치와 시장부가가치

(1) 경제적 부가가치(EVA)

① EVA = 세후영업이익 - 총자본비용 $= EBIT \times (1-t) - WACC \times IC$

- 총자본비용을 초과하여 벌어들인 초과이익

② 총투하자본(IC): 영업자산의 기초장부금액

③ 경제적 부가가치의 장점

- 회계적 순이익이 고려하지 못하는 자기자본비용을 명시적으로 고려
- 영업이익을 평가대상으로 하므로 이익의 질적인 측면까지 고려

(2) 시장부가가치(MVA)

① 기간별로 발생되는 EVA를 가중평균자본비용으로 할인한 현재가치

② MVA = PV(EVA) = 기업(영업자산)가치의 순증가분 = NPV

- 기업(영업자산)의 가치 = 기업(영업자산)의 장부금액 + 시장부가가치(MVA)

03 주가수익비율(PER)

(1) PER의 의미

① 이익의 질에 차이가 없는 경우에는 상대적인 고/저평가 여부를 판단 가능

② 이익의 질이 다른 경우에는 이익의 성장성에 대한 평가가 반영됨

- 항상성장모형이 성립하는 경우의 $PER = \frac{1-b}{k_e - g}$

(2) PER를 이용한 주식가치평가

① 적정 주가 = 적정 $PER \times EPS_1$

② 일반적으로 이용되는 적정 PER: 동종산업에 속한 기업들의 평균 PER

04 효율적 시장과 증권분석

(1) 약형의 효율적 시장

① 약형의 효율적 시장가설이 성립하는 경우
- 주가에 해당 주식에 대한 역사적 정보가 모두 반영
- 역사적 정보를 이용해서는 비정상적 초과수익 불가능
- 주가는 무작위성을 가지고 변동

② 약형의 효율적 시장가설이 성립하지 않는 경우
- 과거 주가변동 등에 대한 기술적 분석을 통해 비정상적 초과수익 가능

③ 기술적 분석
- 주가가 일정한 추세나 패턴을 가지고 변동한다고 가정
- 약형의 효율적 시장가설에 의해 부정됨

④ 검증방법
- 연의 검증, 시계열상관분석, 필터기법

(2) 준강형의 효율적 시장

① 준강형의 효율적 시장가설이 성립하는 경우
- 주가에 해당 주식에 대한 공식적으로 이용 가능한 정보가 모두 반영
- 공식적으로 이용 가능한 정보를 이용해서는 비정상적 초과수익 불가능
- 주가는 내재가치와 동일

② 준강형의 효율적 시장가설이 성립하지 않는 경우
- 내재가치를 분석하는 기본적 분석을 통해 비정상적 초과수익 가능

③ 기본적 분석
- 주식의 내재가치를 분석하여 주가의 과대 또는 과소평가 여부를 분석
- 준강형의 효율적 시장가설에 의해 부정됨

④ 검증방법
- 사건연구(잔차분석)

(3) 강형의 효율적 시장

① 강형의 효율적 시장가설이 성립하는 경우
- 주가에 해당 주식에 대한 미공개정보까지 모두 반영
- 어떠한 정보를 이용해서 투자하든지 비정상적 초과수익 불가능

② 준강형의 효율적 시장가설은 성립하지만 강형의 효율적 시장가설이 성립하지 않는 경우
- 미공개정보를 이용해서 투자하는 경우에 비정상적 초과수익 가능

③ 검증방법
- 미공개정보의 이용이 가능할 것으로 예상되는 특정한 투자자집단의 투자성과 분석

05 투자성과 평가의 측정치

① 샤프지수

- $\dfrac{\overline{R_P}-\overline{R_f}}{\sigma_P}$
- 포트폴리오의 총위험(수익률의 표준편차) 대비 초과수익률

② 트레이너지수

- $\dfrac{\overline{R_P}-\overline{R_f}}{\beta_P}$
- 포트폴리오의 체계적 위험(베타) 대비 초과수익률

③ 젠센지수

- $\alpha_P=\overline{R_P}-[\overline{R_f}+(\overline{R_m}-\overline{R_f})\times\beta_P]=(\overline{R_P}-\overline{R_f})-(\overline{R_m}-\overline{R_f})\times\beta_P$
- 실제 실현된 평균수익률과 체계적 위험에 기초하여 예측된 평균수익률 간의 차이

④ 파마와 프렌치의 3요인모형

- $\alpha_P{}'=(\overline{R_P}-\overline{R_f})-\left[(\overline{R_m}-\overline{R_f})\times\beta_{P1}+SMB\times\beta_{P2}+HML\times\beta_{P3}\right]$
- 시장요인(market factor): CAPM에서의 공통요인인 $(\overline{R_m}-\overline{R_f})$
- 기업규모요인(size factor): SMB(Small Minus Big) = 소형주수익률 - 대형주수익률
- 가치요인(value factor): HML(High Minus Low) = 가치주수익률 - 성장주수익률
- 가치주: PBR의 역수가 높은 주식
- 성장주: PBR의 역수가 낮은 주식

객관식 연습문제

01 고정성장배당모형(constant growth dividend discount model)에 관한 다음 설명 중 옳은 것은?

CPA 04

① 고정성장배당모형이 적용되기 위해서는 주식의 요구수익률이 배당의 성장률보다 같거나 낮아야 한다.
② 다른 모든 조건이 동일한 경우, 기본적으로 배당 상승에 대한 기대와 주식가치의 변동은 관계가 없다.
③ 고정성장배당모형에 의해 주식가치를 평가하는 경우, 할인율로 무위험이자율을 이용한다.
④ 다른 모든 조건이 동일한 경우, 배당성장률의 상승은 주식가치를 상승시킨다.
⑤ 고정성장배당모형에서 주식의 위험은 기대배당에 반영되어 있다.

02 배당평가모형에 따른 주식가치평가에 관한 설명으로 적절한 항목만을 모두 선택한 것은?

CPA 21

a. 전액 배당하는 무성장영구기업의 주가수익배수(PER)는 요구수익률과 정(+)의 관계를 갖는다.
b. A기업의 배당성장률(g)은 항상 2%이다. A기업의 현재 이론주가(P_0)가 10,000원, 주식투자자의 요구수익률이 10%일 때, 최근 지급된 배당액(D_0)은 750원보다 적다.
c. 유보율이 0인 무성장영구기업의 경우 현재 이론주가(P_0)는 주당순이익(EPS_1) ÷ 자기자본비용(k_e)으로 추정할 수 있다.
d. 항상(일정)성장모형을 통해 주가 추정 시 주주 요구수익률이 성장률보다 작을 경우에 한해 현재 이론주가(P_0)가 추정된다.
e. 배당평가모형은 미래배당을 현재가치화한 추정모형이다.

① a, b ② b, e ③ c, e
④ a, c, e ⑤ a, d, e

03 연 1회 매년 말에 지급되는 A기업의 배당금은 앞으로 계속 5%의 성장률을 보일 것으로 예상된다. 현재(t = 0) A기업 주식의 주당 내재가치는 50,000원이고 베타는 1.5이다. 무위험이자율은 3%이며 시장포트폴리오의 기대수익률은 10%이다. 전년도 말(t = 0)에 지급된 주당 배당금(D_0)에 가장 가까운 것은? (단, CAPM이 성립한다고 가정한다) CPA 22

① 4,048원 ② 4,250원 ③ 4,658원
④ 6,190원 ⑤ 6,500원

04 사내유보율이 40%이고, 재투자수익률은 20%이며, 자기자본비용이 18%인 기업의 전기 주당순이익이 2,000원일 때 적정 주가는 얼마인가? CPA 92

① 12,000원 ② 14,400원 ③ 16,800원
④ 13,550원 ⑤ 12,960원

05 S사의 1년도 말(t = 1)에 기대되는 주당순이익(EPS)은 2,000원이다. 이 기업의 내부유보율(retention ratio)은 40%이고 내부유보된 자금은 재투자수익률(ROE) 20%로 재투자된다. 이러한 내부유보율과 재투자수익률은 지속적으로 일정하게 유지된다. S사의 자기자본비용이 14%라고 할 경우 S사 주식의 이론적 가격(P_0)에 가장 가까운 것은? CPA 14

① 13,333원 ② 16,333원 ③ 20,000원
④ 21,600원 ⑤ 33,333원

06 (주)기해의 올해 말(t = 1) 주당순이익은 1,500원으로 예상된다. 이 기업은 40%의 배당성향을 유지할 예정이며, 자기자본순이익률(ROE)은 20%로 매년 일정하다. 주주들의 요구수익률이 연 15%라면, 현재시점(t = 0)에서 이론적 주가에 기초한 주당 성장기회의 순현가(NPVGO)는 얼마인가? (단, 배당은 매년 말 연 1회 지급한다) CPA 19

① 10,000원 ② 16,000원 ③ 20,000원
④ 24,000원 ⑤ 28,000원

07 한국기업은 1년 후부터 매년 20,000원씩의 주당순이익을 예상하며 주당순이익 전부를 배당으로 지급하고 있다. 한국기업은 매년 순이익의 40%를 투자할 것으로 고려하고 있으며 이때 자기자본순이익률이 13%가 될 것으로 예상한다. 한국기업이 순이익 전부를 배당으로 지급하는 대신에 40%를 투자한다면 주가가 얼마나 변화하겠는가? (한국기업 주식의 적정 수익률은 13%이다. △P는 가격변화이다) CPA 06

① △P ≤ -2,000원
② -2,000원 < △P < 0원
③ △P = 0원
④ 0원 < △P < 2,000원
⑤ △P ≥ 2,000원

08 주가가 20,000원이고, 전일 지급된 주당배당금이 1,000원이며, 성장률은 10%인 기업이 있다. 무위험이자율이 10%이고, 시장포트폴리오의 기대수익률이 15%인 경우에 이 기업의 β는 얼마인가? CPA 95

① 1.1 ② 1.33 ③ 1.5
④ 1.8 ⑤ 2.1

09 A기업의 내부유보율(retention ratio)은 40%이고, 내부유보된 자금의 재투자수익률(ROE)은 20%이다. 내부유보율과 재투자수익률은 영원히 지속될 것으로 기대된다. A기업에 대한 주주들의 요구수익률은 14%이고 현재 주가가 10,000원이라면, A기업의 배당수익률($\frac{D_1}{P_0}$)은? (단, 일정성장배당평가모형(constant growth dividend discount model)이 성립하고, 현재 주가는 이론적 가격과 같다)

CPA 17

① 2% ② 4% ③ 6%
④ 8% ⑤ 10%

10 (주)한국의 발행주식수는 100,000주이고 배당성향이 30%이며 자기자본이익률이 10%이다. (주)한국의 주식베타값은 1.2이고 올해 초 주당배당금으로 2,000원을 지불하였다. 또한 무위험이자율이 5%이고 시장포트폴리오의 기대수익률이 15%이라고 한다. 이러한 현상이 지속된다고 가정할 때, (주)한국의 2년 말 시점의 주가는 약 얼마가 되는가?

CPA 05

① 20,000원 ② 21,400원 ③ 22,898원
④ 24,500원 ⑤ 26,216원

11 (주)고구려의 자기자본비용은 14%이며 방금 배당을 지급하였다. 이 주식의 배당은 앞으로 계속 8%의 성장률을 보일 것으로 예측되고 있으며, (주)고구려의 현재 주가는 50,000원이다. 다음 중 옳은 것은?

CPA 07

① 배당수익률이 8%이다.
② 배당수익률이 7%이다.
③ 방금 지급된 주당배당금은 3,000원이다.
④ 1년 후 예상되는 주가는 54,000원이다.
⑤ 1년 후 예상되는 주가는 57,000원이다.

12 (주)대한의 발행주식수는 20만주이고 배당성향은 20%이며 자기자본이익률(return on equity)은 10%이다. 한편, (주)대한 주식의 베타값은 1.4로 추정되었고 현재시점의 주당배당금(D_0)은 4,000원이며 무위험이자율이 4%, 시장포트폴리오의 기대수익률은 14%이다. 이러한 현상이 지속된다고 가정하고 배당평가모형을 적용하였을 때 가장 적절한 것은? CPA 12

① (주)대한의 성장률은 10%이다.
② (주)대한의 성장률은 9%이다.
③ (주)대한의 요구수익률은 19%이다.
④ (주)대한의 1년 후 시점의 주가(P_1)는 46,656원이다.
⑤ (주)대한의 2년 후 시점의 주가(P_2)는 55,388.48원이다.

13 S기업 보통주의 현재 내재가치(P_0)는 20,000원이다. 전기 말(t = 0) 주당순이익(EPS_0)과 내부유보율은 각각 5,000원과 60%이다. 배당금은 연 1회 매년 말 지급되고 연 2%씩 영구히 성장할 것으로 예상된다. 무위험수익률은 2%이고 시장위험프리미엄은 6%일 때, 다음 중 가장 적절하지 않은 것은? (단, CAPM이 성립하고, 내부유보율, 무위험수익률, 시장위험프리미엄은 변하지 않는다고 가정한다) CPA 20

① 당기 말(t = 1) 기대배당금은 2,040원이다.
② 자기자본비용은 12.2%이다.
③ 주식의 베타는 1.6이다.
④ 만약 베타가 25% 상승한다면, 자기자본비용은 상승한다.
⑤ 만약 베타가 25% 상승한다면, 내재가치(t = 0)는 16,000원이 된다.

14 투자자 갑은 기업 A와 B에 대해 다음 표와 같은 정보를 수집하였다. 시장위험프리미엄과 무위험자산수익률은 각각 10%와 5%이다. 주가가 이론적 가치에 따라 변동한다고 가정한다. 일정성장배당평가모형(Constant Growth Dividend Discount Model)을 적용하여 현재 주가를 평가할 때, 다음 설명 중 적절한 항목만을 모두 고르면? (단, 배당금은 연말에 한 번 지급하는 것으로 가정한다) CPA 13

	기업 A	기업 B
ROE	15%	9%
내부유보율	12%	20%
내년도 예상 주당순이익	100원	100원
베타	0.5	0.4

(가) 기업 A의 주가는 기업 B의 주가보다 낮다.
(나) 다른 조건은 변하지 않는 상태에서, 두 기업이 내부유보율을 모두 증가시킨다면 두 기업의 주가는 상승할 것이다.
(다) 다른 조건은 변하지 않는 상태에서, 두 기업의 베타가 모두 하락한다면 두 기업의 주가는 상승할 것이다.
(라) 다른 조건은 변하지 않는 상태에서, 두 기업이 ROE를 모두 증가시키는 새로운 프로젝트를 시작한다면 두 기업의 주가는 상승할 것이다.

① (가), (나) ② (가), (나), (다) ③ (가), (다), (라)
④ (나), (다), (라) ⑤ (가), (나), (다), (라)

15 고정성장배당평가모형(constant growth dividend discount model)에 관한 설명으로 가장 적절하지 않은 것은? CPA 16

① 계속기업(going concern)을 가정하고 있다.
② 고정성장배당평가모형이 성립하면, 주가는 배당성장률과 동일한 비율로 성장한다.
③ 고정성장배당평가모형이 성립하면, 주식의 투자수익률은 배당수익률과 배당성장률의 합과 같다.
④ 다른 조건은 일정하고 재투자수익률(ROE)이 요구수익률보다 낮을 때, 내부유보율을 증가시키면 주가는 상승한다.
⑤ 다른 조건이 일정할 때, 요구수익률이 하락하면 주가는 상승한다.

16 (주)XYZ는 금년도(t = 0)에 1,000원의 주당순이익 가운데 60%를 배당으로 지급하였고, 내부유보된 자금의 재투자수익률(ROE)은 10%이다. 내부유보율과 재투자수익률은 영원히 지속될 것으로 기대된다. (주)XYZ에 대한 주주들의 요구수익률은 9%이다. 다음 중 가장 적절하지 않은 것은? (단, 일정성장배당평가모형(constant dividend growth model)이 성립하고, 주가는 이론적 가격과 동일하며, 또한 이론적 가격과 동일하게 변동한다고 가정한다) CPA 15

① 다른 조건이 일정할 때, 재투자수익률이 상승하면 (주)XYZ의 현재(t = 0) 주가는 하락할 것이다.
② 다른 조건이 일정할 때, (주)XYZ가 내부유보율을 증가시키면 배당성장률은 상승한다.
③ 1년 후(t = 1) (주)XYZ의 주당배당은 624원이다.
④ (주)XYZ의 현재(t = 0) 주가는 12,480원이다.
⑤ (주)XYZ의 주가수익비율(주가순이익비율, PER)은 매년 동일하다.

17 다음에 주어진 자료에 근거하여 A, B 두 기업의 현재 주당 주식가치를 평가했을 때, 두 기업의 주당 주식가치의 차이와 가장 가까운 것은? (단, 배당금은 연 1회 연말에 지급한다) CPA 11

> 기업 A: 내년(t = 1)에 주당 2,500원의 배당금을 지급하고 이후 2년간(t = 2 ~ 3)은 배당금이 매년 25%로 고성장하지만, 4년째(t = 4)부터는 5%로 일정하게 영구히 성장할 것으로 예상된다. 주주의 요구수익률은 고성장기간 동안 연 15%, 이후 일정성장기간 동안 연 10%이다.
> 기업 B: 올해 주당순이익은 3,200원이며, 순이익의 80%를 배당금으로 지급하였다. 순이익과 배당금은 각각 매년 5%씩 성장할 것으로 예상되고, 주식의 베타(β)는 1.20이다. 무위험자산수익률은 2.5%, 위험프리미엄은 6.0%이다.

① 3,477원 ② 3,854원 ③ 4,114원
④ 4,390원 ⑤ 4,677원

18 현재(t = 0) 주당배당금 2,000원을 지급한 A기업의 배당 후 현재 주가는 30,000원이며, 향후 매년 말 배당금은 매년 5%의 성장률로 증가할 것으로 예상된다. 또한 매년 말 700원을 영구적으로 지급하는 채권은 현재 10,000원에 거래되고 있다. A기업 주식 4주와 채권 4주로 구성된 포트폴리오의 기대수익률은? CPA 08

① 8.75% ② 9.25% ③ 10.75%
④ 11.25% ⑤ 12.75%

19 (주)아리랑의 자본구조는 액면금액 5,000원, 시장가격 10,000원인 보통주 30,000주와 액면금액 1억원, 액면이자율 14%(연 1회 이자 후급), 시장가격 1억원인 회사채로 구성되어 있다. (주)아리랑의 전기 말 당기순이익은 3,750만원인데 이 중 40%가 배당되었고 재투자수익률은 20%이며, 이러한 배당성향과 재투자수익률은 앞으로도 계속될 것이다. 법인세율이 40%일 경우 (주)아리랑의 가중평균자본비용(WACC)은? CPA 94

① 13.92% ② 15.3% ③ 15.8%
④ 16.16% ⑤ 16.7%

20 N기업은 전기 말(t = 0)에 주당 1,000원의 배당금을 지급하였고, 배당은 연 2%씩 영구히 성장할 것으로 예상된다. 현재 보통주의 시장가격과 내재가치는 동일하게 10,000원이고, 법인세율은 40%이며, 무위험수익률은 3%이다. N기업의 부채는 채권만으로 구성되어 있다고 가정하고, 채권의 이표이자율은 5%, 시장가격은 채권의 액면가와 동일하다. 만약 이 기업의 가중평균자본비용(WACC)이 8.98%라면, 다음 중 부채비율(부채/자기자본)에 가장 가까운 것은? (단, 내부유보율은 일정하다고 가정한다) CPA 20

① 47.06% ② 53.85% ③ 66.67%
④ 72.41% ⑤ 81.82%

21 (주)벤처의 총자산은 부채 5,000만원과 보통주 5,000만원으로 이루어져 있다. 총자산 규모가 2억원이 되도록 사업을 확장하려고 한다. 현재 최적인 자본구조를 계속 유지할 것이며, 사업확장에 필요한 자본은 지급이자율이 5%인 회사채와 보통주를 발행하여 조달하기로 결정하였다. 보통주의 시장가격은 20,000원이고, 배당금은 주당 1,000원을 지급하고 있으며 향후 5%로 계속 성장할 것으로 예상하고 있다. 신주의 발행비용은 주당 2,500원이 소요되고 법인세가 40%일 때 (주)벤처의 자본조달비용은 얼마인가? (단, 부채의 발행비용은 없으며 조달된 자본으로 시작하는 사업은 현행과 동일한 것이고 위험변화는 없다고 가정한다) CPA 02

① 6% ② 7% ③ 8%
④ 9% ⑤ 10%

22 A사는 B사와의 인수합병을 추진 중이며, 두 회사의 현재 재무자료는 다음의 표와 같다. 피인수기업인 B사의 현재 이익성장률 및 배당성장률은 매년 5%로 일정하나, 합병의 효과로 인해 추가적인 자본투자 없이 합병 후 배당성장률은 매년 7%로 높아질 것으로 기대된다. A사가 B사의 주식에 대해 주당 1,350원을 지급한다면 A사가 합병으로부터 얻을 수 있는 순현가(NPV)와 가장 가까운 것은? CPA 11

	A사	B사
발행주식수	1,000주	650주
순이익	150,000원	58,500원
배당금	50,000원	29,250원
주가	1,500원	900원

① 85,475원 ② 87,922원 ③ 90,659원
④ 92,022원 ⑤ 94,659원

23 기업 A의 재무담당자는 합병에 따른 시너지효과를 얻기 위해 기업 B를 인수하여 합병하려 한다. 무부채 상태인 두 기업의 합병 전 재무자료는 다음과 같다.

	기업 A	기업 B
주당이익	450원	150원
주당배당금	250원	80원
총발행주식수	10,000주	5,700주
1주당 주가	8,000원	2,000원

B기업의 현재 이익 및 배당의 성장률은 연 5%로 일정하다. 그러나 인수합병 후 새로운 경영체제 하에서 B기업의 이익 및 배당의 성장률은 추가적인 자본투자 없이 연 7%로 일정하게 증가할 것으로 예상된다. A기업의 가치는 인수합병 이전과 달라지지 않는다. 다음 내용 중 옳지 않은 것은? (단, 주가 계산 시 원 단위 미만은 절사한다) CPA 09

① 인수합병 전 B기업의 가치는 11,400,000원이다.
② 인수합병 직후 합병기업의 가치는 102,800,000원으로 산출된다.
③ 인수합병 직후 합병기업의 가치는 합병 이전 개별기업가치의 합계보다 11,400,000원만큼 증가한다.
④ B기업 주식을 1주당 2,500원에 현금인수하는 경우 인수프리미엄은 2,850,000원이다.
⑤ A기업 주식 1주당 B기업 주식 3주의 비율로 주식교부를 통해 인수한 경우 인수프리미엄은 4,030,100원이다.

24 경제적 부가가치(Economic Value Added: EVA)에 대한 다음 설명 중 가장 부적절한 것은? CPA 99

① EVA는 회계상의 당기순이익에 반영되지 않은 자기자본비용을 명시적으로 고려한다.
② EVA가 정(+)인 기업은 자본비용 이상을 벌어들인 기업으로 평가된다.
③ EVA는 주주 중심의 사고에서 평가한 기업의 경영성과이다.
④ 다각화된 기업은 사업단위별로 EVA를 평가하여 핵심사업과 한계사업을 분류할 수 있다.
⑤ 주식에 대한 배당지급이 없는 경우에는 자기자본비용이 없기 때문에 EVA와 회계상의 당기순이익은 일치한다.

25 A기업의 영업용 투하자본 2,500백만원, 세전영업이익 600백만원, 법인세 50백만원, 배당성향 60%, 가중평균자본비용(WACC) 10%, 납입자본금 1,000백만원(발행주식총수: 20만주), 자기자본 비용 20%이다. A기업의 경제적 부가가치(EVA)는? CPA 01

① 50백만원 ② 250백만원 ③ 300백만원
④ 330백만원 ⑤ 350백만원

26 (주)창조의 기초 자본구조는 부채 1,200억원, 자기자본 800억원으로 구성되어 있었다. 기말 결산을 해보니 영업이익은 244억원이고 이자비용은 84억원이다. 주주의 기대수익률이 15%이고 법인세율이 25%일 때, 경제적 부가가치(EVA)를 계산하면 얼마인가? (단, 장부가치와 시장가치는 동일하며, 아래 선택지의 단위는 억원이다) CPA 14

① EVA ≤ -20
② -20 < EVA ≤ 40
③ 40 < EVA ≤ 100
④ 100 < EVA ≤ 160
⑤ EVA > 160

27 경제적 부가가치(EVA)에 관한 설명으로 적절한 항목만을 모두 선택한 것은? CPA 21

a. EVA는 투하자본의 효율적 운영 수준을 나타낸다.
b. EVA는 영업 및 영업 외 활동에 투자된 자본의 양적, 질적 측면을 동시에 고려한다.
c. EVA는 자기자본이익률과 가중평균자본비용의 차이에 투하자본을 곱해서 산출한다.
d. EVA는 투하자본의 기회비용을 반영해 추정한 경제적 이익의 현재가치의 합이다.
e. EVA는 당기순이익에 반영되지 않는 자기자본비용을 고려하여 산출한다.

① a, b ② b, c ③ a, e
④ b, c, e ⑤ b, d, e

28 다음의 주식가치평가 방법 중 가중평균자본비용(WACC)을 사용하는 방법만을 모두 고르면? CPA 15

a. 주주잉여현금흐름모형(FCFE)
b. 기업잉여현금흐름모형(FCFF)
c. 경제적 부가가치모형(EVA)

① a ② b ③ c
④ a, b ⑤ b, c

29 다음은 A, B, C 세 기업의 주식가치평가를 위한 자료이다. 이들 자료를 이용하여 산출한 각 기업의 현재 주식가치 중 최고값과 최저값의 차이는 얼마인가? (단, 세 기업의 발행주식수는 100만주로 동일하고, 주가순자산비율과 주가수익비율은 동종산업의 평균을 따른다) CPA 09

> 기업 A: 직전 회계년도의 영업이익은 35억원이고, 순투자금액(순운전자본 및 순고정자산 투자금액)은 3억원이다. 이러한 모든 현금흐름은 매년 말 시점으로 발생하고, 영구적으로 매년 5%씩 성장할 것으로 기대된다. 부채가치는 100억원이고, 가중평균자본비용은 12%로 향후에도 일정하다. 법인세율은 30%이다.
>
> 기업 B: 현재(t = 0) 자기자본의 장부가치는 145억원이고, 동종산업의 평균 주가순자산비율(P_0/B_0)은 1.5이다.
>
> 기업 C: 올해 말 기대되는 주당순이익은 1,500원이고, 동종산업의 평균 주가수익비율(P_0/E_1)은 14이다.

① 500원 ② 750원 ③ 1,035원
④ 1,250원 ⑤ 1,375원

30 수년간 적자를 보아 온 제약회사 (주)다나는 최근 암치료에 획기적인 성과가 있는 신약을 개발해 국제특허를 획득했다. (주)다나가 신약을 대량으로 생산하기 위해서는 거액의 시설투자를 해야 한다. (주)다나의 지분 60%를 보유하고 있는 전자회사 (주)파라는 업종전문화 차원에서 (주)다나를 매각하려고 한다. 이에 의료기기를 생산하는 (주)사라가 레버리지를 통해 (주)다나를 차입매수(LBO)하려는 계획을 세웠다. 인수 후 (주)다나는 향후 몇 년간 배당을 지급하지 않을 것이고 부채비율은 심하게 변동할 것으로 예상된다. 주당순자산이 미미한 (주)다나의 인수가격을 결정하기 위해 사용할 기업가치평가모형 중 가장 적절한 것은? CPA 09

① 안정성장 주주잉여현금흐름모형(FCFE)
② 3단계성장 주주잉여현금흐름모형(FCFE)
③ 안정성장 기업잉여현금흐름모형(FCFF)
④ 3단계성장 기업잉여현금흐름모형(FCFF)
⑤ PER 또는 PBR을 이용한 상대가치평가모형

31 (주)대한의 매출액은 200억원, 매출액순이익률은 5%, 주가수익비율(price earnings ratio)은 10배, 유보율이 60%, 발행주식수는 100만주일 때 (주)대한의 배당수익률(dividend yield)은 얼마인가? CPA 99

① 4% ② 5% ③ 6%
④ 8% ⑤ 10%

32 A기업의 경우, 매출량이 1% 증가하면 영업이익(EBIT)은 3% 증가한다. 이 기업의 결합레버리지도(DCL)는 6이며, 현재 이 기업의 주가수익비율(PER)은 12이다. 영업이익이 10% 증가하는 경우, 주가가 10% 상승한다면 PER는 얼마가 되는가? CPA 04

① 10 ② 11 ③ 12
④ 15 ⑤ 18

33 주가배수모형에 관한 설명으로 가장 적절하지 않은 것은? CPA 22

① 다른 조건이 일정하다면 요구수익률(또는 자기자본비용)이 낮을수록 PER(주가수익비율)은 높게 나타난다.
② 성장이 없는 기업의 PER은 요구수익률(또는 자기자본비용)의 역수이다.
③ 다른 조건이 일정하다면 보수적인 회계처리를 하는 기업의 PER은 낮게 나타난다.
④ PBR(주가장부가비율)은 ROE(자기자본이익률)와 PER의 곱으로 표현할 수 있다.
⑤ PER, PBR 또는 PSR(주가매출액비율)을 사용하여 주식가치를 상대평가할 수 있다.

34 재무비율에 관한 설명으로 가장 적절하지 않은 것은? CPA 17

① 회계적 이익을 가능한 한 적게 계상하는 회계처리방법을 사용하는 기업의 경우 주가수익비율(PER)은 상대적으로 높게 나타날 수 있다.

② 자산의 시장가치가 그 자산의 대체원가보다 작은 경우 토빈의 q(Tobin's q)는 1보다 작다.

③ 매출액순이익률이 2%, 총자산회전율이 3.0, 자기자본비율이 50%일 경우 자기자본순이익률(ROE)은 3%이다.

④ 유동비율이 높은 기업은 유동성이 양호한 상태라고 판단될 수 있으나, 과도하게 높은 유동비율은 수익성 측면에서 비효율적일 수 있다.

⑤ 주가장부가치비율(PBR)은 일반적으로 수익전망이 높은 기업일수록 높게 나타난다.

35 주가분석과 관련된 서술 중 가장 옳지 않은 것은? CPA 94

① 기술적 분석은 주가의 움직임에 어떤 패턴이 있고 그 패턴은 반복되는 경향이 있다고 가정한다.

② 기본적 분석은 주가 이외의 다른 요인과 주가와의 관계를 통해 주가를 예측하는 것이다.

③ 약형 효율적 시장이론에서는 증권가격이 랜덤워크(random walk)모형에 따른다.

④ 기본적 분석은 약형 효율적 시장이론에 의해, 기술적 분석은 준강형 효율적 시장이론에 의해 부정된다.

⑤ 강형 효율적 시장이론은 일반적으로 알려지지 않은 내부정보조차 주가에 이미 반영되어 있다고 주장한다.

36 효율적 시장가설에 관한 다음의 설명 중 가장 옳지 않은 것은? CPA 05

① 시장의 준강형 효율성 가설을 검증하는 한 방법으로 사건연구(event study)를 활용할 수 있다.

② 미국 증권시장의 일일 주가 수익률을 분석해 보면 소형주의 수익률은 전날 대형주 수익률을 추종하나, 대형주의 수익률은 전날 소형주 수익률을 추종하지 않는 것으로 나타난다. 이는 시장이 약형으로 효율적이지 않다는 증거로 볼 수 있다.

③ 시장이 강형으로 효율적이라면 베타계수가 작은 주식에 투자한 경우 베타계수가 큰 주식에 투자했을 때보다 더 높은 수익률을 올릴 수 없다.

④ 미국 주식을 가치주와 성장주로 나누어 그 수익률을 분석해 보면 양 그룹 간에 확연한 차이가 발견된다. 이는 시장이 준강형으로 효율적이지 않다는 증거로 볼 수 있다.

⑤ 기업의 인수·합병 발표 직후 피인수·합병기업의 주가가 상승하는 것으로 나타난다. 이는 시장이 강형으로 효율적이지 않다는 증거로 볼 수 있다.

37 최소한 준강형(semi - strong form)의 효율적 시장이 성립할 때 다음 중 가장 적절하지 못한 주장은? CPA 04

① 내부정보가 없는 상태에서 증권에 투자해 몇 년 사이 1000%의 수익을 올린 투자자가 있을 수 있다.

② 최근 몇 년간 경영상의 어려움을 겪어 적자누적으로 주당 장부가치가 액면가를 밑도는 데도 불구하고 주가는 액면가보다 높게 형성될 수 있다.

③ 펀드매니저가 증권분석을 통해 구성한 포트폴리오가 침팬지가 무작위로 구성한 포트폴리오보다 위험 대비 수익률이 더 높을 것으로 예상된다.

④ A회사는 환경단체와의 재판에서 패소해 추가로 부담해야 할 비용이 확정되었으므로 A회사의 주식은 당분간 매입하지 말아야 한다.

⑤ 은행장이 그동안 불법대출을 주선하여 은행에 막대한 손실을 입혀왔다는 사실이 일주일 전 밝혀져 해당 은행의 주가가 급락했다. 그리고 오늘 아침 그 은행장이 사표를 제출했다는 사실이 알려지면서 해당 은행의 주가는 상승했다.

38 다음 중 가장 옳지 않은 것은? CPA 07

① 날씨가 맑은 날에는 주가지수가 상승하고, 그렇지 않은 날에는 주가지수가 하락하는 경향이 전 세계적으로 관찰되고 있음을 보인 연구결과가 있다. 만일 이 연구결과가 사실이라면 이는 시장이 약형으로 효율적이지 않다는 증거이다(매일 다음 날의 일기예보가 발표되며 일기예보는 50%보다 높은 정확도를 갖는다고 가정하시오).

② 시장이 약형으로 효율적이라면 기술적 분석을 이용해서 초과수익률을 얻을 수 없다.

③ 국내주식시장에서 개인투자자들의 투자성과가 외국인투자자들이나 국내기관투자자들에 비해 지속적으로 나쁘다는 연구결과가 있다. 모든 투자자들이 공개된 정보만을 이용하여 투자한다는 가정하에, 이는 시장이 준강형으로 효율적이지 않다는 증거로 볼 수 있다.

④ 시장이 효율적이고 CAPM이 맞다고 해도 베타가 같은 두 주식의 실현수익률이 다를 수 있다.

⑤ 시장이 약형으로 효율적일 때, 과거 6개월간 매달 주가가 오른 주식이 다음 달에도 주가가 또 오를 수 있다.

39 증권의 발행에 관한 설명으로 가장 적절하지 않은 것은? CPA 23

① 보유하고 있는 자산을 결합하여 포트폴리오를 구성하고 이로부터 발생하는 현금흐름을 기초로 새로운 증권을 발행하는 것을 자산유동화라고 한다.

② 무상증자는 자기자본과 총자산의 변동 없이 발행주식수만 증가하는 증자방식이다.

③ 증권 발행회사와 주관회사 간 이루어지는 인수계약 중 발행된 증권을 일반투자자들에게 판매하고 판매가 안 된 증권을 인수단이 매입하는 방식을 총액인수라고 한다.

④ 증권거래소에 상장되지 않은 기업이 처음으로 공모를 통해 주식을 발행하는 것을 최초주식공모(initial public offerings, IPO)라고 한다.

⑤ 공적모집(또는 공모)은 일반대중을 대상으로 증권을 판매하는 일반공모와 기존의 주주에게 주식을 판매하는 주주배정으로 분류할 수 있다.

40 행동재무학(behavioral finance)과 투자자의 비합리성에 관한 설명으로 가장 적절하지 않은 것은? CPA 18

① 투자자의 비합리성과 차익거래의 제약으로 인하여 금융시장은 비효율적일 수 있다.
② 보수주의(conservatism)의 예로 어떤 기업의 수익성이 악화될 것이라는 뉴스에 대해 투자자가 초기에는 과소반응을 보여 이 정보가 주가에 부분적으로만 반영되는 현상을 들 수 있다.
③ 동일한 투자안이더라도 정보가 제시되는 방법(예: 이익을 얻을 가능성만 강조되는 경우, 반대로 손실을 입을 가능성만 강조되는 경우)에 따라 투자의사결정이 달라지는 현상은 액자(framing) 편향으로 설명될 수 있다.
④ 투자자가 이익(gain)의 영역에서는 위험회피적 성향을, 손실(loss)의 영역에서는 위험선호적 성향을 보이는 것은 전망이론(prospect theory)과 관련이 있다.
⑤ 다수의 의견이 틀리지 않을 것이라는 믿음하에 개별적으로 수집·분석한 정보를 무시한 채 대중이 움직이는 대로 따라가는 현상을 과신(overconfidence)이라고 한다.

41 지난 24개월 동안 펀드 A와 펀드 B 및 한국종합주가지수(KOSPI)의 평균수익률, 표준편차, 그리고 베타는 다음과 같다. 이 기간 동안 무위험수익률이 4%로 변동이 없었다고 가정할 때 가장 적절하지 않은 것은? CPA 14

구분	평균수익률	표준편차	베타
펀드 A	12%	10%	0.5
펀드 B	20%	25%	1.5
KOSPI	15%	12%	1.0

① 펀드 A의 트레이너지수(Treynor measure)는 KOSPI의 트레이너지수보다 높다.
② 펀드 A의 샤프지수(Sharpe measure)는 KOSPI의 샤프지수보다 높다.
③ 젠센의 알파(Jensen's alpha) 기준으로 펀드 A의 성과가 펀드 B의 성과보다 우월하다.
④ 샤프지수 기준으로 펀드 A의 성과가 펀드 B의 성과보다 우월하다.
⑤ 젠센의 알파 기준으로 KOSPI의 성과가 펀드 B의 성과보다 우월하다.

42 다음 표는 지난 36개월간 월별 시장초과수익률에 대한 (주)한국의 월별 주식초과수익률의 회귀분석 결과이다. 이 기간 중 (주)한국의 월별 주식수익률의 평균은 1.65%, 표준편차는 2.55%였고, 월별 시장수익률의 평균은 1.40%, 표준편차는 1.77%였다. 또한 무위험자산 수익률은 연 1.20%였고 36개월간 변동이 없었다. 주어진 정보를 이용하여 샤프지수(Sharpe measure), 트레이너지수(Treynor measure), 젠슨의 알파(Jensen's alpha)를 올바르게 계산한 것은? (단, X_1 변수는 시장초과수익률을 나타낸다) CPA 10

	계수	표준오차	t 통계량	p-값
Y 절편	0.0047	0.0044	1.0790	0.2882
X1	0.8362	0.1996	4.1892	0.0002

	샤프지수	트레이너지수(%)	젠슨의 알파(%)
①	0.18	1.96	1.20
②	0.61	1.85	0.47
③	0.61	1.96	0.47
④	0.65	1.85	0.47
⑤	0.65	1.96	1.20

43 다음 표는 자산 A, B, C, D의 젠센(Jensen)지수를 나타낸다. 공매도가 허용된다고 가정할 때, 다음 중 가능한 경우만을 모두 선택한 것은? CPA 21

자산	A	B	C	D
젠센지수(%)	-2	-1	1	2

a. 자산 A와 자산 B로만 구성된 포트폴리오의 젠센지수가 1%인 경우
b. 자산 C의 샤프(Sharpe)지수가 자산 D의 샤프지수보다 큰 경우
c. 자산 C의 트레이너(Treynor)지수가 자산 D의 트레이너지수보다 큰 경우

① a ② c ③ a, b
④ a, c ⑤ a, b, c

정답 및 해설

정답

01	④	02	③	03	①	04	⑤	05	③	06	①	07	③	08	①	09	③	10	④
11	④	12	④	13	③	14	③	15	④	16	①	17	②	18	③	19	②	20	②
21	②	22	①	23	⑤	24	⑤	25	③	26	②	27	③	28	⑤	29	④	30	④
31	①	32	②	33	③	34	③	35	④	36	③	37	④	38	①	39	③	40	⑤
41	②	42	②	43	⑤														

해설

01 ④ ① 주식의 요구수익률이 배당의 성장률보다 커야 한다.
② 배당 상승에 대한 기대가 커지면 기대현금흐름(배당금)의 증가로 인해 주식가치는 상승한다.
③ 할인율로 주주의 요구수익률(자기자본비용)을 이용한다.
⑤ 주식의 위험은 할인율에 반영된다.

02 ③ a. 무성장영구기업: $PER = \dfrac{P_0}{EPS_1} = \dfrac{\dfrac{d}{k_e}}{EPS_1} = \dfrac{\dfrac{EPS_1}{k_e}}{EPS_1} = \dfrac{1}{k_e}$

따라서 주가수익배수(PER)와 요구수익률(k_e)은 반(-)의 관계를 갖는다.

b. $P_0 = 10{,}000\text{원} = \dfrac{d_1}{k_e - g} = \dfrac{d_0 \times 1.02}{0.1 - 0.02}$

$\therefore\ d_0 = 784.31\text{원}$

d. 주주 요구수익률(k_e)이 성장률(g)보다 큰 경우에 한해 현재 이론주가가 추정된다.

03 ① $k_e = R_f + [E(R_m) - R_f] \times \beta_A = 0.03 + (0.1 - 0.03) \times 1.5 = 0.135$

$P_0 = 50{,}000\text{원} = \dfrac{d_1}{k_e - g} = \dfrac{D_0 \times 1.05}{0.135 - 0.05}$

$\therefore\ D_0 = 4{,}047.62\text{원}$

04 ⑤ $g = b \times ROE = 0.4 \times 0.2 = 0.08$

$$P_0 = \frac{d_1}{k_e - g} = \frac{EPS_0 \times (1+g) \times (1-b)}{k_e - g} = \frac{2{,}000\text{원} \times (1+0.08) \times (1-0.4)}{0.18 - 0.08} = 12{,}960\text{원}$$

05 ③ $g = b \times ROE = 0.4 \times 0.2 = 0.08$

$$P_0 = \frac{d_1}{k_e - g} = \frac{EPS_1 \times (1-b)}{k_e - g} = \frac{2{,}000\text{원} \times (1-0.4)}{0.14 - 0.08} = 20{,}000\text{원}$$

06 ① $g = b \times ROE = (1-0.4) \times 0.2 = 0.12$

$$NPVGO = \frac{EPS_1 \times (1-b)}{k_e - g} - \frac{EPS_1}{k_e} = \frac{1{,}500\text{원} \times 0.4}{0.15 - 0.12} - \frac{1{,}500\text{원}}{0.15}$$

$$= 20{,}000\text{원} - 10{,}000\text{원} = 10{,}000\text{원}$$

07 ③ 자기자본순이익률(유보이익의 재투자수익률)과 주식의 적정 수익률(주주의 요구수익률)이 일치하므로 성장기회의 주당순현재가치(NPVGO)는 0이며, 주가의 변화도 0이다.

$$\text{전액 배당 시 주가} = \frac{EPS_1}{k_e} = \frac{20{,}000\text{원}}{0.13} = 153{,}846\text{원}$$

$$\text{40\% 유보 후 재투자 시 주가} = \frac{EPS_1 \times (1-b)}{k_e - g} = \frac{20{,}000\text{원} \times (1-0.4)}{0.13 - 0.4 \times 0.13} = 153{,}846\text{원}$$

∴ 주식가격의 변화(△P) = 0원

08 ① $k_e = \frac{d_1}{P_0} + g = \frac{1{,}000\text{원} \times 1.1}{20{,}000\text{원}} + 0.1 = 0.155$

$$= R_f + [E(R_m) - R_f] \times \beta = 0.1 + (0.15 - 0.1) \times \beta$$

$\therefore \beta = 1.1$

09 ③ $g = b \times ROE = 0.4 \times 0.2 = 0.08$

∴ 배당수익률: $\frac{D_1}{P_0} = k_e - g = 0.14 - 0.08 = 0.06$

10 ④ $g = b \times ROE = (1-0.3) \times 0.1 = 0.07$

$k_e = R_f + [E(R_m) - R_f] \times \beta_i = 0.05 + (0.15-0.05) \times 1.2 = 0.17$

$$P_2 = \frac{d_3}{k_e - g} = \frac{d_0 \times 1.07^3}{0.17-0.07} = \frac{2{,}000\text{원} \times 1.07^3}{0.17-0.07} = 24{,}500\text{원}$$

11 ④ $P_0 = 50{,}000\text{원} = \dfrac{d_1}{k_e - g} = \dfrac{d_1}{0.14-0.08}$

→ d_1 = 3,000원

①② 배당수익률: $\dfrac{d_1}{P_0} = \dfrac{3{,}000\text{원}}{50{,}000\text{원}} = k_e - g = 0.14 - 0.08 = 0.06$

③ 방금 지급된 주당배당금: $d_0 = \dfrac{d_1}{1+g} = \dfrac{3{,}000\text{원}}{1.08} = 2{,}778\text{원}$

④⑤ 1년 후 예상주가: $P_1 = \dfrac{d_2}{k_e - g} = \dfrac{3{,}000\text{원} \times 1.08}{0.14-0.08} = P_0 \times 1.08 = 54{,}000\text{원}$

12 ④ ①② $g = b \times ROE = (1-0.2) \times 0.1 = 0.08$

③ $k_e = R_f + [E(R_m) - R_f] \times \beta_i = 0.04 + (0.14-0.04) \times 1.4 = 0.18$

$$P_0 = \frac{d_1}{k_e - g} = \frac{d_0 \times (1+g)}{k_e - g} = \frac{4{,}000\text{원} \times 1.08}{0.18-0.08} = 43{,}200\text{원}$$

④ $P_1 = \dfrac{d_2}{k_e - g} = \dfrac{d_0 \times (1+g)^2}{k_e - g} = \dfrac{4{,}000\text{원} \times 1.08^2}{0.18-0.08} = 43{,}200\text{원} \times 1.08 = 46{,}656\text{원}$

⑤ $P_2 = \dfrac{d_3}{k_e - g} = \dfrac{d_0 \times (1+g)^3}{k_e - g} = \dfrac{4{,}000\text{원} \times 1.08^3}{0.18-0.08} = 43{,}200\text{원} \times 1.08^2 = 50{,}388.48\text{원}$

13 ③ ① $d_1 = EPS_0 \times (1+g) \times (1-b) = 5{,}000\text{원} \times 1.02 \times (1-0.6) = 2{,}040\text{원}$

② $k_e = \dfrac{d_1}{P_0} + g = \dfrac{2{,}040\text{원}}{20{,}000\text{원}} + 0.02 = 0.122$

③ $k_e = 0.122 = R_f + [E(R_m) - R_f] \times \beta = 0.02 + 0.06 \times \beta$

$\therefore \beta = 1.7$

④ $\beta^{\text{변동후}} = 1.7 \times 1.25 = 2.125$

$k_e^{\text{변동후}} = R_f + [E(R_m) - R_f] \times \beta^{\text{변동후}} = 0.02 + 0.06 \times 2.125 = 0.1475$

⑤ $P_0 = \dfrac{d_1}{k_e^{\text{변동후}} - g} = \dfrac{2{,}040\text{원}}{0.1475-0.02} = 16{,}000\text{원}$

14 ③ (가) $k_e^A = R_f + [E(R_m) - R_f] \times \beta_A = 0.05 + 0.1 \times 0.5 = 0.1$

$k_e^B = R_f + [E(R_m) - R_f] \times \beta_B = 0.05 + 0.1 \times 0.4 = 0.09$

$g^A = b^A \times ROE^A = 0.12 \times 0.15 = 0.018$

$g^B = b^B \times ROE^B = 0.2 \times 0.09 = 0.018$

$$P_0^A = \frac{EPS_1^A \times (1-b^A)}{k_e^A - g^A} = \frac{100\text{원} \times (1-0.12)}{0.1-0.018} = 1{,}073.17\text{원}$$

$$P_0^B = \frac{EPS_1^B \times (1-b^B)}{k_e^B - g^B} = \frac{100\text{원} \times (1-0.2)}{0.09-0.018} = 1{,}111.11\text{원}$$

∴ 기업 A의 주가는 기업 B의 주가보다 낮다.

(나) $ROE > k_e$인 기업 A는 내부유보율을 증가시키면 주가가 상승할 것이다.

$ROE = k_e$인 기업 B는 내부유보율을 증가시켜도 주가가 변동하지 않을 것이다.

(다) 두 기업 모두 베타가 하락하면 주주의 요구수익률이 하락하여 주가가 상승할 것이다.

(라) 두 기업 모두 ROE가 증가되면 이익의 성장률이 상승하여 주가가 상승할 것이다.

15 ④ 재투자수익률(ROE)이 요구수익률(k_e)보다 낮을 때에는 내부유보율을 증가시키면 주가는 하락한다.

16 ① ① 다른 조건이 일정할 때, 재투자수익률이 상승하면 이익과 배당의 성장률이 상승하여 (주)XYZ의 현재(t = 0) 주가는 상승할 것이다.

③ $g = b \times ROE = 0.4 \times 0.1 = 0.04$

$d_1 = EPS_0 \times (1+g) \times (1-b) = 1{,}000\text{원} \times 1.04 \times 0.6 = 624\text{원}$

④ $P_0 = \frac{d_1}{k_e - g} = \frac{624\text{원}}{0.09-0.04} = 12{,}480\text{원}$

⑤ 항상성장모형이 적용되는 경우에 $PER = \frac{1-b}{k_e - g}$은 매년 동일하다.

17 ② $$P_A = \frac{2{,}500\text{원}}{1.15} + \frac{2{,}500\text{원} \times 1.25}{1.15^2} + \frac{2{,}500\text{원} \times 1.25^2}{1.15^3} + \frac{2{,}500\text{원} \times 1.25^2 \times 1.05}{0.1-0.05} \times \frac{1}{1.15^3}$$

$= 61{,}042.16\text{원}$

$k_e^B = R_f + [E(R_m) - R_f] \times \beta_B = 0.025 + 0.06 \times 1.2 = 0.097$

$$P_B = \frac{d_1 = EPS_0 \times (1-b) \times (1+g)}{k_e^B - g} = \frac{3{,}200\text{원} \times 0.8 \times 1.05}{0.097-0.05} = 57{,}191.49\text{원}$$

∴ $P_A - P_B = 61{,}042.16\text{원} - 57{,}191.49\text{원} = 3{,}850.67\text{원}$

18 ③ $E(R_{주식})=\dfrac{d_1}{P_0^{주식}}+g=\dfrac{2{,}000원\times1.05}{30{,}000원}+0.05=0.12$

$E(R_{채권})=\dfrac{이자지급액}{P_0^{채권}}=\dfrac{700원}{10{,}000원}=0.07$

포트폴리오의 구성비율 = 주식 : 채권 = 30,000원 × 4주 : 10,000원 × 4주 = 0.75 : 0.25

$\therefore\ E(R_P)=w_{주식}E(R_{주식})+w_{채권}E(R_{채권})=0.75\times0.12+0.25\times0.07=0.1075$

19 ② $EPS_0=\dfrac{3{,}750만원}{30{,}000주}$ = 1,250원

$g=b\times ROE=(1-0.4)\times0.2=0.12$

$k_e=\dfrac{d_1}{P_0}+g=\dfrac{1{,}250원\times1.12\times0.4}{10{,}000원}+0.12=0.176$

$k_d=0.14$($\because$ 회사채 액면금액 = 시장가격)

자기자본의 시장가치 $=10{,}000원\times30{,}000주=3억원$

$\therefore\ WACC=k_d(1-t)\dfrac{B}{V}+k_e\dfrac{S}{V}=0.14\times(1-0.4)\times0.25+0.176\times0.75=0.153$

20 ② $k_e=\dfrac{d_1}{P_0}+g=\dfrac{1{,}000원\times1.02}{10{,}000원}+0.02=0.122$

$k_0=0.0898=k_d(1-t)\dfrac{B}{V}+k_e\dfrac{S}{V}=0.05\times(1-0.4)\times(1-\dfrac{S}{V})+0.122\times\dfrac{S}{V}$

➜ $\dfrac{S}{V}=0.65$

$\therefore\ \dfrac{B}{S}=0.5385$

21 ② $k_e=\dfrac{d_1}{P_0-주당발행비용}+g=\dfrac{1{,}000원\times1.05}{20{,}000원-2{,}500원}+0.05=0.11$

$\therefore\ k_0=k_d(1-t)\dfrac{B}{V}+k_e\dfrac{S}{V}=0.05\times(1-0.4)\times0.5+0.11\times0.5=0.07$

22 ① 합병 전 B사의 주당배당액: $d_0=\dfrac{총배당금}{발행주식수}=\dfrac{29{,}250원}{650주}=45원$

B사 주주의 요구수익률: $k_e=\dfrac{d_1^{전}}{P_0}+g^{전}=\dfrac{45원\times1.05}{900원}+0.05=0.1025$

합병 후 B사 주식의 주당가치 $=\dfrac{d_1^{후}}{k_e-g^{후}}=\dfrac{45원\times1.07}{0.1025-0.07}=1{,}481.5원$

$\therefore$ 합병의 NPV $=(1{,}481.5원-1{,}350원)\times650주=85{,}475원$

23 ⑤ B기업의 주당배당금 80원을 당기 말 예상배당(d_1)으로 해석해야 풀이가 가능한 문제이다.

① 합병 전 B기업의 가치: $V_B^{전} = N_B \times P_B^{전} = 5{,}700주 \times 2{,}000원 = 11{,}400{,}000원$

② 합병 전 B기업의 자본비용: $k_e = \dfrac{d_1}{P_B^{전}} + g_B^{전} = \dfrac{80원}{2{,}000원} + 0.05 = 0.09$

합병 후 B기업의 주당가치: $P_B^{후} = \dfrac{d_1}{k_e - g_B^{후}} = \dfrac{80원}{0.09 - 0.07} = 4{,}000원$

합병 후 B기업의 가치: $V_B^{전} = N_B \times P_B^{후} = 5{,}700주 \times 4{,}000원 = 22{,}800{,}000원$

합병 직후 합병기업의 가치 $= 10{,}000주 \times 8{,}000원 + 22{,}800{,}000원 = 102{,}800{,}000원$

③ 합병의 시너지효과 $= 102{,}800{,}000원 - (80{,}000{,}000원 + 11{,}400{,}000원) = 11{,}400{,}000원$

④ 인수프리미엄 $= (주당\ 인수대가 - P_B^{전}) \times N_B$

$= (2{,}500원 - 2{,}000원) \times 5{,}700주 = 2{,}850{,}000원$

⑤ 교부주식수 $= N_B \times ER = 5{,}700주 \times 1/3 = 1{,}900주$

합병 후 주가: $P_{AB} = \dfrac{V_{AB}}{N_{AB}} = \dfrac{102{,}800{,}000원}{10{,}000주 + 1{,}900주} = 8{,}638원$

인수프리미엄 $= P_{AB} \times 교부주식수 - P_B^{전} \times N_B$

$= 8{,}638원 \times 1{,}900주 - 2{,}000원 \times 5{,}700주 = 5{,}012{,}200원$

24 ⑤ 자기자본비용은 배당의 지급 여부와는 무관한 자기자본에 대한 기회비용(주주의 요구수익률)이므로 배당의 지급이 없는 경우에도 자기자본비용은 존재한다. 따라서 배당의 지급이 없는 경우에도 EVA와 회계상의 당기순이익은 같지 않다.

25 ③ $EVA = 세후영업이익 - 총자본비용 = EBIT \times (1-t) - WACC \times IC$

$= (600백만원 - 50백만원) - 0.1 \times 2{,}500백만원 = 300백만원$

26 ② $k_d = \dfrac{84억원}{1{,}200억원} = 0.07$

$k_0 = k_d(1-t)\dfrac{B}{V} + k_e\dfrac{S}{V} = 0.07 \times (1 - 0.25) \times \dfrac{1{,}200억원}{2{,}000억원} + 0.15 \times \dfrac{800억원}{2{,}000억원} = 0.0915$

$\therefore\ EVA = EBIT \times (1-t) - WACC \times IC$

$= 244억원 \times (1 - 0.25) - 0.0915 \times (1{,}200억원 + 800억원) = 0$

27 ③ b. EVA에서 영업 외 활동은 고려하지 않는다.

c. 투하자본수익률(ROIC)과 가중평균자본비용의 차이에 투하자본을 곱해서 산출한다.

$$EVA = EBIT \times (1-t) - WACC \times IC = \frac{EBIT \times (1-t)}{IC} \times IC - WACC \times IC$$
$$= (ROIC - WACC) \times IC$$

d. 투하자본의 기회비용을 반영해 추정한 경제적 이익의 현재가치의 합은 시장부가가치(MVA)이다.

28 ⑤ 자기자본비용 사용: 주주잉여현금흐름모형(FCFE)

가중평균자본비용 사용: 기업잉여현금흐름모형(FCFF), 경제적 부가가치모형(EVA)

29 ④ 기업 A의 기업잉여현금흐름: $FCFF_0 = 35\text{억원} \times (1-0.3) - 3\text{억원} = 21.5\text{억원}$

기업 A의 기업가치: $V_L = \frac{FCFF_1}{k_0 - g} = \frac{FCFF_0 \times (1+g)}{k_0 - g} = \frac{21.5\text{억원} \times 1.05}{0.12 - 0.05} = 322.5\text{억원}$

기업 A의 주가: $P_0^A = \frac{S_L = V_L - B}{\text{발행주식수}} = \frac{322.5\text{억원} - 100\text{억원}}{100\text{만주}} = 22{,}250\text{원}$

기업 B의 주가: $P_0^B = BPS_0 \times PBR = \frac{145\text{억원}}{100\text{만주}} \times 1.5 = 14{,}500\text{원} \times 1.5 = 21{,}750\text{원}$

기업 C의 주가: $P_0^C = EPS_1 \times PER = 1{,}500\text{원} \times 14 = 21{,}000\text{원}$

∴ 최고주가와 최저주가의 차이 $= 22{,}250\text{원} - 21{,}000\text{원} = 1{,}250\text{원}$

30 ④ ①③ 신약개발이 완료되고 대량생산을 위한 시설투자가 이루어지기 직전이므로 즉각적인 안정화를 기대하기 어렵기 때문에 안정성장모형의 적용은 적합하지 않다.

①② 향후 몇 년간 부채비율의 변동이 심할 것으로 예상되므로 주주잉여현금흐름모형의 적용을 위한 채권자 현금흐름(미래에 지급될 부채의 원리금 등)의 추정이 곤란하기 때문에 주주잉여현금흐름모형의 적용은 적합하지 않다.

⑤ 신약개발 직후이므로 예상 EPS의 추정이 곤란하고, 현재 주당순자산이 미미하므로 상대가치평가모형의 적용은 적합하지 않다.

31 ① 순이익 = 매출액 × 매출액순이익률 = 200억원 × 5% = 10억원

주당순이익 = $\frac{\text{순이익}}{\text{주식수}} = \frac{10\text{억원}}{100\text{만주}}$ = 1,000원

주당배당액 = 주당순이익 × (1 - b) = 1,000원 × (1 - 0.6) = 400원

주가 = 주당순이익 × PER = 1,000원 × 10 = 10,000원

∴ 배당수익률 = $\frac{\text{주당배당액}}{\text{주가}} = \frac{400\text{원}}{10{,}000\text{원}} = 0.04$

32 ② $DOL = \frac{\text{영업이익의 변화율}}{\text{매출량의 변화율}} = \frac{3\%}{1\%} = 3$

$DFL = \frac{DCL}{DOL} = \frac{6}{3} = 2$

영업이익 10% 증가 ➜ 주가 10% 상승, 순이익(EPS) 20% 증가($\because$ $DFL = 2$)

$\therefore$ 주가 상승 후 $PER = \frac{\text{주가}}{EPS} = 12 \times \frac{1+10\%}{1+20\%} = 11$

33 ③ ① 요구수익률(자기자본비용)이 낮을수록 주가가 높으므로 PER은 높게 나타난다.

② 무성장기업의 PER은 요구수익률(자기자본비용)의 역수($\frac{1}{k_e}$)이다.

③ 보수적인 회계처리를 하는 기업은 상대적으로 이익이 낮으므로 PER은 높게 나타난다.

④ $\text{PBR} = \frac{P_0}{BPS} = \frac{P_0}{EPS} \times \frac{EPS}{BPS} = \frac{P_0}{EPS} \times \frac{\text{당기순이익}}{\text{자기자본장부금액}} = PER \times ROE$

34 ③ $\text{자기자본순이익률(ROE)} = \frac{\text{순이익}}{\text{자기자본}} = \frac{\text{순이익}}{\text{매출액}} \times \frac{\text{매출액}}{\text{총자산}} \times \frac{\text{총자산}}{\text{자기자본}}$

$= \text{매출액순이익률} \times \text{총자산회전율} \times \frac{1}{\text{자기자본비율}}$

$= 2\% \times 3.0 \times \frac{1}{0.5} = 12\%$

35 ④ ① 기술적 분석은 증권의 가격이나 거래량이 일정한 패턴이나 추세를 갖는다는 가정하에 과거의 가격이나 거래량의 변동행태를 분석하여 미래의 가격 변동을 예측하는 분석기법이다.

② 기본적 분석은 증권의 시장가격이 장기적으로는 내재가치에 수렴할 것이라는 가정하에 특정 증권의 내재가치를 분석하여 주가의 변동을 예측하는 분석기법이다.

④ 약형 효율적 시장이론에 의해 기술적 분석이 부정되며, 준강형 효율적 시장이론에 의해 기본적 분석이 부정된다.

36 ③ ① 약형 효율적 시장가설의 검증방법에는 연의 검정, 시계열상관분석, 필터기법 등이 있으며, 준강형 효율적 시장가설의 검증방법에는 사건연구(잔차분석) 등이 있다.
② 대형주 수익률이라는 과거 주가정보를 분석하며 소형주에서 초과수익 달성이 가능한 상황, 즉 교차상관관계가 높게 나타나고 있는 상황이므로 시장이 약형으로 효율적이지 않다고 볼 수 있다.
③ 시장의 효율성이나 CAPM의 성립 여부와 무관하게 베타계수와 사후적인 실현수익률 간에는 일정한 관계가 없다.
④ 역사적 정보 이외의 정보를 분석하여 초과수익 달성이 가능한 상황이므로 시장이 준강형으로 효율적이지 않다고 볼 수 있다.
⑤ 강형으로 효율적이라면 인수·합병 발표(정보 공시) 이전에 주가가 변동해야 한다. 정보 공시 직후에 주가가 변화하면 이는 준강형으로는 효율적이지만 강형으로는 효율적이지 않다고 볼 수 있다.

37 ④ ① 효율적 시장에서는 자산의 시장가격에 반영된 정보를 이용해서는 어떠한 투자자도 초과수익을 얻지 못한다. 그러나 시장의 효율성과는 무관하게 비정상적 사건의 발생에 따른 비정상적 수익의 달성은 어떤 시장에서든 발생 가능하다.
② 주식의 시장가격인 주가와 회계상 주당 장부가치, 그리고 주식의 법정액면가 간에는 특별한 일정관계가 없다.
③ 효율적 시장에서 증권분석을 통해 구성한 효율적 포트폴리오는 무작위로 구성한 비효율적 포트폴리오보다 위험 대비 수익률이 더 높을 것으로 예상된다.
④ 효율적 시장에서는 추가 부담 비용 발생에 대한 정보가 주가에 이미 반영되었을 것이므로 이러한 정보는 투자의사결정에 영향을 미치지 못한다.
⑤ 공시되는 정보의 내용이 즉시 주가에 반영되므로 준강형의 효율적 시장가설이 성립하고 있다.

38 ① ① 과거의 역사적 정보가 아닌 날씨에 대한 예상정보를 이용하여 투자하는 경우에 초과수익의 달성이 가능한 상황이므로 시장이 준강형으로 효율적이지 않다는 증거이다.
② 약형의 효율적 시장에서는 기술적 분석을 이용한 초과수익의 획득이 불가능하며, 준강형의 효율적 시장에서는 기본적 분석을 이용한 초과수익의 획득이 불가능하다.
③ 공개된 정보만 이용하여 투자하는 경우에 준강형의 효율적 시장에서는 초과수익을 얻을 수 없으나, 현재 시장에서는 외국인 투자자나 기관투자자가 상대적으로 초과수익을 획득하고 있으므로 시장이 준강형으로 효율적이지 않다고 볼 수 있다.
④ 시장의 효율성이나 CAPM의 성립 여부와 무관하게 베타가 같은 두 주식의 사후적인 실현수익률은 다를 수 있다.
⑤ 시장이 약형으로 효율적이라면 주가의 변동은 과거의 주가변동과 무관하게 무작위성(random walk)을 갖는다.

39 ③ 지문의 내용은 잔액인수에 대한 설명이다.
총액인수: 주관회사가 발행증권 총액을 모두 인수한 후 일반투자자들에게 판매하는 방법
모집주선: 주관회사가 단지 발행업무를 대행하기만 하는 방법

40 ⑤ 과신(overconfidence)이란 투자자들이 자신이 보유하는 정보와 능력을 지나치게 신뢰하는 경향을 말한다. 다수의 의견이 틀리지 않을 것이라는 믿음하에 개별적으로 수집 · 분석한 정보를 무시한 채 대중이 움직이는 대로 따라가는 현상은 군중심리(market psychology)라고 한다.

41 ② <샤프지수: $\frac{\overline{R_P}-\overline{R_f}}{\sigma_P}$>

펀드 A: $\frac{0.12-0.04}{0.1}=0.8$

펀드 B: $\frac{0.2-0.04}{0.25}=0.64$

KOSPI: $\frac{0.15-0.04}{0.12}=0.917$

<트레이너지수: $\frac{\overline{R_P}-\overline{R_f}}{\beta_P}$>

펀드 A: $\frac{0.12-0.04}{0.5}=0.16$

펀드 B: $\frac{0.2-0.04}{1.5}=0.107$

KOSPI: $\frac{0.15-0.04}{1.0}=0.11$

<젠센의 알파: $\overline{R_P}-[\overline{R_f}+(\overline{R_m}-\overline{R_f})\times\beta_P]$>

펀드 A: $0.12-[0.04+(0.15-0.04)\times 0.5]=0.025$

펀드 B: $0.20-[0.04+(0.15-0.04)\times 1.5]=-0.005$

KOSPI: $0.15-[0.04+(0.15-0.04)\times 1.0]=0$

42 ② 샤프지수: $\frac{\overline{R_{한국}}-\overline{R_f}}{\sigma_{한국}}=\frac{1.65\%-0.1\%}{2.55\%}=0.61$

트레이너지수: $\frac{\overline{R_{한국}}-\overline{R_f}}{\beta_{한국}}=\frac{1.65\%-0.1\%}{0.8362}=1.85\%$

젠슨의 알파: $\overline{R_{한국}}-[\overline{R_f}+(\overline{R_m}-\overline{R_f})\times\beta_{한국}]$

$=1.65\%-[0.1\%+(1.4\%-0.1\%)\times 0.8362]=0.47\%$

43 ⑤ a. 포트폴리오의 젠센지수(알파)는 개별자산 젠센지수(알파)의 구성비율을 이용한 가중평균이며, 공매도가 허용되므로 $w_A = -2$, $w_B = 3$인 경우에 젠센지수가 1%인 포트폴리오의 구성이 가능하다.

$$\alpha_P = R_P - R_f - (R_m - R_f) \times \beta_P$$
$$= (w_A R_A + w_B R_B) - R_f - (R_m - R_f) \times (w_A \beta_A + w_B \beta_B)$$
$$= w_A \times [R_A - R_f - (R_m - R_f) \times \beta_A] + w_B \times [R_B - R_f - (R_m - R_f) \times \beta_B]$$
$$= w_A \times \alpha_A + w_B \times \alpha_B = (-2) \times (-2\%) + 3 \times (-1\%) = 1\%$$

b. 각 자산의 베타와 수익률 표준편차의 크기에 따라 자산 C의 샤프지수가 자산 D의 샤프지수보다 클 수 있다.

자산 C의 샤프지수: $\dfrac{R_C - R_f}{\sigma_C} = \dfrac{1\% + (R_m - R_f) \times \beta_C}{\sigma_C}$

자산 D의 샤프지수: $\dfrac{R_D - R_f}{\sigma_D} = \dfrac{2\% + (R_m - R_f) \times \beta_D}{\sigma_D}$

c. $\beta_D > \beta_C \times 2$인 경우에 자산 C의 트레이너지수가 자산 D의 트레이너지수보다 클 수 있다.

자산 C의 트레이너지수: $\dfrac{R_C - R_f}{\beta_C} = \dfrac{1\% + (R_m - R_f) \times \beta_C}{\beta_C} = \dfrac{1\%}{\beta_C} + (R_m - R_f)$

자산 D의 트레이너지수: $\dfrac{R_D - R_f}{\beta_D} = \dfrac{2\% + (R_m - R_f) \times \beta_D}{\beta_D} = \dfrac{2\%}{\beta_D} + (R_m - R_f)$

제11장

채권의 가치평가와 투자전략

핵심 이론 요약

객관식 연습문제

정답 및 해설

핵심 이론 요약

01 채권가격의 특성

(1) 말킬의 채권가격정리

① 시장이자율 하락 시 채권가격 상승, 시장이자율 상승 시 채권가격 하락

② 시장이자율 하락 시 채권가격 상승폭 > 시장이자율 상승 시 채권가격 하락폭

③ 만기가 긴 채권일수록 이자율 변동 시 채권가격의 변동폭이 크다.

④ 만기가 길어짐에 따라 ③의 채권가격 변동폭의 차이는 점차 감소한다.

⑤ 액면이자율이 낮은 채권일수록 이자율 변동 시 채권가격의 변동률이 크다.

- 미래 이자율 하락 예상: 만기가 길고, 액면이자율이 낮은 채권을 매입

(2) 시간의 경과에 따른 채권가격의 변동

① 채권의 가격은 만기에 근접할수록 액면금액을 향해 지수적으로 증감한다.

② 시간 경과 시 할증/할인폭은 점차 감소하며, 그 변동폭은 점점 증가한다.

③ 채권투자의 수익률 = 이자수익률 + 자본이득률

- 이자수익률($\frac{\text{액면이자}}{\text{채권가격}}$): 경상수익률(현행수익률, 현재수익률)
- 액면채: 이자수익률은 일정한 양(+)의 값(= 액면이자율), 자본이득률은 0
- 할인채: 시간경과에 따라 이자수익률 점차 하락, 자본이득률은 양(+)의 값
- 액면채: 시간경과에 따라 이자수익률 점차 상승, 자본이득률은 음(-)의 값

02 채권수익률

(1) 채권수익률의 개념

① 만기수익률(YTM) = 채권투자의 내부수익률

- 채권을 현재가격에 매입한 후 만기까지 보유 시 얻을 것으로 기대되는 연평균수익률

② n년 만기 현물이자율 = n년 만기 무이표채권의 만기수익률

- 현재시점부터 n년 후의 현금흐름에 적용되는 이자율
- n년 후 현금흐름의 현재가치 계산 시 적용할 할인율

③ 선도이자율

- 미래 특정기간에 적용하기로 현재시점에서 결정된 이자율

(2) 채권수익률 간의 관계

① 현물이자율과 선도이자율

- 장기현물이자율은 단기현물이자율과 선도이자율들의 기하평균
- $(1+{}_0R_2)^2=(1+{}_0R_1)\times(1+{}_1f_2)$
- $(1+{}_0R_4)^4=(1+{}_0R_1)\times(1+{}_1f_2)\times(1+{}_2f_3)\times(1+{}_3f_4)$
  $=(1+{}_0R_2)^2\times(1+{}_2f_3)\times(1+{}_3f_4)=(1+{}_0R_2)^2\times(1+{}_2f_4)^2$

② 만기수익률과 현물이자율

- 만기수익률은 현물이자율들의 가중평균

③ 연간 1회 이자를 후급하는 2년 만기 이표채권 가격의 계산

- 현물이자율 이용 시: $P_0=\dfrac{CF_1}{(1+{}_0R_1)}+\dfrac{CF_2}{(1+{}_0R_2)^2}$
- YTM 이용 시: $P_0=\dfrac{CF_1}{(1+YTM)}+\dfrac{CF_2}{(1+YTM)^2}$

④ 연간 2회 이자를 후급하는 1년 만기 이표채권 가격의 계산

- 현물이자율 이용 시: $P_0=\dfrac{CF_{0.5}}{(1+\dfrac{{}_0R_{0.5}}{2})}+\dfrac{CF_1}{(1+{}_0R_1)}$
- YTM 이용 시: $P_0=\dfrac{CF_{0.5}}{(1+\dfrac{YTM}{2})}+\dfrac{CF_1}{(1+\dfrac{YTM}{2})^2}$

03 이자율의 기간구조와 위험구조

(1) 불편기대이론

① 선도이자율: ${}_{n-1}f_n=E({}_{n-1}R_n)$

② 위험중립형 투자자 가정

③ 장·단기채권 간의 완전한 대체관계 가정

- 장기채권 투자와 단기채권의 반복투자는 성과가 동일할 것으로 기대

④ 수익률곡선의 형태

- 미래 이자율 상승 예상: 수익률곡선 우상향
- 미래 이자율 일정 예상: 수익률곡선 수평
- 미래 이자율 하락 예상: 수익률곡선 우하향

(2) 유동성프리미엄이론

① 선도이자율: ${}_{n-1}f_n=E({}_{n-1}R_n)+{}_{n-1}L_n$

② 위험회피형 투자자 가정

③ 이자율 하락이 예상되는 경우에도 유동성프리미엄이 크다면 수익률곡선 우상향 가능

(3) 시장분할이론과 선호영역이론

① 시장분할이론: 채권시장이 만기별로 완전히 분할

- 시장의 효율성과 차익거래기회 무시(단절된 수익률곡선)

② 선호영역이론: 채권시장이 만기에 따라 부분적으로 분할

(4) 이자율의 위험구조

① 수익률 스프레드 = 약속된 만기수익률 - 무위험이자율

② 채무불이행위험프리미엄 = 약속된 만기수익률 - 기대수익률

③ 기타의 위험프리미엄 = 기대수익률 - 무위험이자율

04 맥콜리 듀레이션

(1) 듀레이션의 계산

① 3년 만기, 연 1회 이자후급 채권

- $P_0 = \frac{CF_1}{1+R} + \frac{CF_2}{(1+R)^2} + \frac{CF_3}{(1+R)^3}$
- $D = \left[\frac{CF_1}{1+R} \times 1 + \frac{CF_2}{(1+R)^2} \times 2 + \frac{CF_3}{(1+R)^3} \times 3\right] \times \frac{1}{P_0}$

② 2년 만기, 연 2회 이자후급 채권

- $P_0 = \frac{CF_{0.5}}{1+\frac{R}{2}} + \frac{CF_1}{(1+\frac{R}{2})^2} + \frac{CF_{1.5}}{(1+\frac{R}{2})^3} + \frac{CF_2}{(1+\frac{R}{2})^4}$
- $D = \left[\frac{CF_{0.5}}{1+\frac{R}{2}} \times 0.5 + \frac{CF_1}{(1+\frac{R}{2})^2} \times 1 + \frac{CF_{1.5}}{(1+\frac{R}{2})^3} \times 1.5 + \frac{CF_2}{(1+\frac{R}{2})^4} \times 2\right] \times \frac{1}{P_0}$

  $= \frac{1}{2} \times \left[\frac{CF_{0.5}}{1+\frac{R}{2}} \times 1 + \frac{CF_1}{(1+\frac{R}{2})^2} \times 2 + \frac{CF_{1.5}}{(1+\frac{R}{2})^3} \times 3 + \frac{CF_2}{(1+\frac{R}{2})^4} \times 4\right] \times \frac{1}{P_0}$

(2) 채권의 종류에 따른 듀레이션

① 무이표채권의 듀레이션 = 잔존만기

② 이표채권의 듀레이션 < 잔존만기

③ 영구채권의 듀레이션 = $\frac{1+R}{R}$

- 연간 m회 이자를 지급하는 영구채권의 듀레이션 $= \frac{1+R/m}{R/m} \times \frac{1}{m} = \frac{1+\frac{R}{m}}{R}$

④ 포트폴리오의 듀레이션 = 개별채권 듀레이션들의 가중평균

⑤ 변동금리부채권의 듀레이션 = 현재시점 ~ 다음 이자지급일

(3) 듀레이션의 특성

① 만기가 긴 채권일수록 일반적으로 듀레이션이 길다.

- 무이표채권만 만기와 듀레이션이 정비례한다.
- 이표채권 중에서 할인채권의 경우에는 만기가 긴 채권의 듀레이션이 짧을 수도 있다.

② 액면이자율이 낮은 채권일수록 듀레이션이 길다.

③ 연간 이자지급횟수가 적은 채권일수록 듀레이션이 길다.

④ 동일한 채권의 경우에도 만기수익률이 낮은 경우에 듀레이션이 길다.

⑤ 수의상환권이나 상환청구권은 채권의 듀레이션을 감소시킨다.

(4) 듀레이션과 채권가격의 변동

① 채권가격의 변동액

- $\Delta P = -D \times \frac{1}{1+R} \times P_0 \times \Delta R = -\text{수정}D \times P_0 \times \Delta R$

② 채권가격의 변동률

- $\frac{\Delta P}{P_0} = -D \times \frac{1}{1+R} \times \Delta R = -\text{수정}D \times \Delta R$

③ 듀레이션은 채권가격의 볼록성을 고려하지 못한다.

- $\frac{\Delta P}{P} = \frac{dP}{dR} \times \frac{1}{P} \times \Delta R + \frac{1}{2} \times \frac{d^2P}{dR^2} \times \frac{1}{P} \times (\Delta R)^2$

  $= -\text{수정}D \times \Delta R + \frac{1}{2} \times C \times (\Delta R)^2$

(5) 채권가격의 볼록성

① 이자율 변동 후 실제 채권가격은 듀레이션에 의해 측정된 채권가격보다 항상 크다.

- 이자율 상승 시: 실제 채권가격은 듀레이션에 의한 채권가격 변동보다 덜 하락한다.
- 이자율 하락 시: 실제 채권가격은 듀레이션에 의한 채권가격 변동보다 더 상승한다.

② 수의상환권이 부여된 채권

- 이자율 상승 시: 일반채권과 별다른 차이가 없다.
- 이자율 하락 시: 수의상환권의 행사가능성 때문에 음(-)의 볼록성을 갖는다.

③ 상환청구권이 부여된 채권

- 이자율 하락 시: 일반채권과 별다른 차이가 없다.
- 이자율 상승 시: 상환청구권의 행사가능성 때문에 더 큰 볼록성을 갖는다.

05 채권투자전략

(1) 수익률곡선타기전략

① 우상향의 수익률곡선이 투자기간 동안 유지될 것으로 예측되는 경우
- 만기가 긴 채권을 매입한 후 만기일 이전에 처분
- 시간의 경과에 따른 자본이득을 추구

② 우상향 수익률곡선의 형태가 예측대로 유지되어야만 유효하다.

(2) 순자산가치면역전략

① 이자율 변동과 무관하게 순자산가치의 변동을 0으로 만드는 전략

② 목표: $\Delta K=0$, $\Delta A=\Delta L$

③ 면역화조건($R_A=R_L$인 경우): $D_A \times A = D_L \times L$

④ $D_A \times A > D_L \times L$인 경우: 이자율 상승 시 순자산가치 감소

(3) 자산부채종합관리

① 자본의 듀레이션 갭: $D_A - D_L \times \frac{L}{A}$

② 이자율 하락을 예상하는 경우
- 듀레이션 갭 > 0: $D_A \times A > D_L \times L$

(4) 목표시기면역전략

① 서로 상반된 효과를 지니는 재투자위험과 가격위험을 상쇄시키는 전략

② 면역화조건: 목표투자기간 = 채권(포트폴리오)의 듀레이션
- 투자기간 < 채권(포트폴리오)의 듀레이션인 경우: 재투자위험 < 가격위험
- 투자기간 > 채권(포트폴리오)의 듀레이션인 경우: 재투자위험 > 가격위험

③ 이자율이 변동하거나 시간이 경과하면 듀레이션 변동
- 면역화를 위해서는 지속적인 포트폴리오의 재조정 필요

객관식 연습문제

01 이자율과 채권가격에 관한 설명으로 가장 적절하지 않은 것은? CPA 14

① 이자율이 상승하면 채권가격은 하락한다.
② 만기가 길어질수록 동일한 이자율 변동에 대한 채권가격 변동폭이 커진다.
③ 만기가 길어질수록 동일한 이자율 변동에 대한 채권가격 변동폭은 체감적으로 증가한다.
④ 이자율 상승 시 채권가격 하락보다 동일 이자율 하락 시 채권가격 상승이 더 크다.
⑤ 액면이자율이 높을수록 동일한 이자율 변동에 대한 채권가격 변동률이 더 크다.

02 시장이자율이 하락할 경우 가격상승률이 가장 클 것으로 예상되는 채권은? CPA 94

① 액면이자율이 10%이고 만기가 5년인 채권
② 액면이자율이 5%이고 만기가 5년인 채권
③ 액면이자율이 10%이고 만기가 10년인 채권
④ 만기가 5년인 무이표채권
⑤ 만기가 10년인 무이표채권

03 시장이자율이 하락할 것으로 예상하는 투자자가 앞으로 1년 동안의 수익률을 극대화하기 위해 취할 수 있는 채권투자전략 중 가장 유리한 것은? CPA 99

① 상대적으로 액면이자율이 낮은 만기 1년 이상의 장기채를 매각한다.
② 상대적으로 액면이자율이 높은 만기 1년 미만의 단기채를 매입한다.
③ 상대적으로 액면이자율이 낮은 만기 1년 미만의 단기채를 매입한다.
④ 상대적으로 액면이자율이 높은 만기 1년 이상의 장기채를 매입한다.
⑤ 상대적으로 액면이자율이 낮은 만기 1년 이상의 장기채를 매입한다.

04 액면금액 10,000원, 3년 만기, 표면이자율 연 16%(이자는 매 분기 말 지급)로 발행된 회사채가 있다. 만기일까지의 잔존기간이 5개월 남은 현 시점에서 이 회사채의 만기수익률이 연 12%이면, 이 채권의 이론가격은? (단, 가장 근사치를 고르시오) CPA 01

① 9,890원　② 10,000원　③ 10,110원
④ 10,290원　⑤ 10,390원

05 현재 채권시장에서 (주)한국의 1년 만기 액면가 1,000원의 순수할인채권은 909.09원에, 2년 만기 액면가 1,000원의 순수할인채권은 783.15원에 거래되고 있다. (주)한국이 액면가 1,000원, 만기 2년, 액면이자율 10%(이자는 연 1회 후급조건)인 회사채를 발행하려 한다면, 이 회사채의 발행가격과 가장 가까운 금액은? CPA 17

① 952.32원　② 966.21원　③ 967.83원
④ 983.23원　⑤ 1,000원

06 올해 1월 1일 현재 채권시장에서 (갑), (을), (병) 세 가지 종류의 무이표 국고채가 거래되고 있다. (갑) 채권은 액면가 10,000원, 만기 1년이고 만기수익률이 2%이다. (을) 채권은 액면가 10,000원, 만기 2년이고 만기수익률이 4%이며, (병) 채권은 액면가 10,000원, 만기 3년이고 만기수익률이 5%이다. (갑), (을), (병) 채권으로 복제포트폴리오를 구성하여 액면가 1,000,000원, 액면이자율 2%, 만기 3년이며 이자를 1년에 한 번씩 연말에 지급하는 국고채의 가격을 구할 때 차익거래가 발생하지 않기 위한 채권가격과 가장 가까운 것은? (단, 현재 시장에서는 거래비용이 없다고 가정한다) CPA 16

① 920,000원　② 940,000원　③ 960,000원
④ 980,000원　⑤ 1,000,000원

07 금융시장에서 만기 및 액면금액이 동일한 채권 A와 채권 B가 존재하고 이 채권들의 액면이자율과 현재(t = 0) 시장가격이 다음 표에 제시되어 있다. 다음 표의 자료를 이용하여 ${}_0i_4$가 현재(t = 0) 시점에서 4년 만기 현물이자율일 때 $(1 + {}_0i_4)^4$은 얼마인가? (액면이자는 연 1회 지급된다) CPA 21

구분	채권 A	채권 B
만기	4년	4년
액면금액	10,000원	10,000원
액면이자율	10%	20%
현재 시장가격	8,000원	11,000원

① 1.5 ② 1.75 ③ 2.0
④ 2.25 ⑤ 2.5

08 정부에서 발행한 두 종류의 채권이 시장에서 거래되고 있다. 즉 만기가 1년이고 액면가가 50만원인 무이표채(A)와, 만기가 2년이고 액면가가 100만원이며 쿠폰이자율(coupon rate)이 10%인 채권(B)이 거래되고 있다. 만기 t년(t = 1, 2)인 무위험 현물이자율의 형태는 R(t) = 0.05 + 0.02 × (t - 1)이다. 즉, 1년 현물이자율은 0.05(5%), 2년 현물이자율은 0.07(7%)이다. 이때 A, B가 각기 하나씩 포함된 채권포트폴리오의 만기수익률(yield)에 가장 가까운 값을 구하라. (만기수익률 산출을 위한 각 계산 단계에서 항상 소수 넷째 자리까지 구한 후 이를 반올림하여 소수 셋째 자리로 확정하여 사용하여라) CPA 09

① 0.055 ② 0.059 ③ 0.061
④ 0.065 ⑤ 0.07

09 다음 세 가지 계산결과를 큰 순서대로 가장 적절하게 나열한 것은? CPA 19

a. 1년 만기 현물이자율이 8%이고 2년 만기 현물이자율이 10.5%일 때 1년 후부터 2년 후까지의 선도이자율(${}_1f_2$)
b. 연간 실질이자율이 10%이고 연간 인플레이션율이 2%일 때 연간 명목이자율
c. 연간 표시이자율(APR)이 12%이고 매 분기 이자를 지급하는 경우(분기복리) 연간 실효이자율(EAR)

① a > b > c ② a > c > b ③ b > a > c
④ c > a > b ⑤ c > b > a

10 정부가 발행한 채권의 만기에 따른 현물이자율(spot rate)과 선도이자율(forward rate)이 다음과 같을 때 3차년도와 4차년도 2년간의 내재선도이자율(implied forward rate)을 연 단위로 계산하면 얼마인가? (단, 가장 근사치를 구하라) CPA 10

만기(년)	현물이자율	선도이자율
1	5.0%	-
2	6.5%	?
3	?	10.0%
4	8.5%	?

① 10.2% ② 10.5% ③ 10.8%
④ 11.1% ⑤ 11.3%

11 현재의 시장에서 관찰되는 현물이자율이 만기가 길어짐에 따라 감소한다고 하자. 만기가 t 년인 현물이자율을 $S(t)$, t 년 만기 이표채의 만기수익률을 $Y(t)$, 현재부터 t -1년까지에서 t 년까지 사이의 선도이자율을 $F(t)$라 할 때, 이들의 관계를 옳게 표시한 것은? CPA 98

① $S(t) \leq Y(t) \leq F(t)$
② $Y(t) \leq S(t) \leq F(t)$
③ $S(t) \leq F(t) \leq Y(t)$
④ $Y(t) \leq F(t) \leq S(t)$
⑤ $F(t) \leq S(t) \leq Y(t)$

12 만기가 t년(단, t = 1, 2)인 무위험 무이표채의 수익률(yield)을 뜻하는 현물이자율(spot rate) R(t)가 시장에서 R(t) = 0.07 + k × t로 결정되었다고 가정하자. 예로서 k = 0.02이면 R(1) = 0.09, R(2) = 0.11이다. 단, k값의 범위는 -0.02 ≤ k ≤ 0.02이며 또한 k ≠ 0이다. 다음 주장 중 맞는 것을 모두 골라라. (현재로부터 1년 후 시점과 2년 후 시점을 연결하는 선도이자율(implied forward rate)인 $_1f_2$는 1년을 단위기간으로 하는 이산복리법에 의하여 결정된다. 시장에는 만기 1년과 만기 2년의 무위험 무이표채만이 존재하며, 이 채권들을 각기 하나씩 포함하는 포트폴리오를 C라고 명명한다)

CPA 09

> a. 선도이자율 $_1f_2$가 R(1)과 R(2) 사이의 값을 가질 수 있다.
> b. 선도이자율 $_1f_2$가 항상 R(1)과 R(2)의 최댓값보다 크다.
> c. 포트폴리오 C의 만기수익률은 선도이자율 $_1f_2$보다 작을 수 있다.
> d. 포트폴리오 C의 만기수익률은 선도이자율 $_1f_2$보다 클 수 있다.

① a ② a, c ③ a, c, d
④ b, c, d ⑤ c, d

13 이자율기간구조와 관련한 설명으로 가장 적절한 것은? CPA 19

① 만기와 현물이자율 간의 관계를 그래프로 나타낸 수익률곡선(yield curve)은 항상 우상향의 형태로 나타난다.
② 불편기대(unbiased expectation)이론에 의하면 투자자는 위험중립형이며 기대단기이자율(또는 미래 기대현물이자율)은 선도이자율과 동일하다.
③ 유동성프리미엄(liquidity premium)이론에 의하면 투자자는 위험회피형이며 선도이자율은 기대단기이자율에서 유동성프리미엄을 차감한 값과 동일하다.
④ 시장분할(market segmentation)이론에 의하면 투자자는 선호하는 특정한 만기의 영역이 존재하나, 만일 다른 만기의 채권들에 충분한 프리미엄이 존재한다면 자신들이 선호하는 영역을 벗어난 만기를 가진 채권에 언제라도 투자할 수 있다.
⑤ 선호영역(preferred habitat)이론에 의하면 투자자는 선호하는 특정한 만기의 영역이 존재하고, 설령 다른 만기의 채권들에 충분한 프리미엄이 존재한다고 할지라도 자신들이 선호하는 영역을 벗어난 만기를 가진 채권에 투자하지 않는다.

14 현재시점(t = 0)에서 1년 만기 현물이자율($_0r_1$)은 6%, 2년 만기 현물이자율($_0r_2$)은 8%이다. 다음 설명 중 적절한 항목만을 모두 선택한 것은? (단, 차익거래는 없다고 가정하며, % 기준으로 소수점 아래 셋째 자리에서 반올림하여 계산한다) CPA 22

a. 1년 후 1년간의 선도이자율($_1f_2$)은 10.04%이다.
b. 기대가설(expectation hypothesis)에 의하면 1년 후 단기이자율($_1r_2$)은 현재시점 1년 만기 현물이자율보다 상승할 것으로 기대된다.
c. 유동성선호가설(liquidity preference hypothesis)에 의하면 유동성프리미엄($_1L_2$)이 3%일 경우 1년 후 단기이자율($_1r_2$)은 현재시점 1년 만기 현물이자율보다 하락할 것으로 기대된다.

① a ② a, b ③ a, c
④ b, c ⑤ a, b, c

15 현재시점(t = 0)에서 1년 현물이자율($_0i_1$)은 6%, 2년 현물이자율($_0i_2$)은 9%, 1년 후 1년 동안의 유동성프리미엄($_1l_2$)은 1.5%이다. 유동성선호이론이 성립할 경우, 1년 후 1년 동안의 기대이자율 [$E(_1i_2)$]에 가장 가까운 것은? (소수점 아래 다섯째 자리에서 반올림하여 계산하시오) CPA 20

① 10.58% ② 11.50% ③ 12.08%
④ 13.58% ⑤ 14.50%

16 다음 표는 현재의 현물이자율을 이용하여 선도이자율을 계산한 결과이다. 여기서 ${}_{i}f_{i+1}$은 i년 후부터 1년 동안의 선도이자율이다. 현재 1년 만기 현물이자율은 6%이다.

	${}_{1}f_{2}$	${}_{2}f_{3}$	${}_{3}f_{4}$	${}_{4}f_{5}$
선도이자율	6.5%	7.0%	7.5%	8.0%

추가적으로 다음 표와 같은 기간별 유동성프리미엄에 대한 정보를 수집하였다.

	2차년도	3차년도	4차년도	5차년도
유동성프리미엄	1.0%	1.7%	2.4%	3.0%

다음 설명 중 적절한 항목만을 모두 고르면? CPA 13

(가) 현재 수익률곡선은 우상향(upward - sloping)하는 형태이다.
(나) 현재 수익률곡선은 우하향(downward - sloping)하는 형태이다.
(다) 현재 수익률곡선은 수평(flat)이다.
(라) 유동성선호가설(유동성프리미엄가설)에 따르면, 미래 단기이자율(기대현물이자율)은 상승한다.
(마) 유동성선호가설에 따르면, 미래 단기이자율은 하락한다.

① (가), (라) ② (가), (마) ③ (나), (라)
④ (나), (마) ⑤ (다), (마)

17 이자율 기간구조이론에 관한 설명으로 가장 적절하지 않은 것은? CPA 12

① 기대가설에 따르면 미래 이자율이 오를 것으로 예상하면 수익률곡선은 우상향한다.
② 유동성선호가설에 따르면 투자자들이 위험회피형이라고 할 때, 선도이자율은 미래 기대현물이자율(expected spot rate)보다 높다. 따라서 미래 기대현물이자율이 항상 일정한 값을 갖는다고 해도 유동성프리미엄이 점차 상승한다면 수익률곡선은 우상향한다.
③ 기대가설에 따르면 2년 만기 현물이자율이 1년 만기 현물이자율보다 높으면 현재로부터 1년 후의 선도이자율은 1년 만기 현물이자율보다 높아야만 한다.
④ 기대가설에 따라 계산한 선도이자율은 미래 기대현물이자율과 같지 않다.
⑤ 실질이자율과 이자율위험프리미엄이 일정하다고 가정할 때 투자자들이 미래의 인플레이션율이 더 높아질 것이라고 믿는다면 수익률곡선은 우상향한다.

18 다음 설명 중 가장 적절하지 않은 것은? CPA 07

① 기대이론에 따르면, 시장에서 향후 이자율이 상승할 것이라고 기대될 때에만 우상향하는 수익률곡선(yield curve)이 나타난다.
② 유동성선호이론은 수익률곡선이 항상 우상향 모양을 띠게 된다고 주장한다.
③ 국채의 수익률곡선이 평평할 때, 회사채의 수익률곡선은 우상향할 수 있다.
④ 기대이론에 따르면, 선도이자율이 미래의 각 기간별 기대현물이자율과 일치한다.
⑤ 3년 만기 회사채의 만기수익률이 5년 만기 국채의 만기수익률보다 더 낮을 수 있다.

19 옵션적 특성이 없는 채권(일반사채)과 관련된 다음의 설명 중 가장 올바른 것은? CPA 05

① 만기에 가까워질수록 할증채와 할인채 모두 할증폭과 할인폭이 작아지며, 가격변화율도 작아진다.
② 만기에 가까워질수록 액면채는 이자수익률이 커지며 자본이득률이 작아진다.
③ 시장분할가설은 만기에 따라 분할된 하위시장 자체 내에서 기대이자율과 유동성프리미엄에 의해 이자율이 결정된다는 가설이다.
④ 순수할인채나 이자부채권이 영구채에 비해 이자율 변동위험이 더 크게 노출된다.
⑤ 순수할인채의 재투자위험은 없으며 현재수익률(current yield)이 0이다.

20 다음 표는 채권 A, B, C의 액면이자율을 나타낸다. 현재(t = 0) 모든 채권의 만기수익률은 10%이며, 1년 후(t = 1)에도 유지된다고 가정한다. 채권들의 액면금액과 잔존만기(2년 이상)가 동일하며, 액면이자는 연 1회 지급된다. 다음 설명 중 가장 적절하지 않은 것은? (단, t시점 경상수익률 = $\frac{\text{연간 액면이자}}{\text{t시점 채권가격}}$) CPA 21

채권	액면이자율
A	9%
B	10%
C	11%

① 채권 A의 현재 가격은 채권 B의 현재 가격보다 작다.
② 채권 A의 현재 경상수익률은 채권 B의 현재 경상수익률보다 높다.
③ 채권 A의 1년 후 경상수익률은 현재 경상수익률에 비해 낮다.
④ 채권 C의 1년 후 경상수익률은 현재 경상수익률에 비해 높다.
⑤ 채권 C의 1년 후 듀레이션은 현재 채권 C의 듀레이션에 비해 작다.

21 채권에 관한 다음 설명 중 가장 적절하지 않은 것은? CPA 06

① 수익률곡선이 우상향일 때 무이표채권의 만기수익률은 동일 조건인 이표채권의 만기수익률보다 작다.
② 수익률곡선이 우상향일 때 선도이자율은 현물이자율보다 높게 나타난다.
③ 이표율이 낮은 채권의 가격변화율은 이표율이 높은 동일 조건의 채권보다 이자율변화에 더 민감하게 반응한다.
④ 무이표채권의 듀레이션(duration)은 채권의 잔존만기와 동일하다.
⑤ 수의상환채권(callable bond)의 가격은 동일 조건인 일반채권의 가격보다 낮다.

22 채권의 듀레이션에 관한 설명으로 가장 적절하지 않은 것은? (단, 이표채의 잔존만기는 1년을 초과한다고 가정한다) CPA 16

① 영구채의 듀레이션은 $\frac{1+\text{만기수익률}}{\text{만기수익률}}$이다.
② 다른 조건이 동일할 때, 액면이자율이 낮은 이표채의 듀레이션이 더 길다.
③ 모든 채권은 발행 이후 시간이 경과하면 그 채권의 듀레이션은 짧아진다.
④ 다른 조건이 동일할 때, 만기수익률이 상승하면 이표채의 듀레이션은 짧아진다.
⑤ 이표채의 듀레이션은 만기보다 짧다.

23 다음 그룹 A ~ C는 각각 두 가지 채권의 액면이자율(coupon rate), 만기수익률(yield to maturity), 만기를 제시하고 있다. 각각의 그룹에서 제시된 두 가지 채권 가운데 듀레이션이 작은 채권만을 선택한 것은? (단, 각 그룹에서 제시된 채권은 일반채권(옵션적 성격이 없는 채권)이고, 주어진 정보 이외에 다른 조건은 모두 동일하다고 가정한다) CPA 17

그룹 A	가. 액면이자율 10%, 만기수익률 10%인 10년 만기 이표채권 나. 액면이자율 10%, 만기수익률 10%인 20년 만기 이표채권
그룹 B	다. 액면이자율 10%, 만기수익률 8%인 10년 만기 이표채권 라. 액면이자율 8%, 만기수익률 8%인 10년 만기 이표채권
그룹 C	마. 액면이자율 10%, 만기수익률 10%인 10년 만기 이표채권 바. 액면이자율 10%, 만기수익률 8%인 10년 만기 이표채권

① 그룹 A: 가, 그룹 B: 다, 그룹 C: 마
② 그룹 A: 가, 그룹 B: 다, 그룹 C: 바
③ 그룹 A: 가, 그룹 B: 라, 그룹 C: 마
④ 그룹 A: 나, 그룹 B: 다, 그룹 C: 바
⑤ 그룹 A: 나, 그룹 B: 라, 그룹 C: 바

24 채권 A, 채권 B, 채권 C에 대한 정보가 다음의 표와 같다. 시장이자율의 변동이 각 채권의 만기수익률에 동일한 크기의 영향을 미친다고 가정할 때 채권 A, 채권 B, 채권 C에 대한 설명으로 가장 적절하지 않은 것은? CPA 11

분류	채권 A	채권 B	채권 C
채권 유형	무이표채	이표채	이표채
액면금액	1억원	1억원	1억원
액면이자율	-	연 5%	연 10%
잔존만기	5년	5년	5년
액면이자 지급시기	-	매년 12월 31일	매년 12월 31일
만기수익률	연 8%	연 8%	연 8%

① 현재시점에서 채권 A의 가격이 가장 낮다.
② 시장이자율이 변동하면 채권 A의 가격 변동률이 가장 크다.
③ 채권 A의 듀레이션(duration)은 5년이다.
④ 채권 B와 채권 C의 듀레이션은 5년보다 작다.
⑤ 현재시점에서 채권 B의 듀레이션 및 가격은 채권 C의 듀레이션 및 가격보다 작다.

25 채권에 대한 다음 설명 중 옳은 것은? CPA 04

① 이자율 기간구조상에서 만기가 긴 채권의 만기수익률은 만기가 짧은 채권의 만기수익률보다 항상 높다.

② 다른 조건이 동일하다면, 유동성위험이 큰 채권의 만기수익률은 유동성위험이 낮은 채권의 만기수익률보다 낮다.

③ 만기가 긴 채권의 듀레이션(duration)이 만기가 짧은 채권의 듀레이션보다 클 수도 있고 작을 수도 있다.

④ 다른 조건이 동일하다면, 수의상환조건이 있는 채권의 만기수익률은 수의상환조건이 없는 채권의 만기수익률보다 낮다.

⑤ 일반적으로 채권의 가격위험은 채권의 만기와 관련이 없다.

26 듀레이션에 관한 설명으로 가장 적절하지 않은 것은? CPA 14

① 무이표채의 경우 만기가 길어지면 듀레이션은 증가한다.

② 액면이자율이 높아지면 듀레이션은 감소한다.

③ 만기수익률이 높아지면 듀레이션은 감소한다.

④ 시간이 경과함에 따라 듀레이션은 감소한다.

⑤ 상환청구조건(put provision)은 듀레이션을 증가시킨다.

27 채권에 관한 다음 설명 중 가장 적절하지 않은 것은? CPA 13

① 다른 모든 조건이 동일할 때, 만기수익률이 높은 채권일수록 금리의 변화에 덜 민감하게 반응한다.

② 무이표채의 매컬리 듀레이션(Macaulay duration)은 채권의 잔존만기와 같다.

③ 영구채(perpetuity)의 매컬리 듀레이션은 $\frac{1+y}{y}$이다. 단, y는 양수의 만기수익률이다.

④ 다른 모든 조건이 동일할 때, 잔존만기가 길수록 할인채권(discount bond)과 액면가채권(par bond)의 매컬리 듀레이션은 증가한다.

⑤ 다른 모든 조건이 동일할 때, 수의상환조항(call provision)이 있는 채권의 경우 조항이 없는 일반채권에 비해 매컬리 듀레이션이 작다.

28 만기가 5년인 채권 A의 액면이자율(coupon rate), 경상수익률(current yield)과 만기수익률(yield to maturity)이 각각 10%, 9.09%, 그리고 7.56%이다. 다음 중 가장 적절하지 않은 것은? (단, 이 채권은 채무불이행위험이 없고, 옵션적 특성이 없는 채권(일반채권)으로 가정하며, 경상수익률 = $\frac{\text{연간 액면이자}}{\text{채권가격}}$이다) CPA 15

① 채권 A의 액면가는 10,000원이다. 이 채권이 반년마다 액면이자를 지급한다면, 6개월마다 지급하는 액면이자는 500원이다.

② 채권 A의 액면이자율과 경상수익률이 동일하다면, 이 채권의 가격은 액면가와 동일하다.

③ 다른 조건이 변하지 않는다면, 시간이 경과하여도 채권 A의 가격은 변하지 않을 것이다.

④ 다른 조건이 변하지 않는다면, 채권 A의 만기수익률이 상승하면 듀레이션은 작아진다.

⑤ 투자자가 만기수익률을 실현하기 위해서는 채권 A를 만기까지 보유하여야 하고, 지급받은 모든 액면이자를 만기수익률로 재투자하여야 한다.

29 다음 설명 중 가장 옳지 않은 것을 고르시오. CPA 09

① MM수정이론(1963)에서는 다른 조건이 일정하다면 법인세율이 변하더라도 자기자본비용은 일정하다.

② 법인세와 개인소득세가 존재하는 경우, 이자소득세와 자본이득세가 같으면 부채사용기업의 가치는 무부채기업의 가치보다 크다.

③ 자기자본이익률(ROE)이 주주의 요구수익률보다 크면 주가순자산비율(PBR)은 항상 1보다 크다.

④ 연간 500만원을 지급하는 만기수익률 5%인 영구채권과 연간 600만원을 지급하는 만기수익률 5%인 영구채권의 듀레이션은 같다.

⑤ 액면채의 경우 만기와 무관하게 이자수익률과 자본이득률 모두 일정한 양(+)의 값을 가진다.

30 이표이자를 1년마다 한 번씩 지급하는 채권이 있다. 이 채권의 만기수익률은 연 10%이며, 이 채권의 듀레이션을 구한 결과 4.5년으로 나타났다. 이 채권의 만기수익률이 0.1% 포인트 상승한다면, 채권가격변화율은 근사치로 얼마이겠는가? (단, 채권가격의 비례적인 변화율과 만기수익률의 변화와의 관계식을 이용해야 한다) CPA 07

① -0.4286% ② -0.4091% ③ -0.2953%

④ -0.2143% ⑤ -0.2045%

31 만기 5년, 액면가 1,000원, 액면이자율 7%인 이표채가 있다. 만기수익률이 현재 11%에서 9%로 하락할 때, 채권가격의 변화율을 다음의 두 가지 방법으로 구하려고 한다. 첫째, 이표채로부터 발생하는 현금흐름의 현재가치를 구한 아래의 표를 이용하여 실제 채권가격변화율을 구하고 그 값을 채권가격변화율$_A$라고 한다. 둘째, 이표채의 매컬리(Macaulay) 듀레이션을 아래의 표를 이용하여 구하고, 계산된 듀레이션을 이용하여 채권가격변화율을 구하고 그 값을 채권가격변화율$_B$라고 한다. 이때 (채권가격변화율$_A$ - 채권가격변화율$_B$)의 값으로 가장 가까운 것은? CPA 12

(만기수익률이 11%인 경우)

(1) 연도	(2) 현금흐름	(3) 현금흐름의 현재가치	(1) × (3)
1	70	63.06	63.06
2	70	56.81	113.63
3	70	51.18	153.55
4	70	46.11	184.44
5	1,070	634.99	3,174.96

(만기수익률이 9%인 경우)

(1) 연도	(2) 현금흐름	(3) 현금흐름의 현재가치	(1) × (3)
1	70	64.22	64.22
2	70	58.92	117.84
3	70	54.05	162.16
4	70	49.59	198.36
5	1,070	695.43	3,477.13

① 0.37% ② 0.42% ③ 0.47%
④ 0.52% ⑤ 0.57%

32 채권 A는 액면이자를 기말에 연 1회 지급한다. 현재 채권 A의 만기수익률(y)은 연 10%이며, 동 채권의 수정 듀레이션($=-\frac{dP}{dy}\times\frac{1}{P}$, 단, P는 현재 채권가격)과 볼록성($=\frac{d^2P}{dy^2}\times\frac{1}{P}$)은 각각 4와 50이다. 채권 A의 만기수익률이 0.1% 포인트 상승할 때, 채권가격의 변화율에 가장 가까운 것은? (단, 채권가격의 변화율은 채권가격의 만기수익률에 대한 테일러 전개식(Taylor series expansion)을 이용하여 계산하고 3차 이상의 미분항들은 무시한다) CPA 19

① -0.1500% ② -0.3611% ③ -0.3975%
④ -0.4025% ⑤ -0.4375%

33 다음 여러 가지 채권의 볼록성(convexity)에 대한 설명 중 가장 옳지 않은 것은? CPA 05

① 일반사채(straight bond)의 경우 볼록성이 심할수록 이자율 상승 시 채권가격이 적게 하락하고, 이자율 하락 시 채권가격이 많이 상승한다.
② 이자율이 상승하거나 하락하거나 일반사채의 볼록성은 항상 양(+)의 값을 가진다.
③ 이자율이 상승하면 일반사채에 비하여 상환청구권부사채(puttable bond)의 볼록성이 약하다.
④ 이자율이 하락하면 수의상환사채(callable bond)의 볼록성은 음(-)의 값을 가진다.
⑤ 이자율이 상승하면 수의상환사채의 볼록성은 일반사채와 같게 된다.

34 채권에 대한 다음 설명 중 가장 옳지 않은 것은? (단, 다른 조건은 일정하다) CPA 09

① 일반채권의 경우 볼록성(convexity)이 심한 채권의 가격이 볼록성이 약한 채권의 가격보다 항상 비싸다.
② 일반채권의 볼록성은 투자자에게 불리하다.
③ 이자율이 하락하면 수의상환채권(callable bond)의 발행자에게는 유리할 수 있고 투자자에게는 불리할 수 있다.
④ 이자율이 상승하면 상환청구권부채권(puttable bond)의 투자자에게는 유리할 수 있고 발행자에게는 불리할 수 있다.
⑤ 우상향 수익률곡선의 기울기가 심하게(steeper) 변한다면, 단기채를 매입하고 장기채를 공매하는 투자전략이 그 반대전략보다 투자자에게 유리하다. 단, 기울기는 항상 양의 값을 가진다.

35 채권투자에 관한 설명 중 가장 옳은 것은? CPA 03

① 채권수익률 하락이 예상되면 장기채와 쿠폰금리(액면이자율)가 높은 채권에 대한 투자를 증가시킨다.

② 채권수익률 기간구조이론 중 불편기대가설이 성립하는 경우 정부발행 5년 만기 할인채에 투자하는 장기투자전략과 정부발행 1년 만기 할인채에 5년 동안 반복투자하는 롤오버전략(roll over strategy)의 사후적인 투자성과는 같다.

③ 만기가 동일한 채권에서 채권수익률 상승으로 인한 가격 하락폭보다 같은 크기의 수익률 하락으로 인한 가격 상승폭이 더 크다.

④ 이표채의 듀레이션은 만기에 정비례하고, 만기가 같은 경우에는 쿠폰금리가 높은 채권의 듀레이션이 짧다.

⑤ 수익률곡선타기전략(riding yield curve)은 수익률곡선이 상향 이동하는 경우에만 효과적인 전략이다.

36 채권의 평가 및 투자전략에 관한 설명으로 가장 적절하지 않은 항목만으로 구성된 것은? CPA 11

a. 채권평가에서 만기수익률 상승으로 인한 가격 하락폭보다 같은 크기의 만기수익률 하락으로 인한 가격 상승폭이 더 크다.
b. 채권에 3년간 투자하려고 할 때, 채권수익률 기간구조이론 중 불편기대가설이 성립하는 경우 정부발행 3년 만기 할인채에 투자 및 보유하는 전략과 정부발행 1년 만기 할인채에 3년 동안 선도계약을 활용하지 않고 반복투자하는 롤오버(roll - over)전략의 사후적인 투자성과는 같다.
c. 다른 조건이 동일하다면 수의상환조건이 있는 채권의 만기수익률은 수의상환조건이 없는 채권의 만기수익률보다 낮다.
d. 수익률곡선타기(riding yield curve)는 수익률곡선이 우상향할 때 효과적인 채권투자전략이다.
e. 이표채의 듀레이션(duration)은 만기에 정비례하고 만기가 같은 경우에는 액면이자율이 높은 채권의 듀레이션이 짧다.

① a, c, e ② a, d, e ③ b, c, d
④ b, c, e ⑤ c, d, e

37 다음의 조건을 갖는 국채 A, B, C가 있다. 이자율은 모두 연 이자율이며, 이표채는 연 1회 이자를 지급한다. 다음 설명 중 가장 적절한 것은? CPA 18

국채	만기	액면금액	액면이자율	만기수익률
A	1년	1,000원	10.0%	10.0%
B	2년	1,000원	20.0%	15.0%
C	3년	1,000원	0%	15.2%

① 2년 만기 현물이자율은 16.8%이다.
② 수익률곡선은 우상향한다.
③ 1년이 지나도 수익률곡선이 현재와 동일하게 유지된다고 예상하는 투자자 갑이 있다. 현재 시점에서 국채 C를 매입하고 1년 후 매도한다면 투자자 갑이 예상하는 투자수익률은 14.6%이다.
④ 1년 후부터 2년 후까지의 선도이자율($_1f_2$)은 22.7%이다.
⑤ 2년 후부터 3년 후까지의 선도이자율($_2f_3$)은 15.7%이다.

38 채권의 투자관리전략에 관한 설명으로 가장 적절한 것은? CPA 23

① 이자율이 하락할 것으로 예상될 때 만기가 같은 채권의 경우 표면이자율이 낮은 채권을 매도하고 표면이자율이 높은 채권을 매입하는 것이 유리하다.
② 채권가격이 하락할 것으로 예상될 때 만기가 짧고 표면이자율이 높은 채권을 매도하고 만기가 길고 표면이자율이 낮은 채권을 매입하는 것이 유리하다.
③ 신용등급이 높은 채권과 낮은 채권 간의 수익률 차이가 커질 것으로 예상될 때 수익률이 높은 채권을 매도하고 수익률이 낮은 채권을 매입하는 것이 유리하다.
④ 경기가 불황에서 호황으로 전환될 때 회사채를 매도하고 국채를 매입하는 것이 유리하다.
⑤ 동일한 위험과 만기를 갖는 동종채권들이 일시적으로 서로 다른 가격으로 거래될 때 높은 수익률의 채권을 매도하고 낮은 수익률의 채권을 매입하는 것이 유리하다.

39 채권에 관한 설명으로 적절한 항목만을 모두 선택한 것은? CPA 20

> a. 현재시점(t = 0)에서 수익률곡선이 우상향할 경우, t년 현물이자율 ${}_0i_t$보다 t기의 선도이자율 ${}_{t-1}f_t$가 더 높다.
> b. 현재의 우상향 수익률곡선이 향후 변하지 않을 경우, 수익률곡선타기 채권투자전략으로 추가적인 자본이득을 얻을 수 있다.
> c. 액면가, 만기, 만기수익률(YTM)이 동일한 일반사채의 경우, 이표이자율이 작을수록 볼록성이 커진다. 따라서 무이표채의 볼록성은 이표채보다 크다.
> d. 다른 조건이 동일할 경우, 일반사채의 듀레이션보다 수의상환조건이 있는 채권의 듀레이션은 크며 일반사채의 듀레이션보다 상환청구권이 있는 채권의 듀레이션은 작다.
> e. 고정이자부채권으로 구성된 자산포트폴리오의 듀레이션은 2.5이고 시장가치는 1,400억원이다. 고정이자부 부채포트폴리오의 시장가치가 1,000억원일 경우, 순자산의 가치를 이자율위험에 대하여 완전면역화하는 부채포트폴리오의 듀레이션은 3.5이다.

① a, b ② c, d ③ a, c, d
④ b, d, e ⑤ a, b, c, e

40 자산의 시장가치가 1,000억원이고 듀레이션이 4년이며, 부채의 시장가치가 700억원이고 듀레이션이 5년인 가상은행이 있다고 하자. 이 은행은 어떤 금리위험에 노출되어 있으며, 이를 줄이기 위해 어떤 조치를 취할 수 있는가? (단, 아래 각 항의 조치는 나머지 변수들에는 영향을 미치지 않는다고 가정한다) CPA 01

① 금리 상승위험을 줄이기 위해 부채의 시장가치를 줄인다.
② 금리 하락위험을 줄이기 위해 부채의 듀레이션을 늘린다.
③ 금리 상승위험을 줄이기 위해 자산의 시장가치를 줄인다.
④ 금리 하락위험을 줄이기 위해 자산의 듀레이션을 늘린다.
⑤ 금리 하락위험을 줄이기 위해 자산과 부채의 듀레이션을 일치시킨다.

41 총자산이 100조원이고 자기자본비율이 8%인 금융기관이 있다고 하자. 자산과 부채의 듀레이션(duration)은 각각 6년과 4년이다. 이 금융기관의 경영자는 조만간 이자율이 현재 8%에서 9%로 상승한다고 예측하고 대응전략을 강구하고 있다. 만일 이 예측이 사실이라면 주주의 입장에서 얼마만큼의 손실 혹은 이익이 발생하는가? (단, 채권으로 인한 볼록성(convexity)은 무시하고 가장 근사치를 고르시오) CPA 02

① 2.148조원 손실 ② 2.008조원 이익 ③ 1.525조원 손실
④ 1.525조원 이익 ⑤ 1.945조원 이익

42 여신전문금융회사인 (주)한강캐피탈은 9.94년의 듀레이션과 100억원의 시장가치를 갖는 자산포트폴리오를 보유하고 있다. 이 자산포트폴리오에 포함된 자산들에 대한 이자는 1년에 2회 6개월마다 수취된다. 이 자산들은 자기자본 10억원과 채권발행 90억원으로 조달된 자금으로 형성되었다. 이 채권의 액면이자는 연 7.25%, 만기는 2년이다. 액면이자는 1년에 2회 6개월마다 지급된다. 현재 이 채권의 시장가격은 액면가와 동일하다. 각 시점에서 발생하는 1원의 현재가치는 다음의 표와 같다. (주)한강캐피탈의 자기자본가치의 변동을 면역(immunization)하려면 자산포트폴리오의 듀레이션은 얼마로 조정되어야 하는가? (단, 자산과 부채에 적용되는 시장이자율의 변화는 동일하며, 소수 셋째 자리에서 반올림하여 계산한다) CPA 10

현금흐름 발생시점 (단위: 연도)	현가요소	현금흐름 발생시점 (단위: 연도)	현가요소
0.5	0.9650	1.5	0.8987
1.0	0.9313	2.0	0.8672

① 1.53 ② 1.62 ③ 1.71
④ 1.83 ⑤ 1.97

43 다음 표는 A은행의 현재 시장가치 기준 자산 · 부채와 듀레이션을 보여주고 있다. 다음 설명 중 가장 적절하지 않은 것은? CPA 18

자산	금액	듀레이션	부채 · 자본	금액	듀레이션
현금	100억원	0년	고객예금	600억원	1.0년
고객대출	500억원	1.2년	발행사채	300억원	5.5년
회사채	400억원	6.0년	자기자본	100억원	-

① 부채의 듀레이션은 2.5년이다.
② 듀레이션 갭은 0.5년이다.
③ 금리가 상승하면 자기자본가치가 하락한다.
④ 금리가 하락하면 자산가치의 증가분이 부채가치의 증가분보다 크다.
⑤ 순자산가치 면역전략은 듀레이션 갭이 0이 되도록 하는 포트폴리오관리기법이다.

44 채권 A의 표면이자율(coupon rate)은 연 8%, 채권 B의 표면이자율은 연 15%, 그리고 채권 C는 무이표채(zero coupon bond)이다. 이 채권들은 모두 액면금액이 10만원, 잔존만기가 3년이고, 이자 지급시기도 같다. 또한 현재시점에서 이 채권들의 만기수익률(yield to maturity)도 모두 12%로 같다. 다음의 설명 중 옳지 않은 것은? CPA 97

① 채권 A의 듀레이션(Duration)은 3년보다 적다.
② 채권 C의 듀레이션은 3년이다.
③ 현재시점에서 채권 B의 가격이 가장 높다.
④ 시장이자율이 상승하면 채권 B의 가격 하락률이 크다.
⑤ 3년 동안 연 12%의 수익률을 실현하고자 하는 투자자는 채권 C를 구입하여야 한다.

45 채권의 투자전략에 관한 설명으로 가장 적절하지 않은 것은? CPA 22

① 목표시기면역전략에 의하면 채권의 듀레이션이 목표투자기간보다 짧은 경우에는 이자율 변동에 따른 투자자의 가격위험이 재투자위험보다 크다.

② 순자산가치면역전략에 의하면 자산과 부채의 듀레이션을 조정하여 자산가치 변동액과 부채가치 변동액의 차이가 영(0)이 되면 순자산가치는 이자율 변동과 관련 없이 일정하게 된다.

③ 채권의 채무불이행위험이나 수의상환위험은 면역전략을 통해서 제거되지 않는다.

④ 듀레이션만을 이용하는 면역전략은 채권가격과 이자율 간의 비선형관계를 반영하지 못한다.

⑤ 현재의 수익률곡선이 우상향의 모양을 가지며 투자기간 동안 그 형태가 변화하지 않을 것으로 예측되는 경우, 투자자는 수익률곡선타기전략을 사용하여 자본이득을 얻을 수 있다.

46 투자자 K 씨는 액면가 100,000원, 표면이자율 연 20%(이자는 매년 말 1회 지급), 만기 2년인 채권의 매입을 검토하고 있다. 1년간의 현물이자율과 그 후 1년간의 선도이자율은 모두 15%로 알려져 있다. 채권가격과 이자율 사이의 볼록성(convexity) 관계는 무시하기로 한다. 이 채권 투자에 따르는 이자율위험을 제거하기 위해 투자기간을 얼마로 해야 하는가? (소수점 아래 셋째 자리에서 반올림할 것) CPA 00

① 1.57년 ② 1.66년 ③ 1.75년
④ 1.84년 ⑤ 1.93년

47 채권가치평가와 채권포트폴리오관리에 관련된 다음 설명 중 가장 적절하지 않은 것은? CPA 08

① 다른 조건은 동일하고 만기만 다른 채권 A(1년), B(3년), C(5년)가 있다. 시장이자율이 상승할 때, 채권 A와 채권 B의 가격 하락폭의 차이는 채권 B와 채권 C의 가격 하락폭의 차이보다 작다.

② 다른 조건이 일정할 경우 시장이자율이 하락하면 채권의 듀레이션은 길어진다.

③ 시장이자율이 하락할 때 채권가격이 상승하는 정도는 시장이자율이 같은 크기만큼 상승할 때 채권가격이 하락하는 정도보다 더 크다.

④ 채권포트폴리오의 이자율위험을 면역화하기 위해서는 시간이 경과함에 따라 채권포트폴리오를 지속적으로 재조정해야 한다.

⑤ 채권포트폴리오의 이자율위험을 면역화하기 위해서는 시장이자율이 변동할 때마다 채권포트폴리오를 재조정해야 한다.

48 채권 듀레이션에 관한 설명으로 가장 적절하지 않은 것은? CPA 21

① 무이표채의 경우 만기가 길어지면 듀레이션이 증가한다.

② 목표시기와 듀레이션을 일치시키는 채권포트폴리오를 보유하면 목표시기까지 이자율의 중간 변동에 대하여 면역이 되므로 채권포트폴리오를 조정할 필요가 없다.

③ 목표시기면역전략 수행에 있어서 다른 조건이 동일할 때 시간이 경과함에 따라 채권포트폴리오의 듀레이션을 감소시키는 조정이 필요하다.

④ 다른 조건이 동일할 때 연간 이자지급횟수가 증가하면 채권의 듀레이션은 감소한다.

⑤ 영구채의 듀레이션은 시장이자율과 연간 이자지급횟수에 의하여 결정된다.

정답 및 해설

정답

01	⑤	**02**	⑤	**03**	⑤	**04**	④	**05**	①	**06**	①	**07**	③	**08**	④	**09**	②	**10**	②
11	⑤	**12**	⑤	**13**	②	**14**	②	**15**	①	**16**	②	**17**	④	**18**	②	**19**	⑤	**20**	②
21	①	**22**	③	**23**	①	**24**	⑤	**25**	③	**26**	⑤	**27**	④	**28**	③	**29**	⑤	**30**	②
31	②	**32**	③	**33**	③	**34**	②	**35**	③	**36**	④	**37**	③	**38**	③	**39**	⑤	**40**	③
41	①	**42**	③	**43**	②	**44**	④	**45**	①	**46**	④	**47**	①	**48**	②				

해설

01 ⑤ 액면이자율이 낮을수록 동일한 이자율 변동에 대한 채권가격 변동률이 더 크다.

02 ⑤ 만기가 동일한 경우에는 액면이자율이 낮은 채권일수록 이자율 변동에 따른 채권가격의 변동이 크기 때문에 이표채권에 비해 무이표채권의 가격 변동이 크다. 또한, 무이표채권 중에서는 만기가 긴 ⑤ 만기가 10년인 무이표채권의 가격 변동이 가장 크다.

03 ⑤ 이자율의 하락(채권가격의 상승)이 예상되는 상황이므로 채권을 매입하는 전략이 유효하며, 이자율 변화에 대한 채권가격의 변화가 큰 채권을 매입하는 것이 보다 유리하다. 액면이자율이 낮고, 만기가 긴 채권일수록 이자율 변화에 대한 채권가격의 변화가 크기 때문에 액면이자율이 낮고 만기가 긴 채권을 매입하는 것이 가장 유리하다.

04 ④ 분기별 이자지급액 = 10,000원 × 0.16 × $\frac{3}{12}$ = 400원

만기수익률 = 연 12%(분기별 3%)

$$P_0 = \frac{400원}{1.03^{\frac{2}{3}}} + \frac{10,400원}{1.03^{\frac{5}{3}}} \approx \frac{400원}{1.02} + \frac{10,400원}{1.05} \approx \left(\frac{400원}{1.03} + \frac{10,400원}{1.03^2}\right) \times \left(1 + 0.03 \times \frac{1}{3}\right)$$

$$\approx 10,290원$$

05 ① $_0R_1 = \dfrac{1,000\text{원}}{909.09\text{원}} - 1 = 10\%$

$_0R_2 = \sqrt{\dfrac{1,000\text{원}}{783.15\text{원}}} - 1 = 13\%$

$\therefore P_0 = \dfrac{CF_1}{1+{_0R_1}} + \dfrac{CF_2}{(1+{_0R_2})^2} = \dfrac{100\text{원}}{1.1} + \dfrac{1,100\text{원}}{1.13^2}$

$= 100\text{원} \times 0.90909 + 1,100\text{원} \times 0.78315 = 952.37\text{원}$

06 ① $P_0 = \dfrac{20,000\text{원}}{1+{_0R_1}} + \dfrac{20,000\text{원}}{(1+{_0R_2})^2} + \dfrac{1,020,000\text{원}}{(1+{_0R_3})^3}$

$= \dfrac{20,000\text{원}}{1.02} + \dfrac{20,000\text{원}}{1.04^2} + \dfrac{1,020,000\text{원}}{1.05^3} = 919,213.32\text{원}$

07 ③ 채권 A 2단위를 매입하고 채권 B 1단위를 매도하며 액면금액이 10,000원인 4년 만기 무이표채권을 복제할 수 있다.

거래내용	시점별 현금흐름				
	t = 0	t = 1	t = 2	t = 3	t = 4
채권 A 2단위 매입	-16,000	2,000	2,000	2,000	22,000
채권 B 1단위 매도	11,000	-2,000	-2,000	-2,000	-12,000
합계	-5,000				10,000

$(1+{_0i_4})^4 = \dfrac{10,000\text{원}}{5,000\text{원}} = 2.0$

08 ④ 포트폴리오의 현재가치

$= \dfrac{600,000\text{원}}{1+{_0R_1}} + \dfrac{1,100,000\text{원}}{(1+{_0R_2})^2} = \dfrac{600,000\text{원}}{1.05} + \dfrac{1,100,000\text{원}}{1.07^2} = 1,532,211.173\text{원}$

$= \dfrac{600,000\text{원}}{1+YTM} + \dfrac{1,100,000\text{원}}{(1+YTM)^2}$

① 만기수익률이 0.055인 경우 포트폴리오의 현재가치 = 1,557,018원
② 만기수익률이 0.059인 경우 포트폴리오의 현재가치 = 1,547,418원
③ 만기수익률이 0.061인 경우 포트폴리오의 현재가치 = 1,542,656원
④ 만기수익률이 0.065인 경우 포트폴리오의 현재가치 = 1,533,205원
⑤ 만기수익률이 0.07인 경우 포트폴리오의 현재가치 = 1,521,530원
∴ YTM ≈ 0.065

09 ② a. $_1f_2 = \dfrac{(1+{_0R_2})^2}{1+{_0R_1}} - 1 = \dfrac{1.105^2}{1.08} - 1 = 0.1306$

b. 명목이자율 $= (1+\text{실질이자율}) \times (1+\text{인플레이션율}) - 1 = 1.1 \times 1.02 - 1 = 0.122$

c. 연간실효이자율 $= \left(1+\dfrac{\text{연표시이자율}}{4}\right)^4 - 1 = \left(1+\dfrac{0.12}{4}\right)^4 - 1 = 0.1255$

10 ② $(1+{}_0R_4)^4=(1+{}_0R_2)^2\times(1+{}_2f_4)^2$

$${}_2f_4(\text{연율})=\sqrt{\frac{(1+{}_0R_4)^4}{(1+{}_0R_2)^2}}-1=\sqrt{\frac{1.085^4}{1.065^2}}-1=0.1054$$

11 ⑤ 장기현물이자율은 단기현물이자율과 선도이자율들의 기하평균이므로 ${}_0R_1>{}_1f_2>{}_2f_3>\cdots$이어야 ${}_0R_1>{}_0R_2>{}_0R_3>\cdots$가 되며, 이러한 상황에서는 ${}_0R_t>{}_{t-1}f_t$, 즉 $S(t)>F(t)$가 된다. 또한, 이표채의 만기수익률은 각 시점별 현금흐름에 적용되는 현물이자율들의 가중평균개념이므로 ${}_0R_1>{}_0R_2>{}_0R_3>\cdots$인 상황에서는 이표채의 만기수익률인 $Y(t)$는 ${}_0R_t$, 즉 $S(t)$보다 크게 된다.
$\therefore\ F(t)\le S(t)\le Y(t)$

12 ⑤ a. $0<k\le 0.02$인 경우: $R(1)<R(2)<{}_1f_2$
$-0.02\le k<0$인 경우: $R(1)>R(2)>{}_1f_2$
b. $0<k\le 0.02$인 경우: ${}_1f_2$가 R(1)과 R(2)의 최댓값인 R(2)보다 크다.
$-0.02\le k<0$인 경우: ${}_1f_2$가 R(1)과 R(2)의 최댓값인 R(1)보다 작다.
c, d. 포트폴리오 C의 만기수익률은 R(1)과 R(2)의 가중평균이다.
$0<k\le 0.02$인 경우: YTM_C는 ${}_1f_2$보다 작다.
$-0.02\le k<0$인 경우: YTM_C는 ${}_1f_2$보다 크다.

13 ② ① 수익률곡선은 우상향의 형태가 일반적이지만, 수평 또는 우하향의 형태가 될 수도 있다.
③ 유동성프리미엄이론에 의하면 투자자는 위험회피형이며 선도이자율은 기대단기이자율에 유동성프리미엄을 가산한 값과 동일하다.
④ 시장분할이론에 의하면 투자자는 선호하는 특정한 만기의 영역이 존재하고, 설령 다른 만기의 채권들에 충분한 프리미엄이 존재한다고 할지라도 자신들이 선호하는 영역을 벗어난 만기를 가진 채권에 투자하지 않는다.
⑤ 선호영역이론에 의하면 투자자는 선호하는 특정한 만기의 영역이 존재하나, 만일 다른 만기의 채권들에 충분한 프리미엄이 존재한다면 자신들이 선호하는 영역을 벗어난 만기를 가진 채권에 언제라도 투자할 수 있다.

14 ② a. ${}_1f_2=\frac{(1+{}_0r_2)^2}{1+{}_0r_1}-1=\frac{1.08^2}{1.06}-1=0.1004$
b. 기대가설: $E({}_1r_2)={}_1f_2=0.1004>{}_0r_1=0.06$
c. 유동성선호가설: $E({}_1r_2)={}_1f_2-{}_1L_2=0.1004-0.03=0.0704>{}_0r_1=0.06$

15 ① ${}_1f_2=\frac{(1+{}_0i_2)^2}{1+{}_0i_1}-1=\frac{1.09^2}{1.06}-1=0.1208$
$E({}_1i_2)={}_1f_2-{}_1l_2=0.1208-0.015=0.1058$

16 ② (가), (나), (다) 기간별 선도이자율이 상승하므로, 만기가 길어짐에 따라 기간별 현물이자율이 상승한다. 즉, 수익률곡선은 우상향하는 형태이다.

(라), (마) 유동성선호가설에 따르면 $E({}_{n-1}R_n) = {}_{n-1}f_n - {}_{n-1}L_n$이기 때문에 미래의 각 기간별 기대현물이자율이 $E({}_1R_2) = 0.055$, $E({}_2R_3) = 0.053$, $E({}_3R_4) = 0.051$, $E({}_4R_5) = 0.05$로 계산되어 미래 단기이자율은 하락한다.

17 ④ 기대가설에 따르면 선도이자율은 미래의 각 기간별 기대현물이자율과 일치한다.

18 ② ①④ 기대이론에 따르면 선도이자율은 미래 기대현물이자율과 일치하므로 향후 이자율 상승이 예상되는 경우에만 우상향하는 수익률곡선이 나타난다.

② 유동성선호이론(유동성프리미엄이론)에 따르면 선도이자율은 미래 기대현물이자율과 유동성프리미엄에 의해 결정되며, 미래 현물이자율의 하락이 예상되고 투자자들이 요구하는 유동성프리미엄이 미미하다면 수평 또는 우하향의 수익률곡선도 가능하다.

③ 국채의 수익률곡선이 수평인 상황에서도 수익률 스프레드가 가산된 회사채의 수익률곡선은 우상향할 수 있다.

19 ⑤ ① 채권가격은 시간의 경과에 따라 액면금액을 향해 지수적으로 증감한다. 따라서 만기에 가까워질수록 할증폭과 할인폭은 작아지지만, 가격변화율은 커진다.

② 액면채의 경우에 이자수익률은 시간의 경과와 무관하게 항상 일정한 양(+)의 값을 가지며 이는 액면이자율과 동일하다. 시장가격이 액면금액과 일치하는 액면채는 시간의 경과와 무관하게 채권가격이 변동되지 않기 때문에 자본이득률은 0이다.

③ 시장분할가설은 만기에 따라 분할된 하위시장 자체 내에서의 수요와 공급에 의해 이자율이 결정된다는 가설이다. 기대이자율과 유동성프리미엄에 의해 이자율이 결정된다는 것은 유동성프리미엄이론이다.

④ 일반적으로 영구채의 듀레이션이 순수할인채나 이자부채권보다 길며, 따라서 영구채의 이자율 변동위험이 더 크다고 할 수 있다.

⑤ 순수할인채는 액면이자가 없으므로 재투자위험이 없으며, 현재수익률($\frac{\text{액면이자}}{\text{채권가격}}$)은 0이다.

20 ② ① 채권 A의 액면이자율이 채권 B의 액면이자율보다 낮기 때문에 채권 A의 현재 가격은 채권 B의 현재 가격보다 작다.

② 채권 B(액면가채권): 경상수익률 = 액면이자율 = 만기수익률 = 10%

채권 A(할인채권): 액면이자율 = 9% < 경상수익률 < 만기수익률 = 10%

③ 할인채권인 채권 A의 1년 후 가격은 현재 가격보다 상승하므로, 채권 A의 1년 후 경상수익률은 현재 경상수익률에 비해 낮다.

④ 할증채권인 채권 C의 1년 후 가격은 현재 가격보다 하락하므로, 채권 C의 1년 후 경상수익률은 현재 경상수익률에 비해 높다.

⑤ 시간이 경과함에 따라 이표채권의 듀레이션은 감소한다.

21 ① ① 이표채권의 만기수익률은 기간별 현물이자율들의 가중평균개념이므로, 수익률곡선이 우상향인 경우에 현물이자율인 무이표채권의 만기수익률은 동일 조건인 이표채권의 만기수익률보다 크다.
② 현물이자율은 단기 현물이자율과 기간별 선도이자율들의 기하평균이므로 수익률곡선이 우상향인 경우 선도이자율은 현물이자율보다 크다.
③ 동일 조건의 채권인 경우에 이표율(액면이자율)이 낮은 채권일수록 이자율변화에 따른 채권가격의 변화율이 더 크다.
⑤ 수의상환채권은 투자자입장에서 수의상환위험을 부담하므로 더 높은 만기수익률을 요구하며, 이에 따라 수의상환채권의 가격은 동일 조건인 일반채권의 가격보다 낮다.

22 ③ 무이표채권이나 이표채권은 시간이 경과함에 따라 듀레이션이 짧아지지만, 영구채권의 듀레이션은 시간의 경과와는 무관하게 이자율 변동에 따라 변동한다.

23 ① 그룹 A: 액면가채권의 경우에 만기가 짧은 채권 '가'의 듀레이션이 작다.
그룹 B: 액면이자율이 높은 채권 '다'의 듀레이션이 작다.
그룹 C: 만기수익률이 높은 채권 '마'의 듀레이션이 작다.

24 ⑤ 액면이자율이 낮은 채권 B의 듀레이션이 액면이자율이 높은 채권 C의 듀레이션보다 크다.

25 ③ ① 수익률곡선이 항상 우상향하는 것은 아니다.
② 유동성위험이 큰 채권의 경우에는 유동성위험에 대한 보상을 요구할 것이므로 만기수익률이 보다 높다.
③ 듀레이션은 채권의 만기에 의해서만 결정되는 것이 아니라, 액면이자율 등 다른 요인도 영향을 미치므로 만기가 긴 채권의 듀레이션이 만기가 짧은 채권의 듀레이션보다 클 수도 있고, 작을 수도 있다.
④ 수의상환채권에 투자하는 경우에 투자자가 수의상환위험을 부담하므로 더 높은 수익률을 요구하게 된다.
⑤ 만기가 긴 채권일수록 가격위험은 커진다.

26 ⑤ 상환청구조건이 있는 채권은 채권자가 만기일 이전에 정해진 상환청구가격에 상환을 청구할 수 있으므로 상환청구조건은 듀레이션을 감소시킨다.

27 ④ ④ 이표채권 중에서 액면가채권(par bond)이나 할증채권(premium bond)의 경우에는 만기가 긴 채권일수록 듀레이션이 체감적으로 증가하여 점차 영구채권의 듀레이션인 $\frac{1+R}{R}$로 수렴하지만, 할인채권(discount bond)의 경우에는 만기가 긴 채권일수록 듀레이션이 일정 수준까지는 체감적으로 증가하다가 최고점에 도달한 이후 다시 감소하면서 점차 영구채권의 듀레이션인 $\frac{1+R}{R}$로 수렴한다.
⑤ 수의상환조항이 있는 채권은 발행자가 만기일 이전에 정해진 수의상환가격에 채권을 상환할 수 있으므로 수의상환조항은 듀레이션을 감소시킨다.

28 ③ ① 액면금액이 10,000원이고, 액면이자율이 10%이며, 반년마다 액면이자를 지급한다면, 6개월마다 지급하는 액면이자는 10,000원 × 0.1 × 0.5 = 500원이다.

② 액면이자율($\frac{\text{액면이자}}{\text{액면금액}}$)과 경상수익률($\frac{\text{액면이자}}{\text{채권가격}}$)이 동일하다면, 채권가격은 액면가와 동일하다.

③ 액면이자율(10%)이 만기수익률(7.56% = 시장이자율)보다 높은 할증채권이므로 다른 조건이 변하지 않는 상황에서 시간이 경과하면 채권 A의 가격은 하락하게 된다.

④ 채권의 만기수익률이 상승하면 듀레이션은 작아진다.

⑤ 만기수익률을 실현하기 위해서는 채무불이행이 발생하지 않는 상황에서 채권 A를 만기까지 보유하여야 하고, 지급받은 모든 액면이자를 만기수익률로 재투자하여야 한다.

29 ⑤ ① MM수정이론(1963)에서는 다른 조건이 일정한 경우에 법인세율이 상승하면 부채사용기업의 기업가치와 가중평균자본비용은 감소하지만, 자기자본비용은 법인세율의 변동과 무관하게 일정하다.

② 이자소득세율와 자본이득세율이 같으면 부채사용기업의 가치는 무부채기업의 가치보다 크다. 즉, $t_e = t_d$이면 $V_L = V_U + B \times [1 - \frac{(1-t)(1-t_e)}{1-t_d}] = V_U + B \times t$의 관계를 갖는다.

③ ROE가 주주의 요구수익률보다 크면 자기자본의 시장가치가 자기자본의 장부가액보다 크기 때문에 $PBR = \frac{\text{주가}}{\text{주당자기자본장부금액}} = \frac{\text{자기자본시장가치}}{\text{자기자본장부금액}}$은 항상 1보다 크다.

④ 영구채권의 듀레이션은 액면금액이나 연간 이자지급액과는 무관하게 만기수익률에 의해 결정되므로 만기수익률과 연간이자지급횟수가 동일한 두 영구채권의 듀레이션은 동일하다.

⑤ 액면채의 경우에 이자수익률은 시간의 경과와 무관하게 항상 일정한 양(+)의 값을 가지며 이는 액면이자율과 동일하다. 시장가격이 액면금액과 일치하는 액면채는 시간의 경과와 무관하게 채권가격이 변동되지 않기 때문에 자본이득률은 0이다.

30 ② $\frac{\Delta P}{P_0} = -D \times \frac{1}{1+R} \times \Delta R = -4.5 \times \frac{1}{1+0.1} \times 0.1\% = -0.4091\%$

31 ② YTM = 11%: $P_0 = 63.06\text{원} + 56.81\text{원} + 51.18\text{원} + 46.11\text{원} + 634.99\text{원} = 852.15\text{원}$

YTM = 9%: $P_0' = 64.22\text{원} + 58.92\text{원} + 54.05\text{원} + 49.59\text{원} + 695.43\text{원} = 922.21\text{원}$

채권가격변화율$_A$: $\frac{\Delta P}{P_0} = \frac{922.21\text{원} - 852.15\text{원}}{852.15\text{원}} = 8.22\%$

듀레이션: $D = \frac{63.06\text{원} + 113.63\text{원} + 153.55\text{원} + 184.44\text{원} + 3{,}174.96\text{원}}{852.15\text{원}} = 4.33\text{년}$

채권가격변화율$_B$: $\frac{\Delta P}{P_0} = -D \times \frac{1}{1+R} \times \Delta R = -4.33 \times \frac{1}{1+0.11} \times (-2\%) = 7.8\%$

∴ 채권가격변화율$_A$ - 채권가격변화율$_B$ = 8.22% - 7.8% = 0.42%

32 ③ $$\frac{\Delta P}{P_0} = \frac{1}{1!} \times \frac{dP}{dR} \times \frac{1}{P_0} \times \Delta R + \frac{1}{2!} \times \frac{d^2P}{dR^2} \times \frac{1}{P_0} \times (\Delta R)^2$$

$$= -\text{수정}D \times \Delta R + \frac{1}{2} \times C \times (\Delta R)^2$$

$$= -4 \times 0.001 + \frac{1}{2} \times 50 \times 0.001^2 = -0.003975$$

33 ③ ③ 상환청구권부사채는 이자율이 상승하는 경우에 상환청구권의 행사가능성 때문에 일반사채보다 가격이 적게 하락한다. 즉, 이자율이 상승하는 경우에 상환청구권부사채의 볼록성이 일반사채에 비해 강하다.

④⑤ 수의상환사채는 이자율이 상승하는 경우에 수의상환권의 행사가능성이 적어 일반사채와 같은 볼록성을 갖지만, 이자율이 하락하는 경우에는 수의상환권의 행사가능성 때문에 음(-)의 볼록성을 갖게 된다.

34 ② ② 일반채권은 볼록성으로 인해 이자율이 상승하는 경우에 채권가격이 덜 하락하고 이자율이 하락하는 경우에 채권가격이 더 상승하므로 채권의 볼록성은 투자자에게 유리하다.

③ 이자율이 하락하면 수의상환채권의 발행자는 시장가치에 비해 낮은 금액에 채권을 상환(매입)할 수 있으므로 발행자에게는 유리할 수 있고 투자자에게는 불리할 수 있다.

④ 이자율이 상승하면 상환청구권부채권의 투자자는 시장가치에 비해 높은 금액의 상환을 받을 수 있으므로 투자자에게는 유리할 수 있고 발행자에게는 불리할 수 있다.

⑤ 단기이자율이 상대적으로 하락하고 장기이자율이 상대적으로 상승하는 상황이므로 단기채를 매입하고 장기채를 공매하는 투자전략이 그 반대전략보다 투자자에게 유리하다.

35 ③ ① 채권수익률의 하락이 예상되면 채권포트폴리오의 듀레이션을 증가시켜야 하며, 이를 위해서는 듀레이션이 긴 장기채와 액면이자율이 낮은 채권에 대한 투자를 증가시켜야 한다.

② 불편기대가설이 성립하는 경우에 장기채권에 투자하는 장기투자전략과 단기채권에 대한 반복투자전략의 투자성과는 동일할 것으로 기대되지만, 사후적인 투자성과는 다를 수 있다.

③ 볼록성으로 인해 이자율 상승에 따른 채권가격의 하락폭보다 동일 크기의 이자율 하락에 따른 채권가격의 상승폭이 더 크다.

④ 듀레이션이 만기에 정비례하는 것은 무이표채권이다.

⑤ 수익률곡선타기전략은 우상향하는 수익률곡선이 변동되지 않을 것으로 예상되거나 수익률곡선이 하향 이동할 것으로 예상되는 경우에 효과적인 투자전략이다. 예상과 달리 수익률곡선이 상향 이동하는 경우에는 채권가격의 하락에 따른 자본손실이 발생할 수도 있다.

36 ④ b. 불편기대가설이 성립하는 경우에 장기채권에 투자하는 장기투자전략과 단기채권에 대한 반복투자전략의 투자성과는 동일할 것으로 기대되지만, 사후적인 투자성과는 다를 수 있다.

c. 투자자가 수의상환위험을 부담하므로 더 높은 수익률을 요구하게 되어 수의상환조건이 있는 채권의 만기수익률이 수의상환조건이 없는 채권의 만기수익률보다 높다.

e. 무이표채권의 경우에는 듀레이션과 만기가 동일하므로 듀레이션이 만기에 정비례한다. 그러나, 이표채의 경우에는 듀레이션과 만기가 일반적으로 비례하지만 정비례하지는 않는다.

37 ③ ① 만기 1년인 국채 A에서 1년 만기 현물이자율($_0R_1$)은 10%이다.

만기 2년인 국채 B에서 2년 만기 현물이자율($_0R_2$)은 15.5%이다.

$$\frac{200\text{원}}{1+YTM}+\frac{1{,}200\text{원}}{(1+YTM)^2}=\frac{200\text{원}}{1.15}+\frac{1{,}200\text{원}}{1.15^2}=1{,}081.29\text{원}$$

$$=\frac{200\text{원}}{1+{}_0R_1}+\frac{1{,}200\text{원}}{(1+{}_0R_2)^2}=\frac{200\text{원}}{1.1}+\frac{1{,}200\text{원}}{(1+{}_0R_2)^2}$$

$\therefore\ {}_0R_2=0.155$

② 만기 3년인 무이표국채 C에서 3년 만기 현물이자율($_0R_3$)은 15.2%이다.

③ 현재 국채 C의 가격$=\dfrac{1{,}000\text{원}}{(1+{}_0R_3)^3}=\dfrac{1{,}000\text{원}}{1.152^3}=654.10\text{원}$

1년 후 국채 C의 예상가격$=\dfrac{1{,}000\text{원}}{[1+E({}_1R_3)]^2}=\dfrac{1{,}000\text{원}}{(1+{}_0R_2)^2}=\dfrac{1{,}000\text{원}}{1.155^2}=749.61\text{원}$

1년간의 예상 투자수익률$=\dfrac{749.61\text{원}}{654.10\text{원}}-1=0.146$

④ $_1f_2=\dfrac{(1+{}_0R_2)^2}{1+{}_0R_1}-1=\dfrac{1.155^2}{1.1}-1=0.2128$

⑤ $_2f_3=\dfrac{(1+{}_0R_3)^3}{(1+{}_0R_2)^2}-1=\dfrac{1.152^3}{1.155^2}-1=0.146$

38 ③ ① 이자율 하락(채권가격 상승)이 예상될 때 만기가 같은 채권의 경우 표면이자율이 낮은 채권을 매입하고 표면이자율이 높은 채권을 매도하는 것이 유리하다.

② 채권가격이 하락할 것으로 예상될 때 만기가 짧고 표면이자율이 높은 채권을 매입하고 만기가 길고 표면이자율이 낮은 채권을 매도하는 것이 유리하다.

④ 경기가 불황에서 호황으로 전환(스프레드 축소)될 때 회사채를 매입하고 국채를 매도하는 것이 유리하다.

⑤ 동일한 위험과 만기를 갖는 동종채권들이 일시적으로 서로 다른 가격으로 거래될 때 높은 수익률(낮은 가격)의 채권을 매입하고 낮은 수익률(높은 가격)의 채권을 매도하는 것이 유리하다.

39 ⑤ a. ${}_0i_{t-1}<{}_0i_t$인 경우: ${}_0i_{t-1}<{}_0i_t<{}_{t-1}f_t$

c. 볼록성은 듀레이션이 증가함에 따라 체증적으로 증가한다. 따라서 액면이자율이 낮은 채권일수록 듀레이션이 길고 볼록성이 크다.

d. 수의상환조건과 상환청구권은 모두 채권의 듀레이션을 감소시킨다.

e. $D_A\times A=2.5\times 1{,}400\text{억 원}=D_L\times L=D_L\times 1{,}000\text{억 원}$

$\therefore\ D_L=3.5$

40 ③ $D_A \times A$ = 4년 × 1,000억원 > $D_L \times L$ = 5년 × 700억원

이자율이 상승하는 경우에 자산가치 감소액이 부채가치 감소액보다 커서 순자산가치가 감소될 위험이 있다. 따라서 자산의 시장가치 또는 자산의 듀레이션을 감소시키거나, 부채의 시장가치 또는 부채의 듀레이션을 증가시켜야 금리 상승위험에서 면역화될 수 있다.

41 ① 총자산 100조원 = 부채 92조원 + 자기자본 8조원(∵ 자기자본비율 = 8%)

$\Delta A = -D_A \times \frac{1}{1+R} \times A \times \Delta R = -6\text{년} \times \frac{1}{1.08}$ × 100조원 × 0.01 = -5.5556조원

$\Delta L = -D_L \times \frac{1}{1+R} \times L \times \Delta R = -4\text{년} \times \frac{1}{1.08}$ × 92조원 × 0.01 = -3.4074조원

∴ 순자산가치의 변동액 $= \Delta A - \Delta L$ = -5.5556조원 - (-3.4074조원) = -2.148조원

42 ③ $D_L = \frac{3.2625\text{억원} \times 0.9650}{90\text{억원}} \times 0.5 + \frac{3.2625\text{억원} \times 0.9313}{90\text{억원}} \times 1.0 + \frac{3.2625\text{억원} \times 0.8987}{90\text{억원}} \times 1.5$

$+ \frac{93.2625\text{억원} \times 0.8672}{90\text{억원}} \times 2.0$ = 1.9년

면역화 조건: $D_A \times A = D_A^* \times 100\text{억원} = D_L \times L = 1.9\text{년} \times 90\text{억원}$

∴ $D_A^* = 1.71\text{년}$

43 ② ① 자산의 듀레이션: $D_A = \frac{100\text{억원} \times 0 + 500\text{억원} \times 1.2 + 400\text{억원} \times 6.0}{1{,}000\text{억원}} = 3.0\text{년}$

부채의 듀레이션: $D_L = \frac{600\text{억원} \times 1.0 + 300\text{억원} \times 5.5}{900\text{억원}} = 2.5\text{년}$

② 듀레이션 갭 $= D_A - D_L \times \frac{L}{A} = 3.0 - 2.5 \times \frac{900\text{억원}}{1{,}000\text{억원}} = 0.75\text{년}$

③ $D_A \times A = 3.0 \times 1{,}000\text{억원} > D_L \times L = 2.5 \times 900\text{억원}$인 상황이므로 금리가 상승하면 자산가치의 감소분이 부채가치의 감소분보다 커서 자기자본가치가 감소한다.

④ $D_A \times A = 3.0 \times 1{,}000\text{억원} > D_L \times L = 2.5 \times 900\text{억원}$인 상황이므로 금리가 하락하면 자산가치의 증가분이 부채가치의 증가분보다 커서 자기자본가치가 증가한다.

⑤ 순자산가치 면역전략($D_A \times A = D_L \times L$)은 듀레이션 갭$\left(D_A - D_L \times \frac{L}{A}\right)$이 0이 되도록 하는 포트폴리오관리기법이다.

44 ④ ① 이표채권(A, B)의 듀레이션은 잔존만기(3년)보다 짧다.

② 무이표채권(C)의 듀레이션은 잔존만기(3년)와 동일하다.

③ 다른 조건이 동일한 경우에 표면이자율이 높을수록 채권의 가격은 높다.

④ 표면이자율이 낮을수록 듀레이션이 길기 때문에 채권 A, B, C 듀레이션의 크기는 $D_B < D_A < D_C$이다. 시장이자율이 상승하는 경우에 듀레이션이 가장 긴 채권 C의 가격 하락률이 가장 크다.

⑤ 무이표채권을 매입한 후 만기까지 보유하면 재투자위험과 가격위험이 없기 때문에 채무불이행이 발생되지 않는 한 (약속된) 만기수익률이 실현될 수 있다. 따라서 3년 동안 현재의 만기수익률과 동일한 연 12%의 수익률을 달성하기 위해서는 무이표채권인 채권 C를 구입해야 한다.

45 ① ① 채권의 듀레이션이 목표투자기간보다 짧은 경우에는 가격위험보다 재투자위험이 크다.

③ 면역전략을 통해 제거되는 위험은 이자율위험이기 때문에 채무불이행위험이나 수의상환위험은 면역전략을 통해서 통제할 수 없다.

④ 듀레이션만을 이용하는 면역전략은 채권가격과 이자율 간의 비선형관계인 볼록성을 반영하지 못한다.

46 ④ 이자율위험을 제거하기 위해서는 목표투자기간과 채권의 듀레이션이 일치되어야 한다.

$$P_0 = \frac{20{,}000\text{원}}{1.15} + \frac{120{,}000\text{원}}{1.15^2} = 108{,}128.54\text{원}$$

$$D = \left(\frac{20{,}000\text{원}}{1.15} \times 1 + \frac{120{,}000\text{원}}{1.15^2} \times 2\right) \times \frac{1}{108{,}128.54\text{원}} = 1.84\text{년}$$

47 ① ① 만기가 긴 채권일수록 이자율 변동에 따른 채권가격의 변동폭이 크지만, 그 변동폭은 체감적으로 증가한다. 즉, 채권 A와 채권 B의 가격 하락폭의 차이는 채권 B와 채권 C의 가격 하락폭의 차이보다 크다.

④⑤ 시간이 경과하거나 시장이자율이 변동하면 듀레이션이 변화하므로 면역화를 유지하기 위해서는 채권포트폴리오를 지속적으로 재조정해야 한다.

48 ② ① 무이표채의 경우 만기와 듀레이션이 정비례한다.

② 시간이 경과하거나 이자율이 변동하면 듀레이션이 변동하므로 면역화된 상태를 유지하기 위해서는 지속적인 포트폴리오의 재조정이 필요하다.

⑤ 연간 이자지급횟수가 m회인 영구채의 듀레이션 $= \dfrac{1+\dfrac{R}{m}}{\dfrac{R}{m}} \times \dfrac{1}{m} = \dfrac{1+\dfrac{R}{m}}{R}$

제12장

선물가격의 결정과 투자전략

핵심 이론 요약

객관식 연습문제

정답 및 해설

핵심 이론 요약

01 선물거래자의 손익

(1) 선물거래자의 만기손익

① 선물매입자의 만기손익

- $S_T - F_0$: 선물매입자는 기초자산의 가격이 상승하면 이득

② 선물매도자의 만기손익

- $F_0 - S_T$: 선물매도자는 기초자산의 가격이 하락하면 이득

(2) 선물거래자의 만기이전손익

① 선물매입자의 만기이전손익

- $F_t - F_0$: 선물매입자는 선물가격이 상승하면 이득

② 선물매도자의 만기이전손익

- $F_0 - F_t$: 선물매입자는 선물가격이 하락하면 이득

02 균형선물가격

(1) 현물 - 선물등가식(spot - futures parity)

① 현물 - 선물등가식과 포지션 복제

- $F_0 = S_0 \times (1 + R_f)^T$
- 선물 매입 = 현물 매입 + 차입
- 현물 매입 = 선물 매입 + 대출
- 대출 = 현물 매입 + 선물 매도

② 선물가격이 과대평가된 경우의 차익거래

- 차익거래전략: 선물 매도 + 현물 매입 + 차입
- 차익거래에 따른 시장상황의 변화: 선물가격 하락 + 현물가격 상승

③ 선물가격이 과소평가된 경우의 차익거래

- 차익거래전략: 선물 매입 + 현물 매도 + 대출
- 차익거래에 따른 시장상황의 변화: 선물가격 상승 + 현물가격 하락

(2) 보유비용모형

① 보유비용(C)과 보유수익(D)의 금액과 발생시점을 알 수 있는 경우

- $F_0 = S_0 \times (1+R_f)^T + C_T - D_T = [S_0 + PV(C) - PV(D)] \times (1+R_f)^T$

② 연간보유비용률(c)과 연간보유수익률(d)을 알 수 있는 경우

- $F_0 = S_0 \times [1+(R_f+c-d)]^T = S_0 \times [1+(R_f+c-d) \times \frac{T\text{월}}{12\text{월}}]$

(3) 통화선물(원달러선물)의 현물 - 선물등가식

① 현물 - 선물등가식과 포지션 복제

- $F_0 = S_0 \times \left(\frac{1+R_K}{1+R_A}\right)^T$
- 원달러선물 매입 = 원화 차입 + 달러화현물 매입 + 달러화 대출
- 원달러선물 매도 = 달러화 차입 + 달러화현물 매도 + 원화 대출

② 원달러선물가격이 과대평가된 경우의 차익거래

- 차익거래전략: 선물 매도 + 현물 매입 + 원화 차입 + 달러화 예금
- 시장상황의 변화: 선물환율 하락 + 현물환율 상승 + 한국이자율 상승 + 미국이자율 하락

③ 원달러선물가격이 과소평가된 경우의 차익거래

- 차익거래전략: 선물 매입 + 현물 매도 + 달러화 차입 + 원화 예금
- 시장상황의 변화: 선물환율 상승 + 현물환율 하락 + 미국이자율 상승 + 한국이자율 하락

03 선물가격과 기대현물가격 간의 관계

① 선물가격과 기대현물가격 간의 관계

- 기대가설: $F_0 = E(S_T)$
- 콘탱고가설: $F_0 > E(S_T)$
- 정상적 백워데이션가설: $F_0 < E(S_T)$

② CAPM 성립 가정 시

- $k = R_f + [E(R_m) - R_f] \times \beta_i$
- $S_0 = \frac{E(S_T)}{(1+k)^T}$
- $F_0 = S_0 \times (1+R_f)^T = \frac{E(S_T)}{(1+k)^T} \times (1+R_f)^T = E(S_T) \times \left(\frac{1+R_f}{1+k}\right)^T$
- $\beta_i > 0$인 경우: $k > R_f$, $F_0 < E(S_T)$ ➔ 정상적 백워데이션가설 지지

04 헤지를 위한 선물거래에서의 포지션

(1) 주식선물을 이용한 헤지

① [주식보유(매입) = 미래 주식 처분 예정]의 경우

- 미래의 주가 하락위험 부담 ➜ 주식선물 매도

② [주식공매 = 미래 주식 매입 예정]의 경우

- 미래의 주가 상승위험 부담 ➜ 주식선물 매입

(2) 채권선물을 이용한 헤지

① [채권보유(매입) = 미래 채권 처분 예정]의 경우

- 미래의 이자율 상승(채권가격 하락)위험 부담 ➜ 채권선물 매도

② [채권공매 = 미래 채권 매입 예정]의 경우

- 미래의 이자율 하락(채권가격 상승)위험 부담 ➜ 채권선물 매입

③ [미래 차입예정 = 미래 채권 발행 예정]의 경우

- 미래의 이자율 상승(채권가격 하락)위험 부담 ➜ 채권선물 매도

(3) 통화선물을 이용한 헤지

① [미래 외화(달러화) 수취 예정 = 미래 달러화 처분 예정]인 한국의 수출기업

- 미래의 원달러환율 하락 시 손실 ➜ 원달러선물 매도

② [미래 외화(달러화) 지급 예정 = 미래 달러화 매입 예정]인 한국의 수입기업

- 미래의 원달러환율 상승 시 손실 ➜ 원달러선물 매입

05 선물을 이용한 헤지거래

(1) 헤지전략 - 채권보유포지션으로 전환하는 방식

① 선물 만기일의 지급액 또는 수취액 확정

② 충족조건: (헤지대상 = 선물의 기초자산) & (포지션 청산시점 = 선물의 만기일)

③ 이용할 선물의 계약수

- $N_F = \text{현물수량 기준} = \dfrac{\text{현물수량}}{\text{선물 1계약의 거래단위수량}}$

④ 주가지수펀드를 보유하고 있는 경우

- $N_F = \dfrac{\text{현물보유금액}}{\text{현물주가지수} \times \text{거래승수}}$

(2) 헤지전략 - 보유현물의 가치변동위험을 최소화하는 방식

① 현물가격 변동액과 선물가격 변동액이 일치($\Delta S = \Delta F$)하는 경우

- 현물수량과 동일 수량에 대한 선물을 이용한 완전헤지 가능

② ΔS과 ΔF 간에 완전한 정의 상관관계가 있는 경우

- 현물가격 변동액과 선물가격 변동액 간의 민감도를 이용한 완전헤지 가능

③ 불완전헤지 시 가격 변동액 기준 최소분산헤지비율

- $HR = -\dfrac{\Delta S}{\Delta F} = -\dfrac{Cov(\Delta S,\ \Delta F)}{Var(\Delta F)}$

④ 불완전헤지 시 가격 변동률 기준 최소분산헤지비율

- $HR = -\dfrac{\Delta S}{\Delta F} = -\dfrac{Cov(R_S,\ R_F)}{Var(R_F)} \times \dfrac{S_0}{F_0} = -\beta_{SF} \times \dfrac{S_0}{F_0}$

⑤ 최소분산헤지 시 이용할 선물의 계약수

- $N_F = HR \times \dfrac{\text{현물보유수량}}{\text{선물 1계약의 거래단위수량}} = -\dfrac{\text{현물보유금액}}{\text{선물 1계약의 가격}} \times \beta_{SF}$

⑥ 주가지수선물을 이용한 베타헤지 시 이용할 선물의 계약수

- $N_F = -\dfrac{\text{현물보유금액}}{\text{선물지수} \times \text{거래승수}} \times \beta_{\text{보유현물}}$

⑦ 주가지수선물을 이용한 목표베타관리

- $N_F = \dfrac{\text{현물보유금액}}{\text{선물지수} \times \text{거래승수}} \times (\beta_{\text{목표}} - \beta_{\text{보유현물}})$

⑧ 선물을 이용한 베타와 듀레이션 조정

- 주식포트폴리오의 베타를 증가시키고자 하는 경우: 주가지수선물 매입
- 주식포트폴리오의 베타를 감소시키고자 하는 경우: 주가지수선물 매도
- 채권포트폴리오의 듀레이션을 증가시키고자 하는 경우: 채권선물 매입
- 채권포트폴리오의 듀레이션을 감소시키고자 하는 경우: 채권선물 매도

객관식 연습문제

01 (주)베타의 현재 주가는 10,000원이다. 이 주식을 기초자산으로 하며 만기가 6개월인 선물이 선물시장에서 11,000원에 거래되고 있다. 이 기업은 앞으로 6개월간 배당을 지급하지 않으며 현물 및 선물의 거래에 따른 거래비용은 없다고 가정한다. 무위험이자율인 연 10%로 대출과 차입이 가능할 때 차익거래에 관한 다음의 설명 중 옳은 것은? CPA 08

① [주식 공매 + 대출 + 선물 매입] 전략을 이용해 차익거래이익을 얻을 수 있다.
② [주식 공매 + 차입 + 선물 매입] 전략을 이용해 차익거래이익을 얻을 수 있다.
③ [주식 매입 + 대출 + 선물 매도] 전략을 이용해 차익거래이익을 얻을 수 있다.
④ [주식 매입 + 차입 + 선물 매도] 전략을 이용해 차익거래이익을 얻을 수 있다.
⑤ 차익거래 기회가 없다.

02 주식 A는 현재 주가가 30,000원이고 주식 A를 기초자산으로 하는 만기 2년인 선물 계약이 37,000원에 거래되고 있다. 주식 A는 배당금을 지급하지 않으며, 현물 및 선물의 거래에 따른 거래비용 또는 보유비용이 없다. 무위험이자율 10%로 대출과 차입을 할 수 있을 때 (a) 차익거래전략과 (b) 차익거래이익에 가장 가까운 것은? CPA 23

	(a) 차익거래전략	(b) 차익거래이익
①	주식 매입 + 선물 매도 + 차입	700원
②	주식 매입 + 선물 매도 + 대출	4,000원
③	주식 매입 + 선물 매도 + 차입	4,000원
④	주식 매입 + 선물 매도 + 대출	700원
⑤	주식 공매 + 선물 매입 + 대출	4,000원

03 현재 KOSPI200 지수는 75.00포인트이고, 만기 3개월물 KOSPI200 선물지수는 76.00포인트에 거래되고 있다. KOSPI200 지수를 구성하는 주식들의 평균배당수익률은 연 4%이고, 무위험이자율은 연 8%이다. 이런 시장상황에서 지수차익거래가 가능한가? 가능하다면 차익거래의 결과 어떠한 변화가 예상되는가? (차익거래와 관련된 모든 거래비용은 무시하기로 한다) CPA 03

① 차익거래가 불가능하다.
② 차익거래에 의해 KOSPI200 지수와 3개월물 KOSPI200 선물가격이 상승한다.
③ 차익거래에 의해 KOSPI200 지수가 상승하고, 3개월물 KOSPI200 선물가격이 하락한다.
④ 차익거래에 의해 KOSPI200 지수와 3개월물 KOSPI200 선물가격이 하락한다.
⑤ 차익거래에 의해 KOSPI200 지수가 하락하고, 3개월물 KOSPI200 선물가격이 상승한다.

04 펀드매니저 A는 10억원 규모로 KOSPI200 지수와 상관계수가 1인 주식인덱스펀드(index fund)를 6개월간 구성하여 운영하려고 한다. 그러나 인덱스펀드의 관리에 어려움을 경험한 펀드매니저 B는 인덱스펀드 대신 만기까지 6개월 남은 KOSPI200 지수선물 20계약과 연 수익률 6%이고 6개월 만기인 채권을 10억원 매입하였다. 두 펀드매니저의 펀드 운용결과가 향후 시장의 등락에 관계없이 동일하려면 B는 얼마의 가격에 선물을 매입하여야 하는가? (수수료 및 증거금을 포함한 거래비용은 없으며 채권은 무위험으로 가정함) CPA 02

• KOSPI200 지수 = 100pt.	• 무위험금리 = 연 6%
• 지수종목주식 기대배당수익률 = 연 4%	• 선물승수 = 50만원/pt.

① 97pt. ② 99pt. ③ 101pt.
④ 103pt. ⑤ 105pt.

05 현재 자본시장에서는 무위험자산이 존재하고, 유가증권가격은 자본자산가격결정모형(CAPM)에 의해 결정되며, 선물가격은 현물 - 선물패리티(parity)에 따라 결정된다. 배당 지급이 없는 유가증권의 선물가격과 기대현물가격(expected spot price) 간의 관계에 대한 다음 설명 중 타당한 것은? CPA 99

① 정(+)의 체계적 위험을 지닌 유가증권의 경우 선물가격은 기대현물가격보다 높다.
② 정(+)의 체계적 위험을 지닌 유가증권의 경우 선물가격은 기대현물가격과 동일하다.
③ 정(+)의 체계적 위험을 지닌 유가증권의 경우 선물가격은 기대현물가격보다 낮다.
④ 부(-)의 체계적 위험을 지닌 유가증권의 경우 선물가격은 기대현물가격과 동일하다.
⑤ 부(-)의 체계적 위험을 지닌 유가증권의 경우 선물가격은 기대현물가격보다 낮다.

06 분기별 시장포트폴리오의 기대수익률이 6%이고, 무위험이자율이 4%이다. 3개월 후에 만기일이 도래하는 주가지수선물이 거래되고 있으며, 3개월 후인 만기일의 기대주가지수가 200p인 경우에 주가지수선물의 균형가격은 얼마인가? CPA 96

① 195.89p ② 196.23p ③ 197.52p
④ 198.88p ⑤ 199.43p

07 선물에 관한 설명으로 가장 적절하지 않은 것은? CPA 22

① 선물가격과 현물가격의 차이를 베이시스(basis)라고 하는데 만기일이 가까워지면 베이시스는 점점 작아지고 만기일에는 선물가격과 현물가격이 같게 된다.
② 현물 - 선물등가식(spot - future parity)이 성립하는 경우 효율적인 시장에서는 차익거래의 기회가 존재하지 않는다.
③ 선물가격은 보유비용(cost of carry)만큼 현물가격과 차이가 발생하는데 이때의 보유비용에는 현물구입자금에 대한 기회비용인 이자비용뿐만 아니라 현물의 보관비용도 포함된다.
④ 선물의 가격이 미래의 기대현물가격보다 높게 형성되었다가 만기일에 접근하면서 기대현물가격에 일치해간다는 가설은 정상적 백워데이션(normal backwardation)가설이다.
⑤ 명목이자율이 국내보다 높은 외화의 경우 균형상태에서 원/외화 선물환율이 현물환율보다 낮다.

08 현재 미국 달러화에 대한 원화의 환율이 1달러에 1,240원이고, 미국과 한국의 연간 명목이자율은 각각 6%와 8%이다. 차익거래(재정거래)기회가 존재하지 않기 위해서는 1년 만기의 균형선물환율이 얼마로 정해져야 하는가? (소수점 이하는 반올림할 것) CPA 99

① 1,217원 ② 1,240원 ③ 1,263원
④ 1,314원 ⑤ 1,339원

09 현재 미국의 $1에 대해서 현물환율은 1,000원이고 1년 만기 선물환율은 1,020원이다. 무위험이자율은 한국에서 연 5%이고 미국에서는 연 2%이다. 무위험이자율로 차입과 대출이 가능하고 거래비용이 없을 때, 차익거래의 방법으로 가장 적절한 것은? CPA 17

① 선물 매수, 달러 차입, 원화로 환전, 원화 대출
② 선물 매수, 원화 차입, 달러로 환전, 달러 대출
③ 선물 매도, 달러 차입, 원화로 환전, 원화 대출
④ 선물 매도, 원화 차입, 달러로 환전, 달러 대출
⑤ 선물 매도, 원화 차입, 달러로 환전, 원화 대출

10 외환시장과 금리시장에서 거래가 자유롭다. 원화표시와 달러화표시의 1년 만기 무위험할인채권의 가격이 각각 액면의 80%, 90%이고, 외환시장에서 현재 달러당 원화의 환율이 1,500원이라면, 달러화에 대한 원화의 만기 1년의 선물환율은 얼마인가? CPA 98

① 1,333원/$ ② 1,433원/$ ③ 1,583원/$
④ 1,633원/$ ⑤ 1,688원/$

11 한국의 90일 만기 국채의 만기수익률은 연 5%이며, 180일 만기 국채의 만기수익률은 연 6%이다. 미국의 90일 만기 국채의 만기수익률은 연 5%이며, 180일 만기 국채의 만기수익률은 연 5.5%이다. 이자율평가설(interest rate parity theory)이 성립한다고 가정하면 다음 중 가장 옳은 것은? CPA 07

① 현물환율과 90일 선물환율이 동일하다.
② 현물환율과 180일 선물환율이 동일하다.
③ 90일 선물환율과 180일 선물환율이 동일하다.
④ 주어진 정보로는 현물환율과 선물환율의 크기를 비교할 수 없다.
⑤ 한국 국채의 수익률곡선은 우하향 모양을 띠게 된다.

12 배당을 지급하지 않는 주식 A의 현재 가격은 10달러이다. 현재 환율은 1달러당 1,100원이고, 달러화에 대한 무위험이자율은 1%이며, 원화에 대한 무위험이자율은 3%이다. 주식 A를 1년 후에 원화로 구입하는 선도계약이 가능할 때, 선도가격에 가장 가까운 것은? (단, 무위험이자율로 차입과 대출이 가능하고, 공매도가 허용되며, 거래비용과 차익거래기회가 없다) CPA 21

① 10,786원 ② 11,000원 ③ 11,110원
④ 11,330원 ⑤ 11,443원

13 현재 시장에 액면금액이 100,000원으로 동일한 채권들의 만기와 시장가격, 그리고 표면이자율은 다음과 같다.

채권	만기	시장가격	표면이자율
A	1년	90,909원	0%
B	2년	79,719원	0%
C	2년	100,000원	12%

다음의 설명 중 가장 적절하지 않은 것은? (단, 거래비용은 없으며, 기대가설이 성립한다고 가정한다. 소수점 첫째 자리에서 반올림한다) CPA 23

① 1년 만기 현물이자율은 10%이다.
② 1년 후 시점의 1년 만기 선도이자율은 14%이다.
③ 채권 B를 기초자산으로 하는 1년 만기 선물의 균형가격은 87,719원이다.
④ 채권 C를 100개 매입한다고 가정하면 채권 A와 채권 B로 구성한 포트폴리오를 이용하여 19,436원의 차익거래이익을 얻을 수 있다.
⑤ 채권 C의 균형가격은 97,089원이다.

14 선물을 이용한 다음의 헤지거래 중 가장 잘못된 것은? CPA 00

① 1개월 후에 자금을 차입하려고 하는 기업이 금리선물을 매입하였다.
② 인덱스펀드(index fund)를 보유한 투자자가 주가지수선물을 매도하였다.
③ 2개월 후에 상대국통화로 수출대금을 수취하게 되는 수출업자가 상대국통화선물을 매도하였다.
④ 3개월 후에 채권을 매입하려고 하는 투자자가 금리선물을 매입하였다.
⑤ 보유현물과 동일하지 않으나 정(+)의 상관계수가 큰 선물을 매도하였다.

15 선물가격과 현물가격 간의 완전헤지가 되기 위한 조건은? CPA 93

① 선물과 현물가격 간에 완전한 정의 상관관계가 존재하여야 한다.
② 미래에 채권을 구입하고자 할 때 이자율의 하락이 예상되어야 한다.
③ 미래 현물시장에서 금리가 하락할 것을 예상하여 현물시장에서 채권의 매입포지션을 취하였을 경우 선물을 매도하는 포지션을 취하여야 한다.
④ 선물과 현물가격 간에 완전한 부의 상관관계가 존재하여야 한다.
⑤ 채권가격의 상승 시 현물시장에서 채권의 매도포지션을 취하였을 경우 선물을 매입하는 포지션을 취하여야 한다.

16 현재는 9월 30일이다. 한 달 후 A항공은 항공기 연료로 사용되는 100만배럴의 제트유가 필요하며, 12월에 만기가 도래하는 난방유선물을 이용하여 가격 변동위험을 헤지하기로 하였다. 분산으로 측정되는 헤지포지션의 위험을 최소화하기 위해 과거 24개월 동안의 역사적 자료를 이용하여 최소분산헤지비율을 구하였다. 최소분산헤지비율을 계산하기 위해 월별 현물가격의 변화를 월별 선물가격의 변화에 대해 회귀분석한 결과의 일부를 다음의 표에 제시하였다. 난방유선물 1계약 단위가 42,000배럴일 때, A항공이 취해야 할 전략으로 가장 적절한 것은? CPA 12

	분산	표준편차	공분산	상관계수
선물가격 변화액	0.00148	0.03841	0.00105	0.69458
현물가격 변화액	0.00155	0.03936		

① 난방유선물 13계약 매입
② 난방유선물 15계약 매도
③ 난방유선물 17계약 매입
④ 난방유선물 19계약 매도
⑤ 난방유선물 21계약 매입

17 연간 무위험이자율이 5%이며, 시장이자율이 15%인 경제사회에서, 보유 중인 갑주식(400주, 주당 시가 800원)의 베타계수는 1.5이다. 선물승수는 1p당 500원이고, 선물가격은 300p인 경우에 주식 가격 변동으로 인한 위험을 회피하기 위하여 매도하여야 할 선물계약수는? CPA 96

① 3.0계약 ② 3.2계약 ③ 5.4계약
④ 6.2계약 ⑤ 6.8계약

18 투자자 갑은 다음과 같은 주식포트폴리오를 보유하고 있다. 이 포트폴리오를 현재 선물가격이 200 포인트인 KOSPI200 주가지수선물을 이용하여 헤지하고자 한다. 단순헤지비율(naive hedge ratio)을 이용해 100% 헤지하기 위한 선물계약수와 최소분산헤지비율(minimum variance hedge ratio)을 이용하여 헤지하기 위한 선물계약수를 계산하였다. 이때, 최소분산헤지비율에 의한 선물계약수는 단순헤지비율에 의한 선물계약수의 몇 배인가? 가장 가까운 것을 선택하라. (단, 단순헤지비율은 현물과 선물을 1 : 1 비율로 헤지하는 것으로 주식포트폴리오의 시가총액을 주가지수선물 가치로 나눈 것이고, KOSPI200 주가지수선물의 거래승수는 1포인트당 50만원이다) CPA 13

주식	주당 주식가격	보유주식수	베타계수
A	20,000원	2,000주	1.5
B	40,000원	1,000주	1.2
C	10,000원	2,000주	0.8

① 0.8배 ② 0.9배 ③ 1.0배
④ 1.2배 ⑤ 1.5배

19 우리나라의 주가지수선물(KOSPI200 futures)거래에 관한 다음의 설명 중 옳지 않은 것은?

CPA 97

① 주가지수선물은 지수에 일정금액을 곱하는 방법을 통해 인위적으로 가치를 부여한다.
② 표준화된 계약으로 일일정산된다.
③ 주가지수선물을 매입한 경우 만기에 주식을 현물로 인도받는다.
④ 투자자는 주가지수선물거래를 통하여 주가지수의 체계적 위험을 줄일 수 있다.
⑤ 매입자에게 발생하는 손익은 매도자의 손익과 정확하게 상쇄된다.

20 펀드매니저 K는 1,000억원 규모의 주식포트폴리오에 대해 1년간 관리하는 임무를 부여받았다. 현재 이 주식포트폴리오의 베타는 1.5이다. K는 향후 약세장을 예상하고 주가지수선물을 이용하여 이 주식포트폴리오의 베타를 1.0으로 줄이려고 한다. 1년 만기를 갖는 주가지수선물의 현재 지수가 80.0포인트(1포인트당 50만원)라고 할 때, 어떻게 해야 하는가? CPA 01

① 1,250계약 매입 ② 1,250계약 매도 ③ 2,500계약 매입
④ 2,500계약 매도 ⑤ 3,750계약 매입

정답 및 해설

정답

01	④	02	①	03	③	04	③	05	③	06	②	07	④	08	③	09	①	10	⑤
11	①	12	④	13	⑤	14	①	15	①	16	③	17	②	18	④	19	③	20	②

해설

01 ④ 균형 $F_0 = S_0 \times (1+R_f)^T = 10{,}000\text{원} \times (1+0.1\times\frac{6}{12}) = 10{,}500\text{원}$

차익거래전략(선물가격 과대평가): 현물(주식) 매입 + 차입 + 선물 매도

02 ① 균형 $F_0 = S_0 \times (1+R_f)^T = 30{,}000\text{원} \times 1.1^2 = 36{,}300\text{원}$

차익거래전략(선물가격 과대평가): 현물(주식) 매입 + 선물 매도 + 차입

차익거래이익(선물만기시점 기준): 37,000원 − 36,300원 = 700원

03 ③ 균형 $F_0 = S_0 \times \left[1+(R_f-d)\times\frac{T\text{월}}{12\text{월}}\right] = 75p \times \left[1+(0.08-0.04)\times\frac{3}{12}\right] = 75.75p$

차익거래전략(선물가격 과대평가): 선물 매도 + 현물 매입 + 차입

시장상황의 변화: 선물가격 하락 + 현물가격(KOSPI200 지수) 상승

04 ③ 현물매입 = 선물 매입 + 대출(무위험채권 매입)

균형선물가격으로 지수펀드의 규모에 상응하는 주가지수선물을 매입하고 동 금액을 무위험채권에 투자하면 지수펀드를 매입하는 것과 동일한 운용결과를 가져올 수 있다.

매입할 선물계약수: $N_F = \frac{\text{현물보유금액}}{\text{현물지수}\times\text{거래승수}} = \frac{10\text{억원}}{100pt.\times 500{,}000\text{원}} = 20\text{계약}$

무위험채권 투자금액 = 지수펀드의 현재가치 = 10억원

균형 $F_0 = S_0 \times \left[1+(R_f-d)\times\frac{T\text{월}}{12}\right] = 100pt. \times [1+(0.06-0.04)\times\frac{6}{12}] = 101pt.$

05 ③ $F_0 = S_0 \times (1+R_f)^T = \frac{E(S_T)}{(1+k)^T} \times (1+R_f)^T = E(S_T) \times \left(\frac{1+R_f}{1+k}\right)^T$

단, $k = R_f + [E(R_m) - R_f] \times \beta$

- $\beta > 0$인 경우: $k > R_f$이므로 $F_0 < E(S_T)$
- $\beta < 0$인 경우: $k < R_f$이므로 $F_0 > E(S_T)$

06 ② 균형 $F_0 = E(S_T) \times \left(\frac{1+R_f}{1+k}\right)^T = 200p \times \frac{1.04}{1.06} = 196.23p$

07 ④ ④ 선물의 가격이 미래의 기대현물가격보다 높게 형성되었다가 만기일에 접근하면서 기대현물가격에 일치해간다는 가설은 콘탱고(contango)가설이다.

⑤ $F_0 = S_0 \times \frac{1+R_K}{1+R_A}$에서 $R_K < R_A$인 경우에는 $F_0 < S_0$이다.

08 ③ 균형 $F_0 = S_0 \times \frac{1+R_K}{1+R_A} = 1{,}240\text{원}/\$ \times \frac{1+0.08}{1+0.06} = 1{,}263.40\text{원}/\$$

09 ① 균형 $F_0 = S_0 \times \frac{1+R_K}{1+R_A} = 1{,}000\text{원}/\$ \times \frac{1.05}{1.02} = 1{,}029.41\text{원}/\$$

차익거래전략(선물환율 과소평가): 원달러선물 매수 + 달러 차입 + 달러화현물 매도(원화로 환전) + 원화 대출

10 ⑤ 한국의 1년 만기 무위험이자율(R_K) = $\frac{20}{80}$

미국의 1년 만기 무위험이자율(R_A) = $\frac{10}{90}$

$\therefore$ 균형 $F_0 = S_0 \times \frac{1+R_K}{1+R_A} = 1{,}500\text{원}/\$ \times \frac{1+\frac{20}{80}}{1+\frac{10}{90}} = 1{,}687.5\text{원}/\$$

11 ①
① $F_0^{90일} = S_0 \times \dfrac{1 + {}_0R_{90}^K \times \dfrac{90}{365}}{1 + {}_0R_{90}^A \times \dfrac{90}{365}} = S_0 \times \dfrac{1 + 0.05 \times \dfrac{90}{365}}{1 + 0.05 \times \dfrac{90}{365}}$

$\therefore\ F_0^{90일} = S_0$

② $F_0^{180일} = S_0 \times \dfrac{1 + {}_0R_{180}^K \times \dfrac{180}{360}}{1 + {}_0R_{180}^A \times \dfrac{180}{360}} = S_0 \times \dfrac{1 + 0.06 \times \dfrac{180}{360}}{1 + 0.055 \times \dfrac{180}{360}}$

$\therefore\ F_0^{180일} > S_0$

③④ $F_0^{180일} > F_0^{90일} = S_0$

⑤ 한국의 현물이자율이 ${}_0R_{90}^K = 5\%$, ${}_0R_{180}^K = 6\%$이므로 한국의 수익률곡선은 우상향의 형태이다.

12 ④
달러화 균형$F_0 = S_0 \times (1 + R_f)^T = \$10 \times 1.01 = \$10.1$
원화 균형$F_0 = S_0 \times (1 + R_f)^T = \$10 \times 1{,}100원/\$ \times 1.03 = 11{,}000원 \times 1.03 = 11{,}330원$

13 ⑤
① ${}_0R_1 = \dfrac{100{,}000원}{90{,}909원} - 1 = 0.1$

② ${}_0R_2 = \sqrt{\dfrac{100{,}000원}{79{,}719원}} - 1 = 0.12$

${}_1f_2 = \dfrac{(1 + {}_0R_2)^2}{1 + {}_0R_1} - 1 = \dfrac{1.12^2}{1.1} - 1 = 0.1404$

③ $F_0 = \dfrac{100{,}000원}{1 + {}_1f_2} = \dfrac{100{,}000원}{1.14} = 87{,}719.30원$

⑤ 채권 C의 균형가격$= \dfrac{12{,}000원}{1 + {}_0R_1} + \dfrac{112{,}000원}{(1 + {}_1R_2)^2} = \dfrac{12{,}000원}{1.1} + \dfrac{112{,}000원}{1.12^2}$

$= 90{,}909원 \times 0.12 + 79{,}719원 \times 1.12 = 100{,}194.36원$

④ 차익거래이익$= (90{,}909원 \times 12 + 79{,}719원 \times 112) - 100{,}000원 \times 100 = 19{,}436원$

14 ①
① 자금을 차입(채권을 발행)할 예정인 기업은 미래에 이자율이 상승하여 이자지급액이 증가할 위험(또는 채권 발행금액이 감소할 위험)을 부담하고 있으므로, 현재시점에 금리선물을 매도해야 이자율 상승위험을 헤지할 수 있다.
② 인덱스펀드를 보유하고 있는 투자자는 주가지수선물을 매도해야 보유한 펀드의 가격 하락위험을 헤지할 수 있다.
③ 미래에 외화를 수취할 예정(외화를 처분할 예정)인 기업은 상대국통화선물을 매도해야 환율(자국화/외화)의 하락위험을 헤지할 수 있다.
④ 미래에 채권을 매입할 예정인 투자자는 금리선물(채권선물)을 매입해야 이자율 하락(채권가격 상승)위험을 헤지할 수 있다.
⑤ 현물을 보유하고 있는 투자자는 관련된 선물을 매도해야 헤지효과를 달성할 수 있다. 다만, 정(+)의 상관관계가 큰 선물을 이용할수록 이러한 헤지효과는 더 커지게 된다.

15 ① ① 선물가격 변동액과 현물가격 변동액 간에 완전한 정(+)의 상관관계가 존재하는 경우 현물포지션의 가치변화와 선물포지션의 가치변화가 상쇄되도록 현물포지션과 반대되는 선물포지션을 취함으로써 완전헤지가 가능하다.
④ 선물과 현물가격 간에 부(-)의 상관관계는 존재할 수 없다.

16 ③ 헤지비율: $HR = -\frac{\Delta S}{\Delta F} = -\frac{Cov(\Delta S, \Delta F)}{Var(\Delta F)} = -\frac{0.00105}{0.00148} = -0.70946$

선물계약수: $N_F = HR \times \frac{\text{현물수량}}{\text{선물 1계약의 거래단위수량}} = -0.70946 \times \frac{1{,}000{,}000\text{배럴}}{42{,}000\text{배럴}} = -16.89$

∴ 제트유를 매입할 예정이므로 난방유선물을 17계약 매입해야 한다.

17 ② 선물계약수: $N_F = -\frac{\text{현물금액}}{\text{선물 1계약의 가격}} \times \beta_{SI} = -\frac{400\text{주} \times 800\text{원}}{300p \times 500\text{원}} \times 1.5 = -3.2$

∴ 갑주식을 보유 중이므로 선물 3.2계약을 매도해야 한다.

18 ④ $\beta_P = w_A\beta_A + w_B\beta_B + w_C\beta_C = 0.4 \times 1.5 + 0.4 \times 1.2 + 0.2 \times 0.8 = 1.24$

단순헤지 시 선물계약수: $N_F = -\frac{100{,}000{,}000\text{원}}{200\text{포인트} \times 500{,}000\text{원}} = -1\text{계약}$

최소분산헤지 시 선물계약수: $N_F = -\frac{100{,}000{,}000\text{원}}{200\text{포인트} \times 500{,}000\text{원}} \times 1.24 = -1.24\text{계약}$

∴ 최소분산헤지비율에 의한 선물계약수는 단순헤지비율에 의한 선물계약수의 약 1.2배이다.

19 ③ ② 선도계약과 달리 선물은 표준화된 계약으로 일일정산된다.
③ 기초자산(주가지수)의 실체가 없으므로 만기에 실물인수도 결제가 아닌 차액(현금)결제만 가능하다.
④ 주가지수선물을 이용해서 체계적 위험의 관리(헤지 또는 목표베타관리)가 가능하다.
⑤ 모든 선물은 zero - sum game이다.

20 ② 선물계약수: $N_F = \frac{1{,}000\text{억원}}{80\text{포인트} \times 500{,}000\text{원}} \times (1.0 - 1.5) = -1{,}250\text{계약}$

∴ 보유포트폴리오의 베타를 줄이고자 하므로 주가지수선물 1,250계약을 매도해야 한다.

제13장

옵션가격의 결정과 투자전략

핵심 이론 요약

객관식 연습문제

정답 및 해설

핵심 이론 요약

01 옵션거래의 기초개념

(1) 옵션의 구분과 특성

① 권리의 내용

- 콜옵션: 살 수 있는 권리
- 풋옵션: 팔 수 있는 권리

② 권리 행사가능시점

- 유럽식 옵션: 만기일에만 행사 가능
- 미국식 옵션: 만기일 이전에 언제든지 행사 가능

③ 권리와 의무

- 옵션 매입자: 권리만을 보유
- 옵션 매도자: 의무만을 부담

(2) 옵션의 만기일 가치와 만기손익

① 콜옵션

- 만기일 가치: $C_T = Max[0,\ S_T - X]$
- 매입자의 만기손익: $Max[0,\ S_T - X] - C_0 \times (1+R_f)^T$

② 풋옵션

- 만기일 가치: $P_T = Max[X - S_T,\ 0]$
- 매입자의 만기손익: $Max[X - S_T,\ 0] - P_0 \times (1+R_f)^T$

02 옵션가격결정의 기초

(1) 풋 - 콜등가식(put - call parity)

① 모든 조건이 동일한 콜옵션가격과 풋옵션가격 간의 균형관계식

- $S_0 + P_0 - C_0 = \frac{X}{(1+R_f)^T}$

② 합성포지션

- 주식 1주 매입 + 풋옵션 1개 매입 + 콜옵션 1개 매도 = $PV(X)$ 대출
- 주식 1주 매입 = 풋옵션 1개 매도 + 콜옵션 1개 매입 + $PV(X)$ 대출

③ 불균형을 이용한 차익거래

- $S_0 + P_0 - C_0 < PV(X)$: 주식 1주 매입 + 풋옵션 1개 매입 + 콜옵션 1개 매도 + $PV(X)$ 차입
- $S_0 + P_0 - C_0 > PV(X)$: 주식 1주 공매 + 풋옵션 1개 매도 + 콜옵션 1개 매입 + $PV(X)$ 대출

(2) 옵션가격의 범위

① 콜옵션가격의 범위

- 하한: $C_0 \geq Max[0,\ S_0 - PV(X)]$
- 상한: $C_0 \leq S_0$
- $C_0 < [S_0 - PV(X)]$인 경우: 콜옵션 1개 매입 + 주식 1주 공매 + $PV(X)$ 대출

② 풋옵션가격의 범위

- 하한: $P_0 \geq Max[0,\ PV(X) - S_0]$
- 상한: $P_0 \leq PV(X)$
- $P_0 < [PV(X) - S_0]$인 경우: 풋옵션 1개 매입 + 주식 1주 매입 + $PV(X)$ 차입

(3) 옵션가격의 구성요소

① 기초자산의 현재가격과 옵션의 행사가격 간의 관계

구분	내가격	등가격	외가격
콜옵션	$S_0 > X$	$S_0 = X$	$S_0 < X$
풋옵션	$S_0 < X$	$S_0 = X$	$S_0 > X$

② 내재가치: 옵션을 당장 행사한다고 가정하는 경우의 가치

- 콜옵션의 내재가치: $Max[0,\ S_0 - X]$
- 풋옵션의 내재가치: $Max[0,\ X - S_0]$
- 등가격옵션과 외가격옵션의 내재가치 = 0

(4) 미국형 옵션

① 무배당주식에 대한 옵션의 경우

- 미국형 콜옵션은 조기행사 가능성이 없다.
- 시간가치가 (-)인 미국형 풋옵션은 조기행사하는 것이 유리하다.

② 현금배당을 고려하는 경우

- 현금배당이 미국형 콜옵션의 조기행사를 유도한다.
- 현금배당이 미국형 풋옵션의 행사를 지연시킨다.
- 미국형 콜옵션은 배당부주가 수준에서 행사한다.
- 미국형 풋옵션은 배당락주가 수준에서 행사한다.

(5) 옵션가격결정요인

<table>
<tr><th colspan="2">옵션가격결정요인</th><th colspan="3">콜옵션가격</th><th colspan="3">풋옵션가격</th></tr>
<tr><td>기초자산의 현재가격</td><td>S_0</td><td colspan="3">+</td><td colspan="3">-</td></tr>
<tr><td>옵션의 행사가격</td><td>K</td><td colspan="3">-</td><td colspan="3">+</td></tr>
<tr><td>무위험이자율</td><td>$R_f \uparrow \rightarrow PV(X) \downarrow$</td><td colspan="3">+</td><td colspan="3">-</td></tr>
<tr><td>기초자산가격의 변동성</td><td>σ^2</td><td colspan="3">+</td><td colspan="3">+</td></tr>
<tr><td>배당</td><td>$D \uparrow \rightarrow S \downarrow$</td><td colspan="3">-</td><td colspan="3">+</td></tr>
<tr><td rowspan="3">만기</td><td>$T \uparrow \rightarrow PV(X) \downarrow$</td><td>+</td><td rowspan="2">+</td><td rowspan="3">?</td><td>-</td><td rowspan="2">?</td><td rowspan="3">?</td></tr>
<tr><td>$T \uparrow \rightarrow \sigma^2 \uparrow$</td><td>+</td><td>+</td></tr>
<tr><td>$T \uparrow \rightarrow D \uparrow \rightarrow S \downarrow$</td><td colspan="2">-</td><td colspan="2">+</td></tr>
</table>

03 옵션투자전략

(1) 헤지전략

① 보호풋전략: $+1 \times S_0 + 1 \times P_0$

- 주가 하락에 따른 손실을 일정 수준으로 한정

② 방비콜전략: $+1 \times S_0 - 1 \times C_0$

- 수취한 콜옵션프리미엄으로 주가 하락에 따른 손실 축소

③ 풋 - 콜등가식전략: $+1 \times S_0 + 1 \times P_0 - 1 \times C_0$ (단, $X_P = X_C$)

- 만기일 기초자산가격과 무관하게 옵션의 행사가격(X) 확보

④ 펜스(실린더, 윈도우, 칼라)전략: $+1 \times S_0 + 1 \times P_0 - 1 \times C_0$ (단, $X_P \neq X_C$)

- 주가변동에 따른 손익의 범위를 한정

(2) 스프레드전략: 동종옵션, 반대포지션

① 수직스프레드전략: 주가의 방향성에 대한 투자
- 행사가격이 상이한 두 가지 옵션 이용
- 강세스프레드전략: 행사가격이 낮은 옵션 1개 매입 + 높은 옵션 1개 매도
- 약세스프레드전략: 행사가격이 높은 옵션 1개 매입 + 낮은 옵션 1개 매도

② 나비형스프레드전략과 샌드위치형스프레드전략: 주가의 변동성에 대한 투자
- 행사가격이 상이한 세 가지 옵션 이용
- 나비형: 행사가격이 낮은 옵션 1개 매입 + 높은 옵션 1개 매입 + 중간인 옵션 2개 매도
- 샌드위치형: 행사가격이 낮은 옵션 1개 매도 + 높은 옵션 1개 매도 + 중간인 옵션 2개 매입

③ 수평스프레드전략(만기 상이)과 대각스프레드전략(행사가격과 만기 상이)
- 시간가치의 감소효과: 일반적으로 옵션매도자에게 유리
- 옵션만기일에 근접할수록 시간가치 감소, 감소폭은 점차 증가
- 기초자산가격 변동에 따른 손익이 곡선의 형태로 실현

(3) 콤비네이션전략: 이종옵션, 동일포지션, 주가의 변동성에 대한 투자

① 스트래들전략: 행사가격이 동일한 이종옵션
- 매입: $+1\times C_0+1\times P_0$
- 매입 실행: 기초자산가격 변동이 클 것으로 예상되는 경우
- 매도: $-1\times C_0-1\times P_0$
- 매도 실행: 기초자산가격 변동이 적을 것으로 예상되는 경우

② 스트립전략: 행사가격이 동일한 이종옵션
- 매입: $+1\times C_0+2\times P_0$
- 매입 실행: 기초자산가격 변동이 크고 상승보다는 하락이 예상되는 경우

③ 스트랩전략: 행사가격이 동일한 이종옵션
- 매입: $+2\times C_0+1\times P_0$
- 매입 실행: 기초자산가격 변동이 크고 하락보다는 상승이 예상되는 경우

④ 스트랭글전략: 행사가격이 상이($X_P < X_C$)한 이종옵션
- 매입: $+1\times C_0+1\times P_0$
- 매입 실행: 기초자산가격 변동이 클 것으로 예상되는 경우
- 매입 이유: 옵션매입에 따른 프리미엄 지급액을 절약
- 매도: $-1\times C_0-1\times P_0$
- 매도 실행: 기초자산가격 변동이 적을 것으로 예상되는 경우
- 매도 이유: 행사가능성이 낮은 옵션을 매도

객관식 연습문제

01 배당을 지급하지 않는 K회사 주식에 대해 투자자는 다음과 같은 정보를 가지고 있다. 현재 상황에서 차익(arbitrage profit)을 얻기 위해 투자자가 취할 수 있는 거래전략으로 바르게 명시한 것은? (단, 거래비용은 없다고 가정한다) CPA 99

- 현재 주가 = 11,000원
- 무위험이자율 = 연 5%
- 유럽형 콜옵션 가격(행사가격: 10,500원, 잔존만기: 1년) = 1,700원
- 유럽형 풋옵션 가격(행사가격: 10,500원, 잔존만기: 1년) = 500원

① 현물주식 1주 매입, 콜옵션 1개 매도, 풋옵션 1개 매입, 10,000원 차입
② 현물주식 1주 공매, 콜옵션 1개 매입, 풋옵션 1개 매도, 10,000원 예금
③ 현물주식 1주 매입, 콜옵션 1개 매입, 풋옵션 1개 매도, 10,000원 차입
④ 현물주식 1주 공매, 콜옵션 1개 매도, 풋옵션 1개 매입, 10,000원 예금
⑤ 이 경우 차익거래기회가 존재하지 않는다.

02 배당을 지급하지 않는 주식 E를 기초자산으로 하는 유럽형 옵션을 가정한다. 주식 E의 1주당 시장가격은 현재 10,000원이다. 잔존만기 1년, 행사가격 11,000원인 유럽형 콜옵션과 풋옵션의 1계약당 프리미엄은 현재 각각 1,500원과 500원으로 차익거래기회가 존재한다. 차익거래포지션의 만기일의 현금흐름을 0으로 할 때, 현재의 차익거래이익에 가장 가까운 것은? (단, 무위험수익률은 연 10%이며 무위험수익률로 차입과 예금이 가능하다. 옵션 1계약당 거래단위(승수)는 1주이며, 차익거래포지션은 주식 E의 1주를 기준으로 구성한다) CPA 19

① 800원 ② 900원 ③ 1,000원
④ 1,100원 ⑤ 1,200원

03 현재 주가가 10,000원인 가나다주식회사의 주식 1주를 기초자산으로 하고 만기가 1년이며 행사가격이 10,000원인 유럽형 콜옵션과 풋옵션이 시장에서 거래되고 있다. 액면금액이 1,000원인 1년 만기 무위험순수할인채권의 가격은 900원이다. 현재 콜옵션의 가격이 2,000원이라면, 풋옵션의 균형가격은 얼마인가? CPA 98

① 1,000원 ② 1,500원 ③ 2,000원
④ 2,500원 ⑤ 3,000원

04 다음 상황에 관한 설명으로 가장 적절하지 않은 것은? CPA 20

> 투자자 갑은 현재 주가가 45,000원인 주식 A 1주를 보유하고 있다. 투자자 갑은 "만기일인 한 달 후에 주식 A의 가격이 50,000원 이상이면 1주를 50,000원에 투자자 갑으로부터 매입할 수 있고 50,000원 미만이면 매입하지 않아도 되는 옵션"을 투자자 을에게 7,000원에 매도하였다.

① 투자자 갑은 투자자 을에게 콜옵션을 매도하였다.
② 이 옵션은 현재 외가격상태에 있다.
③ 이 옵션의 내재가치(intrinsic value)는 5,000원이다.
④ 이 옵션의 시간가치(time value)는 7,000원이다.
⑤ 이 옵션의 행사가격은 50,000원이다.

05 유럽형 옵션의 가격 변동에 관한 다음의 설명 중 옳지 않은 것은? CPA 97

① 기초증권의 가격이 상승하면 콜옵션의 가격은 증가한다.
② 기초증권의 가격이 상승하면 풋옵션의 가격은 감소한다.
③ 기초증권의 수익률의 분산이 증가하면 콜옵션의 가격은 증가한다.
④ 기초증권의 수익률의 분산이 증가하면 풋옵션의 가격은 감소한다.
⑤ 무위험이자율이 상승하면 콜옵션의 가격은 증가한다.

06 시장은 완전하며 차익거래의 기회가 없다고 가정할 경우, 주식을 기초자산으로 하는 유럽식옵션에 관한 다음 설명 중 가장 적절하지 않은 것은? (단, 문항에서 제시한 조건 이외에 다른 조건은 모두 동일하다) CPA 06

① 주식의 가격이 증가하면 풋옵션의 가격은 하락한다.
② 행사가격이 클수록 콜옵션의 가격은 낮게 형성된다.
③ 잔존만기가 길수록 풋옵션의 가격은 높게 형성된다.
④ 무위험이자율이 증가하면 콜옵션의 가격은 증가한다.
⑤ 예상배당이 클수록 풋옵션의 가격은 높게 형성된다.

07 다음 내용 중 가장 옳지 않은 것은? CPA 07

① 콜옵션의 가격은 주식(기초자산)의 주가보다 높을 수 없다.
② 무배당주식에 대한 미국형 콜옵션의 경우 만기일 전에 권리를 행사하지 않는 것이 최적이다.
③ 무위험이자율이 상승하면 콜옵션의 가격은 하락한다.
④ 콜옵션의 가격이 행사가격보다 높을 수 있다.
⑤ 다른 조건이 일정할 경우, 콜옵션의 기초자산인 주식의 변동성이 커지면 콜옵션의 가치는 커진다.

08 배당지급이 없는 주식에 대한 옵션가격에 관한 설명으로 가장 적절하지 않은 것은? (단, C는 콜옵션의 가격, S는 주식의 현재가치, K는 옵션행사가격이고, $PV(K)$는 행사가격의 현재가치이다) CPA 12

① 유럽식 콜옵션은 권리이므로 행사의 의무를 가지지 않으며, 만기일에 영(0) 아니면 양(+)의 수익을 얻는다.
② $C \geq \max[S - PV(K),\ 0]$이다. 이 조건이 충족되지 않는 경우, 투자자는 콜옵션을 매입하고 주식을 공매도하여 얻은 자금을 무위험이자율로 투자하여 차익을 얻을 수 있다.
③ 이자율이 양(+)이면, 만기 전 미국식 콜옵션의 매도가격은 행사로부터의 이득보다 크다.
④ 외가격(out of the money)이나 등가격(at the money)옵션의 내재가치는 0이다.
⑤ 콜옵션가격의 상한선은 주식의 현재가치에서 콜옵션의 행사가격을 차감한 값이다(즉, $C \leq S - K$). 이 조건이 충족되지 않는 경우, 투자자는 콜옵션을 매도하고 주식을 매입하는 전략으로 차익을 얻을 수 있다.

09 유럽형 옵션의 이론적 가격에 관한 설명 중 가장 적절하지 않은 것은? CPA 17

① 풋옵션의 가격은 행사가격의 현재가치보다 작거나 같다.

② 배당을 지급하지 않는 주식을 기초자산으로 하는 콜옵션의 가격은 주식가격(S_0)과 행사가격(X)의 현재가치와의 차이$[S_0 - PV(X)]$보다 크거나 같다.

③ 다른 조건이 동일할 때, 배당을 지급하는 주식을 기초자산으로 하는 콜옵션의 가격은 배당을 지급하지 않는 주식을 기초자산으로 하는 콜옵션가격보다 낮거나 같다.

④ 다른 조건이 동일할 때, 배당을 지급하는 주식을 기초자산으로 하는 풋옵션의 가격은 배당을 지급하지 않는 주식을 기초로 하는 풋옵션가격보다 높거나 같다.

⑤ 다른 조건이 동일할 때, 행사가격이 높은 콜옵션의 가격은 행사가격이 낮은 콜옵션의 가격보다 높거나 같다.

10 배당을 지급하지 않은 주식의 주가를 기초자산으로 하는 유럽형 옵션(European equity options)에 대한 다음 주장 중 이론적으로 설명이 가능한 주장을 모두 골라라. (단, 1) 옵션가격이 블랙-숄즈 옵션이론가를 충실히 따르고, 2) 아직 옵션의 만기시점이 도래하지 않았으며, 3) 콜옵션과 풋옵션의 만기, 기초자산, 행사가격이 동일하다고 가정한다. 또 "시간의 경과"는 옵션 잔존만기가 짧아짐을 의미한다) CPA 09

a. 시간이 경과함에 따라 콜옵션의 가격은 상승하고 풋옵션의 가격은 하락할 수 있다.
b. 시간이 경과함에 따라 콜옵션의 가격은 하락하고 풋옵션의 가격은 상승할 수 있다.
c. 시간이 경과함에 따라 콜옵션의 가격과 풋옵션의 가격이 모두 하락할 수 있다.
d. 시간이 경과함에 따라 콜옵션의 가격과 풋옵션의 가격이 모두 상승할 수 있다.

① a, b ② a, b, c, d ③ c, d
④ a, b, c ⑤ a, b, d

11 다음 표는 어느 특정일의 코스피200 주가지수옵션 시세표 중 일부이다. 다음의 설명 중 가장 적절하지 않은 것은? (단, 만기 전 배당, 거래비용, 세금은 없다고 가정한다. 1포인트는 10만원이다)

CPA 10

(단위: 포인트, 계약)

종목	종가	전일 대비	고가	저가	거래량	미결제약정수량
코스피200	213.44	3.71	213.56	212.09	-	-
C 1003 217.5	1.99	0.78	2.17	1.43	597,323	73,427
C 1003 215.0	3.05	1.15	3.25	2.31	265,900	63,076
C 1003 212.5	4.55	1.70	4.55	3.40	57,825	44,939
C 1003 210.5	5.85	1.85	6.15	4.80	34,650	30,597
P 1003 215.0	4.55	-2.95	6.10	4.35	24,324	26,032
P 1003 212.5	3.30	-2.55	4.85	3.20	39,636	21,824
P 1003 210.5	2.40	-2.15	3.50	2.34	253,298	49,416
P 1003 207.5	1.73	-1.67	2.60	1.69	329,762	33,767

① 등가격(ATM)에 가장 가까운 종목 중 행사가격이 동일한 콜과 풋옵션의 경우 콜옵션가격이 풋옵션가격보다 비싸다.

② 행사가격이 210.5인 풋옵션 10계약을 장 중 최저가에 매입한 후 최고가에 매도하였다면 116만원의 매매차익을 얻었을 것이다.

③ 외가격(OTM)이 심한 종목일수록 거래량이 많았다.

④ 콜옵션의 경우 내가격(ITM)이 심한 종목일수록 청산되지 않고 남아있는 수량이 적었다.

⑤ 풋콜패러티(put - call parity)를 통한 계산결과, 행사가격이 212.5인 풋옵션은 과소평가되어 있다. 단, $(1 + \text{무위험수익률})^{\text{잔존기간}}$은 1.002이다.

12 CPA 파생상품 투자주식회사의 옵션운용부에서 근무하는 A부터 E까지 5명의 매니저(managers)가 다음과 같은 옵션거래전략을 구성하였다. 옵션을 발행한 기초자산(underlying assets)의 주식가격이 향후 대폭 상승할 경우에 가장 불리한 투자결과를 낳을 것으로 예상되는 매니저는 누구인가? (옵션의 행사가격들은 현재의 주가에 근접하고 있으며 동일한 주식을 기초자산으로 하고 있다고 가정함) CPA 02

A: 주식을 매입하고 매입한 주식에 대한 콜옵션을 동시에 발행
B: 행사가격이 동일한 콜을 매입하고 동시에 풋을 발행
C: 행사가격이 다른 콜과 풋을 동시에 매입
D: 행사가격이 다른 두 개의 콜 중에서 높은 행사가격을 가진 콜을 매입하고 낮은 행사가격을 가진 콜을 발행
E: 주식을 매입하고 매입한 주식에 대한 풋옵션을 동시에 매입

① A매니저 ② B매니저 ③ C매니저
④ D매니저 ⑤ E매니저

13 옵션투자전략에 관한 설명으로 가장 적절하지 않은 것은? CPA 14

① 순수포지션(naked position)전략은 한 가지 상품에만 투자한 경우로 헤지가 되어있지 않은 전략이다.
② 보호풋(protective put)전략은 기초자산을 보유한 투자자가 향후 자산가격이 하락할 경우를 대비하여 풋옵션을 매입하는 전략이다.
③ 방비콜(covered call)전략은 기초자산을 보유한 투자자가 향후 자산가격이 하락하거나 상승하지 않을 경우를 대비하여 콜옵션을 매입하는 전략이다.
④ 기초자산을 1개 매입하고 풋옵션을 1개 매입하며 콜옵션을 1개 매도하는 풋-콜패리티(put-call parity)전략을 이용하면, 만기시점의 기초자산가격과 관계없이 항상 행사가격만큼 얻게 되어 가격 변동위험을 완전히 없앨 수 있다.
⑤ 강세스프레드(bull spread)전략은 행사가격이 낮은 옵션을 매입하고 행사가격이 높은 옵션을 매도하는 전략으로 기초자산의 가격이 상승할 때 이득을 얻는 전략이다.

14 기초자산의 가격변화에 따른 옵션의 투자전략에 대한 설명 중 옳은 항목만으로 구성된 것은? CPA 10

> a. 기초자산가격의 변동에 따른 이익 및 손실의 범위를 한정하기 위해서는 칼라(collar)를 이용하면 된다.
> b. 기초자산가격이 큰 폭으로 변동할 것으로 예상되지만 방향을 알지 못하는 경우 스트랭글(strangle)을 매입하면 된다.
> c. 기초자산가격이 변화하지 않을 것으로 예상되는 경우 스트래들(straddle)을 매도하면 된다.
> d. 기초자산가격 변동에 따른 손익을 곡선의 형태로 실현하기 위해서는 수직스프레드(vertical spread)를 이용하면 된다.
> e. 기초자산가격이 큰 폭으로 변동하고 특히 하락보다는 상승이 예상되는 경우 스트립(strip)을 매입하면 된다.

① a, b, c ② a, c, d ③ a, d, e
④ b, c, e ⑤ b, d, e

15 옵션투자전략에 관한 설명으로 가장 적절하지 않은 것은? CPA 16

① 보호풋(protective put)전략과 방비콜(covered call)전략은 일종의 헤지(hedge)전략이다.
② 약세스프레드(bear spread)전략은 행사가격이 낮은 옵션을 매도하고 행사가격이 높은 옵션을 매입하는 전략이다.
③ 박스스프레드(box spread)전략은 콜옵션을 이용한 강세스프레드와 풋옵션을 이용한 약세스프레드를 결합한 전략이다.
④ 스트래들(straddle)매입전략은 만기와 행사가격이 동일한 콜옵션과 풋옵션을 동시에 매입하는 전략이다.
⑤ 스트립(strip)전략은 만기와 행사가격이 동일한 콜옵션을 2개 매입하고 풋옵션을 1개 매입하는 전략이다.

16 어느 투자자가 행사가격이 25,000원인 콜옵션을 개당 4,000원에 2개 매입하였고, 행사가격이 40,000원인 콜옵션을 2,500원에 1개 발행하였다. 옵션만기일에 기초주식가격이 50,000원이라고 할 때, 이러한 투자전략의 만기가치와 투자자의 만기손익을 각각 구하라. (단, 옵션의 기초주식과 만기는 동일하며 거래비용은 무시하라) CPA 05

	투자전략의 만기가치	투자자의 만기손익
①	15,000원	13,500원
②	25,000원	23,500원
③	30,000원	27,000원
④	35,000원	30,000원
⑤	40,000원	34,500원

17 투자자 갑은 3개월 만기 콜옵션 1계약과 3개월 만기 풋옵션 1계약을 이용하여 주가지수옵션에 대한 스트랭글매도(short strangle) 투자전략을 구사하려 한다. 현재 형성된 옵션시세는 다음과 같다. 만기 주가지수가 1,120포인트일 때, 투자자의 만기손익과 최대손익을 구하시오. CPA 09

a. 3개월 만기 주가지수 콜옵션(행사가격 = 1,100포인트, 콜옵션 프리미엄 = 35원)
b. 3개월 만기 주가지수 풋옵션(행사가격 = 1,100포인트, 풋옵션 프리미엄 = 21원)
c. 3개월 만기 주가지수 콜옵션(행사가격 = 1,200포인트, 콜옵션 프리미엄 = 32원)
d. 3개월 만기 주가지수 풋옵션(행사가격 = 1,200포인트, 풋옵션 프리미엄 = 27원)

	만기손익	최대손익
①	53	53
②	56	56
③	59	59
④	-60	60
⑤	-62	-62

18 현재 옵션시장에서는 (주)마바 주식을 기초자산으로 하고 만기가 동일하게 1년씩 남은 콜옵션과 풋옵션이 각각 거래되고 있다. 행사가격이 200,000원인 콜옵션의 가격은 20,000원이고 행사가격이 180,000원인 풋옵션의 가격은 10,000원이며 무위험이자율은 연 10%이다. 무위험이자율로 차입하여, 위의 콜옵션과 풋옵션을 각각 1개씩 매입한 투자자가 만기에 손실을 볼 수 있는 (주)마바 주식가격(P)의 범위로 가장 적절한 것은? CPA 15

① P < 147,000원
② P < 169,000원
③ P > 233,000원
④ 11,000원 < P < 33,000원
⑤ 147,000원 < P < 233,000원

19 다음의 표는 잔존만기와 기초자산이 동일한 유럽형 옵션의 시장가를 정리한 것이다. 잔존만기와 무위험이자율이 양수라고 가정할 때, 다음 중 차익거래가 나타날 수 있는 포지션은? (단, 괄호 안은 행사가격을 나타낸다) CPA 18

행사가격	콜가격	풋가격
100	9.0	3.0
105	5.2	6.0
110	2.0	11.5

① 콜(100) 1개 매수, 콜(105) 1개 매도
② 풋(105) 1개 매수, 풋(110) 1개 매도
③ 콜(100) 1개 매수, 콜(105) 2개 매도, 콜(110) 1개 매수
④ 풋(100) 1개 매수, 풋(105) 2개 매도, 풋(110) 1개 매수
⑤ 콜(100) 1개 매수, 풋(100) 1개 매수

정답 및 해설

정답

01	①	**02**	③	**03**	①	**04**	③	**05**	④	**06**	③	**07**	③	**08**	⑤	**09**	⑤	**10**	②
11	⑤	**12**	④	**13**	③	**14**	①	**15**	⑤	**16**	⑤	**17**	①	**18**	⑤	**19**	②		

해설

01 ① $S_0 + P_0 - C_0 = 11{,}000\text{원} + 500\text{원} - 1{,}700\text{원} = 9{,}800\text{원} < \dfrac{X}{(1+R_f)^T} = \dfrac{10{,}500\text{원}}{1.05} = 10{,}000\text{원}$

차익거래전략: 주식 1주 매입 + 콜옵션 1개 매도 + 풋옵션 1개 매입 + 10,000원 차입

02 ③ $S_0 + P_0 - C_0 = 10{,}000\text{원} + 500\text{원} - 1{,}500\text{원} = 9{,}000\text{원} < \dfrac{X}{(1+R_f)^T} = \dfrac{11{,}000\text{원}}{1.1} = 10{,}000\text{원}$

차익거래전략: 주식 1주 매입 + 풋옵션 1개 매입 + 콜옵션 1개 매도 + 10,000원 차입
차익거래이익: 현재시점 기준 1,000원

03 ① $P_0 = C_0 - S_0 + \dfrac{X}{(1+R_f)^T} = 2{,}000\text{원} - 10{,}000\text{원} + 9{,}000\text{원} = 1{,}000\text{원}$

04 ③ ① 매입할 수 있는 옵션이므로 콜옵션이다.
② $S_0 = 45{,}000\text{원} < X = 50{,}000\text{원}$인 콜옵션이므로 외가격옵션이다.
③ 외가격옵션이므로 내재가치는 0원이다.
④ 외가격옵션이므로 옵션가격(= 7,000원)은 모두 시간가치이다.

05 ④ ①② 기초증권의 가격이 상승하면 콜옵션가격은 증가하고, 풋옵션가격은 감소한다.
③④ 기초증권의 수익률의 분산이 증가하면 콜옵션가격과 풋옵션가격 모두 증가한다.
⑤ 무위험이자율이 상승하면 콜옵션가격은 증가하고, 풋옵션가격은 감소한다.

06 ③ ① 기초증권의 가격이 증가하면 콜옵션가격은 증가하고, 풋옵션가격은 감소한다.
② 행사가격이 클수록 콜옵션가격은 낮게 형성되고, 풋옵션가격은 높게 형성된다.
③ 풋옵션은 잔존만기가 길수록 행사가격(수취액)의 현재가치가 작아지므로 풋옵션의 가치에 부정적인 영향을 미치지만, 기초자산의 가격이 변동될 수 있는 시간적 여유가 많은 점은 풋옵션의 가치에 긍정적인 영향을 미치므로 잔존만기가 풋옵션의 가치에 미치는 영향은 상반된 효과가 존재한다.
④ 무위험이자율이 상승하면 콜옵션가격은 증가하고, 풋옵션가격은 하락한다.
⑤ 예상배당이 클수록 콜옵션가격은 하락하고, 풋옵션가격은 증가한다.

07 ③ ① 콜옵션가격의 상한: 기초자산의 현재가격(S_0)
② 무배당주식에 대한 미국형 콜옵션의 경우, 만기일 전 콜옵션의 가치는 항상 내재가치보다 크기 때문에 조기행사 시 양(+)의 가치를 갖는 시간가치를 상실하게 되므로, 만기일 전에 권리를 행사하지 않는 것이 최적이다.
③ 무위험이자율이 상승하면 행사가격의 현재가치가 하락하므로 콜옵션가격은 증가한다.
④ 콜옵션가격의 하한: $Max[0,\ S_0 - PV(X)]$
⑤ 기초자산의 변동성이 커지는 경우에는 콜옵션과 풋옵션 모두 가치가 커진다.

08 ⑤ 콜옵션가격의 상한: 기초자산의 현재가치(S_0)

09 ⑤ ① 풋옵션가격의 상한: $PV(X)$
② 콜옵션가격의 하한: $Max[0,\ S_0 - PV(X)]$
⑤ 다른 조건이 동일할 때, 행사가격이 높은 콜옵션의 가격은 행사가격이 낮은 콜옵션의 가격보다 낮거나 같다.

10 ② a. 기초자산의 가격이 상승하는 경우에 콜옵션의 가격은 상승하고 풋옵션의 가격은 하락할 수 있다.
b. 기초자산의 가격이 하락하는 경우에 콜옵션의 가격은 하락하고 풋옵션의 가격은 상승할 수 있다.
c. 풋옵션의 시간가치가 양(+)의 값인 상황에서 기초자산의 가격이 하락하는 경우에는 콜옵션의 가격은 하락하고 풋옵션의 가격도 양의 시간가치 감소효과가 크다면 하락할 수 있다.
d. 풋옵션의 시간가치가 음(-)의 값인 상황에서 기초자산의 가격이 상승하는 경우에는 콜옵션의 가격은 상승하고 풋옵션의 가격도 음의 시간가치 감소효과가 크다면 상승할 수 있다.

11 ⑤ ① $C_{X=212.5} = 4.55 > P_{X=212.5} = 3.30$

② 10계약 × (3.50포인트 − 2.34포인트) × 100,000원 = 1,160,000원

③ $C_{X=217.5}$와 $P_{X=207.5}$가 가장 거래량이 많았다.

④ $C_{X=210.5}$가 미결제약정수량이 가장 적었다.

⑤ 균형$P_{X=212.5} = C_0 - S_0 + \frac{X}{(1+R_f)^T} = 4.55 - 213.44 + \frac{212.5}{1.002} = 3.19$

∴ 행사가격이 212.5인 풋옵션의 시장가격(3.30)은 과대평가되어 있다.

12 ④

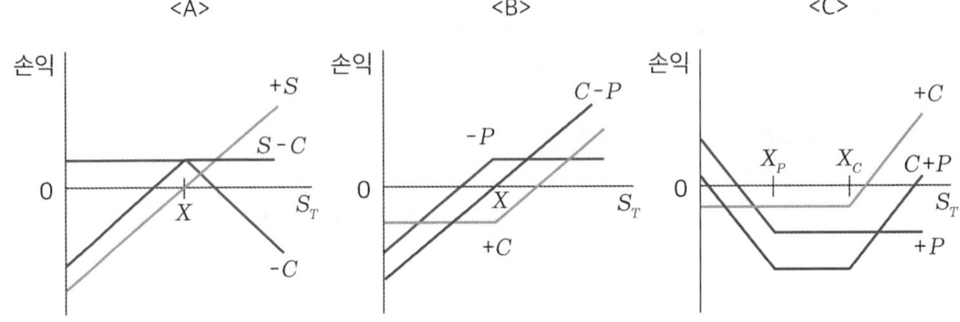

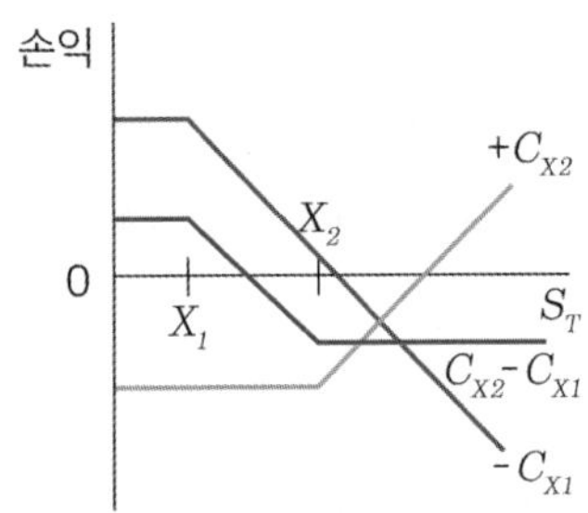

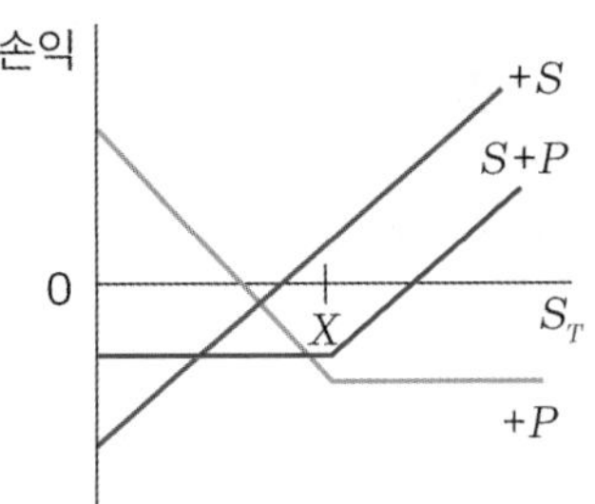

13 ③ 방비콜전략은 기초자산을 보유한 투자자가 향후 자산가격이 하락하거나 상승하지 않을 경우를 대비하여 콜옵션을 매도하는 전략이다.

14 ① d. 손익을 곡선의 형태로 실현하기 위해서는 만기가 상이한 옵션들을 이용하는 수평스프레드전략이나 대각스프레드전략을 이용해야 한다.

e. 기초자산가격이 큰 폭으로 변동하고 특히 하락보다는 상승이 예상되는 경우에는 스트랩(strap)을 매입해야 한다. 반면에 기초자산가격이 큰 폭으로 변동하고 특히 상승보다는 하락이 예상되는 경우에는 스트립(strip)을 매입해야 한다.

15 ⑤ 스트립(매입)전략은 만기와 행사가격이 동일한 콜옵션 1개를 매입하고 풋옵션 2개를 매입하는 전략이다.

16 ⑤ 만기가치 = 2개 × (50,000원 - 25,000원) - 1개 × (50,000원 - 40,000원) = 40,000원
만기손익 = 40,000원 - (4,000원 × 2개 - 2,500원 × 1개) = 34,500원

17 ① 스트랭글매도는 행사가격만 상이(X_C > X_P)한 콜옵션과 풋옵션을 1개씩 매도하는 전략이다. 즉, 상대적으로 행사가능성이 낮은 옵션인 [행사가격 1,200포인트 콜옵션 1개 매도 + 행사가격 1,100포인트 풋옵션 1개 매도]의 전략이다.
∴ 만기 주가지수가 1,120포인트인 경우: 만기손익 = 32원 + 21원 = 53원 = 최대손익

18 ⑤

거래내용	현재시점	t = 1		
		S_T < 180,000	180,000 ≤ S_T ≤ 200,000	S_T > 200,000
콜옵션 매입	-20,000	-	-	S_T - 200,000
풋옵션 매입	-10,000	180,000 - S_T	-	-
차입	30,000	-33,000	-33,000	-33,000
합계	0	147,000 - S_T	-33,000	S_T - 233,000

180,000원 - 30,000원 × 1.1 = 147,000원
200,000원 + 30,000원 × 1.1 = 233,000원
∴ 147,000원 < S_T < 233,000원인 경우에 손실 발생

19 ② 풋(105) 1개를 매수하고, 풋(110) 1개를 매도하는 전략의 만기일 최소가치는 -5이지만, 옵션거래에 따른 현재시점의 순수취액이 5.5(= 11.5 - 6)이므로 차익거래가 가능하다.

제14장

옵션가격결정모형

핵심 이론 요약

객관식 연습문제

정답 및 해설

핵심 이론 요약

01 이항옵션가격결정모형

(1) 옵션을 복제하는 방법

① A주의 주식과 B만큼의 무위험채권(차입/대출)을 통해 콜옵션 복제

- $A \times S_0 + B$
- 만기조건: $[A \times uS + (1+R_f) \times B = C_u]$ & $[A \times dS + (1+R_f) \times B = C_d]$

② 콜옵션 1개 매입을 복제하기 위해 이용해야 하는 주식의 수

- $A = \dfrac{C_u - C_d}{uS - dS}$: 콜옵션의 델타

③ 풋옵션 1개 매입을 복제하기 위해 이용해야 하는 주식의 수

- $A = \dfrac{P_u - P_d}{uS - dS}$: 풋옵션의 델타

④ 콜옵션의 균형가격: $C_0 = A \times S_0 + B$

(2) 무위험헤지포트폴리오를 구성하는 방법

① 주식과 옵션을 적절히 결합하면 무위험헤지포트폴리오 구성 가능

- 균형상태의 시장: 무위험헤지포트폴리오의 수익률 = 무위험이자율

② 주식 1주를 매입하고 m개의 콜옵션을 매도하는 경우

- $S_0 - m \times C_0$
- 만기조건: $uS - m \times C_u = dS - m \times C_d$
- 매도해야 하는 콜옵션의 개수: $m = \dfrac{uS - dS}{C_u - C_d}$

③ 주식 1주를 매입하고 h개의 풋옵션을 매입하는 경우

- $S_0 + h \times P_0$
- 만기조건: $uS + h \times P_u = dS + h \times P_d$
- 매입해야 하는 풋옵션의 개수: $h = \dfrac{uS - dS}{P_d - P_u}$

(3) 위험중립형 접근법

① 위험중립확률: $p = \dfrac{(1+R_f)-d}{u-d} = \dfrac{S_0 \times (1+R_f)-dS}{uS-dS}$

- 위험중립형 투자자들이 예상하는 만기일의 기초자산가격이 상승할 확률
- 위험중립형 투자자들이 예상하는 만기일의 콜옵션가격이 C_u가 될 확률
- 위험중립형 투자자들이 예상하는 만기일의 풋옵션가격이 P_u가 될 확률
- 위험자산의 기대수익률이 무위험이자율과 같아지는 위험자산가격의 상승확률
- 위험자산의 기대가치가 확실성등가와 같아지는 위험자산가격의 상승확률

② 옵션의 균형가격

- $C_0 = \dfrac{C_u \times p + C_d \times (1-p)}{1+R_f}$
- $P_0 = \dfrac{P_u \times p + P_d \times (1-p)}{1+R_f}$

(4) 2기간 이항옵션가격결정모형

① 옵션만기일 이전 배당이 지급되는 경우

- 미국식 콜옵션은 배당부주가에서 조기행사 여부 검토
- 미국식 풋옵션은 배당락주가에서 조기행사 여부 검토

② 콜옵션의 균형가격 계산

- $C_u = \dfrac{C_{uu} \times p + C_{ud} \times (1-p)}{1+R_f}$
- $C_d = \dfrac{C_{du} \times p + C_{dd} \times (1-p)}{1+R_f}$
- $C_0 = \dfrac{C_u \times p + C_d \times (1-p)}{1+R_f}$

02 블랙 - 숄즈옵션가격결정모형

(1) 블랙 - 숄즈옵션가격결정모형의 기본개념

① 주식거래의 연속성으로 인한 주가의 연속적 변동을 고려

- 기초자산인 주식의 가격 변동이 위너과정(Wiener process)을 따른다고 가정
- 주가의 변동: 로그정규분포
- 주식수익률: 정규분포

② 무배당주식에 대한 유럽식 옵션의 균형가격결정식

(2) 옵션가격결정식

① 콜옵션의 옵션가격결정식

- S_0: 기초자산의 현재가격
- $\frac{X}{e^{R_f \times T}}$: 연속복리계산에 의한 $PV(X)$
- $N(d)$: 표준정규분포에서 d 이하의 누적확률
- $C_0 = N(d_1) \times S_0 - \frac{X}{e^{R_f \times T}} \times N(d_2)$
- 콜옵션 1개 매입 = 주식 $N(d_1)$주 매입 + $\frac{X}{e^{R_f \times T}} \times N(d_2)$ 무위험이자율 차입

② 풋옵션의 옵션가격결정식

- $P_0 = [N(d_1) - 1] \times S_0 + \frac{X}{e^{R_f \times T}} \times [1 - N(d_2)]$

  $= -[1 - N(d_1)] \times S_0 + \frac{X}{e^{R_f \times T}} \times [1 - N(d_2)]$

- 풋옵션 1개 매입 = 주식 $[1 - N(d_1)]$주 매도 + $\frac{X}{e^{R_f \times T}} \times [1 - N(d_2)]$ 무위험이자율 대출

(3) 옵션가격결정식의 의미

① $N(d_1)$과 $[N(d_1) - 1]$

- $N(d_1)$: 콜옵션의 델타
- $[N(d_1) - 1] = -[1 - N(d_1)]$: 풋옵션의 델타

② $N(d_2)$

- 만기일의 기초자산가격이 행사가격보다 클 위험중립확률
- 만기일의 콜옵션이 내가격 상태가 되어 행사될 위험중립확률

③ $[1 - N(d_2)]$

- 만기일의 기초자산가격이 행사가격보다 작을 위험중립확률
- 만기일의 풋옵션이 내가격 상태가 되어 행사될 위험중립확률

03 옵션가격의 민감도

(1) 민감도(용어)의 의미

① 델타: 기초자산가격의 변동에 대한 옵션가격 변동의 민감도
② 감마: 기초자산가격의 변동에 대한 옵션델타 변동의 민감도
③ 베가: 기초자산가격 변동성의 변동에 대한 옵션가격 변동의 민감도
④ 쎄타: 시간의 경과에 따른 옵션가격 변동의 민감도
⑤ 로우: 무위험이자율의 변동에 대한 옵션가격 변동의 민감도

(2) 옵션가격 민감도의 부호

구분	콜옵션	풋옵션
델타	+	-
감마	+	+
베가	+	+
쎄타	-	일반적으로 -
로우	+	-

(3) 옵션가격 민감도의 크기

① 옵션델타의 범위
- $0 < $ 콜옵션델타 < 1
- $-1 < $ 풋옵션델타 < 0

② 옵션델타의 절댓값: 내가격 > 등가격 > 외가격
③ 옵션감마의 절댓값: 등가격 > 내가격/외가격
④ 옵션베가의 절댓값: 등가격 > 내가격/외가격
⑤ 옵션쎄타의 절댓값: 등가격 > 내가격/외가격
⑥ 옵션로우의 절댓값: 내가격 > 등가격 > 외가격

04 포트폴리오보험전략

(1) 포트폴리오보험전략의 의의

① 주가 하락 시에는 포트폴리오의 가치가 미리 정한 최저수준 이상으로 유지
② 주가 상승 시에는 주가 상승에 따른 이득을 추구

(2) 옵션을 이용한 포트폴리오보험전략

① 풋옵션 이용 시: $S+P$
② 콜옵션 이용 시: $C+PV(X)$

(3) 동적자산배분전략

① 투자자금의 일부는 주식에 투자하고 나머지 자금은 무위험채권에 투자

- $S+P=C+PV(X)=N(d_1)\times S_0+PV(X)\times[1-N(d_2)]$

② 주가의 변동에 따라 주식과 무위험채권에 대한 투자비율을 계속적으로 재조정

- 주가 상승 시 재조정: 무위험채권을 일부 처분하여 주식을 추가 매입
- 주가 하락 시 재조정: 주식을 일부 처분하여 무위험채권을 추가 매입

(4) 주식포트폴리오에 대한 선물계약이 존재하는 경우

① $N(d_1)$에 대한 선물매입과 무위험채권 매입 후 선물매입 계약수 계속적 재조정

② 주식포트폴리오 보유 시 $[1-N(d_1)]$에 대한 선물을 매도 후 헤지비율 계속적 재조정

05 선물과 옵션의 합성

(1) 합성선물(행사가격이 동일한 콜옵션과 풋옵션 이용)

① 합성선물 매입 = 콜옵션 매입 + 풋옵션 매도 + 차입/대출

② 합성선물 매도 = 콜옵션 매도 + 풋옵션 매입 + 차입/대출

(2) 풋 - 콜 - 선물등가식

① $\frac{F_0}{(1+R_f)^T}=C_0-P_0+\frac{X}{(1+R_f)^T}$

② $\frac{F_0}{(1+R_f)^T}>C_0-P_0+\frac{X}{(1+R_f)^T}$인 경우의 차익거래전략

- 선물 매도 + 콜옵션 매입 + 풋옵션 매도 + 차입/대출

(3) 박스스프레드

① 콜옵션 이용 강세스프레드전략 + 풋옵션 이용 약세스프레드전략

- 행사가격 낮은 옵션 이용 합성선물 매입 + 행사가격 높은 옵션 이용 합성선물 매도

② 만기일 기초자산가격과 무관하게 만기일 가치를 확정시키는 전략

06 옵션가격결정모형의 응용

(1) 자기자본과 부채

① 자기자본의 가치 = 유럽형 콜옵션의 가치
- 기초자산: 기업(자산)
- 만기일: 부채상환일
- 행사가격: 부채 만기상환액
- 주주의 입장: 콜옵션 보유 = 기업 보유 + 풋옵션 보유 + 무위험 차입

② 부채의 가치 = 기업가치 - 콜옵션가치 = 무위험부채가치 - 풋옵션가치
- 채권자의 입장: 기업 보유 + 콜옵션 매도 = 무위험 대출 + 풋옵션 매도

③ 지급보증의 옵션적 특성 = 유럽형 풋옵션

(2) 옵션적 특성이 있는 사채

① 신주인수권부사채 = 일반사채 + 신주인수권(주식에 대한 콜옵션, 채권투자자 보유)
- 신주인수권부사채의 가치 = 일반사채의 가치 + 신주인수권의 가치
- 발행주식수 증가에 따른 희석효과 고려
- 신주인수권의 가치 = $\frac{\text{기존주식수}}{\text{기존주식수}+\text{신주주식수}}\times$ 콜옵션의 가치

② 전환사채 = 일반사채 + 전환권(주식에 대한 콜옵션, 채권투자자 보유)
- 전환가치 = 교부주식수 × 전환 후 주가
  = 전환사채권자의 전환 후 지분율 × 전환 후 자기자본가치
- 전환사채의 가치 = 일반사채의 가치 + 전환권의 가치
  = Max[전환 X(= 일반사채의 가치), 전환 O(= 전환가치)]

③ 상환청구권부사채 = 일반사채 + 상환청구권(채권에 대한 풋옵션, 채권투자자 보유)
- 상환청구권부사채의 가치 = 일반사채의 가치 + 상환청구권의 가치
- 상환청구권: 이자율 상승에 따른 채권가격 하락 시 행사

④ 수의상환사채 = 일반사채 + 수의상환권(채권에 대한 콜옵션, 발행기업 보유)
- 수의상환사채의 가치 = 일반사채의 가치 - 수의상환권의 가치
- 수의상환권: 이자율 하락에 따른 채권가격 상승 시 행사

객관식 연습문제

01 1기간 이항모형을 이용하여 기업 A의 주식을 기초자산으로 하는 유럽형 콜옵션의 이론적 가격을 평가하고자 한다. 현재 이 콜옵션의 만기는 1년이고, 행사가격은 10,000원이다. 기업 A의 주식은 배당을 하지 않으며, 현재 시장에서 10,000원에 거래되고 있다. 1년 후 기업 A의 주가가 12,000원이 될 확률은 60%이고, 8,000원이 될 확률은 40%이다. 현재 무위험이자율이 연 10%라고 할 때, 이 콜옵션의 이론적 가격에 가장 가까운 것은? CPA 20

① 1,360원　② 1,460원　③ 1,560원
④ 1,660원　⑤ 1,760원

02 현재 (주)가나 주식의 가격은 10,000원이고 주가는 1년 후 80%의 확률로 20% 상승하거나 20%의 확률로 40% 하락하는 이항모형을 따른다. (주)가나의 주식을 기초자산으로 하는 만기 1년, 행사가격 9,000원의 유럽형 콜옵션이 현재 시장에서 거래되고 있다. 무위험이자율이 연 5%일 때 모든 조건이 이 콜옵션과 동일한 풋옵션의 현재 가격에 가장 가까운 것은? CPA 14

① 715원　② 750원　③ 2,143원
④ 2,250원　⑤ 3,000원

03 1기간 이항모형이 성립하고 무위험이자율이 연 10%라고 가정하자. (주)가나의 주가는 현재 9,500원이며 1년 후에는 60%의 확률로 11,000원이 되거나 40%의 확률로 9,000원이 된다. (주)가나의 주식에 대한 풋옵션(만기 1년, 행사가격 10,000원)의 현재 이론적 가격에 가장 가까운 것은? CPA 17

① 350원　② 325원　③ 300원
④ 275원　⑤ 250원

04 (주)한국의 주가가 현재 100만원인데, 1년 후 이 주식의 주가는 120만원 혹은 105만원 중 하나의 값을 갖는다고 가정한다. 이 주식의 주가를 기초자산으로 하고, 만기는 1년이며, 행사가격이 110만원인 콜옵션과 풋옵션이 있다. 기초자산과 옵션을 이용한 차익거래가 발생하지 못하는 옵션가격들을 이항모형을 이용하여 구한 후, 콜옵션과 풋옵션의 가격차이의 절댓값을 계산하여라. (1년 무위험이자율은 10%이고 옵션만기까지 배당은 없다) CPA 09

① 0원 ② 500원 ③ 1,000원
④ 5,000원 ⑤ 10,000원

05 기초자산의 현재 가격이 100원이고, 행사가격 110원, 잔존기간 1년인 유럽형 콜옵션이 있다. 기초자산의 가격은 10원 단위로 변화한다. 만기일의 기초자산가격의 확률분포가 다음 그림과 같고 무위험이자율이 연 10%라고 할 때, 이 옵션의 현재 이론가격은 얼마인가? (소수점 아래 셋째 자리에서 반올림할 것) CPA 00

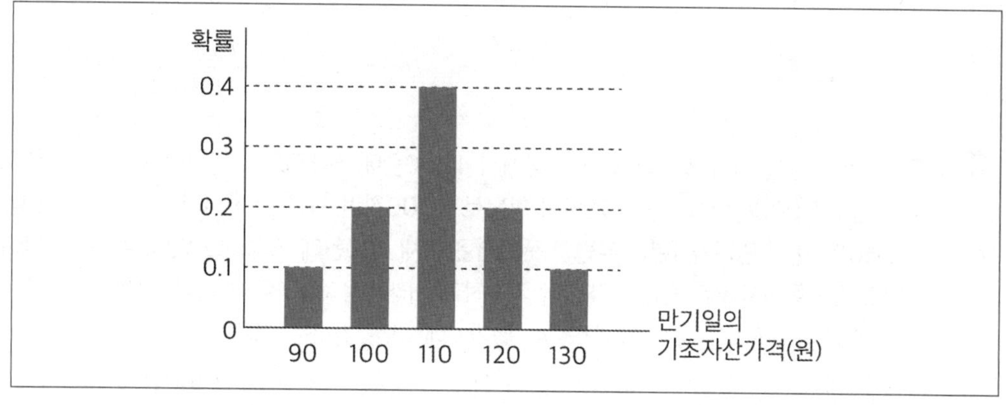

① 0.00 ② 1.82 ③ 2.73
④ 3.64 ⑤ 4.00

06 현재 주가는 10,000원이고, 무위험이자율은 연 3%이다. 1년 후 주가는 15,000원으로 상승하거나 7,000원으로 하락할 것으로 예상된다. 이 주식을 기초자산으로 하는 유럽형 옵션의 만기는 1년이고 행사가격은 10,000원이며 주식은 배당을 지급하지 않는다. 1기간 이항모형을 이용하는 경우, 주식과 옵션으로 구성된 헤지포트폴리오(hedge portfolio)로 적절한 항목만을 모두 고르면? (단, 주식과 옵션은 소수 단위로 분할하여 거래가 가능하다) CPA 13

> (가) 주식 1주 매입, 콜옵션 $\frac{8}{5}$개 매도
>
> (나) 주식 $\frac{5}{8}$주 매도, 콜옵션 1개 매입
>
> (다) 주식 1주 매입, 풋옵션 $\frac{8}{3}$개 매입
>
> (라) 주식 $\frac{3}{8}$주 매도, 풋옵션 1개 매도

① (가), (다) ② (나), (라) ③ (가), (나), (다)
④ (가), (나), (라) ⑤ (가), (나), (다), (라)

07 주식 A는 배당을 하지 않으며, 현재 시장에서 4,000원에 거래되고 있다. 1년 후 이 주식은 72.22%의 확률로 5,000원이 되고, 27.78%의 확률로 3,000원이 된다. 주식 A가 기초자산이고 행사가격이 3,500원이며 만기가 1년인 유럽형 풋옵션은 현재 200원에 거래되고 있다. 주식의 공매도가 허용되고 무위험이자율로 차입과 대출이 가능하고 거래비용과 차익거래기회가 없다면, 1년 후 항상 10,000원을 지급하는 무위험자산의 현재 가격에 가장 가까운 것은? CPA 21

① 9,000원 ② 9,200원 ③ 9,400원
④ 9,600원 ⑤ 9,800원

08 외환시장에서 1년 후 유로화의 현물환율이 1유로당 1,900원으로 상승하거나 1,500원으로 하락하는 두 가지 경우만 존재한다고 가정하자. 잔존만기가 1년인 유로선물환율은 현재 1유로당 1,800원에 거래되고 있다. 다음 중 적절하지 않은 것은? (단, 유로옵션은 유럽형이고 잔존만기가 1년이며, 시장은 완전하고 차익거래의 기회가 없다고 가정한다) CPA 18

① 국내시장의 무위험이자율이 EU시장의 무위험이자율보다 크다.
② 유로화의 현물환율이 1년 후 1,900원으로 상승할 위험중립확률은 0.75이다.
③ 행사가격이 1,800원인 유로콜의 가격은 동일 행사가격의 유로풋가격과 같다.
④ 행사가격이 1,600원인 유로콜의 가격은 동일 행사가격의 유로풋가격보다 크다.
⑤ 국내시장의 무위험이자율이 10%일 때, 행사가격이 1,570원인 유로콜의 1기간 이항모형가격은 225원이다.

09 배당을 지급하지 않는 주식을 기초자산으로 하는 선물과 옵션에 관한 다음 설명 중 가장 적절하지 않은 것은? (단, 시장이자율은 양수이다) CPA 13

① 다른 모든 조건이 같다고 할 때, 행사가격이 주식가격과 같은 등가격 유럽형 콜옵션의 이론가격은 등가격 유럽형 풋옵션의 이론가격과 같다.
② 선물의 이론가격을 계산할 때 주식의 변동성은 고려할 필요가 없다.
③ 블랙 - 숄즈 - 머튼모형에서 $N(d_1)$은 콜옵션의 델타이다.
④ 블랙 - 숄즈 - 머튼모형에서 $N(d_2)$는 옵션의 만기 시 콜옵션이 내가격(in - the - money)이 될 위험중립확률이다.
⑤ 주식의 가격이 아무리 상승하더라도 미국형 콜옵션을 만기 전에 조기행사하는 것은 합리적인 행위가 아니다.

10 블랙 - 숄즈(1973) 또는 머튼(1973)의 모형을 이용하여 무배당주식옵션의 가치를 평가하려 한다. 다음 설명 중 적절한 것은? (단, $N(d_1)$은 유럽형 콜옵션의 델타이고, $d_2 = d_1 - 변동성 \times \sqrt{만기}$ 이다) CPA 18

① 옵션가를 계산하기 위해 주식의 현재 가격 및 베타, 행사가격, 이자율 등의 정보가 모두 필요하다.
② $[N(d_1) - 1]$은 유럽형 풋옵션의 델타이다.
③ $N(d_2)$는 만기에 유럽형 풋옵션이 행사될 위험중립확률이다.
④ $N(d_1)$은 유럽형 콜옵션 한 개의 매수포지션을 동적헤지하기 위해 보유해야 할 주식의 갯수이다.
⑤ 이 모형은 옵션만기시점의 주가가 정규분포를 따른다고 가정한다.

11 기초자산의 현재 가격이 10,000원이고 이에 대한 콜옵션의 현재 가격은 2,000원이다. 콜옵션의 델타가 0.8일 때 기초자산의 가격이 9,000원이 되면 콜옵션의 가격은 얼마가 되겠는가? CPA 14

① 300원 ② 800원 ③ 1,200원
④ 1,700원 ⑤ 2,800원

12 현재 (주)다라 주식의 가격은 200,000원이다. (주)다라 주식을 기초자산으로 하고 행사가격이 200,000원인 풋옵션의 현재가격은 20,000원이다. 풋옵션의 델타가 -0.6일 때 (주)다라 주식의 가격이 190,000원이 되면 풋옵션의 가격은 얼마가 되겠는가? CPA 15

① 6,000원 ② 12,000원 ③ 14,000원
④ 26,000원 ⑤ 60,000원

13 A회사의 주식이 10,000원에 거래되고 있다. 이 주식에 대해 행사가격이 10,000원이며 6개월 후에 만기가 도래하는 콜옵션의 가치는 블랙-숄즈모형을 이용해 구한 결과 2,000원이었다. 주가가 10% 올라서 11,000원이 된다면 콜옵션가치의 변화에 대해 가장 잘 설명하는 것은 무엇인가? CPA 08

① 콜옵션가치는 1,000원보다 적게 증가하고 콜옵션가치의 증가율은 10%보다 높다.
② 콜옵션가치는 1,000원보다 많이 증가하고 콜옵션가치의 증가율은 10%보다 높다.
③ 콜옵션가치는 1,000원보다 적게 증가하고 콜옵션가치의 증가율은 10%보다 낮다.
④ 콜옵션가치는 1,000원보다 많이 증가하고 콜옵션가치의 증가율은 10%보다 낮다.
⑤ 콜옵션가치는 1,000원 증가하고 콜옵션가치의 증가율은 10%이다.

14 (주)가나의 현재 주가는 100,000원이다. (주)가나의 주가는 1년 후 120,000원이 될 확률이 70%이고 80,000원이 될 확률이 30%인 이항모형을 따른다. (주)가나의 주식을 기초자산으로 하는 만기 1년, 행사가격 90,000원의 유럽형 콜옵션과 풋옵션이 현재 시장에서 거래되고 있다. 무위험이자율이 연 10%일 때 풋옵션의 델타와 콜옵션의 델타로 가장 적절한 것은? CPA 16

	풋옵션델타	콜옵션델타
①	-0.25	0.25
②	-0.50	0.50
③	-0.25	0.75
④	-0.50	0.75
⑤	-0.75	0.75

15 배당을 하지 않는 A기업의 현재 주식가격은 10,000원이다. A기업의 주식을 기초자산으로 하는 만기 1년, 행사가격 10,000원인 유럽형 옵션이 현재 시장에서 거래되고 있다. 1년 후 A기업의 주식가격이 12,000원이 될 확률은 40%, 8,000원이 될 확률은 60%이다. 현재 무위험이자율이 10%이며, 이 옵션의 가격결정은 1기간 이항모형을 이용한 무위험헤지포트폴리오를 구성하여 구한다. 다음 중 가장 적절하지 않은 것은? (단, 소수점 아래 둘째 자리에서 반올림하여 계산한다) CPA 22

① 풋옵션의 균형가격은 654.6원이다.
② 콜옵션의 균형가격은 1,363.6원이다.
③ 주식 1개 매입 시 콜옵션 2개 매도로 헤지한다.
④ 풋옵션의 델타는 (-)0.5이다.
⑤ 콜옵션의 델타는 0.5이다.

16 옵션에 관한 설명으로 가장 적절하지 않은 것은? CPA 15

① 위험헤지를 위하여 콜옵션 1단위 매도에 대하여 매입하여야 할 주식수를 헤지비율(hedge ratio)이라고 한다.

② 주식과 무위험채권을 적절히 이용하면 콜옵션과 동일한 손익구조를 갖는 복제포트폴리오를 구성할 수 있다.

③ 다기간 이항모형은 단일기간 이항모형과 달리 기간별로 헤지비율이 달라질 수 있으므로 옵션의 만기까지 지속적인 헤지를 원하는 경우 지속적으로 헤지포트폴리오의 구성을 재조정해야 하며 이를 동적헤지(dynamic hedge)라고 한다.

④ 이항모형에 의하면 옵션의 가치를 구하는 식에서 투자자의 위험에 대한 태도는 고려하지 않는다.

⑤ 옵션탄력성(option elasticity)이 1보다 작다는 의미는 옵션이 기초자산보다 훨씬 위험이 크다는 것을 나타낸다.

17 주식 C를 기초자산으로 하는 콜옵션 20계약을 매도하고 풋옵션 10계약을 매수하고자 한다. 해당 콜옵션의 델타(delta)는 0.5이고 풋옵션의 델타는 -0.3이다. 델타중립(delta - neutral)포지션 구축을 위한 주식 C의 거래로 가장 적절한 것은? (단, 옵션 1계약당 거래단위(승수)는 100주이다) CPA 19

① 아무 거래도 하지 않음 ② 700주 매수 ③ 700주 매도
④ 1,300주 매수 ⑤ 1,300주 매도

18 옵션의 가치와 옵션가격결정요인들에 관한 설명으로 가장 적절하지 않은 것은? CPA 11

① 일반적으로 콜옵션의 델타(delta)는 양(+)의 값, 풋옵션의 델타는 음(-)의 값을 갖는다.

② 옵션의 세타(theta)는 시간이 지남에 따라 옵션가치가 변하는 정도를 나타내는 지표이다.

③ 다른 조건이 동일하다면 등가격 상태에서 콜옵션의 시간가치는 풋옵션의 시간가치보다 작다.

④ 배당 등의 현금흐름이 없는 유럽형 콜옵션의 감마(gamma)는 일반적으로 양(+)의 값을 갖는다.

⑤ 옵션의 감마값은 등가격 부근에서 크고 외가격이나 내가격으로 갈수록 감소한다.

19 포트폴리오보험(portfolio insurance)에 관한 설명으로 가장 적절하지 않은 것은? CPA 15

① 보유하고 있는 포트폴리오의 가치가 일정 수준 이하로 하락하는 것을 방지하면서 가치 상승 시에는 이익을 얻도록 하는 전략이다.

② 기초자산을 보유한 투자자가 풋옵션을 매도하여 기초자산의 가치가 행사가격 이하가 되지 않도록 방지하는 포트폴리오보험전략을 실행할 수 있다.

③ 주식포트폴리오에 대해 선물계약이 존재하는 경우 포트폴리오보험은 선물계약과 무위험순수할인채권의 매입으로 합성될 수 있다.

④ 보유한 자산에 대한 풋옵션이 존재하지 않거나 투자기간과 풋옵션의 만기가 일치하지 않는 경우 풋옵션 대신 주식과 채권으로 복제된 합성풋옵션을 이용하여 보호풋전략을 실행할 수 있다.

⑤ 시간이 흐름에 따라 풋옵션델타가 변하는 경우 기초자산 투자액과 무위험대출액을 계속적으로 조정해야 하므로 합성풋옵션을 이용한 포트폴리오보험전략은 동적헤지전략의 일종으로 볼 수 있다.

20 주가지수를 추종하는 주식포트폴리오의 가치 하락 시 하향손실(downside loss)을 일정 수준으로 한정시키면서 가치 상승 시 상향이익(upside potential)을 얻을 수 있는 포트폴리오운용전략으로 적절한 항목만을 모두 고르면? (단, 파생상품의 기초자산은 주가지수이다) CPA 13

(가) 주식포트폴리오를 보유한 상태에서 풋옵션을 매수한다.
(나) 무위험채권에 투자한 상태에서 콜옵션을 매수한다.
(다) 주식포트폴리오를 보유한 상태에서 선물을 매도하고, 헤지비율을 시장상황에 따라 동적으로 변화시킨다.
(라) 주식포트폴리오와 무위험채권을 매수하고, 무위험채권의 투자비율을 시장상황에 따라 동적으로 변화시킨다.

① (가), (나)　② (다), (라)　③ (가), (나), (다)
④ (나), (다), (라)　⑤ (가), (나), (다), (라)

21 다음 중 풋옵션을 매도하고 콜옵션을 매입하는 투자전략의 만기시점 손익형태를 나타낸 것으로 가장 타당한 것은? (단, S_T는 만기시점의 기초자산가격이다) CPA 92

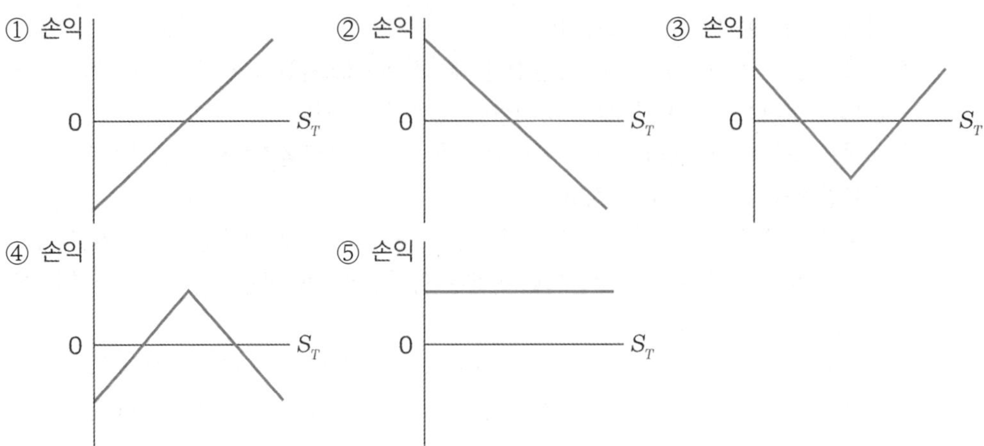

22 배당을 지급하지 않는 A기업의 주가는 현재 10,000원이다. 투자자는 1년 동안 10,000원을 예금하는 경우 만기에 11,000원을 확정적으로 받게 되며, 예금 금리와 동일한 금리로 자금을 차입할 수 있다. 여기서 콜옵션과 풋옵션은 A기업 주식에 대한 만기 1년의 유럽형(European) 옵션을 의미하며, 행사가격은 11,000원으로 동일하다. 콜옵션가격이 3,000원이라면 다음 중 옳은 것은? CPA 04

① 풋옵션가격이 2,000원이라면, 콜옵션 하나를 매수하고 풋옵션 하나를 매도함으로써 1년 후 1,100원의 무위험차익을 얻을 수 있다.

② 콜옵션 2개를 매수하고 A기업 주식 1주를 공매도(short selling)함과 동시에 10,000원을 예금하는 경우, 만기에 주가가 2,500원으로 하락하거나 12,500원으로 상승하면 이익이 발생한다.

③ A기업의 주식에 대한 만기 1년 선도계약의 선도가격이 10,500원이고 풋옵션가격이 2,500원이라면 무위험차익거래(arbitrage) 기회는 존재하지 않는다.

④ 무위험차익거래 기회가 존재하지 않는 경우, 풋옵션 1개를 매수함과 동시에 10,000원을 차입하여 A기업 주식 한 주를 매수함으로써 A기업 주식에 대한 만기 1년의 미국형(American) 콜옵션을 매수하는 것과 같은 효과를 얻을 수 있다.

⑤ 콜옵션과 풋옵션에 대한 행사가격이 A기업 주식에 대한 1년 만기 선도계약의 선도가격과 같다면, 무위험차익거래 기회가 존재하지 않기 위해서는 콜가격은 풋가격보다 높아야 한다.

23 선택권부증권의 가치평가에 관한 설명으로 가장 적절한 것은? CPA 23

① 신주인수권부사채의 경우 만기일에 신주 1주를 인수할 수 있는 신주인수권의 가치는 신주인수권 행사 전 주가를 기초자산으로 하고 행사가격이 신주 1주당 인수가격인 일반콜옵션의 만기가치와 같다.

② 수의상환사채의 가치는 일반사채의 가치에서 수의상환권가치인 콜옵션의 가치를 뺀 것과 같다.

③ 전환사채의 만기일에 전환가치가 일반사채의 가치보다 크다면 전환권을 행사할 필요가 없으므로 전환사채의 가치는 일반사채의 가치와 같다.

④ 전환사채의 현재가치는 일반사채의 가치보다 작을 수 있다.

⑤ 상환청구권부사채의 가치는 일반사채의 가치에 상환청구권가치인 풋옵션의 가치를 뺀 것과 같다.

24 실물옵션(real option)을 이용한 투자안 평가방법에 대한 다음의 설명 중 가장 적절하지 않은 것은? CPA 08

① 연기옵션(option to wait)의 행사가격은 투자시점 초기의 비용이다.

② 연기옵션의 가치를 고려한 투자안의 순현재가치가 양의 값을 가지더라도, 지금 투자할 경우의 순현재가치보다 낮을 경우에는 투자를 연기하지 않는 것이 유리하다.

③ 확장옵션(expansion option)의 만기는 후속 투자안이 종료되는 시점이다.

④ 확장옵션에서 기초자산의 현재 가격은 후속 투자안을 지금 실행할 경우 유입되는 현금흐름의 현재가치이다.

⑤ 포기옵션(abandonment option)은 투자안 포기에 따른 처분가치를 행사가격으로 하는 풋옵션이다.

25 (주)자원은 북태평양에서의 석유시추사업에 지금 당장 참여할 것인지 여부를 결정해야 한다. 사업을 지금 개시하게 되면 당장 100억원을 투자해야 하고 그로 인해 발생하는 미래 현금흐름의 현가(PV)는 100억원이다. 그런데 석유시추사업권을 매입하면 향후 3년까지 1년 단위로 사업개시시점을 늦출 수 있다. 사업개시시점을 늦추더라도 미래 현금흐름의 사업개시시점에서의 현가(PV)는 100억원으로 동일하나 사업개시시점에서의 투자액은 첫 해에는 95억원, 둘째 해에는 90억원, 셋째 해에는 88억원이다. 할인율은 30%이다. (주)자원이 석유시추사업권을 매입해 얻게 되는 실물옵션(real option) 즉, 연기옵션 또는 지연옵션(option to delay 또는 timing option) 가치와 가장 가까운 것은? CPA 11

① 5.46억원 ② 5.92억원 ③ 10.0억원
④ 12.0억원 ⑤ 15.23억원

26 그동안 5억원을 들여 조사한 바에 의하면 현재(t = 0) 30억원을 들여 생산시설을 구축하면 미래현금흐름의 1년 후 시점(t = 1)의 현가(PV)는 수요가 많을 경우 40억원이며 수요가 적을 경우 25억원이다. 수요가 많을 확률은 60%이며 수요가 적을 확률은 40%이다. 적절한 할인율은 10%이다. 그런데 생산시설을 구축하고 수요가 확인된 1년 후 20억원을 추가로 투자해 생산시설을 확장할 수 있다고 하자. 이때 미래현금흐름의 1년 후 시점(t = 1)에서의 현가(PV)는 수요가 많을 경우 70억원이며 수요가 적을 경우 35억원이다. 1년 후 생산시설을 대규모시설로 확장할 수 있는 실물옵션(real option)의 현재시점(t = 0)의 현가(PV)는 근사치로 얼마인가? CPA 07

① 1.82억원 ② 5.45억원 ③ 6.0억원
④ 6.36억원 ⑤ 10.0억원

정답 및 해설

정답

01	①	**02**	①	**03**	⑤	**04**	①	**05**	④	**06**	⑤	**07**	④	**08**	①	**09**	①	**10**	②
11	③	**12**	④	**13**	①	**14**	③	**15**	①	**16**	⑤	**17**	④	**18**	③	**19**	②	**20**	⑤
21	①	**22**	④	**23**	②	**24**	③	**25**	②	**26**	②								

해설

01 ①

$$p=\frac{1+R_f-d}{u-d}=\frac{1.1-0.8}{1.2-0.8}=0.75$$

$$C_0=\frac{C_u \times p+C_u \times p}{1+R_f}=\frac{2{,}000\text{원} \times 0.75+0\text{원} \times 0.25}{1+0.1}=1{,}363.64\text{원}$$

02 ①

$$p=\frac{1+R_f-d}{u-d}=\frac{1.05-0.6}{1.2-0.6}=0.75$$

$$P_0=\frac{0\text{원} \times 0.75+3{,}000\text{원} \times 0.25}{1.05}=714.29\text{원}$$

03 ⑤

$$p=\frac{S_0 \times (1+R_f)-dS}{uS-dS}=\frac{9{,}500\text{원} \times 1.1-9{,}000\text{원}}{11{,}000\text{원}-9{,}000\text{원}}=0.725$$

$$P_0=\frac{0\text{원} \times 0.725+1{,}000\text{원} \times (1-0.725)}{1.1}=250\text{원}$$

04 ①

$$p=\frac{1+R_f-d}{u-d}=\frac{1.1-1.05}{1.2-1.05}=\frac{1}{3}$$

$$C_0=10\text{만원} \times \frac{1}{3} \times \frac{1}{1.1}=3.03\text{만원}$$

$$P_0=5\text{만원} \times \frac{2}{3} \times \frac{1}{1.1}=3.03\text{만원}$$

$$C_0-P_0=3.03\text{만원}-3.03\text{만원}=0\text{원}=S_0-\frac{X}{(1+R_f)^T}=100\text{만원}-\frac{110\text{만원}}{1.1}$$

05 ④ 기초자산의 기대수익률 = -10% × 0.1 + 0% × 0.2 + 10% × 0.4 + 20% × 0.2 + 30% × 0.1 = 10%
위험자산인 기초자산의 기대수익률이 무위험이자율과 같으므로 기초자산가격 확률분포의 상황별 확률을 위험중립확률로 해석 가능하다.

$$\therefore\ C = \frac{0원 \times 0.1 + 0원 \times 0.2 + 0원 \times 0.4 + 10원 \times 0.2 + 20원 \times 0.1}{1.1} = 3.64원$$

06 ⑤ (가), (나) 주식 1주 매입 시 매도할 콜옵션 개수 $= \frac{uS - dS}{C_u - C_d} = \frac{15{,}000원 - 7{,}000원}{5{,}000원 - 0원} = \frac{8}{5}$

∴ 주식 1주를 매입하는 경우에 콜옵션 $\frac{8}{5}$개를 매도하면 헤지포트폴리오 구성 가능

주식 $\frac{5}{8}$주를 매도하는 경우에 콜옵션 1개를 매입하면 헤지포트폴리오 구성 가능

(다), (라) 주식 1주 매입 시 매입할 풋옵션 개수 $= -\frac{uS - dS}{P_u - P_d} = \frac{15{,}000원 - 7{,}000원}{3{,}000원 - 0원} = \frac{8}{3}$

∴ 주식 1주를 매입하는 경우에 풋옵션 $\frac{8}{3}$개를 매입하면 헤지포트폴리오 구성 가능

주식 $\frac{3}{8}$주를 매도하는 경우에 풋옵션 1개를 매도하면 헤지포트폴리오 구성 가능

07 ④ 주식 A 2주를 매입하고 풋옵션 8개를 매입하면 1년 후 항상 10,000원을 지급하는 무위험자산을 복제할 수 있으며, 이에 소요되는 금액은 9,600원(= 4,000원 × 2주 + 200원 × 8개)이다.

08 ① ② $F_0 = S_0 \times \frac{1 + R_K}{1 + R_{EU}}$이고, $F_T = S_T$이므로 위험중립확률(p)는 다음과 같이 구할 수 있다.

$F_0 = 1{,}800원 = F_u \times p + F_d \times (1 - p) = 1{,}900원 \times p + 1{,}500원 \times (1 - p)$

∴ 위험중립확률$(p) = 0.75$

③ $$P_0 - C_0 = \frac{X}{1 + R_K} - \frac{S_0}{1 + R_{EU}} = \frac{X}{1 + R_K} - \frac{F_0 \times \frac{1 + R_{EU}}{1 + R_K}}{1 + R_{EU}} = \frac{X - F_0}{1 + R_K} = \frac{X - 1{,}800원}{1 + R_K}$$

행사가격(X)이 1,800원인 경우에 $P_0 = C_0$이다.

④ 행사가격(X)이 1,600원인 경우에 $P_0 < C_0$이다.

⑤ $$C_0 = \frac{(1{,}900원 - 1{,}570원) \times 0.75 + 0원 \times 0.25}{1 + 0.1} = 225원$$

09 ① 등가격옵션의 경우에 콜옵션의 가격은 풋옵션의 가격보다 높다.

$$C_0 - P_0 = S_0 - \frac{X}{(1 + R_f)^T} = S_0 - \frac{S_0}{(1 + R_f)^T} > 0$$

$\therefore\ C_0 > P_0$

10 ② ① 옵션가격의 결정요인은 주식의 현재가격과 주식의 변동성, 옵션의 행사가격과 만기 및 무위험이자율이며, 주식의 베타는 이에 해당하지 않는다.

③ $N(d_2)$는 만기에 유럽형 콜옵션이 행사될 위험중립확률이며, 만기에 유럽형 풋옵션이 행사될 위험중립확률은 $[1-N(d_2)]$이다.

④ $N(d_1)$은 유럽형 콜옵션 한 개의 매도포지션을 동적헤지하기 위해 보유해야 할 주식의 개수이다.

⑤ 주가는 로그정규분포를 따르고, 주식수익률은 정규분포를 따른다고 가정한다.

11 ③ ΔC = 콜옵션델타 × ΔS = 0.8 × (-1,000원) = -800원

∴ 콜옵션의 가격 = 2,000원 - 800원 = 1,200원

12 ④ ΔP = 풋옵션델타 × ΔS = (-0.6) × (-10,000원) = 6,000원

∴ 풋옵션의 가격 = 20,000원 + 6,000원 = 26,000원

13 ① 옵션가격의 변동액은 기초자산가격의 변동액(1,000원)보다 작고 옵션가격의 변동률은 기초자산가격의 변동률(10%)보다 높다.

14 ③ 풋옵션델타 $= \dfrac{P_u - P_d}{uS - dS} = \dfrac{0\text{원} - 10{,}000\text{원}}{120{,}000\text{원} - 80{,}000\text{원}} = -0.25$

콜옵션델타 $= \dfrac{C_u - C_d}{uS - dS} = \dfrac{30{,}000\text{원} - 0\text{원}}{120{,}000\text{원} - 80{,}000\text{원}} = 0.75$

15 ① $p = \dfrac{1 + R_f - d}{u - d} = \dfrac{1.1 - 0.8}{1.2 - 0.8} = 0.75$

① $P_0 = \dfrac{0\text{원} \times 0.75 + 2{,}000\text{원} \times 0.25}{1.1} = 454.55\text{원}$

② $C_0 = \dfrac{2{,}000\text{원} \times 0.75 + 0\text{원} \times 0.25}{1.1} = 1{,}363.64\text{원}$

③ 매도해야 하는 콜옵션의 개수: $m = \dfrac{uS - dS}{C_u - C_d} = \dfrac{12{,}000\text{원} - 8{,}000\text{원}}{2{,}000\text{원} - 0\text{원}} = 2$

④ 풋옵션의 델타: $\dfrac{P_u - P_d}{uS - dS} = \dfrac{0\text{원} - 2{,}000\text{원}}{12{,}000\text{원} - 8{,}000\text{원}} = -0.5$

⑤ 콜옵션의 델타: $\dfrac{C_u - C_d}{uS - dS} = \dfrac{2{,}000\text{원} - 0\text{원}}{12{,}000\text{원} - 8{,}000\text{원}} = 0.5$

16 ⑤ 기초자산가격의 변동에 따른 옵션가격의 변동액은 기초자산가격의 변동액보다 작기 때문에 옵션델타의 절댓값은 1보다 작다. 그러나 옵션가격의 변동률은 기초자산가격의 변동률보다 크기 때문에 옵션탄력성(option elasticity)은 1보다 크며, 이는 옵션이 기초자산보다 훨씬 위험이 크다는 것을 나타낸다.

17 ④ $HP = N_S \times S - 20 \times C + 10 \times P$

$\Delta HP = N_S \times \Delta S - 20 \times \Delta C \times 100주 + 10 \times \Delta P \times 100주$

$\frac{\Delta HP}{\Delta S} = N_S \times \frac{\Delta S}{\Delta S} - 20 \times \frac{\Delta C}{\Delta S} \times 100주 + 10 \times \frac{\Delta P}{\Delta S} \times 100주$

$= N_S \times$ 기초자산의 델타 $- 20 \times$ 콜옵션의 델타 $\times 100$주 $+ 10 \times$ 풋옵션의 델타 $\times 100$주

$= N_S \times 1 - 20 \times 0.5 \times 100주 + 10 \times (-0.3) \times 100주 = 0$

$\therefore N_S = 1{,}300주$

18 ③ ③ 등가격($S_0 = X$)옵션의 가치는 시간가치만으로 구성되며, 등가격 콜옵션의 가치는 등가격 풋옵션의 가치보다 크기 때문에 등가격 상태에서 콜옵션의 시간가치는 풋옵션의 시간가치보다 크다.

$C_0 - P_0 = S_0 - \frac{X}{(1+R_f)^T} = S_0 - \frac{S_0}{(1+R_f)^T} > 0$

⑤ 감마와 베가, 세타의 절댓값은 등가격 부근에서 가장 크고 외가격이나 내가격으로 갈수록 감소하며, 로우의 절댓값은 내가격 > 등가격 > 외가격의 순으로 크다.

19 ② 기초자산을 보유한 투자자가 기초자산의 가치가 행사가격 이하가 되지 않도록 방지하는 포트폴리오보험전략을 실행하기 위해서는 풋옵션을 매입해야 한다.

20 ⑤ (가), (나), (다), (라) 모두 포트폴리오보험전략을 실행하는 수단으로 타당하다.

21 ① 콜옵션 매입 + 풋옵션 매도 = 합성선물 매입

22 ④ ① $P_0 = C_0 + PV(X) - S_0$ = 3,000원 + 10,000원 - 10,000원 = 3,000원

풋옵션의 시장가격(2,000원)이 균형가격에 비해 과소평가

차익거래전략: 풋옵션 1개 매수 + 콜옵션 1개 매도 + $PV(X)$ 차입 + 주식 1주 매입

차익거래이익: 현재시점 기준 1,000원, 1년 후 시점 기준 1,100원

② 만기주가가 12,500원인 경우에 손실 발생

거래내용	현재시점(0)	만기시점	
		S_T = 2,500원	S_T = 12,500원
콜옵션 2개 매수	-6,000원	0	(12,500원 - 11,000원) × 2개
주식 1주 공매	10,000원	-2,500원	-12,500원
10,000원 예금	-10,000원	11,000원	11,000원
옵션거래대금		-6,000원	-6,000원
합계	-6,000원	2,500원	-4,500원

③ 차익거래전략: 선도계약 매입 + 풋옵션 매입 + 콜옵션 매도

$\frac{F_0}{1+R_f} = \frac{10{,}500원}{1.1} < C_0 + PV(X) - P_0 = 3{,}000원 + 10{,}000원 - 2{,}500원 = 10{,}500원$

④ 합성콜옵션 매입 = 주식 매입 + 풋옵션 매입 + $PV(X)$ 차입

⑤ $\frac{F_0}{(1+R_f)^T} = C_0 - P_0 + \frac{X}{(1+R_f)^T}$ 에서 $F_0 = X$인 경우에 $C_0 = P_0$이다.

23 ② ① 신주인수권의 가치는 일반콜옵션의 가치에 희석효과를 추가로 고려해야 한다.
③ 전환사채의 만기일에 전환가치가 일반사채의 가치보다 크다면 전환권이 행사될 것이므로 전환사채의 가치는 일반사채의 가치보다 크다.
④ 전환사채의 현재가치는 일반사채의 가치보다 작을 수 없다.
⑤ 상환청구권부사채의 가치는 일반사채의 가치에 상환청구권가치인 풋옵션의 가치를 더한 것과 같다.

24 ③ 확장옵션의 만기는 기초 투자안이 종료되는 시점이다.

25 ② 현재 사업을 개시하는 경우의 NPV = 100억원 - 100억원 = 0원
석유시추사업권을 매입하는 경우의 NPV = Max[㉠, ㉡, ㉢] = 5.92억원

㉠ 1년 연기 NPV = $\dfrac{100억원-95억원}{1.3}=3.85억원$

㉡ 2년 연기 NPV = $\dfrac{100억원-90억원}{1.3^2}=5.92억원$

㉢ 3년 연기 NPV = $\dfrac{100억원-88억원}{1.3^3}=5.46억원$

∴ 연기옵션의 가치 = 5.92억원 - 0억원 = 5.92억원

26 ②
- 1년 후 수요가 많아서 확장하는 경우에 확장옵션의 1년 후 시점 가치
  $PV_{t=1}=(70억원-40억원)-20억원=10억원$
- 1년 후 수요가 적어서 확장하지 않는 경우에 확장옵션의 1년 후 시점 가치
  $PV_{t=1}=0원$

∴ 확장옵션의 현재가치: $PV_{t=0}=\dfrac{10억원\times0.6+0원\times0.4}{1.1}=5.45억원$

제15장

금융투자론의 기타주제

핵심 이론 요약

객관식 연습문제

정답 및 해설

핵심 이론 요약

01 국제재무관리

(1) 환율결정이론: 원/달러환율 가정

① 구매력평가설

- 환율의 기대변동률은 양 국가 예상인플레이션율(i)의 차이에 의해 결정
- $E(S_1) = S_0 \times \dfrac{1+i_K}{1+i_A}$ ➜ $\dfrac{E(S_1)-S_0}{S_0} \approx i_K - i_A$

② 피셔효과

- 양 국가 명목이자율(R) 차이는 양 국가 예상인플레이션율(i)의 차이에 의해 결정
- $1+명목R = (1+실질r)\times(1+i)$
- 국가 간 자본이동에 제약이 없는 경우 모든 국가의 실질이자율은 동일
- $명목R_K - 명목R_A \approx i_K - i_A$

③ 국제피셔효과

- 구매력평가설과 피셔효과가 결합된 이론
- 환율의 기대변동률은 양 국가 명목이자율의 차이에 의해 결정
- $E(S_1) = S_0 \times \dfrac{1+R_K}{1+R_A}$ ➜ $\dfrac{E(S_1)-S_0}{S_0} \approx R_K - R_A$

④ 이자율평가설

- 선물환율의 할증률(할인율)은 양 국가 명목이자율의 차이에 의해 결정
- $F_0 = S_0 \times \dfrac{1+R_K}{1+R_A}$ ➜ $\dfrac{F_0-S_0}{S_0} \approx R_K - R_A$

⑤ 불편선물환가설

- 이자율평가설과 국제피셔효과가 결합된 이론
- 선물환율이 선물만기시점 기대현물환율의 불편추정치: $F_0 = E(S_T)$

(2) 환위험관리기법

① 미래 달러화 수취 예정(달러화 처분 예정)인 한국기업

- 원달러선물 이용 시: 원달러선물 매도
- 달러화에 대한 옵션 이용 시: 풋옵션 매입 and/or 콜옵션 매도
- 단기금융시장 이용 시: 달러화 차입 + 원화 예금
- 통화스왑 이용 시: 원화 수취 + 달러화 지급

② 미래 달러화 지급 예정(달러화 매입 예정)인 한국기업
- 원달러선물 이용 시: 원달러선물 매입
- 달러화에 대한 옵션 이용 시: 콜옵션 매입 and/or 풋옵션 매도
- 단기금융시장 이용 시: 원화 차입 + 달러화 예금
- 통화스왑 이용 시: 달러화 수취 + 원화 지급

(3) 국제자본예산(해외투자안의 평가)

① 투자안의 기대현금흐름을 현지통화로 추정
② 추정된 현금흐름을 기대현물환율을 이용해서 원화로 환산
③ 원화 자본비용으로 할인하여 NPV 계산

02 스왑

(1) 스왑의 유형

① 이자율스왑: 동일한 통화로 표시되는 현금흐름의 교환
- 동일 원금에 대한 고정금리이자와 변동금리이자를 교환
- 계약시점과 계약만기에 원금의 교환은 불필요

② 통화스왑: 상이한 통화로 표시되는 현금흐름의 교환
- 이자의 교환은 모든 조건 적용 가능
- 이자의 교환 이외에 원금도 교환

(2) 스왑의 이용목적

① 위험관리목적
② 차입비용절감목적(이자율스왑의 경우): 상대적 비교우위를 이용
- 스왑계약의 총이득 = (고정금리 차이 - 변동금리 차이)의 절댓값

03 VaR(Value at Risk)

(1) VaR의 의의

① 정상적인 시장상황과 특정 신뢰수준하에서 보유기간 동안 발생 가능한 최대손실금액
- 보유기간을 보다 길게 설정하는 경우: VaR 증가
- 신뢰수준을 보다 높게 설정하는 경우: VaR 증가

② VaR의 구분
- 절대기준 VaR: 보유자산의 현재가치를 기준으로 측정
- 평균기준 VaR: 보유자산의 기대가치를 기준으로 측정

(2) 정규분포를 이용한 VaR의 측정

① 기간조정

- $E(R^{연간}) = E(R^{분기}) \times 4$ ➜ $E(R^{분기}) = E(R^{연간}) \times 0.25$
- $Var(R^{연간}) = Var(R^{분기}) \times 4$ ➜ $Var(R^{분기}) = Var(R^{연간}) \times 0.25$
- $\sigma(R^{연간}) = \sigma(R^{분기}) \times 4$ ➜ $\sigma(R^{분기}) = \sigma(R^{연간}) \times \sqrt{0.25}$

② 발생 가능한 최소수익률의 측정

- $R^{최소} = E(R) + 표준정규변수 \times \sigma$
- $\text{Prob}[\mu \pm 1.65 \times \sigma] = 90\%$
  ➜ 95% 신뢰수준 경우: 표준정규변수 = -1.65
- $\text{Prob}[\mu \pm 1.96 \times \sigma] = 95\%$
  ➜ 97.5% 신뢰수준 경우: 표준정규변수 = -1.96

③ VaR의 측정

- 절대기준 VaR = 보유자산의 현재가치 $\times (-R^{최소})$
- 평균기준 VaR = 보유자산의 현재가치 $\times [E(R) - R^{최소}]$
  = -보유자산의 현재가치 × 표준정규변수 × 보유자산 수익률의 표준편차
- $VaR_P = \sqrt{VaR_A^2 + VaR_B^2 + 2 \times VaR_A \times VaR_B \times \rho_{AB}}$
  = -포트폴리오의 현재가치 × 표준정규변수 × 포트폴리오 수익률의 표준편차

(3) VaR의 유용성과 한계

① VaR의 유용성

- 금액으로 표시되기 때문에 위험에 대한 구체적이고 이해하기 쉬운 측정치를 제공
- 서로 다른 자산들의 위험을 공통된 측정치로 비교 가능
- 자산별 위험의 합산이 가능하므로 포트폴리오의 시장위험에 대한 통합관리 가능
- 손실 측면만을 위험으로 고려하기 때문에 일반적으로 생각하는 위험의 개념에 부합

② VaR의 한계

- 과거의 역사적 자료(자산수익률의 변동성)가 안정적이라고 가정
- 일반적으로 단기적 위험을 측정하는 데 이용되는 개념
- 적용하는 모형이나 분포에 대한 가정 등에 따라 상이하게 계산 가능

객관식 연습문제

01 (주)한국이 미국에서 연 5%의 이자율로 $40을 1년간 차입하였다. 차입시점의 원달러환율은 800원/$이었지만 1년 후 원달러환율은 880원/$으로 상승하였다. (주)한국이 차입금을 상환할 때 결국 부담하게 되는 지급이자율은 얼마인가? CPA 96

① 13.5% ② 14.5% ③ 15.5%
④ 16.5% ⑤ 17.5%

02 미국 달러와 원화 환율에 대한 90일 만기 선도환율이 현재 국내외환시장과 뉴욕외환시장에서 각각 1,250원/$과 0.00077$/원에 형성되었다고 하자. 두 시장에서 동시에 거래할 수 있는 국내은행의 외환딜러라면 어떤 차익거래(arbitrage transaction)를 해야 하는가? CPA 01

① 한국시장에서 달러 매도, 뉴욕시장에서 원화 매도 선물환 체결
② 한국시장에서 달러 매입, 뉴욕시장에서 원화 매도 선물환 체결
③ 한국시장에서 달러 매도, 뉴욕시장에서 원화 매입 선물환 체결
④ 한국시장에서 달러 매입, 뉴욕시장에서 원화 매입 선물환 체결
⑤ 차익거래의 기회가 없다.

03 차익거래(arbitrage)에 관한 다음의 설명 중 가장 적절하지 않은 것은? (단, 매도포지션을 취하는 데 제약이 없으며 거래비용은 없다고 가정한다) CPA 10

① 현물환시장에서, 1달러는 1,200원, 100엔은 1,140원, 100엔은 0.95달러의 환율이 형성되어 있다면 차익거래는 가능하지 않다.

② 1년 만기 무이표채의 가격이 원금의 92%이고 2년 만기 무이표채의 가격이 원금의 87%인 경우 액면이자율이 8%이고 원금이 10,000원이며 만기가 2년인 이표채(연 1회 이자 지급)의 무차익가격은 10,132원이다.

③ 주식의 가격이 10,000원이고 6개월 후에 400원의 배당이 지급될 예정이다. 만기가 1년인 주식선물의 가격이 10,100원이면 선물계약이 과대평가되었으므로 차익거래가 가능하다. 단, 무위험이자율은 연 5%이다.

④ 행사가격이 K_1, K_2, K_3이고 $K_3 - K_2 = K_2 - K_1$이 성립하는 경우, 풋옵션의 가격이 각각 800원, 1,300원, 1,700원이면, 차익거래전략은 행사가격이 K_1인 풋옵션 1개 매입, 행사가격이 K_3인 풋옵션 1개 매입, 그리고 행사가격이 K_2인 풋옵션 2개를 매도하는 것이다. 여기서 풋옵션은 기초자산과 만기가 동일한 유럽형이다.

⑤ 1년과 2년 만기 현물이자율이 각각 6%와 7%이다. 만일 1년 후부터 시작하는 1년 동안 7.5%의 이자율로 차입할 수 있다면 차익거래자는 1년 만기 무이표채를 매입하고 2년 만기 무이표채를 공매도하여 무위험 이익을 얻을 수 있다.

04 환율결정이론에 관한 다음 설명 중 가장 타당하지 않은 것은? CPA 00

① 피셔효과가 성립하면, 양국 간 명목이자율의 차이는 기대인플레이션율의 차이와 같게 된다.

② 구매력평가이론(PPP)에 따르면, 양국 통화 간 현물환율의 기대변동률은 양국 간 기대인플레이션율의 차이와 같게 된다.

③ 양국 통화 간 현물환율의 기대변동률이 양국 간 명목이자율의 차이와 같게 되는 현상을 국제피셔효과라고 한다.

④ 이자율평가이론(IRP)에 따르면, 양국 간 실질이자율의 차이는 선도환율의 할증률(혹은 할인율)과 같게 된다.

⑤ 이자율평가이론과 국제피셔효과가 성립하면, 선도환율은 미래 현물환율의 불편추정치가 된다.

05 아래의 기호들을 이용하여 국제피셔효과를 표시한 것으로 옳은 것은? (단, 환율은 자국통화표시환율이다)

CPA 96

- S_0: 현물환율
- $E(S_1)$: 1기 후 기대현물환율
- R_{US}: 상대국의 연간 무위험이자율
- I_{US}: 상대국의 연간 예상인플레이션율
- F: 1년 만기 선도환율
- R_K: 자국의 연간 무위험이자율
- I_K: 자국의 연간 예상인플레이션율

①
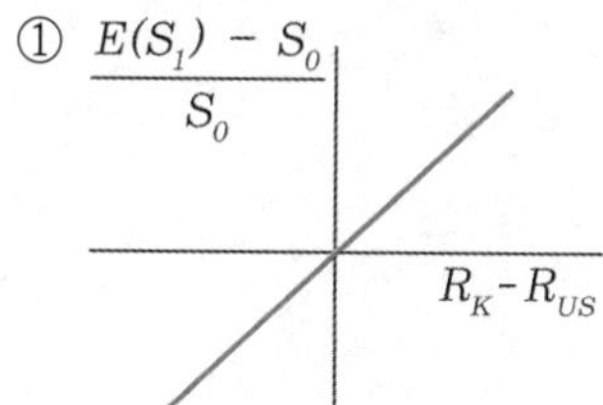

②
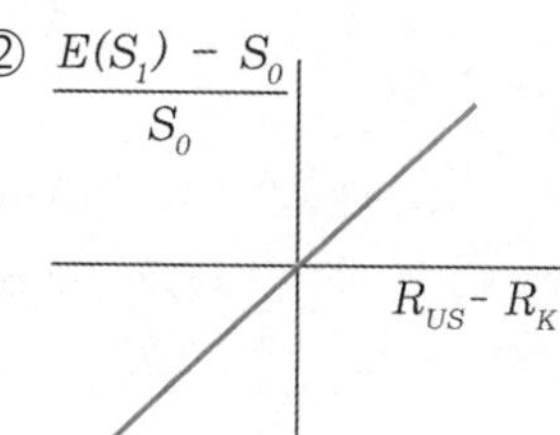

③
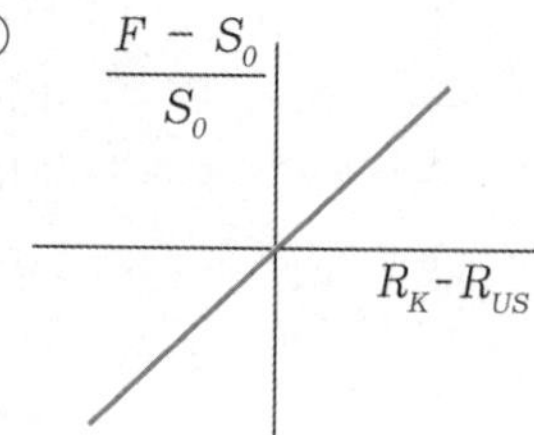

④
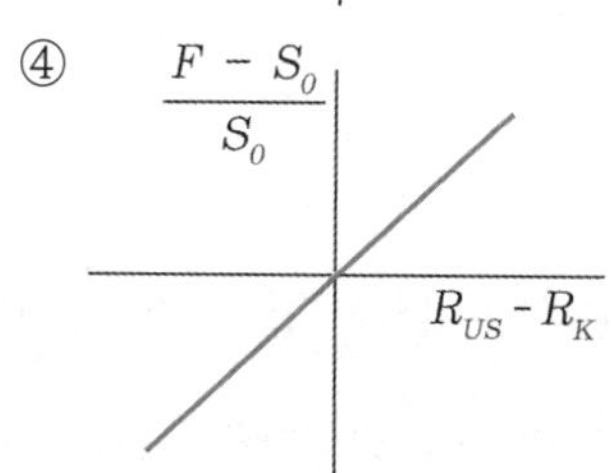

⑤
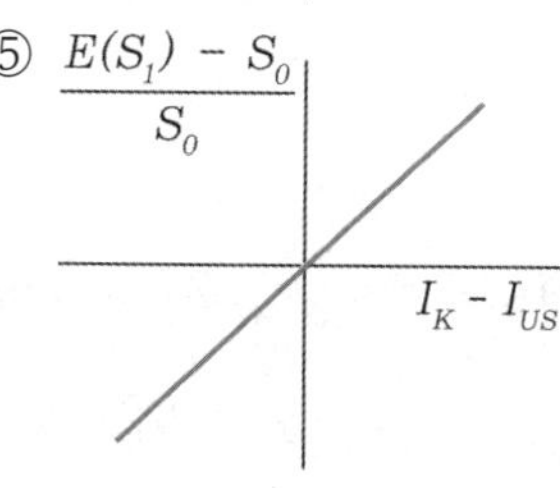

06 (주)대한은 3,300만원의 투자자금을 보유하고 있다. 현재 현물환율은 KRW1,100/US$1이다. 미국의 금리는 연 10%이고 국내의 금리는 연 5%이다. 외환시장에서 선물환율(forward exchange rate)이 금리평가이론(interest rate parity theorem)에 의하여 결정된다고 하자. 현 시점에서 1년 만기 선물환계약과 함께 미국의 단기금융시장에 총 3,300만원을 투자할 경우 1년 만기 선물환율과 투자회수총액의 조합으로 가장 적절한 것은? CPA 11

	1년 만기 선물환율(KRW/US$1)	투자회수총액(만원)
①	1,025	3,275
②	1,050	3,465
③	1,075	3,585
④	1,100	3,660
⑤	1,125	3,685

07 A국과 B국의 연간 무위험이자율의 차이(R_A-R_B)와 선물환율의 할인율/할증율$\left(\frac{F-S_0}{S_0}\right)$이 아래 그림의 X점과 같은 상태에 있다면 무위험차익거래가 가능하다. 이 경우 발생하게 되는 차익거래의 결과로 옳은 것은? (단, F는 1년 만기 선물환율, S_0는 현재의 현물환율을 나타내며, 환율은 B국 통화 1단위에 대한 A국 통화의 가치로 표시된다) CPA 94

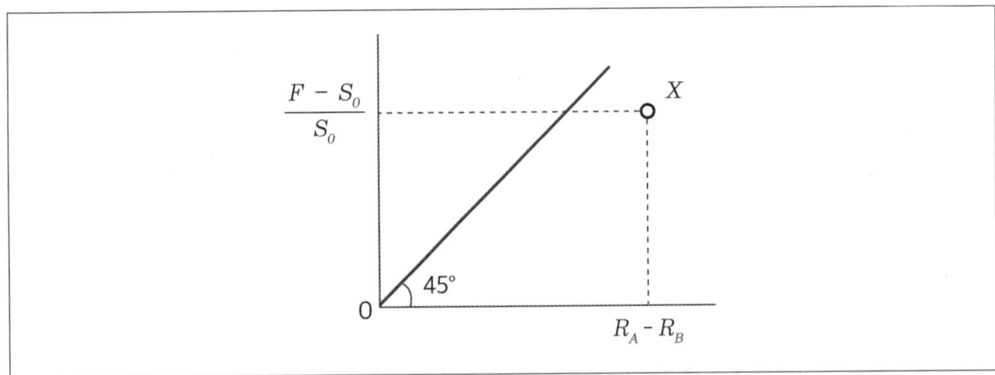

① B국 통화에 대한 선물환율이 하락한다.
② B국의 무위험이자율인 R_B가 하락한다.
③ B국 통화의 현물환율인 S_0가 상승한다.
④ A국의 무위험금융자산의 가격이 상승한다.
⑤ 위 어떤 결과도 나타나지 않는다.

08 동일한 수익구조를 만들어 내는 복제포트폴리오의 구성방법 중 옳은 항목만을 모두 모은 것은?

CPA 10

a. 미 달러화 선물환 매도 = 원화채권 매입 + 현물환 매도 + 미 달러채권 매도
b. 채권 매입 = 선물 매도 + 기초자산 매입
c. 주식 공매 = 채권 매도 + 콜옵션 매도 + 풋옵션 매입

① a, b, c ② b, c ③ a, c
④ c ⑤ a, b

09 환율 및 환위험에 관한 설명 중 틀린 것은? CPA 93

① 국제 외환거래에 있어서 두 나라 간의 환율을 교차환율이라 한다.
② 국내에서만 거래활동을 하는 기업은 환위험이 발생하지 않는다.
③ 현물환율이 600원/$, 1개월 선물환율이 606원/$인 경우 선물환율의 할증률은 연 12%이다.
④ 기대하지 않은 환율의 변동으로 기업의 미래 기대현금흐름이 변화할 수 있는 가능성을 경제적 환노출이라 한다.
⑤ 두 나라 통화 간의 현물환율은 두 나라 간의 인플레이션율의 차이에 비례하여 변동한다는 이론이 구매력평가이론이다.

10 환위험에 노출되어 있는 기업이 그 위험을 관리하기 위하여 고려할 수 있는 방법 중 부적절한 것은?

CPA 97

① 외국통화로 자금을 지급하거나 수령하는 시기를 조정한다.
② 국내의 금융시장에서 자금을 차입하는 통화수단을 조정한다.
③ 해외원자재를 장기적으로 구매하거나 해외로 공장을 이전한다.
④ 통화 관련 선물, 옵션, 스왑 등의 파생상품을 이용한다.
⑤ 외국기업과 전략적 제휴관계를 맺는다.

11 한국의 수출업자가 기계장치를 수출하고 수출대금 100만달러는 90일 후에 수취하기로 하였다. 현재의 현물환율은 780원/$이고, 90일 만기 선물환율은 756원/$이다. 동 기업은 외화매출채권에서 발생 가능한 환위험을 회피하기 위하여 달러화에 대한 선물환계약을 체결하였다. 이러한 선물환계약을 이용하여 환위험을 회피하는 데 드는 비용은 연간으로 몇 %인가? CPA 95

① 3.1% ② 6.2% ③ 9.4%
④ 12.3% ⑤ 13.7%

12 미국에 물품을 수출하고 6개월 후에 대금 1백만달러를 받기로 한 무역업자가 있다. 이 무역업자가 사용하기에 가장 적절한 환위험 헤지 방법은? CPA 04

① 6개월 만기의 달러 콜옵션을 매수한다.
② 6개월 만기의 달러 풋옵션을 매도한다.
③ 6개월 만기의 선물환 계약에서 달러 매수포지션을 취한다.
④ 동일한 행사가격의 만기 6개월짜리 달러 콜옵션과 달러 풋옵션을 동시에 매수한다.
⑤ 6개월 만기 달러 대출을 받아 달러를 외환시장에서 매각한다.

13 (주)한국은 3개월 후에 미국기업에 대한 수입대금 1백만달러를 지급해야 한다. 다음 중 환위험을 헤지하기 위해 이 기업이 취할 수 있는 환위험관리전략으로 가장 적절한 것은? CPA 09

① 동일한 행사가격의 3개월 만기의 달러 콜옵션과 달러 풋옵션을 동시에 매도한다.
② 스왑딜러를 통해 원화 수입이 주된 소득원인 미국 현지의 A기업과 달러를 지급하고 원화를 수취하는 원-달러 통화스왑계약을 체결한다.
③ 3개월 만기의 달러 콜옵션을 매입한다.
④ 국내유로은행에서 달러를 차입하여 이를 외환시장에 매도한다.
⑤ 3개월 만기의 달러화선물환 매도계약을 체결한다.

14 (주)한국의 외화자금 수급에 대한 예측에 의하면 1년 후인 2006년 3월에 5억엔 상당의 엔화 수입자금에 대한 결제와 500만불 상당의 달러화 수출자금에 대한 결제가 동시에 이루어진다. 다음과 같은 정보가 주어져 있을 때 (주)한국이 환위험을 헤지(hedge)하기 위하여 택할 수 있는 방법으로 가장 적절한 것은? (단, 수수료는 무시하라) CPA 05

- 달러화 이자율: 연 3%
- 엔화 이자율: 연 1%
- 엔/달러현물환율: ¥101.98/$
- 1년 엔/달러선물환율: ¥100/$
- 1년 만기 행사가격 ¥100/$의 달러화 풋옵션: ¥9.86
- 1년 만기 행사가격 ¥100/$의 달러화 콜옵션: ¥9.84

① 엔/달러선물시장에서 500만불 상당의 달러선물환을 매입한다.
② 달러 자금시장에서 1년 후 500만불을 상환하기로 하고 달러를 차입하여 엔/달러현물시장에서 엔화로 교환한 후 엔화 자금시장에 1년간 예치한다.
③ 엔/달러현물시장에서 500만불 상당의 달러현물환을 매입한다.
④ 달러화 풋옵션과 달러화 콜옵션을 동시에 매입한다.
⑤ 달러화 풋옵션을 매도한다.

15 어느 수출업자가 3개월 후에 외화 1단위를 수령하기로 되어 있다. 환율변동으로 인한 위험을 헤지하기 위하여 외화에 대한 풋옵션 1단위(만기: 3개월 후, 행사가격: X_P)를 매입함과 동시에 콜옵션 1단위(만기: 3개월 후, 행사가격: X_C)를 매도(단, $X_P < X_C$)하였다. 3개월 후 현물환율(S_3)의 변동에 따라 이 수출업자가 수취하는 외화 1단위에 대한 원화 표시액을 바르게 나타낸 것은? CPA 94

① 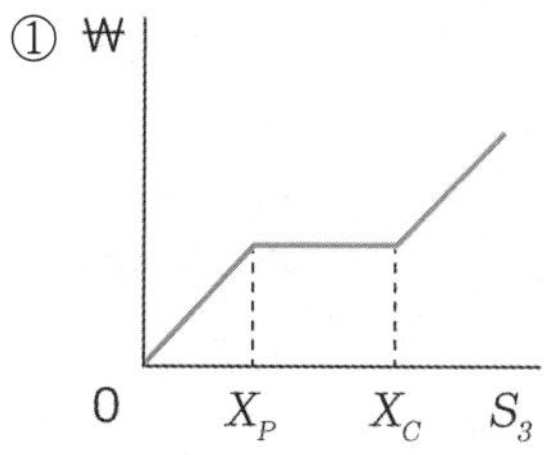

② 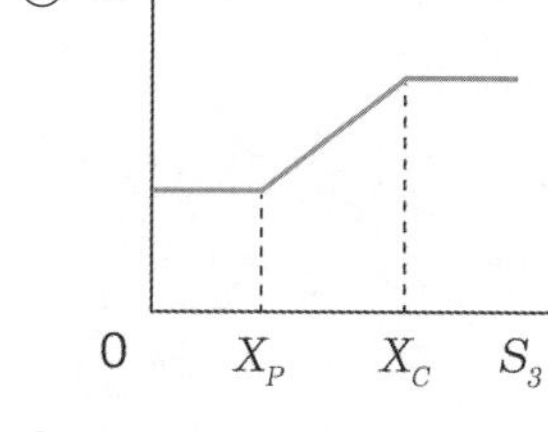

③ 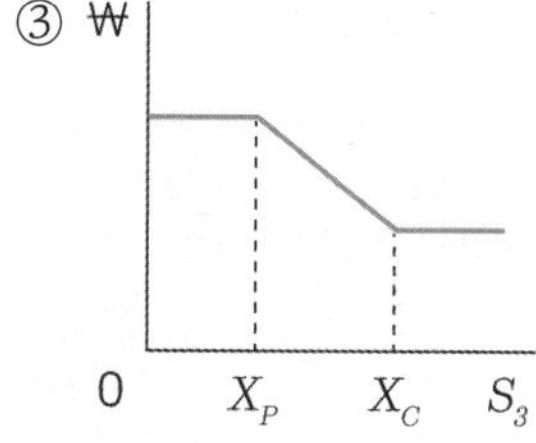
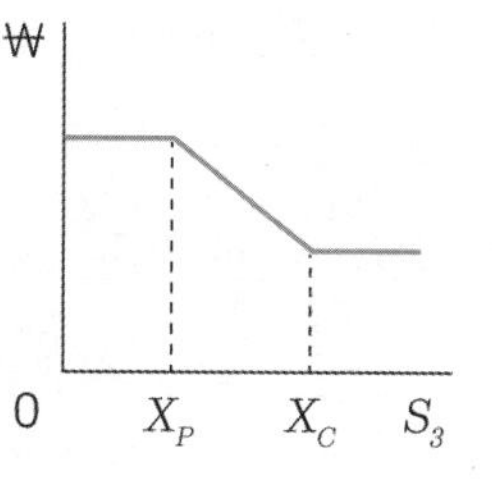

④ 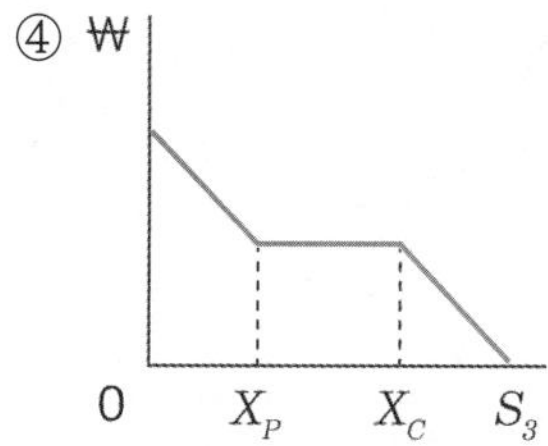

⑤ 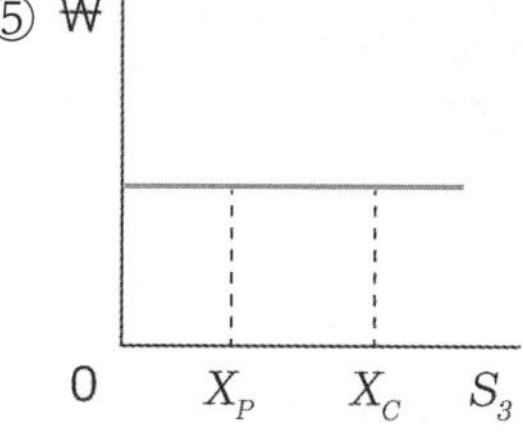

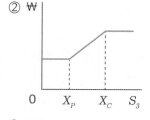

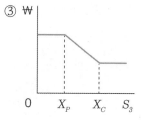

16 스왑에 대한 다음 설명 중 가장 잘못된 것은? CPA 03

① 스왑은 두 거래 당사자 간 미래 현금흐름을 교환하는 계약으로 일련의 선도거래 또는 선물계약을 한번에 체결하는 것과 유사한 효과를 갖는다.

② 스왑은 표준화된 상품인 선물, 옵션과 같이 거래소에서 거래되지 않고, 스왑딜러 및 브로커의 도움을 얻어 주로 장외에서 거래가 이루어진다.

③ 금리스왑은 미래 일정기간 동안 거래당사자 간 명목원금에 대한 변동금리 이자와 고정금리 이자금액만을 교환하는 거래로서 원금교환은 이루어지지 않는다.

④ 통화스왑은 미래 일정기간 동안 거래당사자 간 서로 다른 통화표시 채무원금에 대한 이자금액만을 교환하는 거래로서 원금교환은 이루어지지 않는다.

⑤ 스왑은 두 거래 당사자 간 필요에 따라 다양하게 설계될 수 있는 장점이 있어 금리 또는 환위험관리를 위해 적절하게 사용될 수 있다.

17 기업 A, B는 국제금융시장에서 각각 다음과 같은 조건으로 자금을 차입할 수 있다. 은행이 기업 A와 B 사이에서 스왑을 중계하고자 한다. 은행이 기업 A에게 변동금리를 지급하고 고정금리를 수취하는 스왑계약을 체결하며, 기업 B와는 그 반대의 스왑계약을 체결한다. 본 스왑으로 인한 은행의 총마진은 0.2%이며, 스왑이득은 두 기업에게 동일하다. 만약 은행이 기업 A에게 LIBOR + 1%를 지급한다면 기업 A는 은행에게 얼마의 고정금리를 지급해야 하는가? CPA 06

	유로본드시장	유로달러시장
기업 A	8%	LIBOR + 1%
기업 B	9%	LIBOR + 3%

① 8%　② 7.8%　③ 7.6%
④ 7.4%　⑤ 7.2%

18 오랜 거래관계를 유지해 온 한국의 기업 K와 중국의 기업 C는 각각 상대국에서 신규사업을 위해 중국 금융시장에서 위안화로 한국 금융시장에서 원화로 1년 만기 동일 규모의 자금을 차입하고자 한다. 원화/위안화환율은 고정환율로서 변동되지 않는다고 가정한다. 기업 K와 기업 C가 각국 금융시장에서 차입할 때의 시장이자율은 다음 표에서 요약된 바와 같다.

	한국 금융시장에서 원화 차입	중국 금융시장에서 위안화 차입
기업 C	6.60%	4.20%
기업 K	5.60%	3.83%

통화스왑 계약에서 거래비용은 존재하지 않으며 금융기관의 중개를 통하지 않고 기업 K와 기업 C의 양자계약(bilateral contract)의 형태를 갖는다고 가정한다. 기업 K와 기업 C가 1년 만기 통화스왑을 고려할 때 다음 중 옳지 않은 항목만으로 구성된 것은?

a. 기업 K는 기업 C에 비하여 원화 및 위안화 차입에서 모두 낮은 이자율을 지급하므로 통화스왑을 맺을 경제적 유인을 갖지 않는다.
b. 기업 K는 원화 차입, 기업 C는 위안화 차입 후에 통화스왑을 통해 부채비용을 절감할 수 있다.
c. 기업 K와 기업 C가 통화스왑을 통해 절감할 수 있는 부채비용의 최대폭은 63 베이시스 포인트(basis point)이며 통화스왑 당사자들은 이를 균등하게 분할해야 한다.
d. 통화스왑의 경우 이자율스왑과는 상이하게 차입원금이 교환되며 계약상 약정된 환율에 의하여 상환되는 것이 일반적이다.
e. 본 통화스왑에서 신용위험은 존재하지 않으며, 이자율 및 환율의 변동에 따라서 스왑이자율의 조정 및 계약의 갱신 여부 등이 결정될 수 있다.

① a, c, e ② a, d, e ③ b, c, d
④ b, d, e ⑤ c, d, e

19 아래의 표와 같은 고정금리 차입조건하에서 한국의 (주)대한은 1,000만엔, (주)민국은 10만달러를 차입하려고 한다. (주)대한은 비교우위를 갖고 있는 달러화시장에서 10만달러, (주)민국은 엔화시장에서 1,000만엔을 차입한 후, (주)대한은 1,000만엔에 대한 연 5.5%의 이자를 (주)민국에게 직접 지급하고 (주)민국은 10만달러에 대한 연 3%의 이자를 (주)대한에게 직접 지급하는 통화스왑계약을 체결하려고 한다. 이 통화스왑에서 정기적인 이자지급 외에도 (주)대한은 계약시점에서 1,000만엔을 받고 10만달러를 주고, 만기시점에서는 10만달러를 돌려받고 1,000만엔을 돌려주어야 한다. 현재 환율이 100엔/달러일 때, 통화스왑으로 인해 발생하는 결과로 가장 적절한 것은?

구분	달러화 차입금리	엔화 차입금리
(주)대한	3%	6%
(주)민국	5%	7%

① (주)대한은 달러화 환위험에 노출된다.
② (주)민국은 달러화와 엔화 환위험에 노출된다.
③ (주)대한은 달러화 차입비용을 0.5%p 줄일 수 있게 된다.
④ (주)민국은 달러화 차입비용을 0.5%p 줄일 수 있게 된다.
⑤ (주)민국은 엔화 차입비용을 0.5%p 줄일 수 있게 된다.

20 기업 D는 명목원금(notional principal) 1억원, 1년 만기 변동금리를 지급하고 8% 고정금리를 수취하는 5년 만기의 이자율 스왑계약을 3년 6개월 전에 체결하였다. 현재 동 스왑의 잔존만기는 1년 6개월이다. 현재가치 계산을 위해 활용되는 6개월과 1년 6개월 만기 현물이자율은 각각 연 10%와 연 11%이다. 직전 현금흐름 교환시점의 1년 만기 변동금리는 연 10.5%였다. 기업 D의 관점에서 이 이자율 스왑계약의 현재가치와 가장 가까운 것은? (단, 현금흐름은 기말에 연 1회 교환되고 이자율기간구조의 불편기대이론이 성립한다고 가정하며, $\frac{1}{1.10^{0.5}} = 0.9535$, $\frac{1}{1.11^{1.5}} = 0.8551$이다)

CPA 19

① - 5,382,950원　② - 4,906,200원　③ 0원
④ 4,906,200원　⑤ 5,382,950원

21 현재의 시장가치가 1,000만원인 포트폴리오(P)는 주식 A와 B로 구성되어 있다. 현재 주식 A의 시장가치는 400만원이고 주식 B의 시장가치는 600만원이다. 주식 A와 주식 B의 수익률 표준편차는 각각 5%와 10%이고 상관계수는 -0.5이다. 주식수익률은 정규분포를 따른다고 가정한다. 99% 신뢰수준하에서 포트폴리오(P)의 최대 가치 하락을 측정하는 Value at Risk(VaR)는 아래 식에 의해 계산된다. 포트폴리오(P)의 VaR값과 가장 가까운 것은? CPA 19

$VaR = 2.33 \times \sigma_P \times$ 포트폴리오(P)의 시장가치 단, σ_P는 포트폴리오(P) 수익률의 표준편차이다.

① 466,110원 ② 659,840원 ③ 807,350원
④ 1,232,920원 ⑤ 2,017,840원

22 주식 A와 주식 B의 월간 수익률 표준편차는 각각 5%와 8%이며, 두 주식 수익률 간 상관계수는 0.4이다. 주식 A와 주식 B에 각각 500만원과 300만원씩 투자하여 1개월간 보유할 경우, 95% 신뢰수준에서 포트폴리오의 평균기준 VaR(value at risk)과 가장 가까운 것은? (단, $Prob(\mu \pm 1.65 \times \sigma) = 90\%$ 이고, 두 주식의 월간 기대수익률은 0%로 가정한다) CPA 23

① 67.65만원 ② 70.58만원 ③ 81.62만원
④ 92.44만원 ⑤ 101.28만원

정답 및 해설

정답

01	③	02	④	03	⑤	04	④	05	①	06	②	07	④	08	①	09	①	10	⑤
11	④	12	⑤	13	③	14	②	15	②	16	④	17	③	18	①	19	②	20	①
21	④	22	①																

해설

01 ③ 현재시점의 차입금액(원화환산액) = $40 × 800원/$ = 32,000원

1년 후 원리금상환액(원화환산액) = $40 × 1.05 × 880원/$ = 36,960원

실제 부담하는 원화 지급이자율 = $\frac{36,960원}{32,000원} - 1 = 0.155$

02 ④ 국내외환시장에서의 원달러 선도환율 = 1,250원/$

뉴욕외환시장에서의 원달러 선도환율 = $\frac{1}{0.00077}$원/$ = 1,298.70원/$

국내외환시장에서는 달러화가 상대적으로 저평가(원화가 상대적으로 고평가)되어 있고, 뉴욕외환시장에서는 원화가 상대적으로 저평가(달러화가 상대적으로 고평가)되어 있으므로 국내외환시장에서는 달러화 매입 선물환계약을 체결하고, 뉴욕외환시장에서는 원화 매입 선물환계약을 체결하는 차익거래가 가능하다.

03 ⑤ ① $\frac{1,200원}{\$1}\times\frac{¥100}{1,140원}\times\frac{\$0.95}{¥100}=1$이므로 균형상태이다.

② 균형채권가격 = 800원 × 0.92 + 10,800 × 0.87원 = 10,132원

③ 주식선물 과대평가: [선물 매도 + 주식 매입 + 차입]의 차익거래 가능

균형선물가격 = 10,000원 × 1.05 - 400원 × $1.05^{0.5}$ = 10,090원

④ $K_3-K_2=K_2-K_1$인 상황에서 $P_{K3}-P_{K2}=400$원 < $P_{K2}-P_{K1}=500$원

상대적으로 P_{K1}과 P_{K3}는 과소평가, P_{K2}는 과대평가되어 있다.

차익거래전략: P_{K1} 1개 매입 + P_{K2} 2개 매도 + P_{K3} 1개 매입

차익거래이익: 현재시점 기준 최소한 100원

거래내용	현재시점(0)	만기시점		
		$S_T=K_1$	$S_T=K_2$	$S_T=K_3$
P_{K1} 1개 매입	-800원	0	0	0
P_{K2} 2개 매도	2,600원	$-(K_2-K_1)\times 2$	0	0
P_{K3} 1개 매입	-1,700원	K_3-K_1	K_3-K_2	0
합계(차익거래이익)	100원	0	K_3-K_2	0

⑤ 시장 선도이자율(7.5%) 과소평가: 내재$_1f_2=\frac{(1+{}_0R_2)^2}{1+{}_0R_1}-1=\frac{1.07^2}{1.06}-1=0.08$

차익거래전략: 시장 선도이자율 차입 + 1년 만기 무이표채 공매 + 2년 만기 무이표채 매입

04 ④ 이자율평가이론에 따르면, 선도(선물)환율의 할증률(할인율)은 양국 간 명목이자율의 차이와 같게 된다.

05 ① ① 환율이 자국통화표시환율(상대국통화 1단위당 자국통화의 비율)이므로 국제피셔효과가 성립하는 경우에 현물환율의 기대변동률이 양 국가 명목이자율의 차이와 같게 $\left[\frac{E(S_1)-S_0}{S_0}=R_K-R_{US}\right]$ 된다.

③ 이자율평가설

⑤ 구매력평가설

06 ② 균형$F_0=S_0\times\frac{1+R_K}{1+R_A}=1,100원/\$\times\frac{1+5\%}{1+10\%}=1,050원/\$$

투자회수총액: 3,300만원 ÷ 1,000원/$ × 1.1 × 1,050원/$ = 3,300만원 × 1.05 = 3,465만원

07 ④ 선물환율 과소평가: $\frac{F-S_0}{S_0}<R_A-R_B$, 즉 $F<S_0\times\frac{1+R_A}{1+R_B}$인 상황

차익거래전략: 통화선물 매입 + B국에서 차입 + A국 통화로 환전 + A국 투자

차익거래결과: 선물환율 상승 + 현물환율 하락 + R_A 하락 + R_B 상승

08 ① a. 미 달러화 선물환 매도 = 달러 차입 + 현물환 매도 + 원화 대출
= 미 달러채권 매도 + 현물환 매도 + 원화채권 매입
b. 채권 매입(대출) = 선물 매도 + 기초자산 매입(현물 매입)
c. 주식 공매 = 채권 매도(차입) + 콜옵션 매도 + 풋옵션 매입

09 ① ① 기준환율: 대외거래가 가장 많은 나라의 통화와 자국통화 간의 교환비율
교차환율: 기준환율의 대상이 되는 통화와 제3국 통화 간의 교환비율
재정환율: 교차환율 계산의 대상이 되는 제3국 통화와 자국통화 간의 교환비율
③ 선물환율의 할증률 $= \frac{F_0 - S_0}{S_0} = \frac{606\text{원}/\$ - 600\text{원}/\$}{600\text{원}/\$} \times 12\text{개월} = 0.12$

10 ⑤ 외국기업과의 전략적 제휴체결은 환위험관리와 직접적인 관련은 없는 사항이다.

11 ④ $\frac{780\text{원}/\$ - 756\text{원}/\$}{780\text{원}/\$} \times \frac{12\text{개월}}{3\text{개월}} = 0.123$

12 ⑤ 6개월 후에 달러화를 수취할 예정이므로 원달러환율의 하락위험을 부담하고 있는 상황이다.
① 달러화에 대한 콜옵션을 이용하는 경우에는 매도해야 한다.
② 달러화에 대한 풋옵션을 이용하는 경우에는 매입해야 한다.
③ 원달러선물을 이용하는 경우에는 매도해야 한다.
④ 달러화에 대한 콜옵션을 매도하고 풋옵션을 매입하면 원달러선물을 매도하는 것과 동일한 효과를 가져온다.
⑤ 단기자금시장에서 달러화를 차입한 후 달러화현물을 매도하고 원화로 예금하면 원달러선물을 매도하는 것과 동일한 효과를 가져온다.

13 ③ 3개월 후에 달러화를 지급할 예정이므로 원달러환율의 상승위험을 부담하고 있는 상황이다.
⑤ 원달러선물을 매입해야 한다.
① 달러화에 대한 콜옵션을 매입하고 풋옵션을 매도하면 원달러선물을 매입하는 것과 동일한 효과를 가져온다.
② 달러를 수취하고 원화를 지급하는 원-달러 통화스왑계약을 체결해야 한다.
④ 국내은행에서 원화를 차입하여 현물환시장에서 달러를 매입한 후에 달러화 예금에 가입해야 한다.

14 ② ① (주)한국은 엔화가치의 상승위험과 달러화가치의 하락위험에 처해 있으며, 이는 엔/달러환율의 하락위험을 의미하기 때문에 환위험 회피를 위해서는 엔/달러선물환을 매도해야 한다.
② 달러화를 차입하여 현물환시장에서 엔화로 교환한 후 엔화를 예금하면 엔/달러선물환을 매도하는 것과 동일한 효과를 가져온다.
④ 달러화 풋옵션을 매입하고 달러화 콜옵션을 매도해야 엔/달러선물환 매도와 동일한 효과를 가져온다.

15 ②

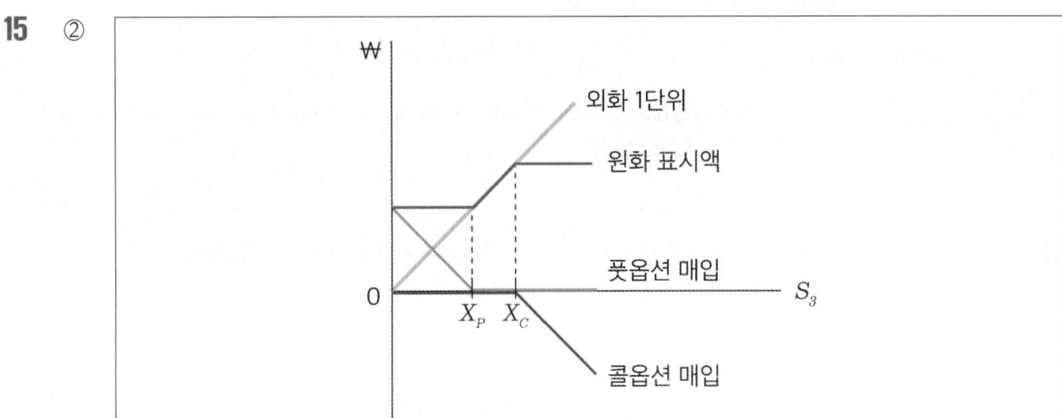

16 ④ 통화스왑은 이자금액의 교환 외에 원금의 교환도 이루어진다.

17 ③ 기업 A와 기업 B의 총스왑이득 = [(LIBOR + 3%) - (LIBOR + 1%)] - (9% - 8%) - 0.2% = 0.8%
스왑이득이 두 기업에게 동일하므로 기업 A가 얻는 스왑이득은 0.4%이다. 따라서 기업 A가 비교우위에 있는 유로달러시장에서 LIBOR + 1%의 조건으로 차입 후 스왑계약을 통해 실제 부담하는 금리가 유로본드시장의 차입조건(8%)보다 0.4% 유리한 7.6%가 되도록 스왑계약이 체결되어야 한다.

18 ① a. 기업 K는 모든 차입조건에서 기업 C에 비해 우위가 있으나, 위안화 차입보다는 원화 차입에 비교우위가 있기 때문에 통화스왑을 체결할 유인이 존재한다.
c. 절감할 수 있는 부채비용의 최대폭은 두 기업의 원화 차입이자율의 차이(1.00%)와 위안화 차입이자율의 차이(0.37%)의 차이인 0.63%(63bp)이며, 이는 체결되는 스왑계약의 내용에 따라 기업 K와 기업 C에 분할된다.
e. 금융기관의 중개를 통하지 않은 거래당사자 간의 양자계약의 형태이므로 신용위험이 존재하며, 이자율 및 환율의 변동에 따른 스왑이자율의 조정 및 계약의 갱신 여부는 스왑계약의 내용에 따라 결정될 수 있다.

19 ② 비교우위차입과 스왑계약을 통해 각 기업이 실제로 부담하는 의무는 다음과 같다.

- (주)대한: 5.5% 엔화 이자와 1,000만엔 상환의무
- (주)민국: 3% 달러화 이자와 1.5% 엔화 이자 및 10만달러 상환의무

따라서 (주)대한은 엔화 환위험에 노출되고, (주)민국은 달러화와 엔화 환위험에 노출되며, (주)대한은 엔화 차입비용을 0.5%p 줄일 수 있게 된다.

20 ① $E({}_{0.5}R_{1.5}) = {}_{0.5}f_{1.5} = \frac{1.11^{1.5}}{1.1^{0.5}} - 1 = \frac{0.9535}{0.8551} - 1 = 0.115$

스왑계약의 현재가치 $= \frac{(-0.105+0.08)\times 1\text{억원}}{1.1^{0.5}} + \frac{(-0.115+0.08)\times 1\text{억원}}{1.11^{1.5}}$

$= (-0.105+0.08)\times 1\text{억원}\times 0.9535 + (-0.115+0.08)\times 1\text{억원}\times 0.8551$

$= -5{,}376{,}600\text{원}$

21 ④ $\sigma_P = \sqrt{0.4^2\times 0.05^2 + 0.6^2\times 0.1^2 + 2\times 0.4\times 0.6\times(-0.5)\times 0.05\times 0.1} = 0.052915$

$VaR_P = 2.33\times 0.052915\times 1{,}000\text{만원} = 1{,}232{,}919.5\text{원}$

22 ① $\sigma_P = \sqrt{0.625^2\times 0.05^2 + 0.375^2\times 0.08^2 + 2\times 0.625\times 0.375\times 0.05\times 0.08\times 0.4} = 5.125\%$

포트폴리오의 발생 가능 최소수익률 $= E(R_P) - 1.65\times\sigma_P = 0\% - 1.65\times 5.125\% = -8.45625\%$

$VaR_P = W_P\times 1.65\times\sigma_P = 800\text{만원}\times 1.65\times 5.125\% = 800\text{만원}\times 8.45625\% = 67.65\text{만원}$

주식 A의 발생 가능 최소수익률 $= 0\% - 1.65\times 5\% = -8.25\%$

$VaR_A = 500\text{만원}\times 1.65\times 5\% = 500\text{만원}\times 8.25\% = 41.25\text{만원}$

주식 B의 발생 가능 최소수익률 $= 0\% - 1.65\times 8\% = -13.2\%$

$VaR_B = 300\text{만원}\times 1.65\times 8\% = 300\text{만원}\times 13.2\% = 39.6\text{만원}$

$VaR_P = \sqrt{VaR_A^2 + VaR_B^2 + 2\times VaR_A\times VaR_B\times\rho_{AB}}$

$= \sqrt{41.25\text{만원}^2 + 39.6\text{만원}^2 + 2\times 41.25\text{만원}\times 39.6\text{만원}\times 0.4} = 67.65\text{만원}$

해커스
윤민호 객관식 재무관리

초판 1쇄 발행 2023년 6월 26일

지은이	윤민호
펴낸곳	해커스패스
펴낸이	해커스 경영아카데미 출판팀

주소	서울특별시 강남구 강남대로 428 해커스 경영아카데미
고객센터	02-537-5000
교재 관련 문의	publishing@hackers.com
학원 강의 및 동영상강의	cpa.Hackers.com

ISBN	979-11-6999-348-7 (13320)
Serial Number	01-01-01